·北京·

2024 广东省区域创新能力评价报告

柳卸林 杨博旭 幸 雯 ◎ 主编

科学技术文献出版社
SCIENTIFIC AND TECHNICAL DOCUMENTATION PRESS
·北京·

图书在版编目（CIP）数据

2024广东省区域创新能力评价报告 / 柳卸林, 杨博旭, 幸雯主编. -- 北京：科学技术文献出版社, 2024.12. -- ISBN 978-7-5235-2145-8

Ⅰ. F127.65

中国国家版本馆 CIP 数据核字第 20247R1J66 号

2024广东省区域创新能力评价报告

| 策划编辑：陈梅琼 | 责任编辑：王 培 | 责任校对：宋红梅 | 责任出版：张志平 |

出 版 者	科学技术文献出版社
地 址	北京市复兴路15号　邮编 100038
编 务 部	（010）58882938，58882087（传真）
发 行 部	（010）58882868，58882870（传真）
邮 购 部	（010）58882873
官 方 网 址	www.stdp.com.cn
发 行 者	科学技术文献出版社发行　全国各地新华书店经销
印 刷 者	北京厚诚则铭印刷科技有限公司
版 次	2024年12月第1版　2024年12月第1次印刷
开 本	889×1194　1/16
字 数	366千
印 张	17
书 号	ISBN 978-7-5235-2145-8
定 价	68.00元

版权所有　违法必究

购买本社图书，凡字迹不清、缺页、倒页、脱页者，本社发行部负责调换

课题组成员

柳卸林　中国科学院大学经济与管理学院　教授、博士生导师
杨博旭　中国社会科学院数量经济与技术经济研究所　副研究员
张金水　广东省科学技术情报研究所　研究员
幸　雯　广东省科学技术情报研究所　助理研究员
丁雪辰　北京工商大学商学院　讲师
常馨之　中国科学院大学经济与管理学院　博士后
徐晓丹　中国科学院大学经济与管理学院　博士后
吉晓慧　中国科学院大学经济与管理学院　博士生

导　言

广东作为中国改革开放的前沿阵地，是中国经济很有活力、开放程度很高的区域之一。其全面贯彻党的二十大和二十届二中、三中全会精神，以粤港澳大湾区国际科技创新中心建设为牵引，加快构建"基础研究＋技术攻关＋成果转化＋科技金融＋人才支撑"全过程创新链，以科技创新赋能经济高质量发展并持续取得突破。《粤港澳大湾区发展规划纲要》《中共中央　国务院关于支持深圳建设中国特色社会主义先行示范区的意见》等一系列国家重大战略文件的颁布实施，进一步明确了广东在全国创新发展中的战略定位，赋予其在科技创新、产业升级、区域协调等方面先行先试的使命，推动其在新时代、新征程中勇当尖兵。

"十三五"以来，广东省科技创新取得了令人瞩目的成就。一是区域创新能力持续领跑全国。广东省区域创新能力综合得分连续7年排名全国第一，从各维度来看，广东的企业创新、知识获取和创新绩效3个指标均排名全国第一，研发人员、研发经费、专利产出等主要科技指标均保持全国领先，国家战略科技力量布局也跃居全国前列。二是保持较高的增长速度。广东在经历高速发展后，领先优势有所放缓，但关键性基础指标增长明显，再上新台阶。研发经费金额和研发人员数量均比2015年翻一番多，2023年研发投入强度突破3.5%。三是以企业为主体的创新体系不断完善。大力支持民营企业加强科技创新，民营经济发展的内生活力持续释放，高新技术企业数量较多。四是粤港澳大湾区建设成果斐然。国家重大发展战略得到全面落实，粤港澳大湾区已成为全球重要的创新高地，"深圳—香港—广州"创新集群的全球创新指数位列第二，PCT专利申请量在全球仅次于"东京—横滨"，显著高于京津冀、长三角等国内其他城市群，凸显了粤港澳大湾区在全球科技创新中的领先地位。

数字时代为广东创新发展带来新的机遇和挑战。广东凭借强大的电子信息产业基础和全球领先的科技创新能力，成为世界瞩目的制造中心，华为、腾讯、大疆等领军企业更是在全球范围树立了创新标杆。与此同时，新一代信息技术的发展进一步压缩了时空距离，压平了产业链条，推动了市场与创新的深度融合，为区域经济注入了强劲动力。这对广东而言，既是机会，也是挑战。此外，国际竞争环境日益复杂，全球产业链重构和技术封锁对广东的科技创新与产业升级提出了更高要求。如何在复杂多变的国际环境中保持技术自主性和产业链安全性，成为广东必须应对的重要课题。更关键的是，广东区域创新能力仍面临结构性困境。一是原始创新能力不足、基础研究薄弱及高水平创新人才短缺等问题，制约着广东在数字时代的持续领先地位。二是区域发展不平衡问题日益凸显，珠三角与粤东西北地区在创新投入和资源配置上的巨大落差，严重影响了全省协同创新能力的提升。未来，广东需在巩固现有优势的基础上，加快传统产业转型升级，推动战略性新兴产业的深度融合，同时加大对基础研究和原始创新的投入，优化区域协同发展机制，以实现创新驱动的高质量发展目标，在全球数字经济的竞争中继续引领潮流。

与国内外相关报告的惯例一致，《2024广东省区域创新能力评价报告》基于2022年的数据，分析广东省各市在2022年表现出来的创新能力，特此说明。由于本报告是集体完成的，文字风格不尽统一，加之经验有限，仍有许多不尽如人意之处，欢迎各界批评指正。

本报告的写作和出版得到了广东省科学技术情报研究所的支持，特此感谢。

柳卸林、张金水、杨博旭
2024年7月

目　录

第一篇　数字时代广东创新能力分析 ... 1

第1章　数字时代的特征和区域生态系统 ... 2
- 1.1　数字时代的主要特征 ... 2
- 1.2　数字时代的创新范式转型 ... 3
- 1.3　区域创新生态系统 ... 5

第2章　广东省区域创新政策与资源分析 ... 10
- 2.1　广东省科技创新政策与成效 ... 10
- 2.2　广东省科技创新资源集聚情况 ... 14
- 2.3　数字时代广东创新的机遇与挑战 ... 17

第3章　广东省区域创新能力全国位次 ... 19
- 3.1　广东省区域创新能力横向比较分析 ... 19
- 3.2　广东省区域创新能力纵向比较分析 ... 22
- 3.3　广东省区域创新关键指标分析 ... 28

第4章　广东省全域创新能力评价分析 ... 35
- 4.1　综合指标分析 ... 35
- 4.2　分维度指标分析 ... 37
- 4.3　排名变化较大地区分析 ... 46

第5章　数字时代广东省提升全域创新能力的对策建议 ... 49

第二篇　区域创新能力分地市报告 ... 53

第6章　各地市区域创新能力分析 ... 54
- 6.1　广州市创新能力分析 ... 54
- 6.2　深圳市创新能力分析 ... 63
- 6.3　珠海市创新能力分析 ... 72

6.4	汕头市创新能力分析	79
6.5	佛山市创新能力分析	87
6.6	韶关市创新能力分析	95
6.7	河源市创新能力分析	102
6.8	梅州市创新能力分析	109
6.9	惠州市创新能力分析	117
6.10	汕尾市创新能力分析	124
6.11	东莞市创新能力分析	132
6.12	中山市创新能力分析	140
6.13	江门市创新能力分析	147
6.14	阳江市创新能力分析	154
6.15	湛江市创新能力分析	162
6.16	茂名市创新能力分析	169
6.17	肇庆市创新能力分析	177
6.18	清远市创新能力分析	185
6.19	潮州市创新能力分析	194
6.20	揭阳市创新能力分析	201
6.21	云浮市创新能力分析	210

第7章 区域创新能力评价的意义与方法 ... 218
    7.1 区域创新能力评价的意义 ... 218
    7.2 评价体系与分析框架 ... 218

第三篇 专题分析 ... 223

第8章 北上广深新一代信息技术产业专利合作网络分析 ... 224
    8.1 数据来源与指标说明 ... 224
    8.2 专利申请趋势分析 ... 225
    8.3 北京市新一代信息技术产业专利合作网络分析 ... 226
    8.4 上海市新一代信息技术产业专利合作网络分析 ... 231
    8.5 广州市新一代信息技术产业专利合作网络分析 ... 236
    8.6 深圳市新一代信息技术产业专利合作网络分析 ... 240

第9章 粤港澳协同创新：基于专利分析 ... 246
    9.1 粤港澳国内专利分析 ... 246
    9.2 粤港澳大湾区PCT分析 ... 256

第一篇
数字时代广东创新能力分析

第 1 章　数字时代的特征和区域生态系统

1.1　数字时代的主要特征

随着信息技术的飞速发展，数字时代已悄然来临，它以数据为核心，运用智能技术推动经济社会各领域的全面转型升级。这个时代对个人、企业乃至整个社会的运作模式都产生了深远的影响。数字时代主要呈现出以下 8 个特征。

一是数据资源的开放与共享。在数字时代，数据资源不再是封闭的孤岛，而是通过开放的平台实现共享，从而创造出更多的社会价值和经济价值。建立数据共享机制，鼓励不同行业、不同领域之间的数据进行交流，促进跨行业的创新和应用。在共享数据的同时，注重保护个人隐私和数据安全，制定相应的法律法规，确保数据开放的合法性和正当性。

二是智能化技术的广泛应用。人工智能技术在各个领域得到广泛应用，从智能制造到智能服务，人工智能正成为推动社会进步的重要力量。智能化技术使得生产和服务过程更加自动化，极大提高了效率和精确度，同时也在不断优化决策过程。多种技术的融合应用，如物联网、大数据、云计算等与人工智能的结合，推动了智能化水平的进一步提升。

三是数字人才的核心作用。数字时代对人才的需求发生了变化，更加注重跨学科的知识结构和创新能力，这要求教育体系对人才培养模式进行改革。数字人才不仅要具备专业的技术技能，还要有数据分析、逻辑思维和持续学习的能力。随着数字化转型的深入，数字人才在不同行业和地区间的流动性加强，促进了知识的传播和技术的交流。

四是网络化的生产方式。网络化生产打破了传统的生产组织方式，使得生产过程更加灵活和分散，降低了生产门槛，提高了生产效率。通过网络化连接，产业链上下游企业能够实现信息的即时共享和协同工作，提高了整体的响应速度和市场竞争力。网络化生产为消费者提供了更多定制化和个性化的产品选择，满足了消费者的多样化需求。

五是社会治理的数字化。数字技术的应用使得城市管理变得更加智能，提升了城市治理的效率和水平。数字技术提供了更加便捷和精准的公共服务，如在线教育、远程医疗等，提高了服务的可及性和质量。基于大数据分析的政策制定更加科学和合理，能够更好地响应公众需求和社会变化。

六是消费模式的变革。电子商务的兴起极大地改变了消费者的购物习惯，线上消费成为主流，为消费者提供了更多选择和便利。消费者对个性化和定制化产品的需求日益增长，推动了生产方式和消费模式的变革。增强现实、虚拟现实等技术的应用，为消费者提供了全新的购物体验，提升了消费的互动性和趣味性。

七是企业组织的平台化。企业组织逐渐向平台化转型，通过构建数字化平台，实现资源的整合和优化配置。企业不仅关注自身的发展，还注重在整个生态系统中的定位和协同合作，共同构建健康的商业生态。平台化使得组织结构更加灵活，能够快速响应市场变化，实现快速迭代和创新。

八是文化内容的数字化。数字技术推动了文化创意产业的发展，数字内容成为重要的消费产品，如数字音乐、数字图书等。数字化工具为创意表达提供了更广阔的空间，降低了创作门槛，使得更多的人能够参与到文化创作中来。数字化手段为文化遗产的保护和传承提供了新的途径，使得文化遗产能够以数字化的形式得到永久保存和广泛传播。

综上所述，数字时代以其独有的特征，正在深刻地改变着社会的各个方面。从数据资源的开放与共享到智能化技术的广泛应用，从数字人才的核心作用到网络化的生产方式，再到社会治理的数字化、消费模式的变革、企业组织的平台化及文化创意的数字化，这些特征共同构成了数字时代的丰富内涵。面对这些变革，人们既要保持开放和包容的态度，也要积极适应和应对，以期在新时代中找到属于自己的定位和发展方向。

1.2　数字时代的创新范式转型

数字时代，即数字化与智能化相结合的新时代，正在引领创新范式发生深刻转变。这种转变不仅体现在技术层面，还体现在创新的理念、模式和机制上，而这些变化也促进传统创新模式向创新生态系统转变。具体表现为以下几个方面。

一是从封闭创新到开放创新。传统的封闭式创新主要由企业内部研发部门完成，而开放创新则强调企业、研究机构、大学、政府乃至消费者等多元主体的共同参与。这种多主体协作的创新模式，能够汇聚各方智慧，加速技术创新和应用。在开放创新模式下，知识、技术、资金和人才等创新资源得以跨组织、跨行业、跨地域流动，促进了创新资源的优化配置和高效利用。这种流动性不仅提高了创新的速度，还拓展了创新的广度和深度。开放创新倡导创新成果的共享，通过专利授权、技术转移、开源平台等方式，使得创新成果能够被更多的主体使用和改进，从而推动整个行业的技术进步和产业升级。

二是从线性创新到迭代创新。线性创新强调按照既定的流程逐步推进，而迭代创新则强调在快速迭代中不断改进产品或服务。这种模式使得创新能够迅速响应市场需求的变化，及时调整方向，提高创新的成功率。迭代创新强调以用户反馈为导向，不断收集用户的使用数据和反馈意见，将其作为产品改进的重要依据。这种以用户为中心的创新模式，使得创新更加贴近市场需求，提高了产品的市场竞争力。迭代创新不是一次性完成的，而是在整个产品生命周期中不断进行的。这种持续改进的过程，使得产品能够不断适应市场的变化，保持持续的竞争优势。

三是从单一创新到组合创新。组合创新强调将不同技术领域的成果进行融合，形成新的产品或服务。这种跨技术领域的融合，打破了传统单一创新的局限，为创新提供了更多的可能性。除了技术层面的融合，组合创新还强调在商业模式、组织结构等方面的创新。通过创新商业模式，企业可以更好地实现价值创造和价值获取；通过创新组织结构，企业可以更加灵活地应对市场变化。组合创新要求构建一个有利于创新的生态系统，包括供应商、合作伙伴、竞争对手、政府机构等多方参与。这个生态系统能够为创新提供丰富的资源和支持，推动创新的持续发展。

四是从局部创新到系统创新。系统创新强调从整体的角度出发，对产品、服务、流程、组织等各个方面进行创新。这种整体优化的思路，能够确保创新在各个层面的协同性和一致性，提高创新的综合效益。系统创新不仅关注单个环节的创新，更注重整个创新链条的延伸和拓展。从研发到生产、从销售到服务，每一个环节都是创新的重要节点，通过延伸创新链条，可以实现创新的全面覆盖。系统创新需要构建一个创新网络，将各个创新主体和创新资源连接起来，形成合力。这个创新网络能够促进知识的交流和技术的转移，推动创新的规模化和集群化发展。

五是从实体创新到虚拟创新。虚拟创新借助数字化技术，如3D打印、数字孪生等，构建产品的数字化原型。这种数字化原型不仅可以用于产品设计和测试，还可以用于产品的展示和推广，降低了创新的成本和风险。通过虚拟现实技术，创新团队可以在虚拟环境中对产品进行测试和验证，收集用户反馈，进行迭代改进。这种虚拟测试的方式，提高了创新的效率，增强了创新的灵活性。虚拟创新还强调在云端进行协作，无论创新团队成员身处何地，都可以通过云端平台进行实时交流和协作。这种云端协作的方式，打破了地域限制，提高了创新的协同效率。

六是从串行创新到并行创新。并行创新强调在产品开发的各个阶段进行同步开发，如设计、测试、生产等环节同时进行。这种同步开发的方式，缩短了产品从设计到上市的周期，提高了创新的速度。并行创新需要多个团队同时工作，每个团队负责不同的任务模块。这种多团队协作的方式，能够确保各个模块的并行开发和集成，提高创新的协同效率。为了支持并行创新，需要采用先进的创新工具和技术，如敏捷开发方法、项目管理软件等。这些工具能够帮助创新团队更好地管理项目并进行资源分配，提高创新的成功率。

七是从静态创新到动态创新。动态创新要求创新主体具备敏锐的环境感知能力，能够及时发现市场、技术、政策等方面的变化趋势。通过及时调整创新方向和策略，企业能够更好地适应外部环境的变化。为了实现动态创新，需要建立快速响应机制。这包括快速决策流程、灵活的资源调配、高效的沟通渠道等。通过快速响应机制，企业能够迅速对外部变化做出反应，保持竞争优势。动态创新还需要创新主体具备持续学习的能力。通过不断学习新知识、新技术和新方法，创新团队能够不断提升自身的创新能力和水平，适应不断变化的外部环境。

综上所述，数字时代的创新范式转变体现在多个方面，包括从封闭到开放、从线性到迭代、从单一到组合、从局部到系统、从实体到虚拟、从串行到并行，以及从静态到动态的转变。这些转变不仅改变了创新的方式和方法，更重要的是改变了创新的思维观念和组织文化。在数字时代，构建区域创新生态系统对于提升全域创新能力具有重要的作用。

1.3 区域创新生态系统

创新生态系统作为数字时代创新管理研究的新范式，引发了产业界和学术界的诸多关注，并形成了一系列研究成果。现有关于创新生态系统的研究主要集中在企业层面，然而，以动态和共演为核心的创新生态系统也是区域发展的重要驱动力，区域创新生态系统首先应该是一个成功的创新区域，其次需要创新平台、新产业及来自世界各地的企业家和风险投资。吴金希（2016）强调创新生态系统的本质是创新主体之间的接近和集聚，且创新生态系统中存在地理上的路径依赖。因此，地理上的邻近依然是创新生态系统的重要条件，区域创新生态系统可以视为产业集聚和创新网络的延伸或升级，对于区域创新生态系统的研究不仅将生态系统的概念拓展到区域层面，也为生态系统的相关研究奠定理论基础。

1.3.1 区域创新生态系统的概念内涵

区域创新生态系统是创新生态系统这一概念在区域层面的延伸，为了正确定义区域创新生态系统，本报告首先对创新生态系统的内涵和外延进行分析。20世纪90年代，生态系统的概念被引入经济管理的研究，隐喻经济主体之间及其与环境之间的动态互动关系。李万等（2014）将创新生态系统定义为创新群落及其与创新环境之间，进行物质流、能量流、信息流交换的复杂系统。Granstranda 和 Holgerssonb（2020）认为，创新生态系统是参与者、活动和组件，以及相关制度与关系的综合体。王凯和邹晓东（2016）指出，区域创新生态系统是区域内创新主体为促进创新的物质、能量、信息的流动，与创新环境之间形成的具有生态系统特征的网络系统。Rong 等（2021）将区域创新生态系统定义为一个由产业组织、政府、机构和客户等利益相关者组成的区域创新社区。Granstranda 和 Holgerssonb（2020）通过对21个创新生态系统的经典定义进行分析，指出"参与者"（actor）是在所有定义中都出现的词语，其次是"协作/互补"（collaboration/complements）出现了16次，"活动"（activities）出现了15次，"共演/共同专业化"（co-evolution/co-specialization）出现了7次。

基于生态学理论，借鉴区域创新系统和生态系统理论的界定，将区域创新生态系统定义为一定地理空间范围内，不同创新物种、种群和群落基于共同价值主张，通过与创新环境之间的物质、知识和信息等进行交换，实现价值共创的具有共生竞合、动态演化等特点的自组织系统。创新物种是生态系统中最小的单元，也被称为创新主体，单个创新物种难以直接影响生态系统的整体结构及特征，但是物种自身的生命周期，以及进入、成长、退出等行为最终会反映到创新生态系统的联动关系中，作用于生态系统中已有种群、群落、环境的演化与互动。创新种群是指具有相似功能和性质的创新物种的集合，创新种群之间及其与创新环境的交互作用是生态系统演化的驱动力，在产业或技术层面具有关联关系，且地理位置接近的创新种群有机会集结成创新群落。创新群落是生态系统动态演化的功能性种群集合，在区域创新生态系统中，围绕用户价值共创，形成研究、开发和应用三大关键群落，其中研究群落主要负责新技术的研发，促进生态系统的技术变异；开发群落则是将新技术应用于产品和服务的开发与升级；应用群落则主要负责新产品和新技术的市场推广。

图1-1展示了区域创新生态系统的结构，区域创新生态系统的研究、开发和应用三大群落以用户为中心，通过相互作用、有机融合实现动态演化，三大群落嵌入区域的政策、制度、文化和历史等生态环境中，整个区域创新生态系统与外部生态之间进行着知识、技术、信息和人才等创新要素的交互传递。

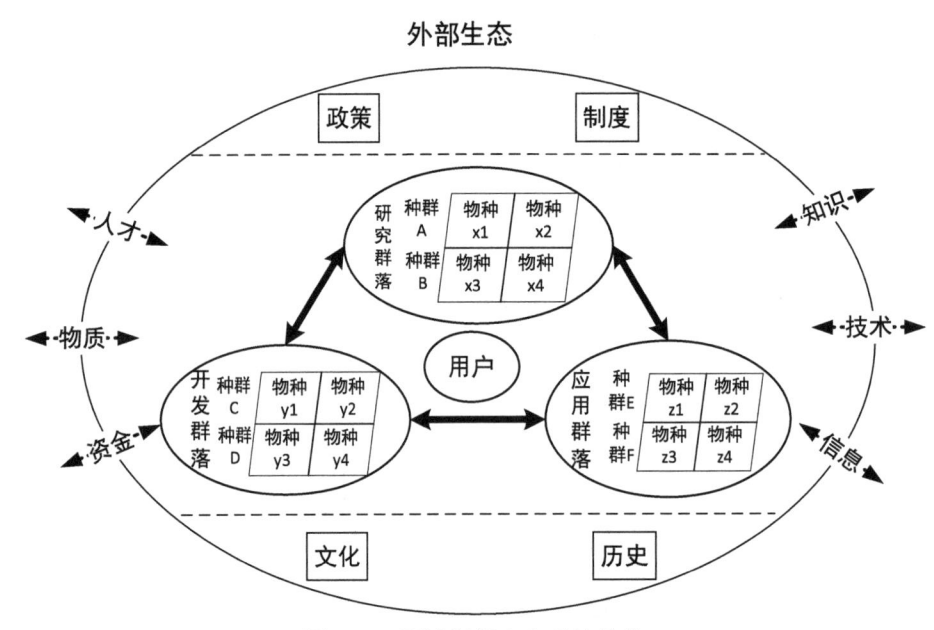

图1-1 区域创新生态系统结构

1.3.2 区域创新生态系统的主要特点

区域创新生态系统作为不同创新种群之间实现价值共创的自组织系统，具有一些区别于其他系统的典型特征。Oh等（2016）指出，与早期的科技园、创新集群、区域创新系统和科学城等概念相比，创新系统具有6个典型特征，即更明确的系统性、数字化、开放创新、名称的隐喻、差异化的角色（利基）及更强调市场作用。Rong等（2021）提出区域创新生态系统的4C模型，包括结构（construct）、合作（cooperation）、配置（configuration）和能力（capability）。通过对区域创新生态系统的理论演化进行梳理和概念界定，可发现区域创新生态系统在动态演化过程中呈现以下特征：邻近性、多样性、自组织、开放性。

（1）邻近性

邻近性是指创新生态系统内部不同主体和群落之间在地理空间、文化认知、制度规范等方面的相似性，邻近性是促进创新的重要因素。区域创新生态系统的邻近性主要包括地理邻近和认知邻近。首先，区域创新生态系统依然强调地理邻近性，这也是对区域创新系统"根植性"的继承，地理空间是一切经济活动的载体，也是培育和促进各类生态系统演化的关键要素。从创新生态系统的起源来看，其最初也是用于对某一国家和地区维持创新能力和竞争力的分析，硅谷、128公路等地区对高新技术企业的培育也都是源于其区域创新生态系统的构建。虽然创新生态系统中存在部分超越地理边界的虚拟联系，但是特定地理空间的区域创新生态系统依然是一种主要方式。特定区域内不同创新主体和种群的集聚有利于知识、信息和技术的快速扩散，降低企业的交易成本。其次，认知邻近强调创新主体对区域内正式与非正式制度环境具有一致性的认知，倾向于遵守当地制度规范，认同并嵌入当地的经济、历史和文化中，以此实现与当地资源的互动。认知邻近与创新生态系统中强调的共同价值主张是一致的。共同价值主张是不同生态参与者对"达成共识目标"的资源共享承诺，是形成并维持创新生态系统运转的必要条件，区域创新生态系统中的不同参与者基于共同价值主张的地理集聚，可以实现创新过程中的动态演化。

（2）多样性

在自然生态系统中，生物多样性是维持生态系统平衡，促进生态系统动态演化的重要基础。在区域创新生态系统中，创新物种的数量级和多样化是创新生态系统内部创新主体合作创新的前提，这表现为区域创新生态系统创新物种的多样性和有机融合。创新物种多样性是指区域创新生态系统参与者具有特定知识和能力，在系统中扮演不同角色，他们之间相互协同，共同促进区域创新。从参与者类型来看，主要包括企业、高校、研究机构、风险投资、中介机构、金融机构等；从参与者功能来看，主要包括核心企业、互补者、竞争者、政府和用户等。一方面，多样化的生物群落是技术创新和突变的重要来源，创新的本质是创新要素之间的组合和重组，不同创新物种之间掌握不同创新要素，创新物种的种类越多、异质性越高，创新生态系统内可能产生的创新组合也越多，进而激发区域创新生态系统的技术变迁，加速区域创新生态系统的演化升级。另一方面，异质性创新群落的有机融合，实现区域生态系统的整体演化。有机融合是指不同群落基于其自身功能，占据不同的生态位或利基市场，与其他群落形成共生共赢的关系，共同组成一条完整的创新链。创新群落之间的有机融合超越一般的市场关系，通过这种生态关系创造更大的增值空间。

（3）自组织

自组织是指在没有等级命令和外界协调的情况下，区域创新生态系统可以通过不同物种和群落之间的相关作用和相互制约，实现整个生态系统的动态平衡，并促进优势物种的发展，实现自身能力的演化和超越。自组织生长性是创新生态系统的典型特征，这种动态性也是区域创新生态系统区别于区域创新系统的典型特征。Freeman用创新系统来解释第二次世界大战之后日本通过政府、企业、大学和研究机构等创新主体之间的协同作用，实现经济和科技等领域的快速崛起。相对而言，美国的创新系统则具有生态特征，它的自组织、自调节和自生长，使得美国长期保持世界领先地位。模块化是创新生态系统实现自组织的重要前提，区域创新生态系统中标准化和可替代的模块使其自组织协调成为可能。在区域创新生态系统中，根据功能定位可以将群落分为制造商、供应商、用户等不同类型，而这些群落由诸多功能相似的创新物种构成。从微观视角来看，各创新物种之间形成一条完整的创新链，在这条创新链上，任何一个创新物种都可以被其群落内的其他主体所代替，这种可替代的弱依赖关系，强化了区域创新生态系统的自组织性。创新物种在地理空间的聚集不仅可以共享劳动力、技术和市场等资源，也在彼此竞争中形成有效的学习机制和技术进步，促进区域创新生态系统的动态演化。

（4）开放性

区域创新生态系统必定是一个开放的系统，与创新环境和外部生态之间存在物质和能量交换。欧盟在官方发布的《开放式创新2.0》报告中，将区域创新生态系统视为开放式创新的重要载体和表现形式。一方面，区域创新生态系统只有通过与外界生态之间的物质能量交换，才能够维持生态系统的内部活力，满足各创新主体的资源需求，实现区域创新生态系统的动态演化。另一方面，区域创新生态系统通过共同价值主张协调或编排创新主体的同时，不断从外部吸纳新成员，增强生态力量，推动区域创新生态系统的高阶演化。数字化技术使创新过程和结果呈现出更多动态性和不确定性，同时也改变着组织形式和社会关系。数字化时代，区域创新生态系统超越地理的虚拟联系也不断增多，对开放性的需求更加迫切。数字创新呈现出的自生长性、结构性和去中介性等特点，不仅加快了技术创新的迭代步伐，同时也强化了创新主体的模块化和标准化，创新主体的可代替性进一步增强。开放性的区域创新生态系统通过吸收、迭代和淘汰创新物种甚至群落，实现自身的演化升级。

1.3.3 区域创新生态系统的政策含义

区域创新范式在发生变化，制度创新、生态型创新的优势日益凸显，具有高培育能力和演化能力的创新生态系统，成为创新资源配置、支撑区域协调发展的关键路径。区域创新生态系统的构建过程，需要发挥市场作用，实现产业与企业的集聚与协同。政府也是区域创新生态系统的重要参与者，通过各类政策的引导，推动创新生态系统不断完善。区域创新生态系统不仅具有重要的理论意义，而且具有丰富的政策含义。打造基于地理邻近的区域创新生态系统，提高区域之间政策协同性，促进区域之间要素自由流动，提升公共创新资源和基础设施的共享水平，实现城市之间的产业联动和协调共演。

首先，根据区域资源禀赋、产业结构和文化底蕴，构建各具特色的区域创新生态系统，基于生态位引导城市群错位发展，突出区域创新生态系统的"根植性"。生态位来源于对生物在生态系统中生存所需阈值的描述，依托城市自身资源禀赋和经济基础，构建与创新生态系统整体环境相匹配的生态位系统。中心城市逐渐转向知识密集型的高新技术产业和服务业，周边城市承接与中心城市高度匹配的产业，强化生态系统的生态优势。以长三角城市群建设为例，通过政策引导和产业协同，城市群共演机制初步形成，但城市之间产业同质化依然明显，错位发展依然不足，如苏州、无锡和宁波等城市，均将汽车配件、集成电路、生物医药等产业作为核心产业，相互之间竞争多于合作，未来可以统筹城市资源，强化共生和错位发展。

其次，丰富壮大各类创新种群，强化生态系统内部协同与演化。丰富的创新种群为区域创新生态系统进化提供了驱动力，以企业为主体的各类创新种群协调演化是生态系统进化的关键条件。突出企业在创新中的主体地位，培育具有产业领导能力的"链主"企业，大力实施高新技术企业倍增计划，培育专精特新"小巨人"企业，推动形成完善的创新链和生态链。完善现有金融系统，创新金融体制机制，规范金融行业发展，形成结构合理、功能完善的现代金融体系。培育风险投资市场，成熟的风险资本市场是激发创新活力的基本保障，为高新技术产业创新提供条件，吸引优质技术和人才。推动新型研发机构健康有序发展，探索新型研发机构的管理和市场化运行机制。创新体制机制，共建共享创新平台，鼓励科技服务机构发展，推动科技成果转移转化，构建具有生命力的产学研协同创新体系。

再次，营造良好的创新生态环境，驱动生态系统和谐演进。一方面，优化营商环境，深化"放管服"改革，简化审批流程，增强主动服务意识，创造和谐的政商关系。形成良好法治环境，提高违法成本，增强知识产权保护的激励效果。营造更具包容性的创业环境，建立对创业失败者的保障机制和退出机制。另一方面，提升文化软环境，随着经济的不断发展，医疗、教育和文化等非物质条件成为人们选择城市的重要因素。通过对文体设施和文化氛围的投入，孕育多元化和包容性的区域文化。注重博物馆、美术馆和游乐场等文体休闲设施的建设，满足人们对休闲娱乐的需求。发展文化创意产业，通过举办音乐会、博览会等文化活动，充实人们的精神生活。例如，深圳作为改革开放先行区，积极构建服务型"有为政府"，营商环境得到很大改善，在粤港澳区域创新生态系统中发挥龙头作用。然而，深圳在文化积淀和氛围营造方面有待提升，需要通过提升城市文化体验，吸引更多高端人才。

最后，提升数字创新能力，实现区域创新生态数字化转型。数字创新的自成长性和融合性特点，为区域创新生态系统提供了技术、制度和市场等方面的创新机会。把握数字创新机会窗口，引导区域创新生态系统的数字化转型。推动产业与数字创新深度融合，依托区块链、人工智能和5G技术发展机遇，建设新型智慧创新生态系统。加大对区域数字新基建的投资，提高数字技术在民生、金融、交通等不同领域的应用水平。例如，以"互联网＋政务服务"为抓手，促进政府数字化转型，提高审批服务效率。推动数字化对传统产业的赋能和变革，积极培育新兴产业，加快数字产业化和产业数字化，实现地区创新追赶。贵州在抢占数字"新赛道"方面做出示范，打造数字产业集群，数字经济增加值占比超过40%，并带动相关产业发展。

第 2 章 广东省区域创新政策与资源分析

2.1 广东省科技创新政策与成效

自改革开放以来，广东便勇立潮头，成为改革开放的先锋地、试验田。在科技创新领域，广东更是努力争当创新驱动发展排头兵，特别是党的十八大以来，广东有效应对科技挑战和社会发展需求，制定和优化一系列政策措施，致力于解决制约创新的瓶颈问题和体制机制障碍，通过不断探索和实践，实现了从改革实践到政策制定，再到法规确立的正向循环，构建了一个覆盖创新全链条的广东科技创新政策体系，持续提升区域创新能力，在支撑我国进入创新型国家前列中发挥着引领作用。

2.1.1 创新人才政策

广东省大力实施人才强省战略，着力打造"人才无忧"发展环境，多途径遴选"高精尖缺"科技人才，抢抓粤港澳大湾区建设机遇，开启全球高层次创新人才自由流动的通道，汇聚掌握先进技术的国际高层次人才。

一是加大对青年科研人员的支持力度。提出《广东省中长期人才发展规划纲要（2010—2020年）》，加大优秀青年科技人才培养力度，实施青年英才培养工程，重点培养一批青年拔尖人才。提出《广东省培养高层次人才特殊支持计划》，每年通过遴选培养 100 名左右科技青年拔尖人才。提出《关于加快新时代博士和博士后人才创新发展的若干意见》，推进培育高层次青年人才工作，并且特别注重加强广东省博士后青年人才队伍的国际化培养，积极服务创新驱动发展战略需要。

二是强化高水平人才培养机制建设。重点实施"珠江人才计划""广东特支计划""扬帆计划"三大人才工程，结合《关于我省深化人才发展体制机制改革的实施意见》，对引进的高层次人才实施更加优惠的补贴政策。实施"人才优粤卡 2.0"政策。此外，提出《关于加强新时代广东高技能人才队伍建设的实施意见》，加强高技能领军人才培育选拔，多方位支持高技能领军人才在带徒传技、技艺传承、技能攻关等方面的作用。

三是推进粤港澳大湾区人才政策落地。广东抢抓"双区"和横琴、前海两个合作区建设的重大机遇，制定实施粤港澳大湾区相关人才政策。粤港两地签署《关于推进粤港人才合作的框架协议》，加快人才发展深度融合，促进人才"南下"和"北上"。大湾区"9+2"城市共同签订人才合作备忘录，共同推进粤港澳大湾区人才港体系建设，畅通高端人才流动渠道，实现湾区人才服务共享，吸引国际人才来大湾区发展。发布了《横琴粤澳深度合作区支持人才发展若干措施》，支持引进一批海内外人才离岸创新创业。

通过优化人才发展环境、打造青年人才后备军、扩大国际人才引进等措施，广东省不断壮大了专业技术人才和研发人员队伍，形成了以人才为核心的创新驱动发展模式，为广东省经济社会的高质量发展提供了坚实的人才支撑和智力支持。目前，全省专业技术人才、技能人才总量超过2100万人，位居全国前列，研发人员队伍壮大至130万人。

2.1.2 创新投入政策

广东省高度重视源头创新能力提升，聚焦国际科学前沿，对接国家重大科技布局，着眼于广东省优势特色产业及未来发展关键领域，力争实现前瞻性基础研究、引领性原始创新成果重大突破，加速构建全国领先的基础科学研究中心和具有全球影响力的原始创新高地。

一是构建基础与应用基础研究新体系。出台《关于加强基础与应用基础研究的若干意见》，成立省基础与应用基础研究基金委员会，组织实施广东省基础与应用基础研究基金重大项目，探索设立系列省市、省企联合基金，全面部署基础与应用基础研究工作。系统性推进基础研究10年"卓粤"计划落地实施，对未来基础研究发展作出系统性部署和安排，催生更多"从0到1"的原创性突破。

二是推动实施重点领域研发计划。在芯片、软件、显示装备、新型储能、海洋科技等领域实施一批旗舰项目，在人工智能、脑科学、量子等领域布局一批前沿颠覆性技术，发展新质生产力。推进"广东强芯"、核心软件攻关、"璀璨行动"等工程，赋能工业软件、集成电路、新型显示产业做强做优做大。牵头研究制定《广东省人民政府关于加快建设通用人工智能产业创新引领地的实施意见》《广东省新型储能技术创新路线图》等政策，谋划一批具有前瞻性、引领性的重大科技项目，推动解决行业共性难题。

三是打造重大科技基础设施集群。印发《广东省推进新型基础设施建设三年实施方案（2020—2022年）的通知》，全面启动建设粤港澳大湾区国家技术创新中心，打造国家重大科技基础设施10个，地市拟建和在建重大科技基础设施19个，协同港澳布局建设国家应用数学中心、大湾区量子科学中心等重大创新平台。

广东省坚持将源头创新摆在全省科技创新工作的重要位置，不断强化基础研究前瞻性、战略性、系统性布局，在"从0到1"的重大原创突破上不断丰富"广东实践"。在《中国区域创新能力评价报告2023》中，广东"知识创造"指标连续4年排名全国第二，有力支撑广东省区域创新综合能力"七连冠"。2023年，全省获批国家自然科学基金4963项，获批经费达28.63亿元，创历史新高；28所高校226个学科进入全球前1%，其中10所高校30个学科进入全球前1‰。

2.1.3 创新主体政策

广东省持续推动科技企业量质双提升，出台和完善一系列进一步强化企业科技创新主体地位的政策文件，积极探索创新管理体制机制，促进构建龙头企业牵头、高校院所支撑、各创新主体相互协同的创新联合体。

一是构建覆盖企业全生命周期的创新政策体系。制定出台《广东省工业和信息化厅专精特新中小企业遴选办法》《广东省优质中小企业梯度培育管理实施细则》《关于加快构建广东省战略性产业集群创新体系 支撑产业集群高质量发展的通知》，强化"科技型中小企业、高新技术企业、科技领军企业"科技型企业梯次培育机制，大力培育科技型中小企业，推进高新技术企业"树标提质"，培育一批具有全球竞争力的"链主"企业。在实施企业所得税优惠和企业研发费用加计扣除所得税减免优惠的基础上，提出《关于进一步促进科技创新的若干政策措施》《广东省激励企业研究开发财政补助试行方案》等相关政策，鼓励有条件的地市对科技型中小企业按 25% 研发费用税前加计扣除标准追加奖补。

二是优化提升广东实验室体系。《关于进一步促进科技创新的若干政策措施》和《广东省实验室建设管理办法（试行）》提出，支持省实验室实行新型管理体制和运营机制，赋予其人财物自主权。各地市也纷纷出台专项政策支持当地省实验室发展。发布《启动实施基础与应用基础研究十年"卓粤"计划》，发挥国家实验室、国家重点实验室、省实验室的引领作用，开展跨学科、大协同科学研究。

三是支持新型研发机构高质量发展。印发《广东省新型研发机构管理办法》，加强和规范广东省新型研发机构的建设和运行管理。支持国内外知名高校、科研机构、世界 500 强企业、中央企业等来粤设立研发总部或区域研发中心，在新一代通信与网络、量子科学、脑科学、人工智能等前沿科学领域布局建设高水平研究院，并直接认定为省新型研发机构。

四是推动孵化育成体系构建新格局。发布《广东省科技孵化育成体系高质量发展专项行动计划（2021—2025 年）》，重点实施产业孵化集群培育、特色孵化载体提升、大学科技园创新发展、在孵企业"量质双升"、创业导师"扩容提质"、创新创业金融支撑六大专项行动，扩大广东孵化基金总量规模，推动创业孵化与科技金融深度融合。

在系列政策的支持下，一批具有国际竞争力的科技领军企业快速涌现，一大批新兴产业硬科技企业成为广东省经济高质量发展的生力军和中坚力量。2023 年全省高新技术企业预计超 7.5 万家，连续 8 年位居全国第一，科技型中小企业超 7.6 万家。高新技术企业近 5 年研发经费年均增长 15.8%、发明专利授权数年均增长 18.5%，成为支撑制造业的主力军。形成了高水平多层次的实验室体系和"众创空间、孵化器、加速器和大学科技园"全链条较为完善的孵化育成体系，广东省孵化器、众创空间数量均居全国首位，成为科技企业培育壮大的摇篮、载体。

2.1.4　现代产业政策

广东不断强化产业科技政策供给，深化高新区体制改革，出台完善构建更高水平现代化产业体系的政策文件，前瞻谋划打造一批未来产业集群，推动经济社会各领域数字化转型，打造数字赋能、融合创新的数字经济高质量发展新格局。

一是推动高新区高质量发展。《广东省科技创新"十四五"规划》明确提出，要加快实现国家高新区地市全覆盖，要从优化全省高新区发展格局、提升高新区自主创新能力、做大做强高新区创新产业集群、深化高新区体制机制创新4个方面推动高新区高质量发展。出台《关于进一步促进科技创新的若干政策措施》《广东省人民政府关于促进高新技术产业开发区高质量发展的意见》，推动高新区围绕区内特色产业，开展关键共性技术攻关，促进自主创新能力提升和高新技术产业集聚。各地市高新区也出台一系列政策举措，对区内企业、科研院所承担（或参与）国家、省科技计划项目的给予配套资金补助。

二是打造战略性新兴产业集群新优势。出台《广东省人民政府关于培育发展战略性支柱产业集群和战略性新兴产业集群的意见》，配套出台20个战略性新兴产业集群行动计划。提出《广东省科学技术厅　广东省工业和信息化厅关于加快构建广东省战略性产业集群创新体系支撑产业集群高质量发展的通知》，加快形成战略性新兴产业集群20条举措，充分发挥省政府投资基金的引导作用。发布《广东省制造业高质量发展促进条例》，推动"广东制造"向"广东智造"跃升。布局建设未来产业，出台《关于推动未来产业创新发展的实施意见》，提出加快实施未来电子信息、未来智能装备、未来生命健康、未来材料、未来绿色低碳等5个产业集群行动计划。

三是推动数据要素赋能实体经济和数字经济发展。出台《广东省数字经济促进条例》和《广东省数字经济发展指引1.0》，系统提出了广东数字经济发展的"2221"总体框架，引导各方主攻"数字产业化"和"产业数字化"两大核心。提出广东省制造业数字化转型实施方案及若干政策措施，全面推进制造业数字化转型。实施《广东省培育数字创意战略性新兴产业集群行动计划（2023—2025年）》，全力推动数字创意产业发展。

通过园区升级、产业集群转型、数字赋能等系列政策措施，进一步激发了广东产业数字化、智能化发展的活力。2022年，省级以上高新区实现工业总产值5.87万亿元，营业收入8.19万亿元。2022年，广东数字经济增加值达6.4万亿元，占全国数字经济增加值的12.8%，总量连续6年居全国第一。

2.1.5　创新环境政策

广东全面深化科技体制改革，以完善科技成果转化机制、强化科研诚信与科技伦理建设、加大科技金融改革力度等为重要抓手，构建良好的创新生态政策环境，激发释放创新活力。

一是深化科技体制改革和科技奖励制度改革。制定深化项目评审、人才评价、机构评估改革实施方案，全面推动中央"三评"改革在广东落实落地。先后出台《关于深化职称制度改革的实施意见》《关于分类推进人才评价机制改革的实施方案》等系列政策，加快转变政府人才管理职能，充分保障和落实用人主体自主权。加快修订《广东省科学技术奖励办法》，大力鼓励地市开展社会力量设奖。强化创新政策的引导激励作用，修订《广东省自主创新促进条例》，将科研项目中的人力成本费支出比例上限由原来的30%提高到40%，再调整为不设比例限制，鼓励提高科研人员收入。深化科研项目经费"放管服"改革，出台《省级财政科研项目资金管理监督办法》，提高了科研项目间接费用比例，增加了绩效激励的空间。

二是打通科技成果转化"最后一公里"。出台《关于进一步促进科技创新的若干政策措施》，明确高校、科研机构对持有的科技成果享有自主处置权，提出通过开展技术开发、技术咨询、技术服务等活动取得的净收入视同科技成果转化收入，可留归自主使用。相继出台《关于减轻科研人员负担 激发创新活力的若干措施》《关于改革完善省级财政科研经费管理的实施意见》，在科技成果转化收益分配方式和比例上发挥激励作用。

三是加大科技金融领域改革创新力度。构建"补投贷"联动机制，在国家和省重点发展领域支持一批潜力突出的初创科技型企业快速发展。实施《关于发展普惠性科技金融的若干意见》《广东省支持中小企业融资的若干政策措施》等系列政策，引导银行加大对科技型中小微企业的信贷支持力度。谋划推动《关于加快推进科技金融深度融合 助力科技型企业创新发展的实施意见》的出台，从创业投资、银行信贷、融资担保、科技保险、跨境金融等方面，打造为科技型企业全生命周期提供多元化、全方位、接力式金融支撑的综合服务体系，促进科技—产业—金融深度融合。

四是推进科研诚信与科技伦理建设。实施《广东省科研诚信管理办法（试行）》，强化科研活动全流程诚信管理，在《广东省科技计划项目监督规定》中，明确科研人员的诚信责任和责任追究方式。接连发布《广东省基础与应用基础研究基金项目科研不端行为调查处理实施细则（试行）》和《关于加强科技伦理治理的实施方案》，对存在严重失信的责任主体实行"一票否决"。

五是完善科普政策法规体系。颁布实施《广东省科学技术普及条例》，建立科普联席会议制度，推动出台实施《广东省全民科学素质行动规划纲要实施方案（2021—2025年）》和《关于新时代进一步加强科学技术普及工作的实施方案》，多措并举促进全社会支持并参与科普活动。

广东以科技创新为引领，从"基础研究＋技术攻关＋成果转化＋科技金融＋人才支撑"全链条入手精准施策，科技创新不断显现新成效，不断探索新型举国体制"广东路径"，大力发展新质生产力，促进科技和产业互促双强，推动经济高质量发展，加快打造具有全球影响力的产业科技创新中心。

2.2 广东省科技创新资源集聚情况

区域创新能力的持续提升，是创新驱动发展战略得到全面落实的反映，是创新资源向一个地区集聚的客观表现。广东善用机制创新和管理创新，扬长补短强化创新能力建设，加速创新资源向珠三角集聚，强力推进粤港澳大湾区国际科技创新中心建设。

2.2.1 创新人才

广东创新人才总量居全国首位。2022 年广东 R&D 人员达到 133.98 万人，比 2010 年增加 89.32 万人，约占全国的 14.3%。R&D 人员全时当量 97.25 万人年，比 2010 年增加 67.78 万人年，约占全国的 15.3%。但在人才密度方面，广东的万人口 R&D 人员只有 76.8 人，低于北京、上海、江苏、浙江等省份。在高层次人才方面，广东两院院士数量达到 194 人，远低于北京，但比上海、江苏、浙江、山东的院士数量多。广东以院士为代表的高层次人才快速增长与广东系列人才政策出台、灵活的人才引进机制紧密相关，也与广东布局建设的实验室体系、高水平大学、高水平研究院、国家大型科技基础设施等高水平创新平台和搭建开放包容的国际科技创新氛围密切相关（表 2-1）。

表 2-1 2022 年广东创新人才指标及省际比较

指标名称	广东	江苏	浙江	山东	北京	上海
R&D 人员 / 万人	133.98	117.13	86.70	77.82	54.67	37.63
R&D 人员全时当量 / 万人年	97.25	82.47	64.23	51.45	37.32	26.41
万人口 R&D 人员 / 人	76.8	96.9	97.7	50.6	170.9	106.7
两院院士 / 人	194	118	81	122	756	187

2.2.2 研发经费

2022 年，广东研发投入快速增长，研发投入额持续攀升。在政府科技投入方面，广东地方财政科技拨款 983.78 亿元，占地方财政支出比重达到 5.31%；其中基础研究支出 143.91 亿元，约占全省地方财政科技拨款的 14.6%。全社会研发经费投入 4411.90 亿元，比上年增长 10.2%，占地区生产总值比重提升到 3.42%，比上年提高 0.21 个百分点。广东研发经费投入强度低于北京（6.83%）、上海（4.44%）、天津（3.49%）3 个直辖市，居全国各省区之首。广东研发经费中，基础研究经费 239.62 亿元，占 5.43%，略低于全国平均水平（6.57%）。全省 21 个地市，研发经费投入超过 100 亿元的有深圳（1880.49 亿元）、广州（988.36 亿元）、东莞（458.72 亿元）、佛山（359.53 亿元）、惠州（185.71 亿元）、珠海（118.07 亿元）、中山（100.66 亿元）7 个城市，研发投入强度超过 3% 的地市有深圳（5.81%）、东莞（4.10%）、惠州（3.44%）、广州（3.43%）4 个城市。

2.2.3 知识产权专利

广东在创新人才和创新经费方面的持续高投入，带动全省创新能力的持续提升，专利产出水平多年居全国首位。2022年，广东专利申请99.35万件，其中发明专利23.70万件；专利授权量83.73万件，其中发明专利11.51万件。广东的PCT国际专利申请数在"十三五"和"十四五"期间长期保持2万件以上，2022年达到24290件，约占全国PCT国际专利申请数的34.7%。有效发明专利总数达到53.92万件，每万人口发明专利拥有量达到42.51件。每万人口发明专利拥有量超过50件的地市有深圳（170.1件）、珠海（147.7件）、广州（81.1件）、东莞（63.7件）、佛山（53.8件）。

2.2.4 高水平大学

高水平大学、高水平研究院所、高新技术企业是广东汇聚创新资源，打造创新型经济的奇迹所在，重新塑造了珠三角科技创新大格局。高水平大学是广东科技创新的策源地。

目前，广东共有高等学校161所，在校生人数267万人。其中，高水平大学建设院校包括中山大学、华南理工大学、暨南大学、华南师范大学、华南农业大学、南方医科大学、广州中医药大学、深圳大学、南方科技大学、广东工业大学、广州大学、广州医科大学等。经多年建设，广东高等学校创新能力突飞猛进，2022年广东高校研发人员全时当量4.74万人年，低于北京（8.30万人年）、江苏（5.11万人年）和上海（4.82万人年），总量居全国第4位，广东高校研发经费238.46亿元，仅次于北京（311.63亿元），居全国第2位。在基础研究方面，广东高校的基础研究经费达107.71亿元，超过北京（103.53亿元）居全国首位。这说明广东在高水平大学建设上取得了新的突破，并将彻底改变广东高等教育相对落后的局面。目前，广东共有7所高校纳入国家第二轮"双一流"建设高校，与第一轮只有中山大学、华南理工大学、暨南大学、华南师范大学相比，增加了华南农业大学、广州医科大学和南方科技大学3所高校。

2.2.5 高水平研究院所

广东持续深化科研机构改革，不仅重组省科学院，还投入巨资建设2个国家实验室和15个省实验室的实验室群，大力发展新型研发机构，引进高水平研究院所，依托国家大科学装置新建一批前沿领域研究院所，形成"央属所+省属专业所+国家实验室+省实验室+大科学装置群+新型研发机构+地方特色院所"的高水平研究院所集群，将广东科研机构创新能力提升至更高水平。2022年广东各类科研机构的研发人员全时当量高达4.64万人年，略低于高等学校的研发人员，研发经费320.10亿元，超过高等学校的研发经费，约占全省研发经费的8.0%。

2.2.6 高新技术企业

企业是广东创新的绝对主体，八成以上的创新资源集中在企业，涌现了众多科技型企业。

2022年，广东共有高新技术企业6.83万家，其中深圳高新技术企业数量最多，约2.26万家，广州1.22万家，珠三角每个市高新技术企业数量均突破千家，九市高新技术企业总数达到6.45万家。涌现了华为、中兴、比亚迪、腾讯、美的、格力、TCL、广汽等众多产值超千亿元的高新技术企业，产值超百亿元的高新技术企业数量更是达100家以上。2022年6.83万家高新技术企业营业收入11.91万亿元，工业总产值9.03万亿元，工业总产值占规模以上（简称"规上"）工业总产值的比重接近五成。在众多高新技术企业牵引带动下，广东企业研发人员全时当量87.60万人年，研发经费3841.61亿元，占全社会比重均超过85%，企业创新主体地位日益强化和突出。

2.3 数字时代广东创新的机遇与挑战

2.3.1 强大的电子信息产业是广东的优势所在

广东抓住改革开放历史机遇，大力发展产业经济，成功嵌入国际产业链和全球产业分工，成为全球瞩目的世界工厂。2022年广东规上工业企业营业收入18.30万亿元，居全国第一，约占全国规上工业企业营业收入的13.3%。其中电子信息产业仅制造业领域的营业收入就高达5.13万亿元，产业规模相当于长三角三省一市的总和，约占全国的三成。电子信息产业是广东科技创新能力和产业竞争力的集中体现。广东的5G通信、智能手机、芯片制造、电子元器件等硬件全国，甚至全球领先，华为、中兴、腾讯、大疆在底层操作系统、万物互联、超算中心、云计算和云服务等领域也进行超前布局，电动汽车、自动驾驶、无人机、飞行汽车、机器人等领域更是挤进世界第一梯队。可见，在数字化向智能化深度演进的历史新阶段，广东产业创新和科技创新具有系统、标准、算力、制造等多重优势，新科学、新技术、新产业加速融合、不断裂变，将引领"创新＋智造"新型业态发展浪潮。

2.3.2 新商务、新经济的崛起带来新的机遇

信息技术的持续发展将进一步压缩时空距离、压平产业链条、破除创新壁垒。新商务和新经济的崛起，让市场和创新统一起来，让技术和需求统一起来，进而全面提高创新效率，在市场上掀起一轮又一轮的创新巨浪，推动生产力持续快速地提升，让创新真正成为发展的第一动力，摆脱资源约束和资本桎梏。在新商务、新经济领域，广东已实现多层布局，B2C、B2B、C2C、D2B、D2C、O2O等多种商业和制造模式，带来市场全面繁荣、产业技术持续升级和消费品快速更新换代，高效的反馈、响应机制让市场各方能深度参与创新，提高创新效率，增强市场纠偏能力，让宏观决策、科学决策、精准决策、及时决策成为可能，进一步提高区域创新系统运行效率。

2.3.3 战略性新兴产业孕育出无限机会

在战略性新兴产业培育方面，根据国务院确立的七大战略性新兴产业，广东已在新一代信息技术产业、新能源产业、新能源汽车产业、智能装备等多个领域取得突破，并形成产业优势和创新优势。此外，广东在生物技术产业、节能环保产业、新材料产业取得系列新进展，且随着实验室体系、大科学装置的落成，有望实现突破。例如，松山湖实验室在材料领域布局，季华实验室聚焦高端装备，广州实验室、深圳湾实验室、生物岛实验室、华大基因等创新团队瞄准生物技术产业，节能和环保产业主力军主要集中在企业，创新产品的节能等级不断提升。这些战略性新兴产业的兴起和未来产业的萌发，将为广东创新注入无限可能。

2.3.4 广东创新面临的巨大挑战

广东的创新发展仍面临不少挑战，主要表现为发展上的三大劣势和区域均衡难题。

第一个劣势是先发劣势。广东早期经济发展模式以外向型、粗放型、野蛮型为特征，传统产业占比居高不下，珠三角土地开发强度高、环境保护压力大，以高新技术改造提升传统产业难以彻底破解转型难题。

第二个劣势是资源劣势。广东缺乏大工业生产所需的能源和矿产，长期依赖外省调运或海外购买，大宗能源和矿产价格的巨幅波动对广东经济产生严重冲击。不稳定的新能源供应难以解决广东当前能源需求，新材料技术需要突破的面过宽，短期内难以彻底扭转局面。

第三个劣势是研发结构劣势。广东创新长期坚持企业创新主体地位，对高等学校和科研院所创新重视不够，甚至一度将科技体制机构改革的方向瞄准企业创新，高等学校和科研院所作用不断弱化，进而造成原始创新能力不足，基础研究、应用研究需要补短板。所幸广东能及时发现问题，布局建设高水平大学和高水平研究院所，广东创新能力得到全面提高，但在原始创新能力、高水平创新人才及基础研究方面，需要较长的时间积累和较大的财力投入才能取得成效。

广东创新发展的最大难题是区域发展不均衡。建设粤港澳大湾区国际科技创新中心、全面振兴粤东西北地区是广东提升区域创新能力，推动经济高质量发展的两大使命任务。目前，珠三角的研发经费投入强度达到4.0%，粤东西北只有0.8%左右。过大的创新落差，必然使省内创新政策难以调和，区域协同创新受到制约，阻碍广东创新发展步伐。

第 3 章 广东省区域创新能力全国位次

3.1 广东省区域创新能力横向比较分析

3.1.1 区域创新能力稳居全国第一

图 3-1 展示了 2023 年全国区域创新能力综合得分和排名分布情况（不含香港、澳门、台湾），其中，广东省创新能力综合得分为 58.86 分，仍然排全国第 1 位，与上年持平。从全国范围来看，广东省全国排名稳居第一，领先于北京和上海两个直辖市，且领先于湖南、福建、广西等邻近省份。从具体得分来看，广东省创新能力综合得分领先于第 2 名北京约 4 分，得分远超江苏、浙江和山东等全国排名靠前的省份，未来有望继续保持领先。

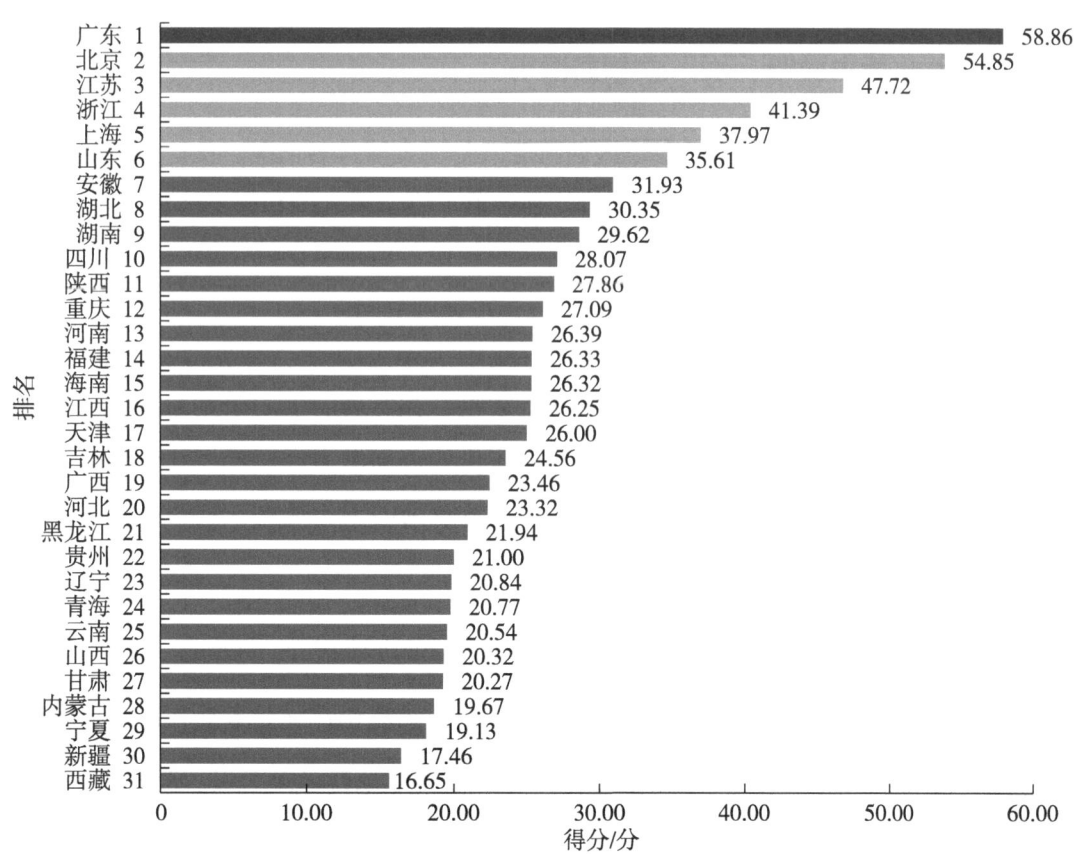

图 3-1　2023 年全国区域创新能力综合得分和排名分布

图 3-2 展示了过去 23 年广东省区域创新能力综合得分与排名情况，2001 年排名第 3 位，2008 年上升至第 2 位，2017 年创新能力首次排名全国第一，且连续 7 年居全国首位，创新能力排名趋于稳定。

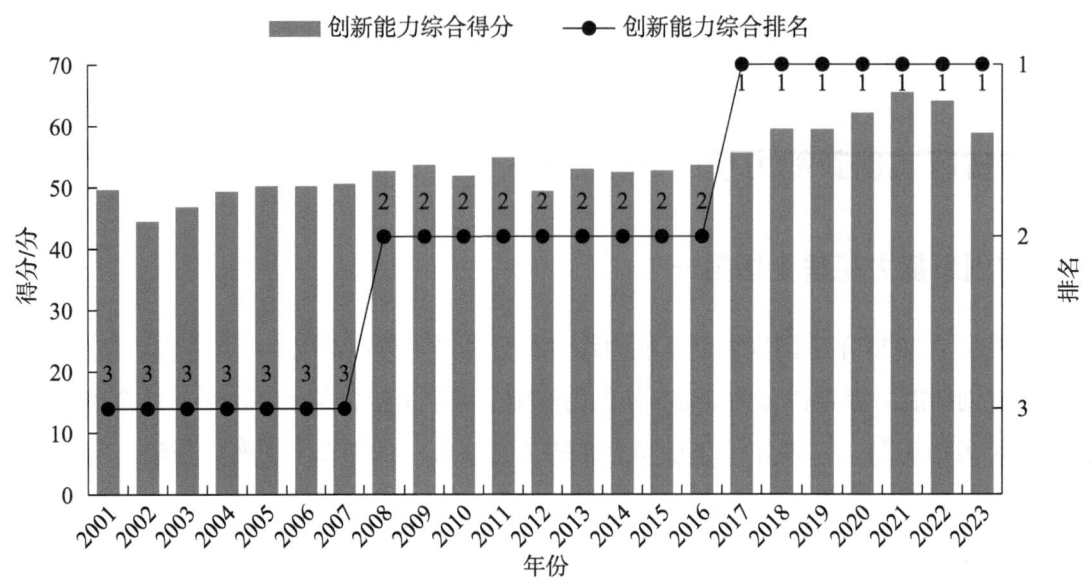

图 3-2　2001—2023 年广东省区域创新能力综合得分与排名

3.1.2　创新实力和效率较强，有一定创新潜力

图 3-3 展示了 2023 年广东省等 6 个地区创新能力分项全国排名情况，从广东省的分项指标来看，创新实力、创新效率和创新潜力全国排名分别为第 1 位、第 3 位和第 11 位。其中，创新实力排名与综合值排名一致；创新效率与综合值排名相对较低，但排名仍处于第一梯队；创新潜力在全国中上游水平，保持了一定的增长率，未来具有一定提升空间。

通过与其他排名靠前的 5 个省份对比，可以看出广东省创新实力领先江苏（第 2 位）。创新效率低于北京和上海两个直辖市，领先于其他 3 个省份。创新潜力低于山东与浙江，高于江苏、北京和上海。整体来看，综合实力排名靠前的几个省份的创新潜力都较低，其中北京创新潜力全国排名第 25 位，上海排名第 28 位。而广东省仍然保持较高的增长速度，创新能力的提升有较大空间。

3.1.3　企业创新与知识获取能力俱佳，知识创造和创新环境水平略低

从支撑区域创新能力的 5 个维度来看（图 3-4），广东省知识创造排名第 2 位，知识获取排名第 1 位，企业创新排名第 1 位，创新环境排名第 2 位，创新绩效排名第 1 位。3 项分指标排名全国第一，创新环境和知识创造指标排名略低，但仍然处于全国领先水平。

与其他省份对比可以看出,广东省具有较强的知识获取能力、企业创新能力和创新绩效。广东省知识创造能力和创新环境略低于北京(全国第一),但高于浙江、江苏、上海和山东。

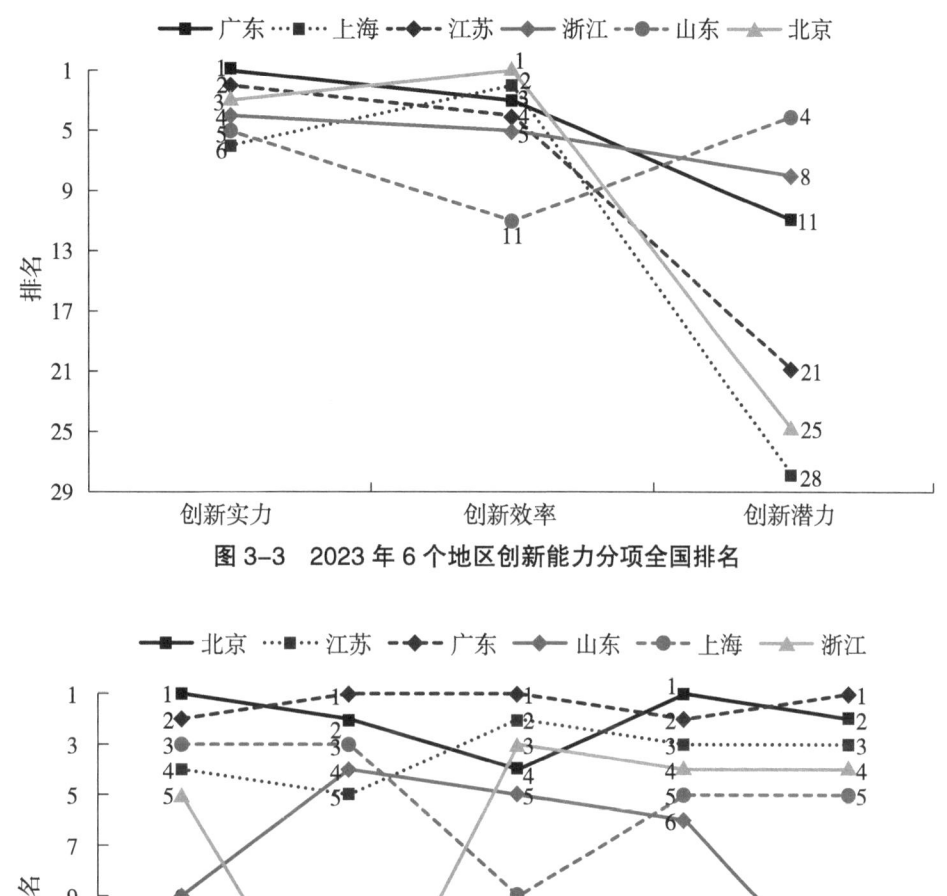

图 3-3　2023 年 6 个地区创新能力分项全国排名

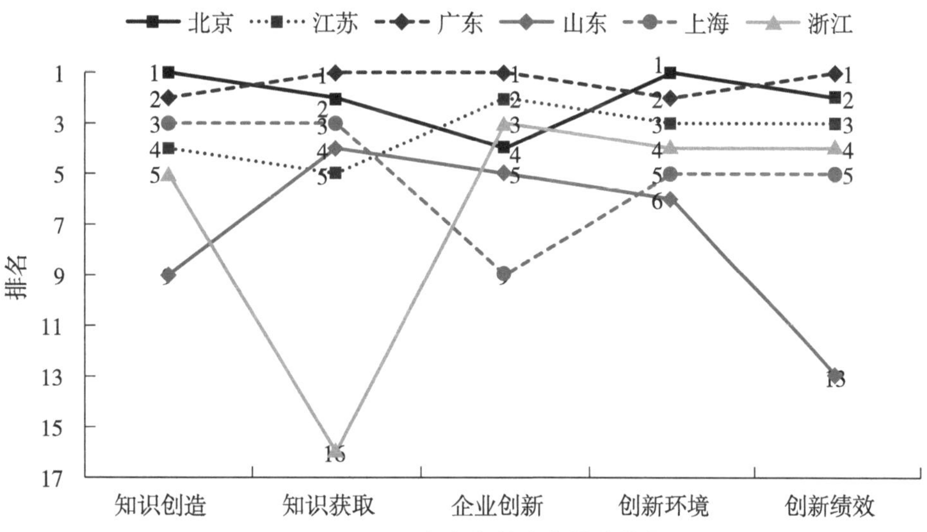

图 3-4　2023 年创新能力各维度排名

从 5 个维度的得分来看(图 3-5),广东省等 6 个省份在各个维度的得分相对较为分散,在知识获取维度得分普遍较低,在创新绩效和创新环境方面得分普遍较高。综合 5 个维度来看,广东省在企业创新维度显著领先于其他几个省份,在知识创造方面北京显著领先于其他几个省份,广东省在创新环境方面得分略低于北京。

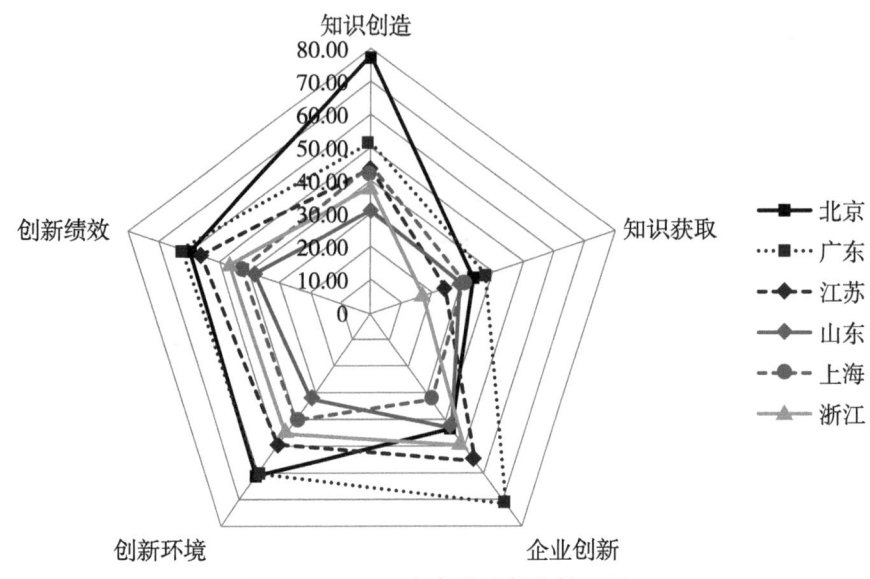

图 3-5　2023 年各维度得分蛛网图

3.2 广东省区域创新能力纵向比较分析

对广东、北京、上海、江苏、浙江和山东 6 个省份的区域创新能力进行纵向分析，比较 2019—2023 年，6 个省份区域创新能力的综合排名、分项指标及支撑维度的排名变化趋势。

3.2.1 区域创新能力排名稳居第一

对广东省等 6 个省份的区域创新能力动态变化进行分析，从图 3-6 可以看出，6 个省份在 2019—2023 年的全国排名基本稳定，其中，上海和浙江有两年排名发生变化。具体而言，广东省过去 5 年全国排名一直稳居第一。北京、江苏在 2019—2023 年分别保持第 2、第 3 位。上海在 2022 年排名有所下降，至第 5 位。浙江省排名自 2021 年全国第 5 位上升至 2022 年第 4 位且保持稳定。山东省排名稳居第 6 位。

3.2.2 创新实力保持全国领先

对广东省等 6 个省份的区域创新实力动态变化进行分析，从图 3-7 可以看出，6 个省份的创新实力基本保持稳定。其中，广东省创新实力近 5 年保持全国第一。江苏省近 5 年也保持稳定，位居全国第二。北京在 2022 年下降至第 4 位后又回升至 2023 年的第 3 位。浙江在 2022 年排名升至第 3 位，2023 年又降至第 4 位。上海在全国第 5 位和第 6 位之间波动，且处于下降态势。山东省创新实力近两年有所上升，超过上海，排名为全国第 5 位。

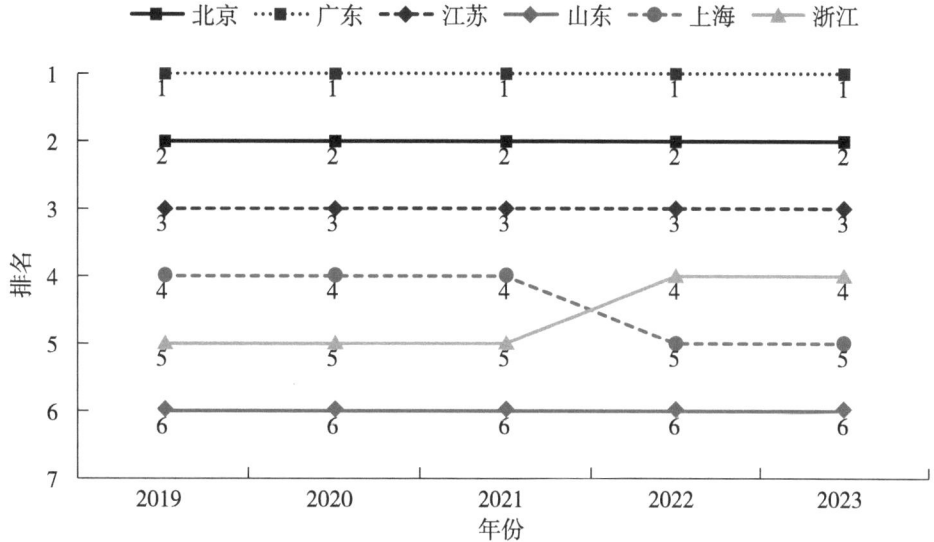

图 3-6　区域创新能力动态分析结果

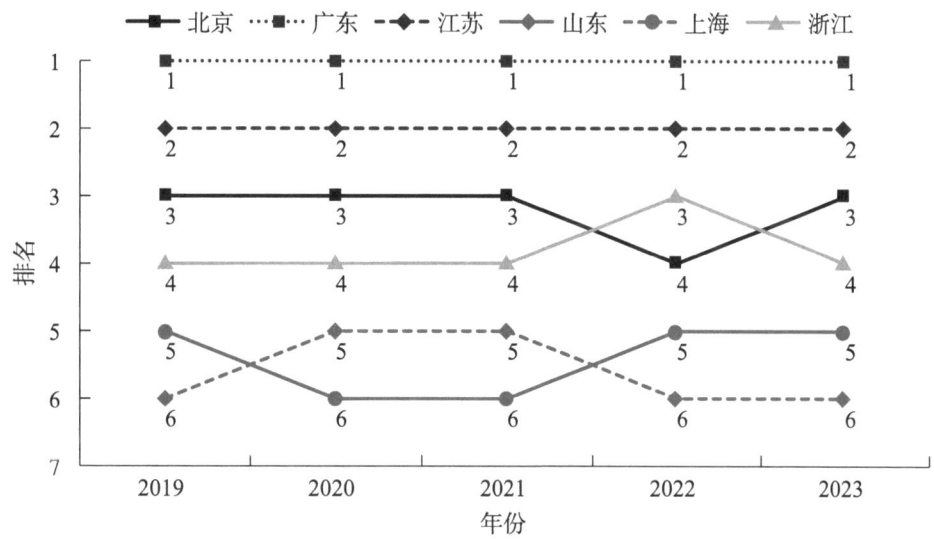

图 3-7　创新实力动态分析结果

3.2.3　创新效率稳居第一梯队

对广东省等 6 个省份的区域创新效率动态变化进行分析，从图 3-8 可以看出，在过去 5 年里，除北京和上海保持稳定领先以外，其余 4 个省份排名均有不同程度的上升。其中，北京创新效率全国排名稳居第一。上海创新效率一直保持较高水准，过去 5 年一直维持在第 2 位。广东省自 2020 年上升至第 3 位后排名保持稳定。江苏创新效率排名自 2020 年全国第 5 位上升至 2021 年第 4 位且保持稳定。浙江自 2021 年排名升至第 5 位。山东省创新效率过去 5 年持续上升，排名从 2019 年的第 16 位提高到 2023 年的第 11 位。

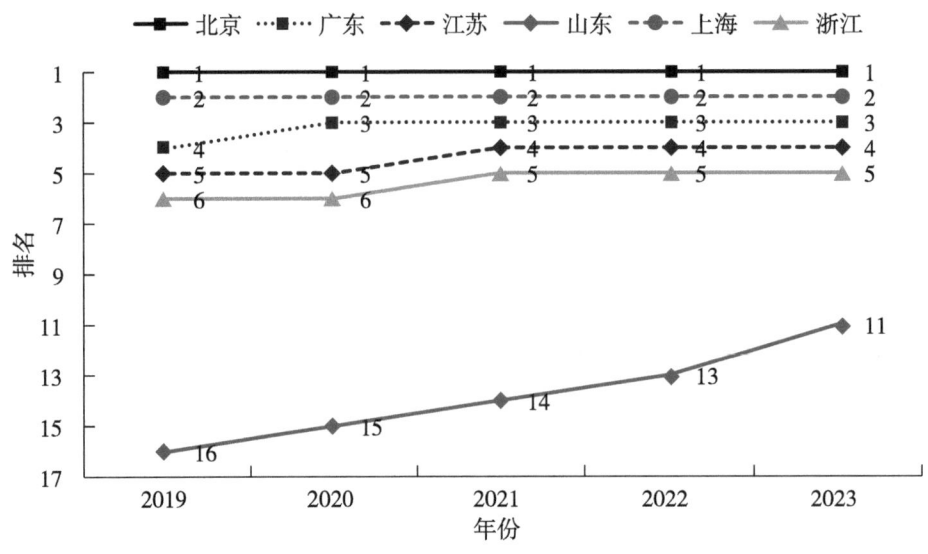

图 3-8 创新效率动态分析结果

3.2.4 创新潜力快速上升后有所下降

对广东省等 6 个省份的区域创新潜力动态变化进行分析，从图 3-9 可以看出，在过去 5 年里，各省份创新潜力变动幅度较大。其中，广东省创新潜力快速上升后又下降，2019 年全国排名第 8 位，2021 年上升到第 1 位，之后又下降至 2023 年的第 11 位。浙江创新潜力呈现上升态势，从 2019 年的全国排名第 21 位，上升到 2022 年的第 1 位，2023 年下降到第 8 位。江苏创新潜力相对靠后，基本保持在第 20 位。山东创新潜力呈现先下降后上升趋势，其中，2021 年全国排名第 29 位，2023 年上升到第 4 位。2023 年上海创新潜力排名较低，为第 28 位；2023 年北京创新潜力排名为第 25 位。

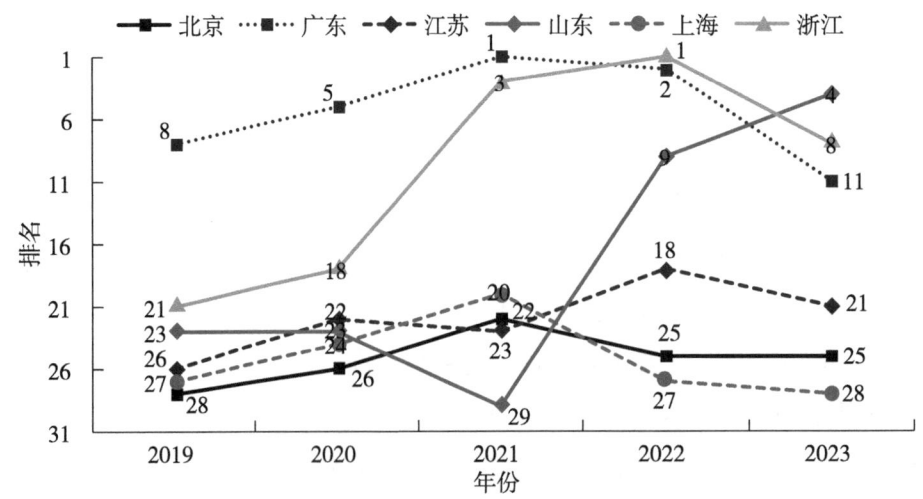

图 3-9 创新潜力动态分析结果

3.2.5 知识创造能力稳定领先

对广东省等6个省份的知识创造动态变化进行分析,从图3-10可以看出,在过去5年里,除北京外,各省份知识创造排名存在一定波动。广东省的知识创造排名呈现稳中略升趋势,从2019年的全国排第3位,到2020年上升为第2位并一直保持稳定。北京知识创造能力稳居第一。江苏、上海、浙江知识创造排名较高,均连续进入全国前5位,其中江苏知识创造排名整体略有下降,从第2位下降到第4位。山东知识创造排名相对较弱,但整体呈现上升趋势,从2019年的第13位,上升到2021年的第12位,且在2023年排到第9位。

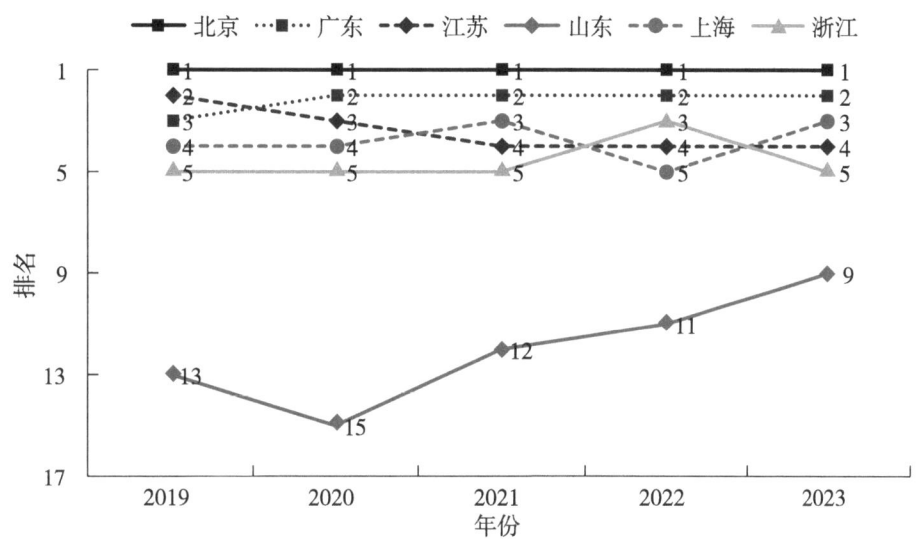

图3-10 知识创造动态分析结果

3.2.6 知识获取能力快速上升

对广东省等6个省份的知识获取动态变化进行分析,从图3-11可以看出,在过去5年里,各省份知识获取排名存在不同程度的波动。广东省的知识获取全国排名呈现持续上升态势,从2019年的全国排名第3位,上升到2020年的第2位,到2023年排名全国第一。山东知识获取能力也呈现快速上升趋势,从2019年的全国排名第10位,上升到2023年的第4位。北京知识获取能力经历了一定程度的下降后2023年又回升至全国第2位。上海知识获取能力从2019年的排名第1位下降到2023年的第3位。浙江知识获取能力下降明显,从2019年的全国排名第8位,下降到2023年的第16位。

3.2.7 企业创新能力稳居全国第一

对广东省等6个省份的企业创新能力动态变化进行分析,从图3-12可以看出,在过去5年里,大部分省份企业创新排名维持稳定。广东省企业创新能力全国排名稳定在第1位。江苏、浙江、北京分别稳定排名第 2、第 3、第 4 位。上海的企业创新能力全国排名有下降趋势,从 2019 年的第 5 位下降到 2023 年的第 9 位。山东企业创新能力排名波动较大,从 2019 年的全国排名第 6 位下降到 2021 年的第 9 位,又上升到 2023 年的第 5 位。

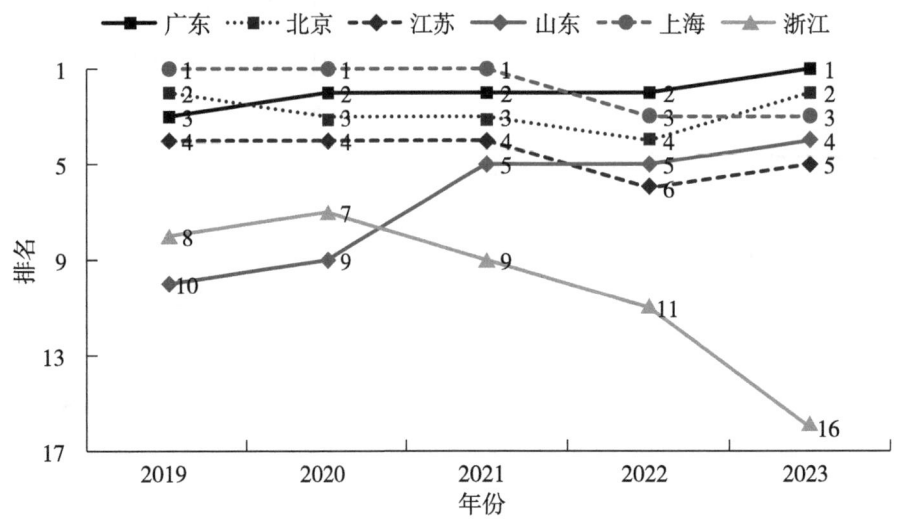

图 3-11 知识获取动态分析结果

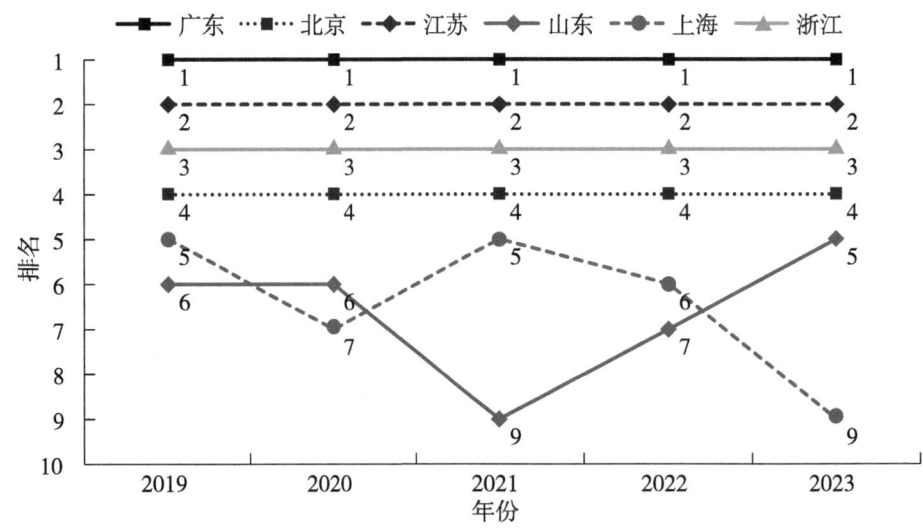

图 3-12 企业创新动态分析结果

3.2.8 创新环境波动领先

对广东省等 6 个省份的创新环境动态变化进行分析,从图 3-13 可以看出,在过去 5 年里,大部分省份创新环境排名存在一定波动。广东省创新环境全国排名在前两名波动,2023 年居全国第 2 位。北京、江苏和浙江的创新环境也一直保持在较高水平,在过去 5 年均保持在全国前 5 位,特别是北京,和广东省交替排名第一。上海从 2019 年的排名第 4 位下降至 2020 年的第 6 位,2021

年又升至第 5 位且保持稳定。山东创新环境也有一定波动，2019 年全国排名第 6 位，2022 年全国排名下降到第 8 位，2023 年又回升至第 6 位。

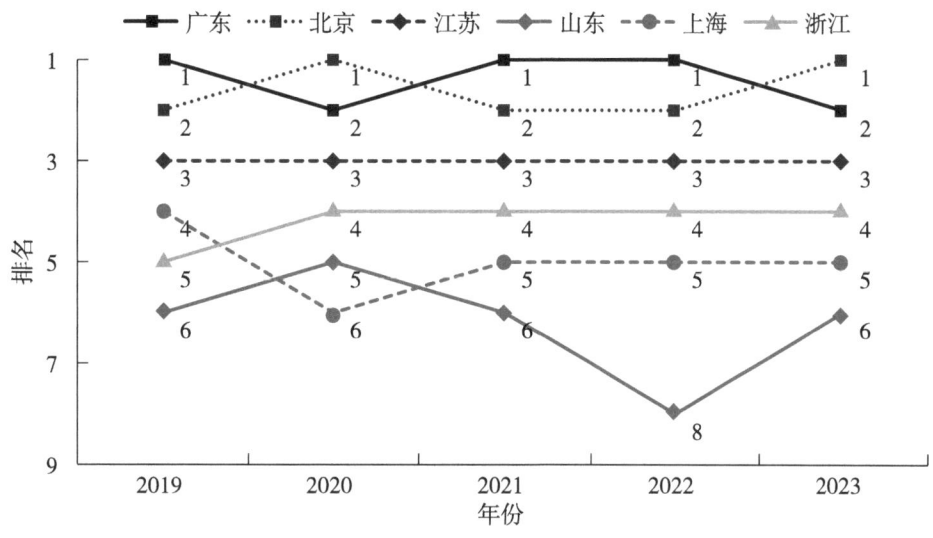

图 3-13 创新环境动态分析结果

3.2.9 创新绩效稳居首位

对广东省等 6 个省份的创新绩效动态变化进行分析，从图 3-14 可以看出，在过去 5 年里，大部分省份创新绩效排名存在波动。广东省创新绩效排名近 5 年一直保持全国第一。江苏、北京、上海近几年一直属于第一梯队，全国排名均在前五。江苏和北京的创新绩效过去 5 年全国排名在第二和第三之间波动。浙江创新绩效呈上升趋势，从 2019 年的第 7 位上升至 2023 年的第 4 位。山东创新绩效相对落后，2020 年下降至第 17 位后，2023 年全国排名上升至第 13 位。

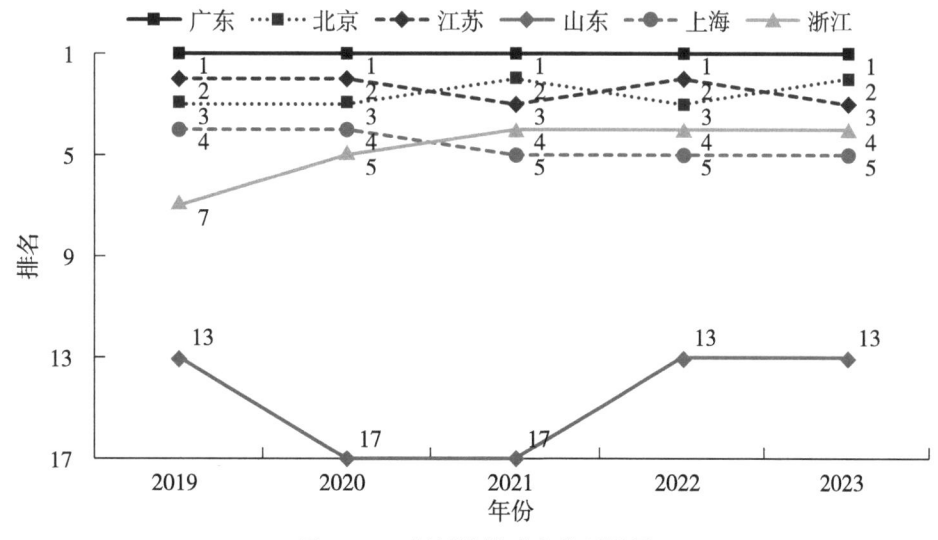

图 3-14 创新绩效动态分析结果

3.3 广东省区域创新关键指标分析

为了更好地分析广东省区域创新能力的发展水平，本报告对部分关键指标进行了分析，揭示了广东省区域创新能力的内在动力。

3.3.1 创新实力和创新效率指标具有明显优势

对广东省创新能力的优势指标进行分析（表3-1），由于《中国区域创新能力评价报告》利用滞后两年的数据进行评价，所以关键指标使用的是2021年的数据。广东省有50个基础指标排名全国前3位，其中32个指标排名全国第1位，具有较大的优势。从指标分布来看，排名领先的大部分指标为创新实力指标与创新效率指标。以广东省的10个优势效率指标为例，其中，"研究与试验发展全时人员当量"全国排名第1位，领先于其余5个省份，其余5个省份分别排名第2到第6位。"发明专利授权数"全国排名第1位，领先于其余5个省份，有较大的领先优势。"高校和科研院所研发经费内部支出额中来自企业资金的比例"（63.57%）全国排名第1位，数值显著高于其他5个省份，上海和北京该指标全国排名均较靠后，分别仅为第17、第18位。"规上工业企业研发活动经费内部支出总额"全国排名第1位，数值略高于排名第二的江苏，领先优势较小。"规上工业企业有效发明专利数"全国排名第1位，显著高于其他5个省份。"教育经费支出"全国排名第1位，投入为5387.0亿元，显著领先于排名第二的江苏省（3371.7亿元）。"高技术企业数""高技术产业新产品销售收入"数值均是排名第二的江苏省的近两倍，显著领先于其余5个省份。此外，"地区生产总值（GDP）""高技术产业就业人数占总就业人数的比例"在全国排名均为第1位。

表3-1 广东省优势指标分析

指标名称		广东	江苏	山东	上海	浙江	北京
研究与试验发展全时人员当量/人年	数值	885 247	755 898	447 642	235 518	575 283	338 297
	排名	1	2	4	6	3	5
发明专利授权数/件	数值	102 850	68 813	36 345	32 860	56 796	79 210
	排名	1	3	5	6	4	2
高校和科研院所研发经费内部支出额中来自企业资金的比例	数值	63.57%	46.72%	43.83%	35.02%	37.31%	34.66%
	排名	1	5	6	17	13	18
规上工业企业研发活动经费内部支出总额/亿元	数值	2902.2	2716.6	1565.3	698.3	1591.7	313.5
	排名	1	2	4	10	3	17
规上工业企业有效发明专利数/件	数值	511 717	242 423	103 410	66 509	120 873	70 538
	排名	1	2	4	7	3	6

续表

指标名称		广东	江苏	山东	上海	浙江	北京
教育经费支出/亿元	数值	5387.0	3371.7	3102.3	1442.8	2884.6	1508.5
	排名	1	2	3	16	4	14
高技术企业数/家	数值	12 372	6893	1922	1323	4230	937
	排名	1	2	6	11	3	13
地区生产总值（GDP）/亿元	数值	124 369.7	116 364.2	83 095.9	43 214.9	73 515.8	40 269.6
	排名	1	2	3	10	4	13
高技术产业新产品销售收入/亿元	数值	24 591.8	12 471.1	3787.4	1810.8	7229.5	5388.1
	排名	1	2	5	14	3	4
高技术产业就业人数占总就业人数的比例	数值	5.90%	4.77%	1.09%	3.29%	2.62%	2.34%
	排名	1	2	16	3	5	9

3.3.2 经济发展水平和教育水平有待提升

一个地区的创新能力与该地区的经济发展水平、居民消费水平及教育水平有着密切关系。从全国范围来看，反映经济发展水平的人均国内生产总值（GDP）和居民消费水平，反映教育水平的人口学历指标，均与创新能力存在较高相关性。

表3-2和图3-15展示了2021年各地区经济发展水平、居民消费水平及教育水平。相对于其他5个省份，广东省的人均GDP水平较低（98 285元），仅略高于山东（81 727元），显著低于其余4个省份。居民消费水平和教育水平也相对较低，居民消费水平略高于江苏和山东，教育水平略高于山东。相比之下，北京在经济发展和教育水平方面表现最好，人均GDP水平达到183 980元，居民消费水平达到43 640.4元，6岁及6岁以上人口中大专以上学历所占的比例为49.1%。浙江的经济发展水平和教育水平也相对较低。

表3-2　2021年各地区经济发展水平、居民消费水平及教育水平

地区	人均GDP水平/元	居民消费水平/元	6岁及6岁以上人口中大专以上学历所占的比例
北京	183 980	43 640.4	49.1%
广东	98 285	31 589.3	19.9%
江苏	137 039	31 451.4	22.7%
山东	81 727	22 820.9	17.4%

续表

地区	人均GDP水平/元	居民消费水平/元	6岁及6岁以上人口中大专以上学历所占的比例
上海	173 630	48 879.3	38.6%
浙江	113 032	36 668.1	20.2%

数据来源：《中国统计年鉴2023》。

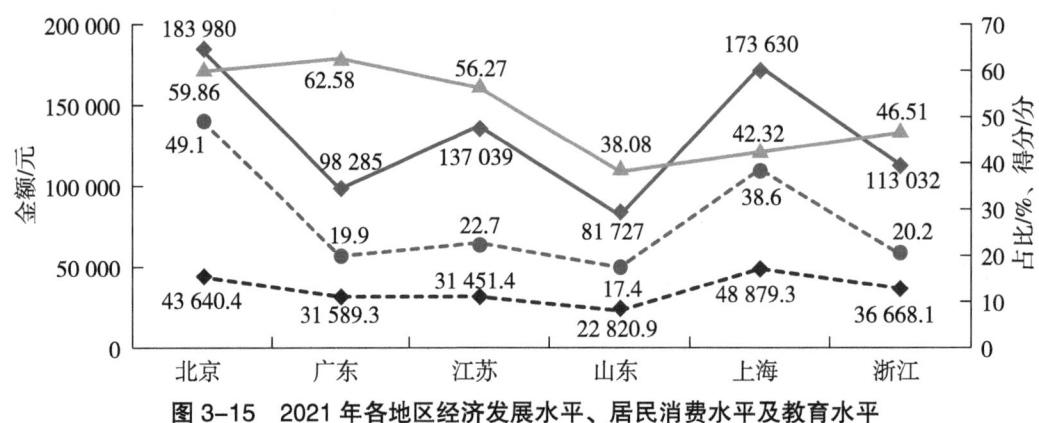

图3-15　2021年各地区经济发展水平、居民消费水平及教育水平

3.3.3　研发投入金额及投入强度有待优化

一个地区的研发投入水平与创新能力密切相关，但二者之间并非完全线性增长的关系，研发投入总量及来源结构都是重要的影响因素。

（1）研发投入水平与来源结构

表3-3呈现了2020—2021年各地区政府研发经费投入情况。2021年全国政府研发经费投入总量为5299.9亿元，较上年增长9.83%。2021年，广东省的政府研发经费投入为474.3亿元，占全国的8.95%，投入规模显著低于北京和上海，高于江苏、浙江和山东。从增长率来看，广东省政府研发经费投入增长率为7.66%，增幅较低，其他几个省份大多保持快速上升趋势，特别是浙江和山东，增长率分别高达25.81%和19.20%，北京增长率为9.42%。在政府研发经费投入方面，北京和上海研发经费投入体量较大，分别为1186.5亿元和570.6亿元，江苏政府研发经费投入有所下降。

表 3-3　2020—2021 年各地区政府研发经费投入情况

地区	政府研发经费投入/亿元			政府研发经费投入占全国比重		
	2021 年	2020 年	增长率	2021 年	2020 年	变化
全国	5299.9	4825.6	9.83%			
北京	1186.5	1084.3	9.42%	22.39%	22.47%	−0.08%
广东	474.3	440.6	7.66%	8.95%	9.13%	−0.18%
江苏	263.2	280.9	−6.29%	4.97%	5.82%	−0.85%
山东	173.2	145.3	19.20%	3.27%	3.01%	0.26%
上海	570.6	526.5	8.37%	10.77%	10.91%	−0.15%
浙江	201.3	160.0	25.81%	3.80%	3.42%	0.38%

数据来源：《中国科技统计年鉴 2022》《中国统计年鉴 2022》。

表 3-4 呈现了 2020—2021 年各地区规上工业企业研发经费内部支出情况。2021 年全国规上工业企业研发经费投入达到 17 514.3 亿元，较上年增长 14.69%。广东的规上工业企业研发经费投入在 6 个省份中最高，2021 年达到 2902.2 亿元，占全国比重为 16.57%。从增长率来看，广东省的增速在 6 个省份中排第一（16.09%）；其次是山东，增速达到 14.62%。在规上工业企业研发经费投入方面，江苏仅次于广东省，2021 年为 2716.6 亿元，且保持着较高的增长率（14.06%）。北京规上工业企业研发经费投入在 6 个省份中最低，2021 年仅 313.5 亿元。

表 3-4　2020—2021 年各地区规上工业企业研发经费内部支出情况

地区	规上工业企业研发经费投入/亿元			规上工业企业研发经费投入占全国比重		
	2021 年	2020 年	增长率	2021 年	2020 年	变化
全国	17 514.3	15 271.27	14.69%			
北京	313.5	297.42	5.41%	1.79%	1.95%	−0.16%
广东	2902.2	2499.95	16.09%	16.57%	16.37%	0.20%
江苏	2716.6	2381.69	14.06%	15.51%	15.60%	−0.09%
山东	1565.3	1365.62	14.62%	8.94%	8.94%	−0.01%
上海	698.3	635.01	9.97%	3.99%	4.16%	−0.17%
浙江	1591.7	1395.90	14.03%	9.09%	9.14%	−0.05%

数据来源：《中国科技统计年鉴 2022》。

（2）研发投入强度

表3-5呈现了2020—2021年各地区政府与企业的研发投入水平。以政府研发投入占GDP的比重来表示政府研发投入强度，以规上工业企业研发活动经费内部支出总额占销售收入的比重来表示企业研发投入强度。2021年，广东省的政府研发投入强度为0.38%，企业研发投入强度为1.67%，企业研发投入强度明显高于政府研发投入强度。

从2021年各省对比数据来看，广东省的政府研发投入强度仅次于北京和上海，高于其余3个省份。但政府研发投入强度（0.38%）与全国领先地区差距较大，北京为2.95%，上海为1.32%。企业研发投入强度仅次于江苏，但政府研发投入强度有下降趋势，企业研发投入强度暂且保持稳定。仅山东和浙江的政府研发投入强度有上升。浙江、北京和江苏的企业研发投入强度均出现较大的下降。

表3-5　2020—2021年各地区政府与企业的研发投入水平

地区	政府研发投入强度			企业研发投入强度		
	2021年	2020年	变化	2021年	2020年	变化
北京	2.95%	3.00%	−0.05	1.09%	1.25%	−0.16
广东	0.38%	0.40%	−0.02	1.67%	1.67%	0
江苏	0.23%	0.27%	−0.04	1.77%	1.90%	−0.13
山东	0.21%	0.20%	0.01	1.51%	1.57%	−0.06
上海	1.32%	1.36%	−0.04	1.54%	1.61%	−0.07
浙江	0.27%	0.26%	0.01	1.59%	1.78%	−0.19

数据来源：《中国统计年鉴2022》。

3.3.4　研发投入总量较大，对基础研究的重视程度需提升

表3-6呈现了2021年各地区政府研发经费投入总额和使用结构。从投入总额来看，广东省研发经费投入达到4002亿元，明显领先于其他5个省份，上海投入总额在6个省份中最低（1822亿元），不足广东省投入总额的1/2。北京基础研究投入（423亿元）相对最高，大幅领先于广东省的投入（274亿元）。从使用结构来看，6个地区研发经费使用仍然以试验发展为主，除北京外占比均超过79%。其中，北京比较重视基础研究，占比达到16.07%，在6个省份中占比最高；广东基础研究占比为6.85%，比重不到北京的一半；浙江基础研究占比最低，仅为2.98%；江苏试验发展占比为90.84%，是6个省份中最高的。

表 3-6　2021 年各地区政府研发经费投入总额和使用结构[①]

地区	研发经费投入总额/亿元				使用结构		
	总额	基础研究	应用研究	试验发展	基础研究	应用研究	试验发展
北京	2629	423	657	1550	16.07%	24.99%	58.94%
上海	1822	178	190	1454	9.76%	10.43%	79.81%
江苏	3439	136	179	3124	3.95%	5.22%	90.84%
浙江	2158	64	138	1955	2.98%	6.41%	90.60%
山东	1945	74	119	1752	3.79%	6.14%	90.07%
广东	4002	274	357	3371	6.85%	8.91%	84.23%

数据来源：《中国科技统计年鉴 2022》。

3.3.5　专利申请受理数量全国遥遥领先且呈增长态势

表 3-7 为 2020—2021 年各地区专利申请情况，一般来讲，创新能力领先的地区在专利申请数量方面也具有领先优势。2021 年，广东省 3 种专利申请数量为 980 634 件，显著高于其余 5 个省份，在增长率方面，低于北京、上海和山东，但仍保持正增长，江苏和浙江均出现负增长。其中发明专利申请量为 242 551 件，显著高于其余 5 个省份，且增长率为 12.33%，仅次于北京和上海，与 2020 年相比发明专利占全国比重保持上升趋势。

表 3-7　2020—2021 年各地区专利申请情况

地区	3 种专利						发明专利					
	专利数/件			占全国比重			专利数/件			占全国比重		
	2021 年	2020 年	增长率	2021 年	2020 年	变动	2021 年	2020 年	增长率	2021 年	2020 年	变动
北京	283 134	254 165	11.40%	5.62%	5.09%	0.53%	167 608	145 035	15.56%	11.84%	10.88%	0.96%
江苏	696 693	719 452	-3.16%	13.82%	14.40%	-0.58%	188 241	177 995	5.76%	13.30%	13.35%	-0.06%
浙江	503 197	507 050	-0.76%	9.98%	10.15%	-0.17%	129 821	129 708	0.09%	9.17%	9.73%	-0.56%
山东	369 470	337 280	9.54%	7.33%	6.75%	0.58%	82 481	74 420	10.83%	5.83%	5.58%	0.24%
上海	232 918	210 293	10.76%	4.62%	4.21%	0.41%	92 527	81 042	14.17%	6.54%	6.08%	0.46%
广东	980 634	967 204	1.39%	19.46%	19.36%	0.09%	242 551	215 926	12.33%	17.14%	16.20%	0.94%

数据来源：《中国科技统计年鉴 2022》《中国统计年鉴 2022》。

注：本表所列数据为四舍五入后数据，与计算用的实际值略有出入。

---

① 部分统计数据因四舍五入存在误差。

从规上工业企业专利申请量来看（表3-8），广东无论是3种专利申请总数（340 935件）还是发明专利申请数（139 727件），均显著高于其余5个省份；企业3种专利申请和发明专利申请占全省全部专利的比重均为6个地区最高，3种专利和发明专利占比分别达到34.77%和57.61%。

表 3-8　2021年各地区规上工业企业专利申请情况

地区	规上工业企业			
	数量/件		占全省比重	
	3种专利	发明专利	3种专利	发明专利
江苏	207 371	65 806	29.77%	34.96%
北京	28 221	15 589	9.97%	9.30%
广东	340 935	139 727	34.77%	57.61%
山东	98 190	31 824	26.58%	38.58%
上海	41 431	16 786	17.79%	18.14%
浙江	159 920	41 292	31.78%	31.81%

数据来源：《中国科技统计年鉴2022》。

第 4 章 广东省全域创新能力评价分析

4.1 综合指标分析

4.1.1 综合指标排名与变化

2024 年广东省各地市创新能力综合得分和排名如图 4-1 所示[①]。其中,深圳、广州、珠海依次位居前三,而茂名、湛江和揭阳排名相对落后。广东省各地市创新能力排名呈现出明显的梯队分布,深圳、广州、珠海和东莞为第一梯队,综合得分超过 50 分;惠州、中山、佛山和江门为第二梯队,综合得分在 29~50 分;河源、清远、肇庆、韶关、汕头、汕尾、云浮、梅州和潮州为第三梯队,综合得分在 10~19 分;阳江、揭阳、湛江和茂名为第四梯队,综合得分低于 10 分。

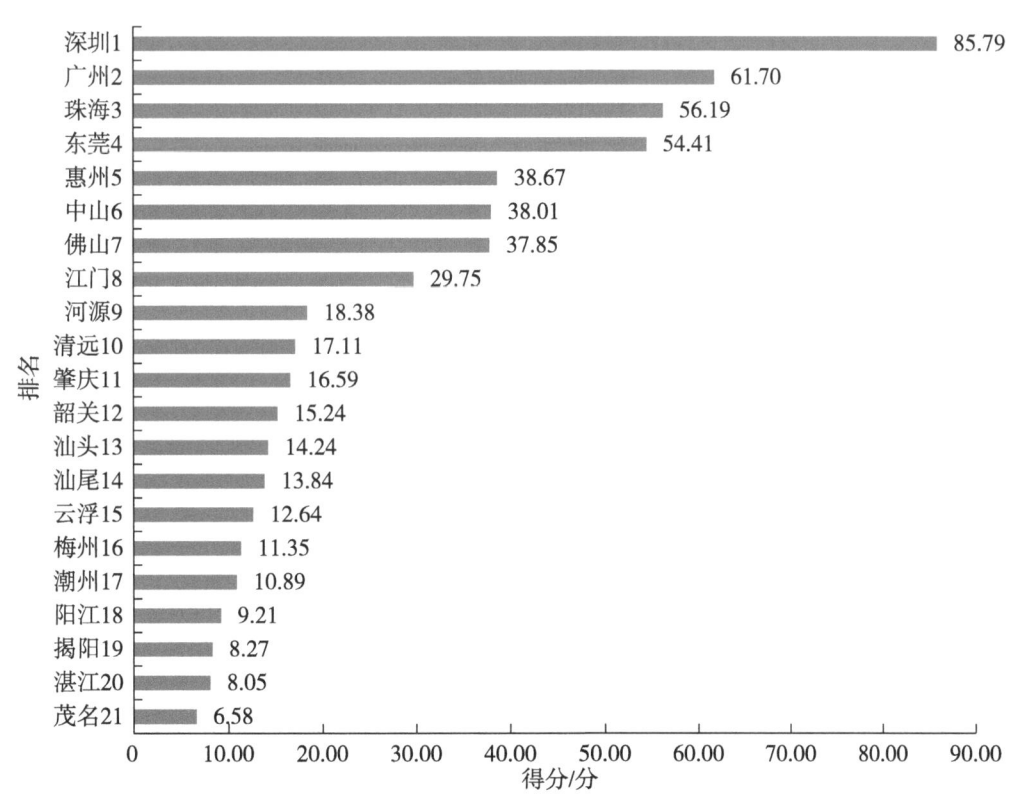

图 4-1 2024 年广东省各地市创新能力综合得分和排名

---

① 按惯例使用滞后两年数据进行评价,即 2024 年评价结果基于 2022 年基础指标测算。

2023—2024年各地市创新能力排名如表4-1所示。在广东省21个地市中，前4位均未出现变化；排名上升的城市有7个，且这7个城市均上升1位；排名下降的城市有3个，其中，云浮下降4位，佛山下降2位，茂名下降1位。

表4-1 2023—2024年广东省各地市创新能力排名及变化

城市	2024年	2023年	排名变化	城市	2024年	2023年	排名变化
深圳	1	1	0	韶关	12	13	1
广州	2	2	0	汕头	13	14	1
珠海	3	3	0	汕尾	14	15	1
东莞	4	4	0	云浮	15	11	−4
惠州	5	6	1	梅州	16	16	0
中山	6	7	1	潮州	17	17	0
佛山	7	5	−2	阳江	18	18	0
江门	8	8	0	揭阳	19	19	0
河源	9	9	0	湛江	20	21	1
清远	10	10	0	茂名	21	20	−1
肇庆	11	12	1				

4.1.2 分区域创新能力分析

广东省的21个地市可以沿珠江口，划分为珠江三角洲、东翼、西翼和山区四大区域，四大区域经济发展和创新能力各不相同，本报告对四大区域的2024年最新排名和排名变化进行分析，结果如表4-2所示。

广东省珠江三角洲是创新能力最强的地区，广东省区域创新能力排名前8位的城市均在珠江三角洲九市之中，且排名相对稳定。肇庆市则是珠江三角洲地区创新能力较弱的城市，2024年排名第11位，比上年上升1位。

广东省东翼是指汕头、潮州、揭阳、汕尾4个地级市，位于广东省东部沿海，是广东省的"东大门"。在这4个城市中，汕头和汕尾排名均上升1位，分别由第14位和第15位，上升到第13位和第14位；潮州和揭阳排名未发生变化。

广东省西翼是指湛江、茂名和阳江三市，相较于2023年，茂名排名下降1位，由第20位下降到第21位；湛江上升1位，由第21位上升到第20位；阳江排名未发生变化。

广东省山区五市是指韶关、梅州、清远、河源和云浮，其中排名最靠前的是河源，排名保持在第 9 名；韶关排名上升 1 位，由第 13 位上升到第 12 位，处于广东省中等水平；梅州和清远排名均未发生变化；云浮则下降 4 位，由第 11 位下降到第 15 位。

表 4-2　2023—2024 年区域内各地市创新能力排名比较

区域	城市	2024 年	2023 年	排名变化
珠江三角洲	广州	2	2	0
	深圳	1	1	0
	珠海	3	3	0
	佛山	7	5	-2
	惠州	5	6	1
	东莞	4	4	0
	中山	6	7	1
	江门	8	8	0
	肇庆	11	12	1
东翼	汕头	13	14	1
	潮州	17	17	0
	揭阳	19	19	0
	汕尾	14	15	1
西翼	湛江	20	21	1
	茂名	21	20	-1
	阳江	18	18	0
山区	韶关	12	13	1
	梅州	16	16	0
	清远	10	10	0
	河源	9	9	0
	云浮	15	11	-4

4.2　分维度指标分析

根据国内外区域创新能力评价报告，结合广东省区域创新实际情况，本报告构建了包含创新投入、创新产出、产业升级、创新环境和创新绩效 5 个维度的区域创新能力评价报告，在效用值法的基础上，基于逐级等权法计算得到各地市效用总得分。本章进一步对各维度效用得分进行分析。

4.2.1 创新投入指标分析

创新投入是各区域在开展创新活动过程中的人才和经费投入，2024年广东省各地市创新投入指标得分如图4-2所示。其中，深圳、珠海和惠州依次位居前三，东莞、广州和佛山紧随其后，而潮州、梅州和阳江排名相对落后。深圳在创新投入方面具有明显优势。珠海、惠州、东莞和广州得分较为接近。揭阳、河源等7个城市得分低于10分，创新投入有待进一步提升。

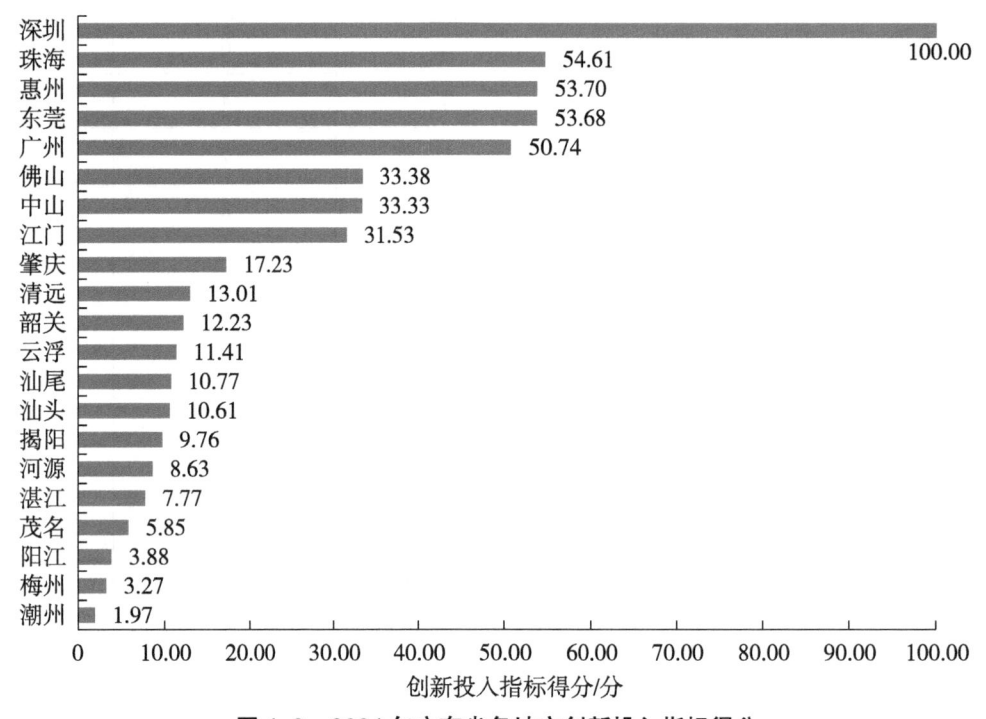

图4-2 2024年广东省各地市创新投入指标得分

2023—2024年各地市创新投入及其二级指标排名和变化如表4-3所示。在创新投入方面，各城市的排名变动幅度较大，其中汕尾上升4位，湛江上升3位，珠海、肇庆和阳江均上升2位，河源下降3位，东莞、江门、韶关、梅州和潮州均下降2位，其他城市排名变化不超过1位。在人员投入方面，云浮和湛江均上升3位，肇庆上升2位，东莞、韶关和河源均下降2位，其他城市排名变化不超过1位。在经费投入方面，湛江上升5位，汕尾上升4位，汕头上升3位，中山和揭阳均上升2位，云浮下降5位，韶关下降4位，河源和茂名均下降2位，其他城市排名变化不超过1位。

表 4-3 2023—2024 年各地市创新投入及其二级指标排名和变化

城市	1 创新投入			1.1 人员投入			1.2 经费投入		
	2024 年	2023 年	变化	2024 年	2023 年	变化	2024 年	2023 年	变化
深圳	1	1	0	1	1	0	1	1	0
珠海	2	4	2	2	2	0	5	5	0
惠州	3	3	0	3	4	1	4	3	-1
东莞	4	2	-2	5	3	-2	2	2	0
广州	5	5	0	4	5	1	3	4	1
佛山	6	7	1	6	7	1	8	7	-1
中山	7	8	1	8	8	0	6	8	2
江门	8	6	-2	7	6	-1	7	6	-1
肇庆	9	11	2	9	11	2	9	10	1
清远	10	10	0	10	9	-1	13	13	0
韶关	11	9	-2	12	10	-2	13	9	-4
云浮	12	12	0	11	14	3	16	11	-5
汕尾	13	17	4	15	16	1	12	16	4
汕头	14	14	0	16	15	-1	11	14	3
揭阳	15	15	0	20	19	-1	10	12	2
河源	16	13	-3	14	12	-2	17	15	-2
湛江	17	20	3	18	21	3	15	20	5
茂名	18	17	-1	13	13	0	21	19	-2
阳江	19	21	2	17	17	0	20	21	1
梅州	20	18	-2	19	18	-1	18	17	-1
潮州	21	19	-2	21	20	-1	19	18	-1

4.2.2 创新产出指标分析

创新产出是各区域在开展创新活动过程中产生的创新成果,包括专利产出和产业创新等,2024 年广东省各地市创新产出指标得分如图 4-3 所示。其中,深圳、珠海和东莞依次位居前三,惠州、中山和江门紧随其后,而茂名、揭阳和湛江排名相对落后。深圳在创新产出方面具有明显领先优势,珠海虽然与深圳仍存在一定差距,但明显领先于第 3 名的东莞。湛江、揭阳和茂名等 3 个城市得分均低于 10 分,创新产出有待进一步提升。

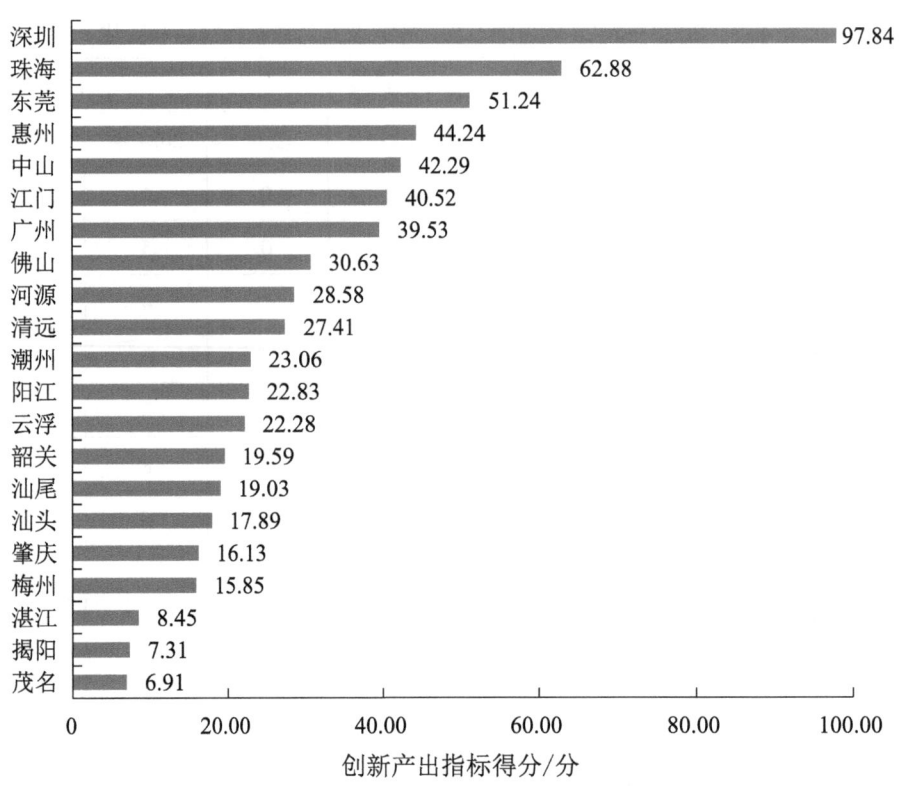

图 4-3 2024 年广东省各地市创新产出指标得分

2023—2024 年各地市创新产出及其二级指标排名和变化如表 4-4 所示。在创新产出方面，前 10 位均未发生变化，阳江上升 3 位，云浮和梅州均下降 2 位，其他城市排名变化不超过 1 位。在专利产出方面，城市排名相对稳定，除汕头下降 2 位外，其他城市排名变化均不超过 1 位。在产业创新方面，阳江上升 5 位，佛山和云浮均下降 2 位，其他城市排名变化不超过 1 位。

表 4-4 2023—2024 年各地市创新产出及其二级指标排名和变化

城市	2 创新产出			2.1 专利产出			2.2 产业创新		
	2024 年	2023 年	变化	2024 年	2023 年	变化	2024 年	2023 年	变化
深圳	1	1	0	1	1	0	1	1	0
珠海	2	2	0	2	2	0	3	3	0
东莞	3	3	0	3	3	0	6	6	0
惠州	4	4	0	7	7	0	2	2	0
中山	5	5	0	6	6	0	5	5	0
江门	6	6	0	8	8	0	4	4	0
广州	7	7	0	4	4	0	9	8	-1

续表

城市	2 创新产出			2.1 专利产出			2.2 产业创新		
	2024年	2023年	变化	2024年	2023年	变化	2024年	2023年	变化
佛山	8	8	0	5	5	0	13	11	-2
河源	9	9	0	15	15	0	7	7	0
清远	10	10	0	12	12	0	8	9	1
潮州	11	12	1	14	13	-1	11	12	1
阳江	12	15	3	19	20	1	10	15	5
云浮	13	11	-2	18	18	0	12	10	-2
韶关	14	13	-1	10	11	1	15	14	-1
汕尾	15	14	-1	16	16	0	14	13	-1
汕头	16	17	1	11	9	-2	16	17	1
肇庆	17	18	1	9	10	1	18	18	0
梅州	18	16	-2	17	17	0	17	16	-1
湛江	19	20	1	13	14	1	19	20	1
揭阳	20	19	-1	21	21	0	20	19	-1
茂名	21	21	0	20	19	-1	21	21	0

4.2.3 产业升级指标分析

产业升级是各区域产业向附加值更高的产业转型的过程，2024年广东省各地市产业升级指标得分如图4-4所示。其中，深圳、东莞和珠海依次位居前三，广州、惠州和中山紧随其后。深圳在产业升级方面具有明显领先优势，东莞、珠海和广州的分值较为相近。茂名、阳江和湛江得分均低于10分，产业升级有待进一步加强。

2023—2024年各地市产业升级及其二级指标排名和变化如表4-5所示。在产业升级方面，韶关和潮州均上升5位，东莞和佛山均上升2位，云浮下降11位，清远下降3位，揭阳下降2位，其他城市排名变化均不超过1位。在结构优化方面，城市排名相对稳定，惠州下降2位，其他城市排名变化均不超过1位。在能力提升方面，潮州上升6位，茂名上升5位，韶关上升2位，云浮下降13位，珠海和河源均下降2位，其他城市排名变化均不超过1位。

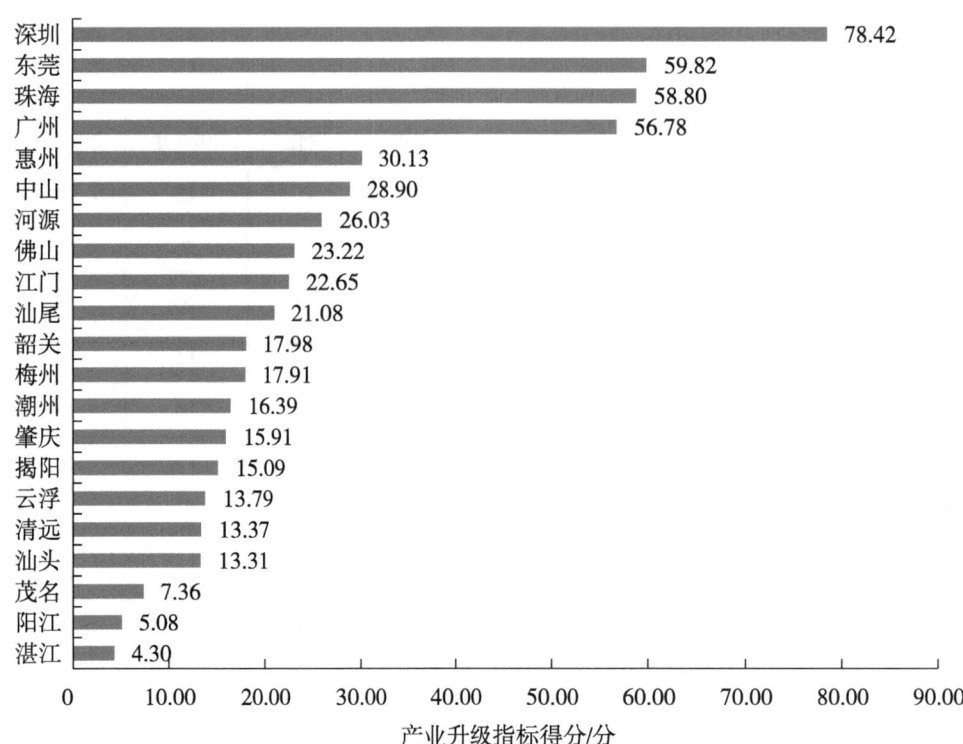

图 4-4 2024 年广东省各地市产业升级指标得分

表 4-5 2023—2024 年各地市产业升级及其二级指标排名和变化

城市	3 产业升级			3.1 结构优化			3.2 能力提升		
	2024 年	2023 年	变化	2024 年	2023 年	变化	2024 年	2023 年	变化
深圳	1	1	0	1	1	0	2	3	1
东莞	2	4	2	6	7	1	1	2	1
珠海	3	2	-1	3	3	0	3	1	-2
广州	4	3	-1	2	2	0	4	4	0
惠州	5	6	1	7	5	-2	8	9	1
中山	6	7	1	10	10	0	6	7	1
河源	7	8	1	4	4	0	14	12	-2
佛山	8	10	2	19	19	0	5	6	1
江门	9	9	0	14	13	-1	7	8	1
汕尾	10	11	1	5	6	1	15	15	0
韶关	11	16	5	12	12	0	11	13	2
梅州	12	12	0	8	8	0	17	17	0
潮州	13	18	5	16	16	0	10	16	6
肇庆	14	15	1	17	18	1	9	10	1
揭阳	15	13	-2	9	9	0	20	19	-1

续表

城市	3 产业升级			3.1 结构优化			3.2 能力提升		
	2024 年	2023 年	变化	2024 年	2023 年	变化	2024 年	2023 年	变化
云浮	16	5	-11	11	11	0	18	5	-13
清远	17	14	-3	15	15	0	12	11	-1
汕头	18	17	-1	13	14	1	13	14	1
茂名	19	19	0	18	17	-1	16	21	5
阳江	20	21	1	20	20	0	21	20	-1
湛江	21	20	-1	21	21	0	19	18	-1

4.2.4 创新环境指标分析

创新环境是影响创新主体行为和绩效的各类外部因素的总和，包括政策环境和创新平台。2024 年广东省各地市创新环境指标得分如图 4-5 所示。其中，广州、深圳和佛山依次位居前三，东莞、珠海和中山紧随其后。广州和深圳在创新环境营造方面具有明显领先优势，城市之间创新环境得分差距较大，只有 2 个城市得分超过 40 分。韶关、湛江等 10 个城市得分低于 10 分，创新环境有待进一步改善。

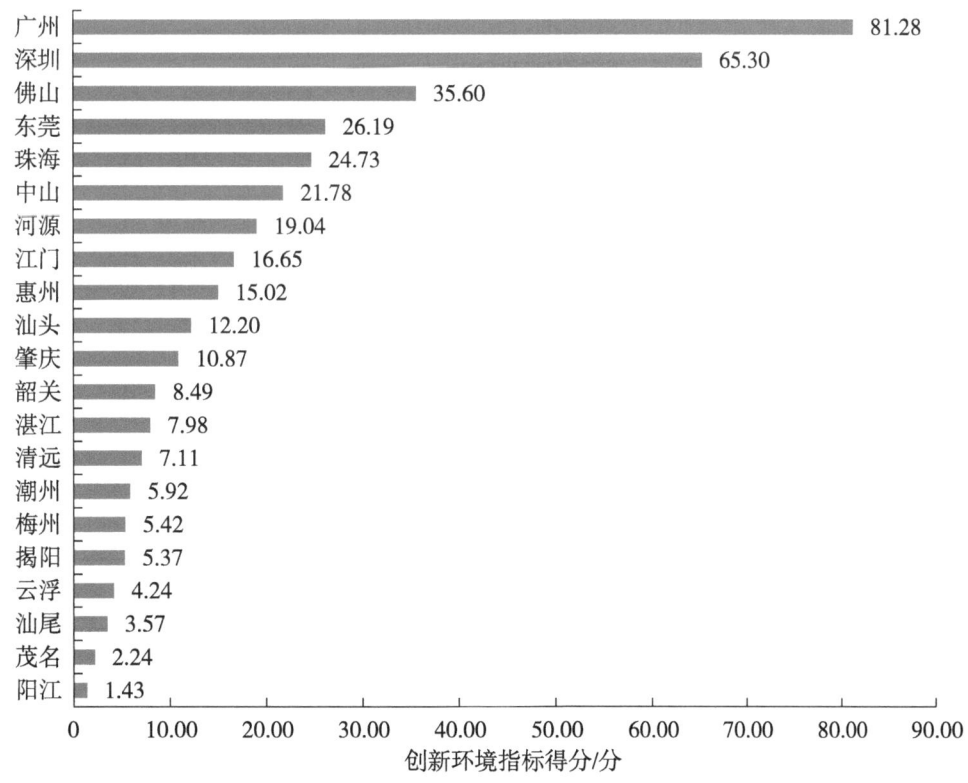

图 4-5 2024 年广东省各地市创新环境指标得分

2023—2024年各地市创新环境及其二级指标排名和变化如表4-6所示。在创新环境方面,潮州上升3位,韶关和揭阳均上升2位,清远和阳江均下降4位,云浮下降2位,其他城市排名变化均不超过1位。在政策环境方面,前9位均未发生变化,潮州和揭阳均上升4位,韶关上升3位,清远和阳江均下降5位,梅州下降3位,云浮下降2位,其他城市排名变化均不超过1位。在创新平台方面,城市排名相对稳定,前15位均未发生变化,其他城市排名变化均不超过1位。

表4-6 2023—2024年各地市创新环境及其二级指标排名和变化

城市	4 创新环境			4.1 政策环境			4.2 创新平台		
	2024年	2023年	变化	2024年	2023年	变化	2024年	2023年	变化
广州	1	1	0	2	2	0	1	1	0
深圳	2	2	0	1	1	0	2	2	0
佛山	3	3	0	3	3	0	3	3	0
东莞	4	5	1	7	7	0	4	4	0
珠海	5	4	−1	4	4	0	5	5	0
中山	6	6	0	6	6	0	6	6	0
河源	7	7	0	5	5	0	14	14	0
江门	8	8	0	8	8	0	7	7	0
惠州	9	9	0	9	9	0	8	8	0
汕头	10	11	1	10	11	1	9	9	0
肇庆	11	12	1	11	12	1	10	10	0
韶关	12	14	2	12	15	3	12	12	0
湛江	13	13	0	13	13	0	13	13	0
清远	14	10	−4	15	10	−5	11	11	0
潮州	15	18	3	14	18	4	20	19	−1
梅州	16	15	−1	17	14	−3	17	16	−1
揭阳	17	19	2	16	20	4	19	20	1
云浮	18	16	−2	19	17	−2	16	17	1
汕尾	19	20	1	18	19	1	21	21	0
茂名	20	21	1	20	21	1	15	15	0
阳江	21	17	−4	21	16	−5	18	18	0

4.2.5 创新绩效指标分析

创新绩效是各区域创新活动实施或新技术应用后取得的成效，包括生活质量和经济绩效等。2024 年广东省各地市创新绩效指标得分如图 4-6 所示。其中，深圳、东莞和广州依次位居前三，珠海、佛山和中山紧随其后。深圳、东莞、广州和珠海在创新绩效方面具有明显优势。河源、潮州和揭阳 3 个城市得分均低于 10 分，创新绩效有待进一步提升。

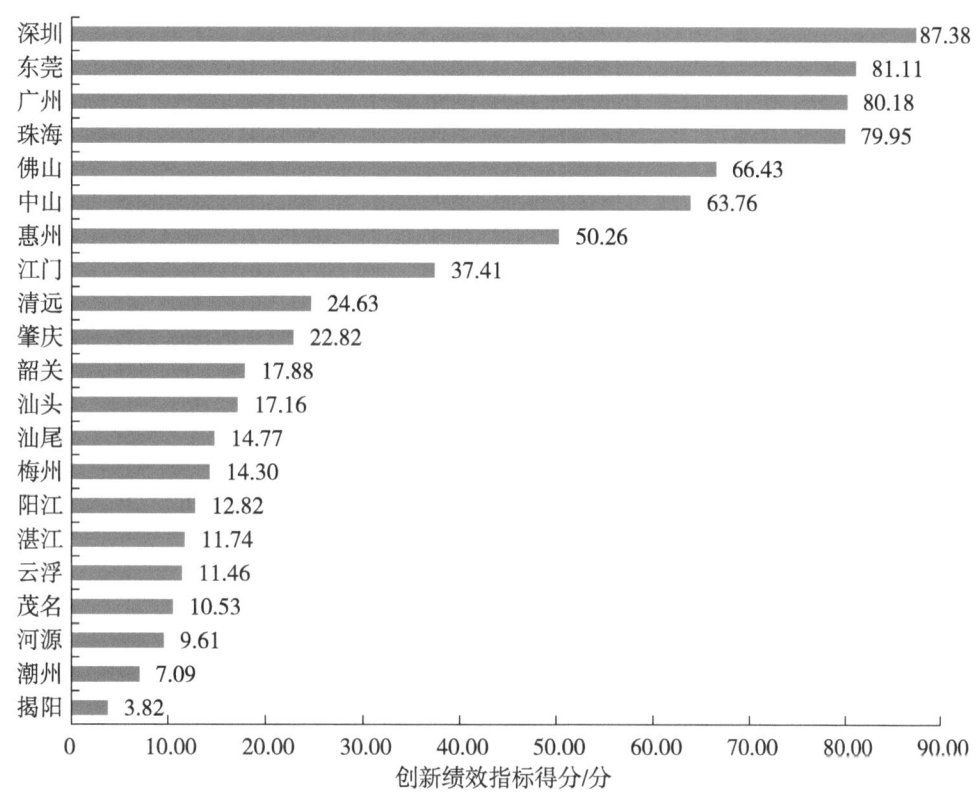

图 4-6 2024 年广东省各地市创新绩效指标得分

2023—2024 年各地市创新绩效及其二级指标排名和变化如表 4-7 所示。在创新绩效方面，城市排名相对稳定，除云浮下降 2 位外，其他城市排名变化均不超过 1 位。在生活质量和经济绩效方面，城市排名稳定，变化均不超过 1 位。

表 4-7 2023—2024 年各地市创新绩效及其二级指标排名和变化

城市	5 创新绩效			5.1 生活质量			5.2 经济绩效		
	2024 年	2023 年	变化	2024 年	2023 年	变化	2024 年	2023 年	变化
深圳	1	1	0	4	4	0	1	1	0
东莞	2	2	0	1	1	0	4	4	0

续表

城市	5 创新绩效			5.1 生活质量			5.2 经济绩效		
	2024年	2023年	变化	2024年	2023年	变化	2024年	2023年	变化
广州	3	4	1	2	2	0	3	3	0
珠海	4	3	-1	6	6	0	2	2	0
佛山	5	5	0	5	5	0	6	5	-1
中山	6	6	0	3	3	0	8	8	0
惠州	7	7	0	7	7	0	5	6	1
江门	8	8	0	8	8	0	7	7	0
清远	9	9	0	15	15	0	9	9	0
肇庆	10	10	0	9	9	0	10	10	0
韶关	11	11	0	11	11	0	11	12	1
汕头	12	12	0	12	13	1	13	13	0
汕尾	13	14	1	16	16	0	14	15	1
梅州	14	13	-1	17	17	0	12	11	-1
阳江	15	16	1	10	10	0	19	20	1
湛江	16	17	1	13	12	-1	18	18	0
云浮	17	15	-2	18	18	0	15	14	-1
茂名	18	18	0	14	14	0	20	19	-1
河源	19	19	0	19	19	0	16	16	0
潮州	20	20	0	20	20	0	17	17	0
揭阳	21	21	0	21	21	0	21	21	0

4.3 排名变化较大地区分析

4.3.1 汕尾市（15→14）

2024年汕尾市创新能力全省排名第14位，相比2023年排名上升1位，创新能力有所提升，分项指标排名如表4-8所示。对分项指标进行分析可知，创新投入排名第13位，较2023年上升4位；创新产出排名第15位，较上年下降1位；产业升级排名第10位，较上年上升1位；创新环境排名第19位，较上年上升1位；创新绩效排名第13位，较上年上升1位。

表 4-8　2023—2024 年汕尾市创新能力排名变化

年份	综合排名	创新投入	创新产出	产业升级	创新环境	创新绩效
2023	15	17	14	11	20	14
2024	14	13	15	10	19	13

从基础指标来看，在创新投入方面，2024 年汕尾市的万人均研发人员数量达 7.22 人，较 2023 年同比增加 47.65%；规上工业企业平均拥有研发人员数量为 7.05 人，同比增加 27.03%；R&D 经费占 GDP 比重同比增加 19.63%；规上工业企业研发经费占营业收入之比同比增加 36.51%；带动创新投入排名上升 4 位。在创新产出方面，汕尾市 PCT 专利申请数占全省比重、高新技术产品进出口额占 GDP 比重均有提升，但高新技术产品产值占工业总产值比重下滑明显，较上年下降 31.83%。在产业升级方面，第三产业增加值占 GDP 比重、高技术制造业工业增加值占规上工业比重和万人均高新技术企业数均有增长。在创新环境方面，汕尾市孵化器数量占全省比例、众创空间数量占全省比例和省级以上重点实验室数量指标，较上年排名均上升 2 位，但排名在全省处于靠后位置。在创新绩效方面，各分项指标排名较为稳定。综合而言，汕尾市创新产出和创新环境需要进一步提升，进而带动全市创新能力的整体提升。

4.3.2　云浮市（11→15）

2024 年云浮市创新能力全省排名第 15 位，相比 2023 年排名下降 4 位，分项指标排名如表 4-9 所示。对分项指标进行研究可知，创新投入排名第 12 位，较 2023 年未发生变化；创新产出排名第 13 位，较上年下降 2 位；产业升级排名第 16 位，较上年下降 11 位；创新环境排名第 18 位，较上年下降 2 位；创新绩效排名第 17 位，较上年下降 2 位。

表 4-9　2023—2024 年云浮市创新能力排名变化

年份	综合排名	创新投入	创新产出	产业升级	创新环境	创新绩效
2023	11	12	11	5	16	15
2024	15	12	13	16	18	17

从基础指标来看，在创新投入方面，2024 年云浮市万人均研发人员数量 12.19 人，较 2023 年同比增加 7.02%；规上工业企业平均拥有研发人员数量为 8.93 人，同比增加 10.66%；R&D 经费占 GDP 比重小幅波动；规上工业企业研发经费占营业收入之比下降至 0.71%，较 2023 年同比下降 25.26%。在创新产出方面，高新技术产品进出口额占 GDP 比重、高新技术产品产值占工业总产值比重和 PCT 专利申请数占全省比重的排名均小幅下降。在产业升级方面，技术市场交易合同金额占 GDP 比重下降明显，较 2023 年下降 12 位。在创新环境方面，各指标排名位于省内中下水平，

地方财政科技拨款占财政支出比重排名第20位，较2023年下降6位，省级以上重点实验室数量虽未发生变化，但省内排名上升8位。在创新绩效方面，生活质量和经济绩效均处于全省靠后位置，工业企业新产品产值占工业总产值比重下降明显，较2023年下降4位。综合而言，云浮市下一步应在创新产出、产业升级、创新环境和创新绩效方面进行改善，从而带动整体创新能力的提升，注重活跃技术市场交易，加大财政科技支持以优化创新环境，并提高城市生活质量和经济效益。

4.3.3 佛山市（5→7）

2024年佛山市创新能力全省排名第7位，相比2023年排名下降2位，分项指标排名如表4-10所示。对分项指标进行分析可知，创新投入排名第6位，较2023年上升1位；产业升级排名第8位，较2023年上升2位，变动幅度较大；创新产出、创新环境和创新绩效的排名均未发生变化。

表4-10 2018—2022年佛山市创新能力排名变化

年份	综合排名	创新投入	创新产出	产业升级	创新环境	创新绩效
2023	5	7	8	10	3	5
2024	7	6	8	8	3	5

从基础指标来看，在创新投入方面，2024年佛山市万人均研发人员数量、规上工业企业平均拥有研发人员数量、R&D经费占GDP比重、规上工业企业研发经费占营业收入之比与上年相比均有小幅波动，在省内排名变化不超过1位。在创新产出方面，佛山市万人发明专利拥有量、PCT专利申请数占全省比重有所增加，但排名未发生变化，其他分指标的排名变化不超过1位。在产业升级方面，万人均高新技术企业数在全省排名领先，但第三产业增加值占GDP比重、高技术制造业工业增加值占规上工业比重和技术市场交易合同金额占GDP比重在全省排名均处于落后位置，亟待提升。在创新环境方面，孵化器数量占全省比例较2023年下降5位。在创新绩效方面，各分项指标排名较为稳定。可以看出，佛山市产业升级下降最为明显，且多项分指标排名落后。下一步应在保持原有优势的前提下，促进第三产业发展，提高高新技术企业产值，活跃技术市场交易，带动产业升级，并持续改善创新环境，注重孵化器培育。

第 5 章　数字时代广东省提升全域创新能力的对策建议

通过对广东省区域创新能力的横向对比和纵向对比分析可知，广东省区域创新能力在过去几年保持稳定，已经稳居全国第一，并在创新实力方面全国领先，多个创新实力与创新效率指标名列前茅。与北京、上海、江苏等领先省份相比，广东省在个别指标方面仍然有进一步提升的空间。数字时代，提升广东省全域创新能力是一个多维度系统性的工程，通过构建数字时代的区域创新生态系统，促进政府、企业、高校和研究机构等多主体协作。立足广东省区域创新发展现状，结合新一轮科技革命特征和数字时代的范式转变，提出以下提升全域创新能力的对策建议。

一是把握广东省创新优势，培育发展新质生产力。广东省具有电子信息产业、先进制造业、数字经济和现代服务业等优势产业，并持续推动这些产业的发展和转型升级，取得显著成效，这也为广东省进一步培育和发展新质生产力奠定了基础。新质生产力强调高科技、高效能、高质量等特征，核心在于通过科技创新、产业升级、模式创新等手段，实现生产力水平的质变与跃迁。这与广东省近年来的努力方向十分吻合。广东省作为经济大省，巩固现有优势产业地位，利用创新驱动催生新的经济增长点，因地制宜发展新质生产力，将为广东省的经济高质量发展提供强大的动力，也为全国大局做出更多贡献。应大力发展集成电路、新型储能、新能源汽车、海上风电、生物制造、商业航天等新兴产业，超前布局量子科技、生命科学、人工智能等未来产业，开辟发展新领域新赛道，不断塑造发展新动能新优势。通过实施重点领域研发计划，在5G、高端电子元器件等领域突破"卡脖子"问题，加快产品和产业链环节的国产化替代。

二是强化创新驱动发展，加大基础研究投入力度。当前，广东省研发投入规模虽全国领先，但基础研究比重和政府研发投入强度与北京、上海等区域相比依然存在差距，企业研发投入强度居全国第一。未来，依然要进一步加大科技创新投入力度，夯实科技创新发展基础。首先，建立健全激励创新投入的体制机制，加大对基础科学研究的投入，特别是在新材料、新能源、生物医药、信息技术等前沿领域，布局一批重大科技基础设施和重点实验室。其次，组织实施关键核心技术突破工程，解决"卡脖子"问题，提升产业链、供应链自主可控能力。政府应当通过政策引导、资金支持等方式，鼓励企业加大科技创新投入，推动科技创新成果的转化和应用。再次，加大对新型数字基础设施的投资，如5G网络、大数据中心、人工智能平台等，构建高速、泛在、智能的信息基础设施体系，推进5G在大湾区的广覆盖，并加大对6G研发的支持力度，为数字经济和智能社会发展奠定坚实基础。例如，培育具有国际影响力的数字平台，尤其是具有产业和研发功能的数字平台；建立数字创新示范基地，在企业研发机构和大学周边建立数字创新示范基地，形成数字创新产业聚集区，加快数字技术攻关。最后，构建高水平科研平台。依托中山大学、华南理工大学等高校及中国科学院广州分院等科研机构，联合企业共同建立国家级实验室和技术创新中心，如在广州南沙区建立的南方海洋科学与工程广东省实验室，专注于海洋科技研究，旨在突破关键技术，为海洋经济发展提供科技支撑。

三是加快数字技术与产业的融合，推动产业集群发展。实施"智慧制造"示范工程，从制造到"智造"，分门别类推动传统产业转型升级。以东莞、佛山等制造业重镇为试点，推动企业加快设备更新、工艺升级，推进"机器换人"和生产线智能化改造，让传统产业焕发新活力。推动中小企业"上云"上网，通过大力发展物联网和工业互联网，让更多中小企业利用数字技术实现转型升级。要加快传统产业数字化转型，利用大数据、云计算、人工智能等技术提升制造业智能化水平，发展智能制造、工业互联网等新产业新业态。针对当前工业互联网发展"一头热一头冷"现象，提高工业企业的互联网思维，加强相关技术和人才的培养，推动工业互联网的广泛应用。当前，广东省珠江三角洲区域产业集群发展势头迅猛，拥有智能家电、新型显示器件、泛家居、纺织服装、半导体智能照明、塑料加工等特色产业集群。应加快推动相关产业的技术研发与科研成果产业化，通过产业升级与技术创新，实现传统产业集群的进一步升级，推动"老产业"释放新动能。建设特色产业园区，借鉴深圳南山科技园、广州科技城的成功经验，进一步打造专注于人工智能、生物科技、新一代信息技术等领域的特色产业园区。例如，珠海横琴新区可以集中发展大数据和云计算产业，利用澳门的国际化优势，吸引国际级数据中心和AI研发中心入驻，形成区域特色创新集群。

四是建设创新人才高地，加强企业创新主体地位。在人才吸引方面，实施"珠江人才计划""广东特支计划"等高层次人才引进和培养项目。例如，深圳市推出的"孔雀计划"，吸引了大量海外高层次人才回国创业就业，促进了高新技术企业的快速成长，类似举措可在全省范围内推广，并结合地方特色进行优化。同时，可制定更具吸引力的"广东省人才绿卡"政策，为引进的国内外顶尖科学家、高层次人才提供户口落户、子女教育、医疗保障等一站式服务。加强校企合作人才培养，鼓励和支持企业与高校、研究机构共建实习实训基地、联合实验室，开展订单式人才培养，特别是针对人工智能、生物技术、新材料等前沿领域，实施"工学交替""产学研用"一体化培养模式。推行多样化人才激励机制，改革科技成果转化政策，推广股权激励、期权激励等长期激励方式，积极探索职务科技成果作价入股管理办法，激发人才创新创造活力。广东省企业创新能力多年来一直名列前茅，应继续巩固企业的创新主体地位，实施企业梯度培育计划，推动一流科技领军企业向生态主导型和平台引领型企业转变，培育一批创新链"链主"企业，壮大专精特新"小巨人"企业，在新领域新赛道加快孵化一批"新物种"企业，形成上下游紧密合作、大中小企业融通创新的良好格局。鼓励构建企业主导的创新联盟，鼓励企业、高校、研究机构组建跨界创新联盟，围绕关键技术、共性技术开展联合研发，政府提供资金支持和平台服务，促进知识和技术共享。应建立完善的企业技术创新服务平台，提供技术咨询、检验检测、知识产权代理、法律服务等一站式服务，帮助企业快速解决创新过程中遇到的问题。

第二篇
区域创新能力分地市报告

第 6 章 各地市区域创新能力分析

6.1 广州市创新能力分析

从各项指标来看,广州市的创新能力在省内的排名保持稳定且处于领先地位,显示出其在推动经济高质量发展和技术进步中的关键作用,成为广东省区域创新发展的重要引擎。

6.1.1 创新能力排名

2024 年广州市创新能力居全省第 2 位,与上年保持一致(图 6-1)。

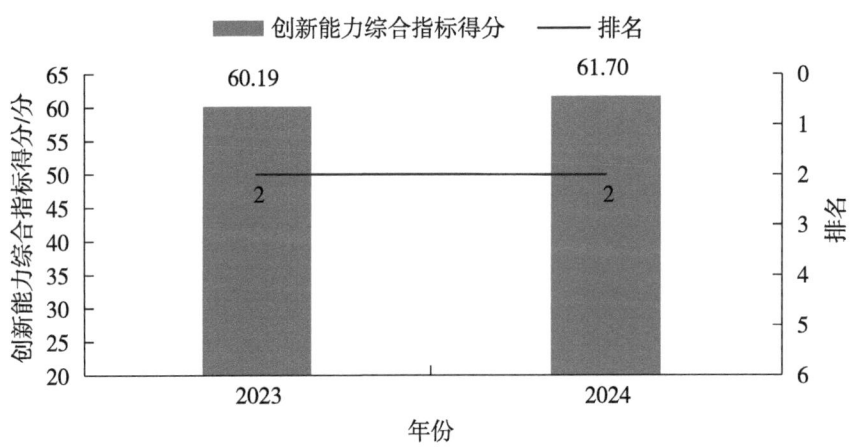

图 6-1 2023—2024 年广州市创新能力变化趋势

从指标维度来看,广州市 2024 年创新投入指标排名第 5 位,创新产出指标排名第 7 位,均与上年保持一致;产业升级指标排名第 4 位,比上年下降 1 位;创新环境指标排名第 1 位,与上年保持一致;创新绩效指标排名第 3 位,较上年上升 1 位(表 6-1、图 6-2)。

第6章 各地市区域创新能力分析

表 6-1 广州市创新能力指标分析

指标名称	2024 年		2023 年	
	指标值	排名	指标值	排名
综合	61.70	2	60.19	2
1 创新投入	50.74	5	47.65	5
1.1 人员投入	51.25	4	43.72	5
1.2 经费投入	50.23	3	51.59	4
2 创新产出	39.53	7	38.02	7
2.1 专利产出	28.27	4	27.20	4
2.2 产业创新	50.80	9	48.83	8
3 产业升级	56.78	4	56.06	3
3.1 结构优化	65.33	2	63.44	2
3.2 能力提升	48.24	4	48.69	4
4 创新环境	81.28	1	81.72	1
4.1 政策环境	62.57	2	63.45	2
4.2 创新平台	100.00	1	100.00	1
5 创新绩效	80.18	3	77.49	4
5.1 生活质量	83.11	2	82.81	2
5.2 技术水平	77.26	3	72.18	3

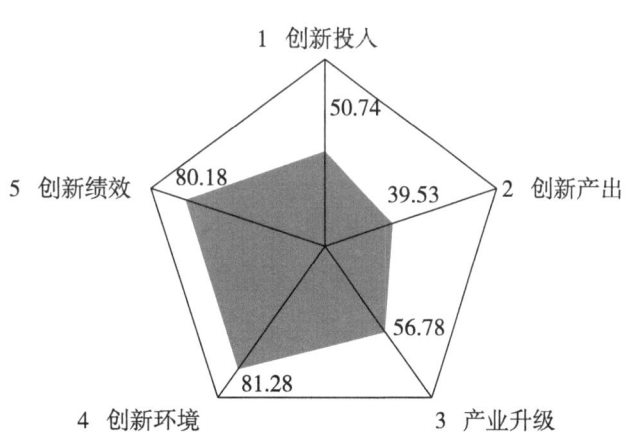

图 6-2 2024 年广州市创新能力蛛网图

6.1.2 决定创新能力的关键指标分析

（1）国民经济综合发展情况

从国民经济综合发展情况来看，广州市的地区生产总值和人均生产总值均不断增长，2018年之后呈现了较快的增长趋势，目前趋于稳定增长状态（图6-3）。2018—2022年，地区生产总值增长37.31%，人均生产总值增长29.63%。

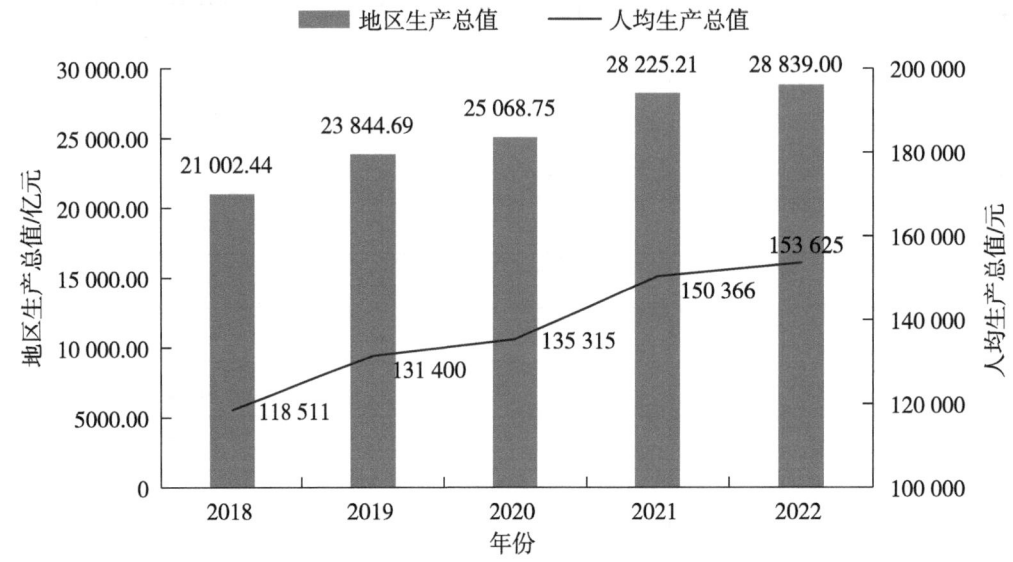

图6-3 2018—2022年广州市地区生产总值和人均生产总值

广州市2018—2022年三次产业生产总值如图6-4所示，2022年广州市地区生产总值达到28 839.00亿元，同比增长2.17%。这一数据表明，尽管面临一定的挑战和压力，但广州市的经济总体保持稳定增长。从产业结构来看，第三产业占比最高，达到71.47%，表明广州市的产业结构以服务业为主导。相对来说，第一产业贡献率较低。其中第一产业生产总值达到318.31亿元，同比增长6.19%，显示广州市农业生产形势稳定，主要农产品产量增势较好。第二产业生产总值为7909.29亿元，同比增长2.24%。其中，工业生产保持增长，新动能发挥支撑作用，特别是汽车制造业和高技术制造业的增长势头良好。第三产业生产总值为20 611.40亿元，同比增长2.09%。服务业作为广州经济的"压舱石"，在疫情反复扰动之下仍然坚持推进变革，稳健发展。

广州市的全员劳动生产率呈稳定增长趋势。2022年，广州市城市人均可支配收入为76 849.41元，比上年增长3.27%。2022年，广州市农村人均可支配收入为36 292.30元，比上年增长5.09%（图6-5）。

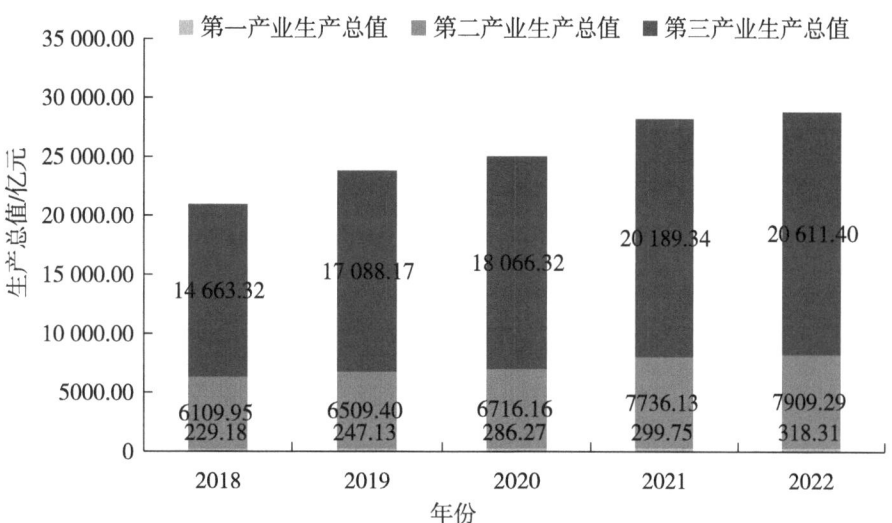

图 6-4　2018—2022 年广州市三次产业生产总值

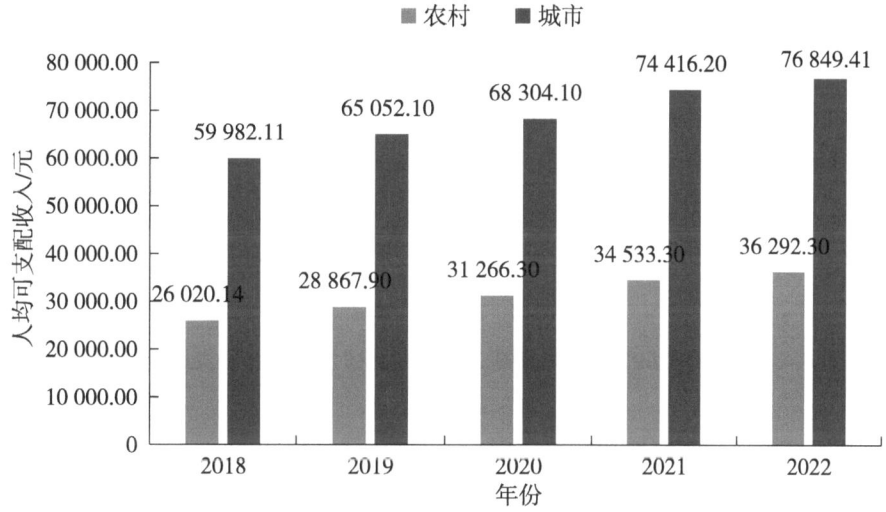

图 6-5　2018—2022 年广州市城市和农村人均可支配收入

（2）工业发展情况

从广州市的工业发展情况来看，广州市在近5年中的规上工业企业数稳定增加，从2018年的4809家增加到2022年的6878家。规上工业总产值也随之实现了稳定增长（表6-2）。

表 6-2　广州市规上工业企业数和工业总产值

年份	规上工业企业数/家	规上工业总产值/亿元
2018	4809	18 595.11
2019	5802	19 407.64

续表

年份	规上工业企业数/家	规上工业总产值/亿元
2020	6208	20 310.16
2021	6757	23 121.00
2022	6878	23 928.58

2018—2022年，广州市的规上工业企业研发经费内部支出实现了稳定增长，2022年同比增长12.09%。规上工业企业研发人员数量在2021年有所下降，其余年份保持增长趋势（图6-6）。

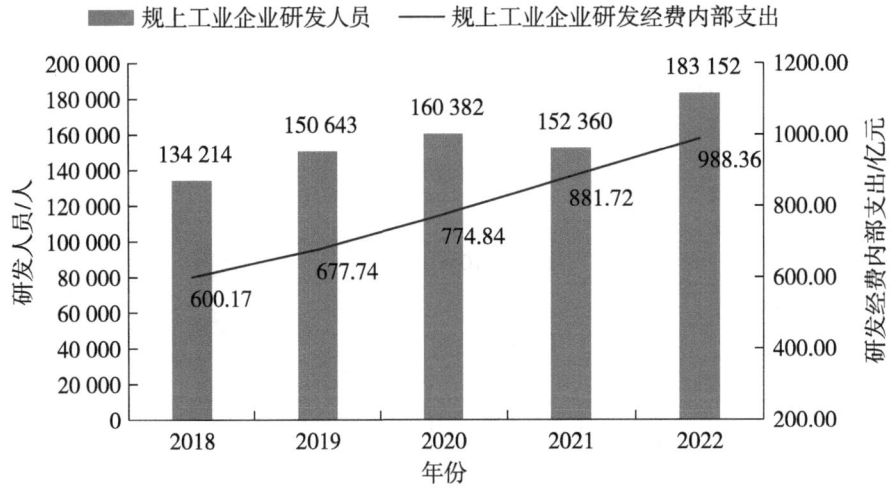

图6-6　2018—2022年广州市规上工业企业研发人员和研发经费内部支出

（3）科技发展情况

从投入和产出来看，广州市在近5年中，不断加大研发投入强度，R&D经费占GDP比重和地方财政拨款均呈现出良好的发展态势（图6-7）。广州市2022年专利授权量超过14.6万件，居全国第4位，显示出强大的创新能力。广州市拥有有效发明专利约11.77万件，居全国第5位，万人发明专利拥有量62.59件，较上年同期增加12.72件（图6-8）。

（4）新经济发展情况

2022年广州市高新技术企业数突破1.22万家，较上年增加8.20%。2018—2022年，高技术制造业工业增加值与高技术制造业工业增加值占规上工业比重呈稳定增长趋势（图6-9、图6-10）。

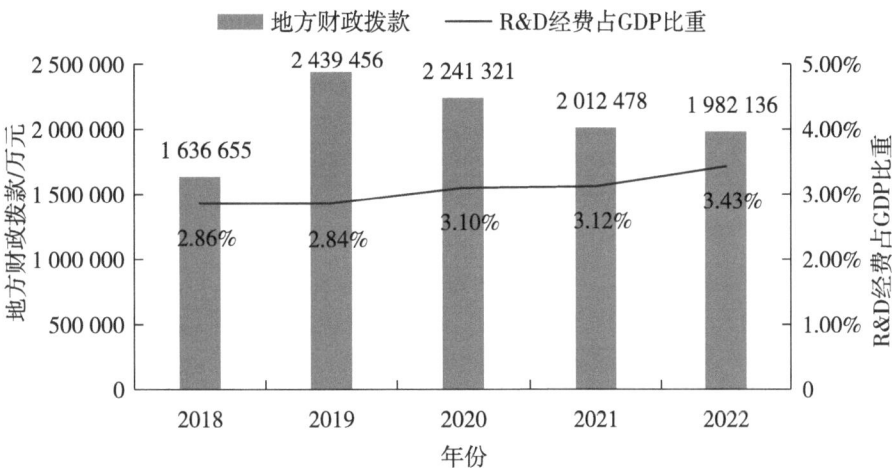

图 6-7　2018—2022 年广州市财政投入和研发投入强度

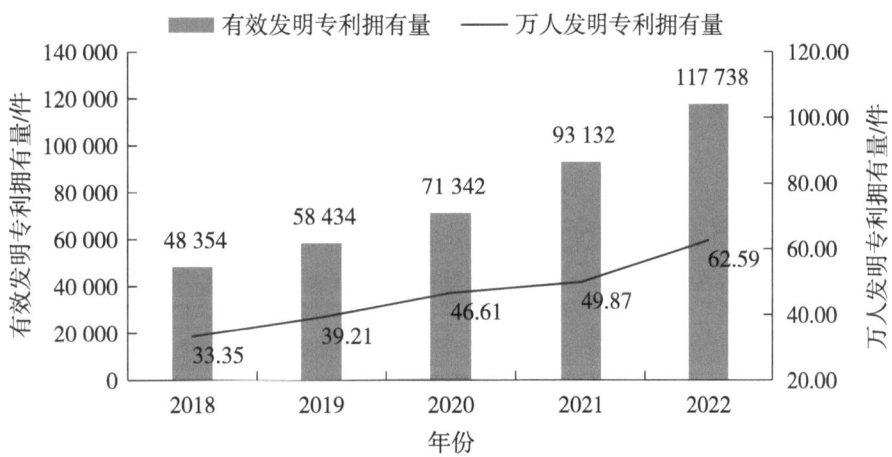

图 6-8　2018—2022 年广州市有效发明专利拥有量和万人发明专利拥有量

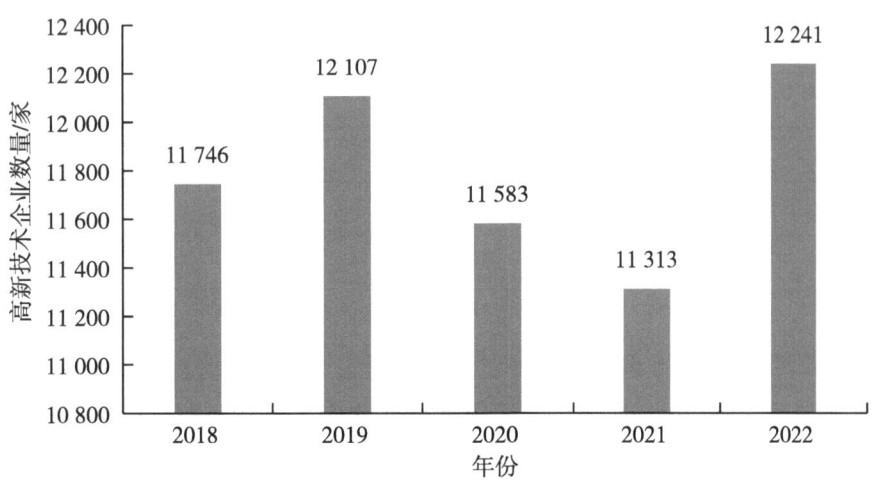

图 6-9　2018—2022 年广州市高新技术企业数

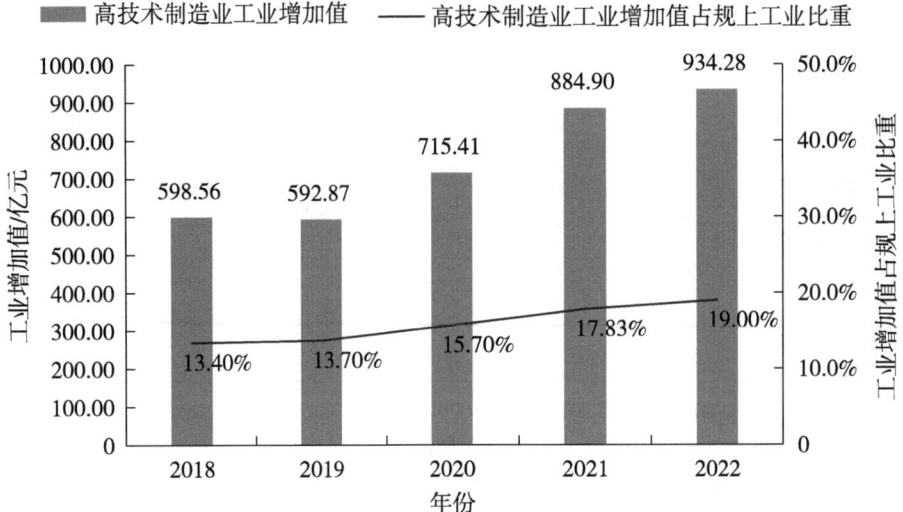

图 6-10　2018—2022 年广州市高技术制造业工业增加值及占比

6.1.3　创新平台和载体情况

（1）总体情况

2018—2022 年，广州市国家重点实验室数量增加了 2 个，达到 21 个，省重点实验室在 2021 年达到 256 个，2022 年下降到 221 个。省工程技术研究中心数量不断增加，从 2018 年的 1577 个增加到了 2022 年的 1945 个（表 6-3）。

表 6-3　广州市重点实验室和工程技术研究中心数量

单位：个

年份	国家重点实验室	省重点实验室	国家工程技术研究中心	省工程技术研究中心
2018	19	222	9	1577
2019	21	238	9	1660
2020	21	241	9	1625
2021	21	256	9	1766
2022	21	221	9	1945

（2）广州国家实验室的特色和成绩

广州国家实验室成立于 2021 年，是专注于呼吸系统疾病及其防控的国家级科研单位。自成立以来，广州国家实验室在钟南山院士的领导下，积极践行科技攻关的新型举国体制，整合全国优势科研力量，推动多项重要科研任务的顺利开展。钟南山首次以广州国家实验室主任身份接受采访时，强调了该实验室的"三件大事"及其重要性。

首先，广州国家实验室致力于服务国家安全，特别是围绕突发性公共卫生事件开展工作。钟南山指出，广州国家实验室在抗击新冠疫情中积累了丰富的经验，并持续研发广谱疫苗和药物，以应对未来可能的公共卫生挑战。该实验室在流感治疗方面也取得了显著进展，开发的两种新药相较于现有药物，疗效更佳且副作用更小。其次，该实验室聚焦人民生命健康安全，重点研究慢性呼吸道疾病的早期发现和干预。钟南山强调，通过早期检测，慢性呼吸道疾病的 5 年生存率可显著提升。以肺癌为例，早期发现可使 5 年生存率从 20% 提高到 80% 以上；同样，对于慢性阻塞性肺病（慢阻肺），早期干预能够避免肺功能严重受损。最后，广州国家实验室还关注先进技术和设备的研发，以确保国家科技安全。钟南山提到，由该实验室副主任徐涛牵头研发的首台国产场发射透射电子显微镜"太行"的发布，标志着我国在关键科研设备领域摆脱了对进口的依赖。

广州国家实验室通过新型举国体制，将各领域的最强科研力量串联起来，形成强大的合力，推动科技攻关和成果转化。与广东省众生睿创生物科技有限公司及广州呼吸健康研究院联合研发的抗新冠口服药物来瑞特韦片，从研发到上市仅用了 18 个月，充分体现了国家实验室在高效研发和快速成果转化方面的优势。该实验室坚持"双转化、双推广"的全链条科技研发理念，将经验医学转化为循证医学，将基础研究成果应用于临床，并推动这些产品向基层和市场推广，实现效优、简便、价廉、安全的目标。钟南山强调，科学研究必须以服务国家和人民为宗旨，通过高效的成果转化，提高科学研究的经济效益和社会效益。

广州国家实验室自成立以来，始终秉持目标任务导向，在承担国家重大科研任务中取得了显著成绩。这不仅体现了该实验室的科研实力和创新能力，也为国家的科技安全和公共卫生应对能力提供了有力保障。钟南山希望，广州国家实验室能引导更多科研人员将个人理想与国家需求紧密结合，推动科学成果造福社会，实现新的"科学的春天"。

（3）广州地铁国家工程研究中心的特色和成绩

广州地铁集团牵头组建的"城市轨道交通系统安全与运维保障国家工程研究中心"（简称"广州地铁国家工程研究中心"）于 2024 年荣获"国家卓越工程师团队"称号。这一国家级创新平台是唯一由地铁建设与运营企业牵头组建的中心，致力于解决轨道交通建设运营及装备制造中的核心技术问题。该研究中心以国家和行业战略需求为导向，集中力量攻克轨道交通领域的技术难题。自成立以来，该中心先后承担了 64 项国家级和省部级重大科技项目，取得了显著的科技成果。具体而言，该中心已授权发明专利 125 项，编制发布标准 134 项，为轨道交通技术的发展奠定了坚实的基础。

在技术突破方面，该中心攻克了列车在途监测与安全预警、行车关键设备设施主动运维、轨道交通一体化智慧平台等关键技术问题，研发出国内首套自主可控的 MTC-I 型 CBTC 信号系统、基于工业互联网与物联网的智慧操作系统穗腾 OS，以及复合地层盾构工程成套技术。这些技术不仅填补了国内相关领域的空白，还提升了我国在轨道交通核心技术领域的国际竞争力。该中心的技术成果已广泛应用于广州地铁的 16 条运营线路，总长度达 653 千米。这些技术的应用显著提升了地铁线网的运行安全性和服务质量。2023年，广州地铁安全运送乘客31.3亿人次，在全球42家大型地铁中，广州地铁的运能利用度、运营服务可靠度及列车正点率均处于领先地位。此外，这些科研成果还将在粤港澳大湾区的22条在建轨道交通线路上应用，进一步扩大技术影响力和应用范围。该中心还孵化成立了5家高新技术公司，培育壮大了一批机电装备制造企业，极大地推动了广州市轨道交通产业的发展。2023年，广州轨道交通产业产值超过2500亿元，显示出强劲的发展势头。

该中心在轨道交通领域的技术创新和成果转化方面取得了显著成就，不仅解决了多项"卡脖子"核心技术问题，还推动了我国轨道交通产业的高质量发展。通过持续的技术创新和产业化应用，该中心为我国城市轨道交通核心技术实现从无到有、从追赶到领跑做出了突出贡献，进一步确立了我国在全球轨道交通技术领域的领先地位。

6.1.4　政府部门引导创新的典型做法

2018—2022年，广州市政府部门在引导创新方面展现了一系列典型做法，并取得了显著成效。首先，广州市通过制订并实施《广州市加快IAB产业发展五年行动计划（2018—2022年）》，以创新驱动为核心，集聚全球创新资源和高端要素，突破产业关键核心技术，推动互联网、人工智能、大数据与实体经济的深度融合。该计划不仅为IAB产业（新一代信息技术、人工智能、生物医药）的发展提供了明确的方向，也促进了产业规模的不断壮大，年均增长超过15%，总规模超过万亿元。

广州市注重打造产业集聚区，通过建设十大价值创新园区，搭建产业平台，形成龙头企业辐射带动、中小企业配套协同的开放式产业枢纽网络。同时，广州市还积极推行数字政务服务创新，通过"云窗口"等智慧政务服务模式，突破时空和地域限制，提供可视化在线咨询、辅导、业务办理服务，极大提升了政务服务效率。这些做法取得了显著的成效。一方面，广州市IAB产业规模不断壮大，创新能力显著提升，建成了一批国家级创新平台和产业集群，吸引了众多具有全球影响力的龙头企业入驻；另一方面，数字金融服务和数字政务服务水平也得到了显著提升，数字金融基础设施进一步完善，金融科技创新示范作用不断加强，数字人民币试点取得良好进展，为企业和群众提供了更加便捷高效的金融服务。

除此之外，广州市积极打造粤港澳大湾区综合性国家科学中心，为推动地区之间的合作和共赢打下了良好的基础。广州市政府相关部门在引导创新方面的典型做法和取得的成效，充分展示了广州市在推动经济高质量发展方面的决心和实力，也为其他城市提供了可借鉴的经验和模式。

6.1.5　广州市创新能力分析小结

过去几年，广州市在创新发展方面取得了显著成效。从工业角度来看，规上工业企业数量和营业收入稳步增长，推动了区域经济的高质量发展。在民生领域，广州市加大科技投入，提高了居民生活质量，科技成果不断惠及大众。在科技方面，广州市研发经费投入持续增加，研究中心和国家实验室建设不断加强，科研实力显著增强。同时，广州市积极打造创新平台，推动各类孵化器和科技园区的发展，形成了良好的创新生态系统。这些举措共同提升了广州市的综合创新能力，为广州市的发展奠定了坚实的基础。

6.2 深圳市创新能力分析

近年来，深圳在创新能力方面表现卓越，稳居全国领先地位。作为中国改革开放的前沿城市，深圳凭借其高度市场化和国际化的营商环境，吸引了大量高科技企业和顶尖人才。全市研发投入持续增长，创新企业数量和质量不断提升，高新技术产业增加值占 GDP 比重显著提高。深圳在人工智能、新能源、生命科学等领域的科研成果斐然，多项技术指标达到国际先进水平。同时，深圳积极构建完善的创新生态系统，建立了众多创新平台和研究机构，推动科技成果快速转化为产业优势。这一系列成就彰显了深圳作为国家创新型城市的强大实力和巨大潜力。

6.2.1 创新能力排名

2024 年深圳市创新能力全省排名第 1 位，对比 2023 年，排名无变化（图 6-11）。

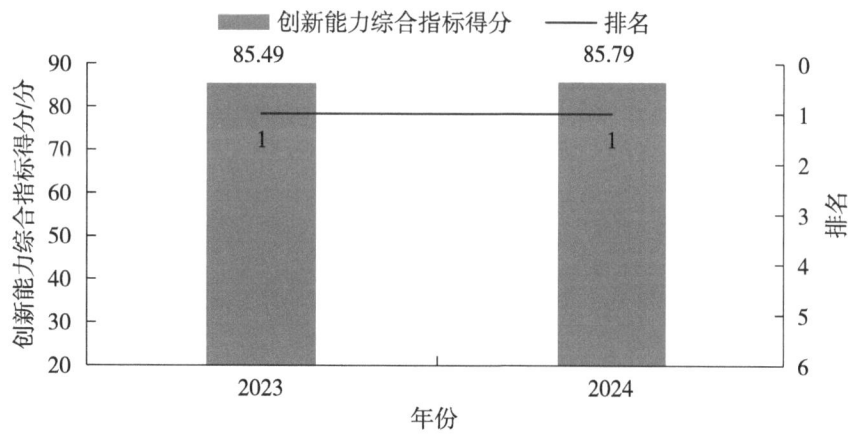

图 6-11 2023—2024 年深圳市创新能力变化趋势

从指标维度来看，2024 年创新投入指标值是 100.00，排名第 1 位，较上年没有变化；创新产出指标值是 97.84，排名第 1 位，指标值上升 3.27；产业升级指标值是 78.42，排名第 1 位，指标值下降 2.73；创新环境指标值是 65.30，指标值上升 3.06，排名第 2 位，与上年一致；创新绩效指标值是 87.38，排名第 1 位，与上年一致（表 6-4、图 6-12）。

表 6-4 深圳市创新能力指标分析

指标名称	2024 年		2023 年	
	指标值	排名	指标值	排名
综合	85.79	1	85.49	1
1 创新投入	100.00	1	100.00	1
1.1 人员投入	100.00	1	100.00	1
1.2 经费投入	100.00	1	100.00	1
2 创新产出	97.84	1	94.57	1
2.1 专利产出	100.00	1	100.00	1
2.2 产业创新	95.68	1	89.14	1
3 产业升级	78.42	1	81.15	1
3.1 结构优化	84.77	1	85.83	1
3.2 能力提升	72.06	2	76.47	3
4 创新环境	65.30	2	62.24	2
4.1 政策环境	79.34	1	75.54	1
4.2 创新平台	51.25	2	48.95	2
5 创新绩效	87.38	1	89.47	1
5.1 生活质量	78.72	4	78.93	4
5.2 技术水平	96.04	1	100.00	1

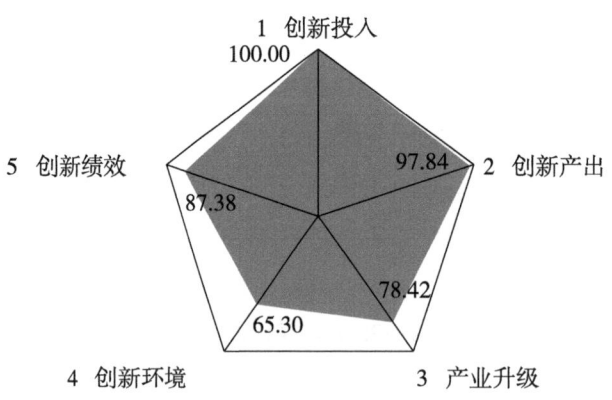

图 6-12 2024 年深圳市创新能力蛛网图

6.2.2 决定创新能力的关键指标分析

（1）国民经济综合发展情况

2022年深圳实现地区生产总值 32 387.68 亿元，居广东省第 1 位，同比增长 3.3%，显示出稳健的经济增长态势。其中，第一产业生产总值为 25.64 亿元，同比增长 8.0%，占比较小，表明深圳的经济结构以工业和服务业为主导。第二产业生产总值为 12 405.88 亿元，同比增长 6.9%，是深圳经济增长的重要支柱。第三产业总值为 19 956.16 亿元，同比增长 4.0%。2018—2022 年，第三产业生产总值占整体 GDP 份额逐年提升，第二产业增加值比重快速下降，随着深圳产业结构的逐步调整，深圳的制造业正在逐渐向其他区域转移，产业发展更具竞争力。总体而言，深圳市国民经济发展水平处于广东省乃至全国的领先水平，其高新技术产业发展迅速，创新能力全省排名第一。在广东省 21 个地市中，深圳市与广州市位列第一梯队（图 6-13、图 6-14）。

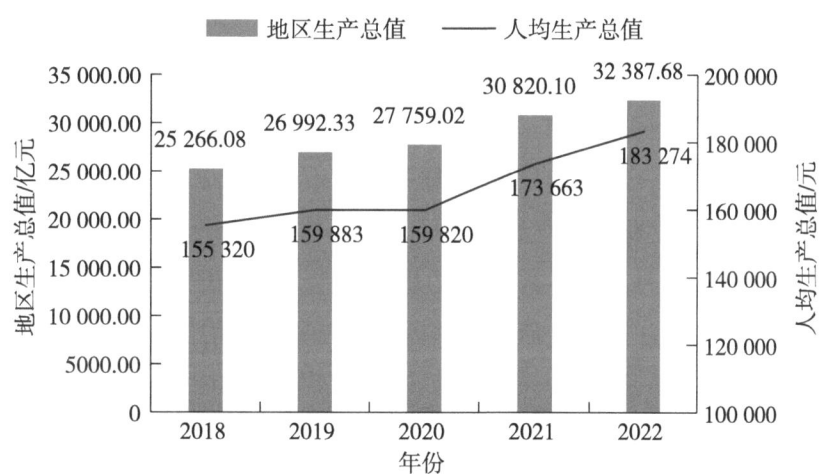

图 6-13　2018—2022 年深圳市地区生产总值和人均生产总值

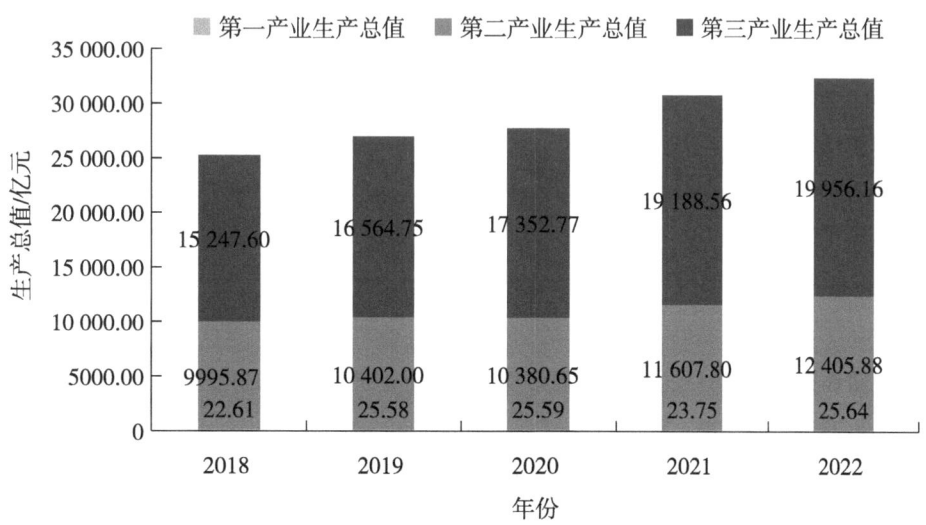

图 6-14　2018—2022 年深圳市三次产业生产总值

（2）工业发展情况

从工业发展情况来看，深圳市近5年的规上工业企业数稳定增加，从2018年的9006家增加到2022年的13 790家。规上工业增加值位于全省第一（表6-5）。

表6-5 深圳市规上工业企业数和工业总产值

年份	规上工业企业数/家	规上工业总产值/亿元
2018	9006	35 439.02
2019	10 337	37 326.16
2020	11 255	38 460.79
2021	13 027	42 453.96
2022	13 790	46 259.43

2022年深圳市规上工业总产值达到46 259.43亿元，连续4年稳居全国城市首位。同时，全口径工业增加值总量首次跃居全国城市第一，达到11 357.09亿元。2022年深圳市规上工业增加值同比增长4.8%，增速高于全国、全省平均水平，居一线城市首位。2018—2022年，市场主体活力不断激发，2022年专精特新企业发挥强力支撑作用，全年增加值合计增长8.3%，对全市规上工业增加值的贡献率达22.1%。2018—2022年广州市的规上工业企业研发人员数量在2021年有所下降，其余年份保持增长趋势。规上工业企业研发经费内部支出呈稳定增长趋势（图6-15）。

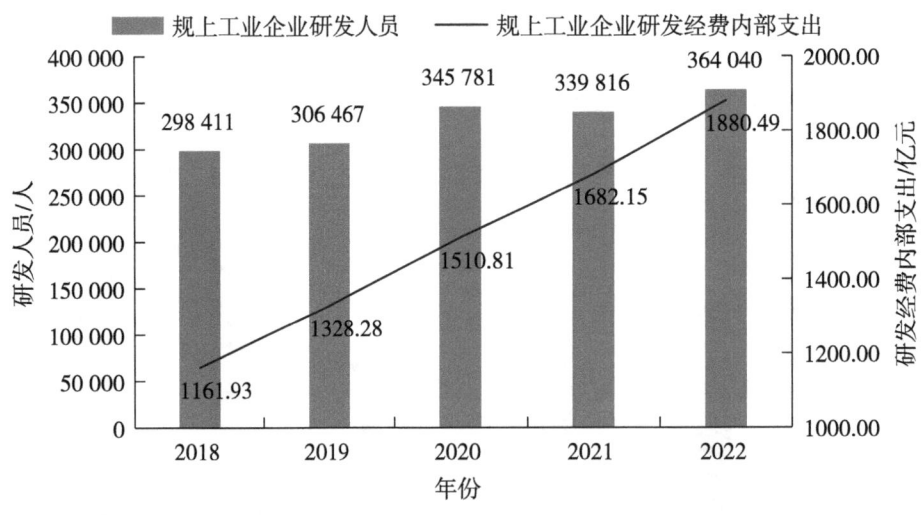

图6-15 2018—2022年深圳市规上工业企业研发人员和研发经费内部支出

（3）科技发展情况

深圳市在2022年继续加大科技创新支持力度，推动创新能力全方位提升。深圳财政在科技创新方面持续发力，地方财政拨款达到 4 587 417 万元，同比增长 20.01%（图 6-16）。

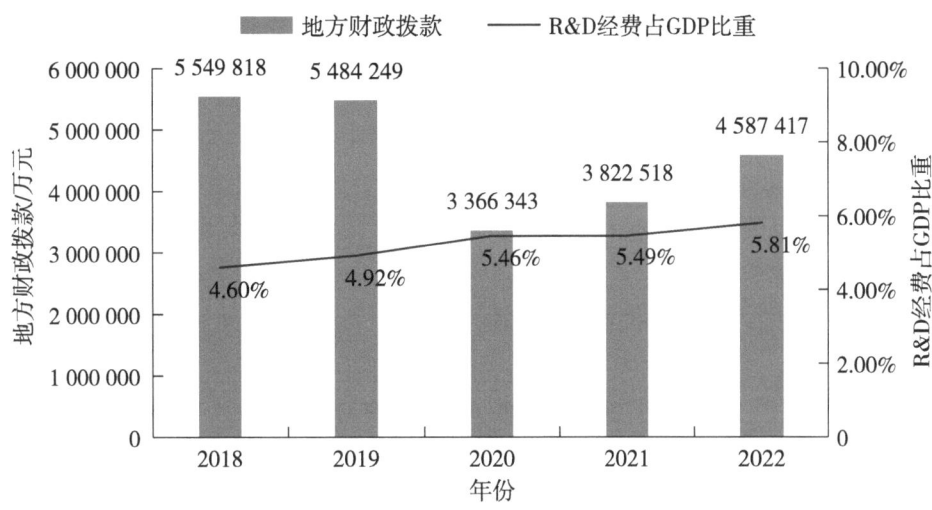

图 6-16　2018—2022 年深圳市财政投入和研发投入强度

深圳市在知识产权创造方面取得显著成绩。2022 年，深圳市国内专利授权 275 774 件，居一线城市首位、广东省首位；万人发明专利拥有量达 137.90 件，约为全国平均水平的 5.8 倍（图 6-17）。PCT 国际专利申请量连续 19 年居全国大中城市第一。

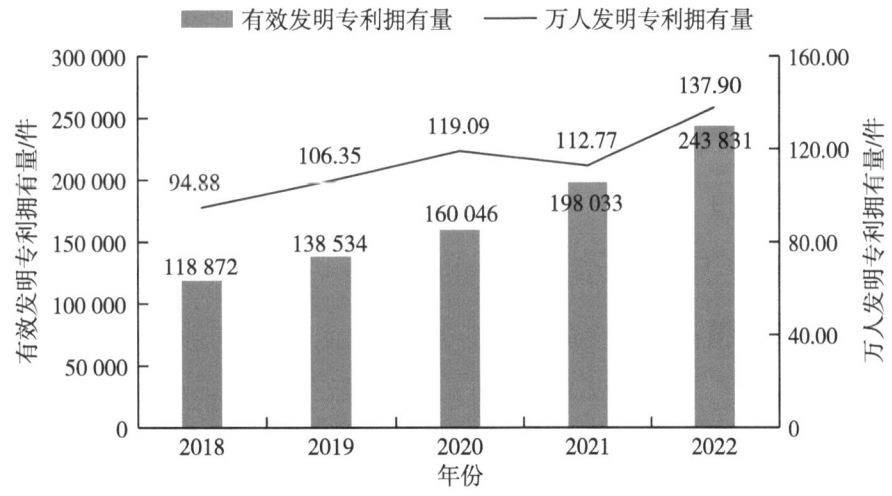

图 6-17　2018—2022 年深圳市有效发明专利拥有量和万人发明专利拥有量

（4）新经济发展情况

2022 年深圳市高新技术企业数突破 2.25 万家，较上年增加 8.45%（图 6-18）。2018—2022 年，高技术制造业工业增加值除 2021 年外，其余年份均呈下降趋势，高技术制造业工业增加值占规上工业比重除 2020 年增加外，其余年份均呈下降趋势（图 6-19）。

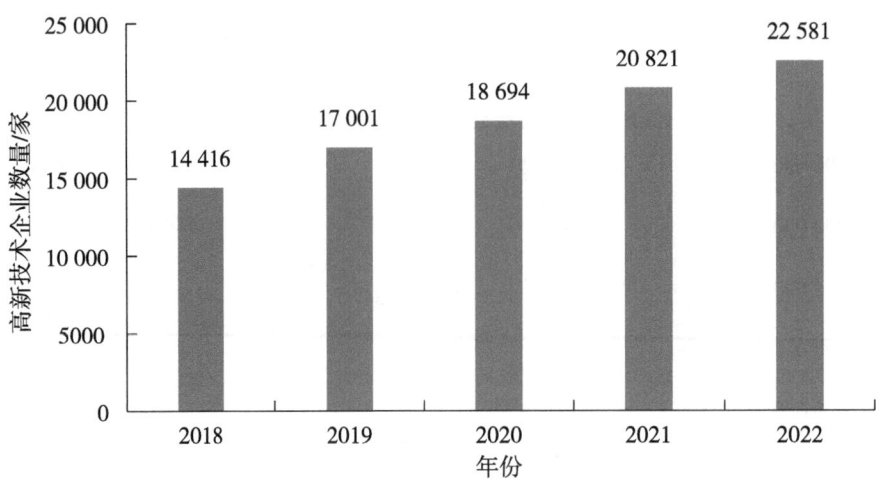

图 6-18　2018—2022 年深圳市高新技术企业数

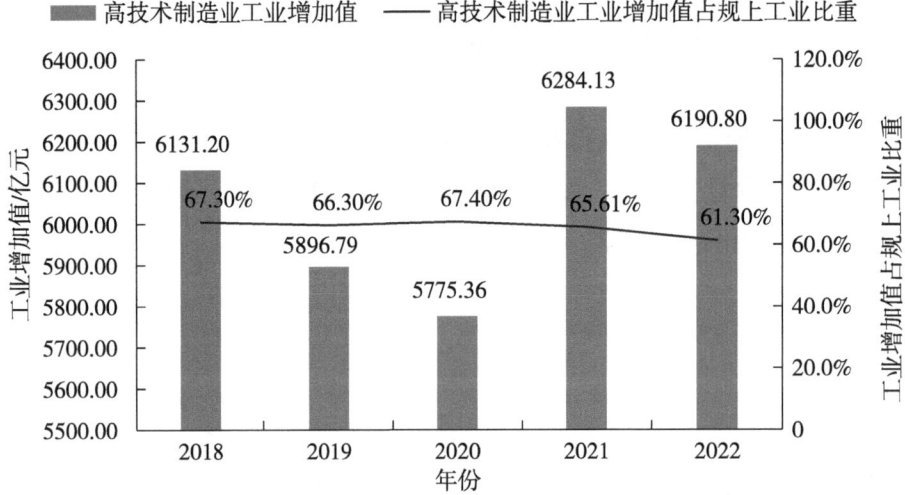

图 6-19　2018—2022 年深圳市高技术制造业工业增加值及占比

6.2.3　创新平台和载体情况

（1）总体情况

2018—2022 年，深圳市国家重点实验室和国家工程技术研究中心的数量均没有增加，各有 6 个，省重点实验室在 2021 年达到 64 个，2022 年下降到 47 个。省工程技术研究中心数量不断增加，从 2018 年的 541 个增加到了 2022 年的 1501 个（表 6-6）。

第6章 各地市区域创新能力分析

表6-6 深圳市重点实验室和工程技术研究中心数量

单位：个

年份	国家重点实验室	省重点实验室	国家工程技术研究中心	省工程技术研究中心
2018	6	44	6	541
2019	6	50	6	824
2020	6	57	6	864
2021	6	64	6	1182
2022	6	47	6	1501

（2）深圳市鹏城实验室的特色和成绩

鹏城实验室是由中央批准成立的，致力于网络通信领域的突破型、引领型、平台型一体化的科研机构。成立于2018年3月，鹏城实验室专注于战略性、前瞻性、基础性重大科学问题和关键核心技术的研究，是国家战略科技力量的重要组成部分。该实验室总部位于广东省深圳市，主要研究方向包括网络通信、网络空间和网络智能，服务于国家宽带通信和新型网络战略，以及粤港澳大湾区和深圳中国特色社会主义先行示范区建设。鹏城实验室是由广东省政府批准设立、深圳市政府负责建设的二类事业单位。该实验室由政府主导，以哈尔滨工业大学（深圳）为依托单位，联合北京大学深圳研究生院、清华大学深圳国际研究生院、深圳大学、南方科技大学、香港中文大学（深圳）等高校，以及深圳先进技术研究院、华为、中兴通讯、腾讯、国家超级计算深圳中心（深圳云计算中心）等高科技企业共同建设。

自成立以来，鹏城实验室通过"重点项目＋基础研究"双轮驱动的科研模式，取得了显著的科研成就。该实验室积极推进合作共建与资源共享，构建了产学研协同创新体系，与全国150余所高校、科研机构和龙头企业开展了深度合作。鹏城实验室还与北京大学、清华大学等著名高校联合培养博士生，探索"学校导师＋行业导师"的创新人才培养模式。在具体成果方面，鹏城实验室在2022年7月与北京大学、华为等单位共同推出的AVS3音视频信源编码标准，已被正式纳入国际数字视频广播组织（DVB）核心规范。2023年3月，该实验室牵头制定的数字视网膜系统国际标准在IEEE标准协会正式发布，这是全球首个端边云协同技术的国际标准。此外，鹏城实验室的6NT团队与北京大学、深圳大学等合作，成功研制出基于窗户玻璃的光学透明电磁汇聚玻璃，并完成了卫星电视信号的接入试验。

鹏城实验室下设多个研究部门，包括宽带通信研究部、新型网络研究部、网络智能研究部、电路与系统研究部、媒体与交互研究部、数理科学与交叉前沿部和智能计算研究部。该实验室主任由高文教授担任，副主任为石光明教授。在举办活动方面，鹏城实验室联合主办了多项学术和技术交流活动，如2022年10月27—30日在辽宁省大连市成功举办的第六届全国水下机器人大赛。鹏城实验室还荣获了多项荣誉，包括2021年第六届全国杰出专业技术人才先进集体、2022年"冬奥网络安全卫士"、2022年世界互联网领先科技成果等。2024年5月，鹏城实验室入选了广东省五一劳动奖状拟推荐对象。

鹏城实验室通过多学科交叉的研究模式、国际化的科研团队和开放式的运行机制，取得了多项具有国际影响力的科研成果，推动了基础科学研究和技术创新的深度融合，为深圳市乃至全国的科技创新发展提供了重要支撑。

（3）深圳市精密工程重点实验室的特色和成绩

深圳市精密工程重点实验室成立于2011年4月1日，由深圳市批准筹建，主要研究方向包括精密金属成形技术与装备及自动化成套技术与装备。该实验室由杜如虚教授领导，他是加拿大工程院院士、国家级高层次人才、美国机械工程师学会院士、国际制造工程师学会院士、广东省科技领军人才、香港工程师协会院士，曾任香港中文大学精密工程研究所所长。他的研究领域涵盖精密设计与制造、金属成型、自动化控制与装备及在线监控与诊断。

该实验室在多项核心技术领域取得了重要突破，并成功研制了多台样机。主要项目包括高压水射流渐进成形机床、高强度金属铝蜂窝吸能器自动化成套装备、高速并联加工平台、直线电机精密定位平台、三维扫描系统、光谱检测系统、工业机器人项目、LTE自动化检测及组装设备、音频端子自动焊接系统等。其中，高压水射流渐进成形机床项目在国际上首次制成样机并系统研究成形机制，高强度金属铝蜂窝吸能器自动化成套装备项目则填补了国内空白。

中国科学院深圳先进技术研究院与香港中文大学共建的精密工程联合实验室，在2018年的联合实验室评估中被评为"良好类"联合实验室，并获得连续5年的稳定经费支持。该联合实验室的成立旨在推进长期互利的实质性合作，并在申请"中国科学院与香港裘槎基金联合实验室资助计划"时享有优先支持。

此外，工业和信息化部批准建设的面向机器人和智能制造领域的创新成果产业化公共服务平台，由中国科学院深圳先进技术研究院牵头，联合大族激光智能装备集团有限公司、固高科技有限公司、深圳市机器人协会、工业和信息化部装备工业发展中心及中电系统建设工程有限公司5家单位共同参与。该平台旨在促进机器人和智能制造创新成果的应用和推广，推动技术转移、落地转化及知识产权交易。该项目团队通过开展创新成果应用示范、产业需求对接、测试验证、线上平台建设等措施，显著促进了产业化进程。该平台于2023年1月顺利通过深圳市工业和信息化局专家组的验收。

在产业化方面，该实验室与多家企业建立了长期合作关系、如与深圳博强建设开发有限公司成立"建筑装饰产业创新中心"、与广东省海创大族机器人科技有限公司成立"机器人及自动化集成应用联合实验室"、与广西祥兴实业投资集团成立"智能制造创新应用联合实验室"、与深圳市盈德精密制造有限公司成立"精密自动化加工联合实验室"、与深圳百泰珠宝首饰有限公司成立"贵金属首饰精密加工联合实验室"。这些合作帮助企业解决了关键技术问题，得到了企业的高度认可。

6.2.4 政府部门引导创新的典型做法

2022年1月，国家发展改革委、商务部发布了《关于深圳建设中国特色社会主义先行示范区放宽市场准入若干特别措施的意见》，标志着深圳市政府在引导创新方面采取了一系列前瞻性举措。通过优化市场准入制度，特别是实施放宽市场准入24条特别措施，积极鼓励企业在新技术、新产品和新业态方面的先行先试，为新兴产业的快速发展提供了有力支持。

深圳市坚持将优化营商环境作为"一号改革工程"，旨在为市场主体投资创业提供更好的保障和支持。2022年初，深圳市政府出台了《深圳市建设营商环境创新试点城市实施方案》，提出了200项具体改革举措，致力于打造更具竞争力和包容性的创新生态环境。

深圳市政府的创新引导策略，首先在基础研究领域展开。《深圳经济特区科技创新条例》明确了政府在基础研究和应用基础研究方面的资金投入比例，为提升基础创新能力确立了法律框架。此外，深圳市政府通过制定《深圳市关于加强基础科学研究的实施办法》，高标准建设了多家省级实验室，如鹏城实验室和深圳湾实验室，以促进前沿科技领域的研究与创新。在核心技术攻关方面，深圳市政府设立了重大装备和关键零部件研制专项，采用"需求导向、优化机制、集中力量、重点突破"的原则，聚焦战略性新兴产业的关键技术领域。通过推进里程碑式考核和项目经理人管理制度等创新机制，严格把控项目的产出质量，取得了一批自主可控的标志性科技成果。

科研成果的产业化是深圳市政府引导创新的重要环节。深圳市政府通过建设重大科技基础设施，实现了科研与产业的高效协同。在推动科技成果转化方面，深圳市通过创新链和产业链的融合发展，推动了从"0到1"的创新突破，并持续推动从"1到N"的成长。另外，深圳市政府还注重科技金融的发展。深圳市政府设立了创业投资引导基金，通过政府投资引导社会资本，支持科技创新企业的早期发展，有效地推动了科技成果的产业化进程。在科研人才流动与激励方面，深圳市政府建立了双向流动制度，支持科技人才在高校、科研机构和企业之间的合理流动，充分发挥了科技人才的创新潜能。同时，深圳市政府还实施了靶向引才计划，面向各领域的重大技术攻关项目，建立持久激励机制，激发了科技人才的积极性和创造力。

6.2.5 深圳市创新能力分析小结

深圳已经成为中国乃至全球科技创新的重要引擎。通过多年的发展，深圳从弱到强，创造了城市科技创新的奇迹。当前，深圳承担着"双区"建设的重大使命，在《粤港澳大湾区发展规划纲要》和《中共中央 国务院关于支持深圳建设中国特色社会主义先行示范区的意见》的指导下，深圳将聚焦世界科技和产业发展前沿，建设全球科技创新高地和新兴产业策源地，发挥核心引擎作用。

深圳的区位优势支持其发展高端生产性服务业和制造业完整产业链，强大的金融资本支持促进高新技术企业快速发展。但是，深圳也面临基础研究能力弱、尖端人才建设不足、核心技术掌握不足等挑战。未来，深圳应集中力量发展应用基础研究，攻克关键核心技术，培育创新人才，促进产学研用融通，深化科技创新开放合作。持续完善"基础研究+技术攻关+成果产业化+科技金融+人才支撑"全过程创新生态链，深圳将在推进改革开放、建设全球科技和产业创新高地、提升现代产业竞争力等方面发挥关键作用。

6.3 珠海市创新能力分析

珠海市创新能力水平位居全省第三，并且保持稳定。第二产业和第三产业的综合发展支撑珠海市各领域指标呈现均衡发展态势。虽然工业发展增速有所放缓，但是高新技术产业迅猛发展，支撑珠海高质量发展，科技创新和经济发展的贡献水平都保持全省前列。

6.3.1 创新能力排名

（1）总体概况

2024年珠海市创新能力全省排名第3位，与2023年相比排名保持不变（图6-20）。

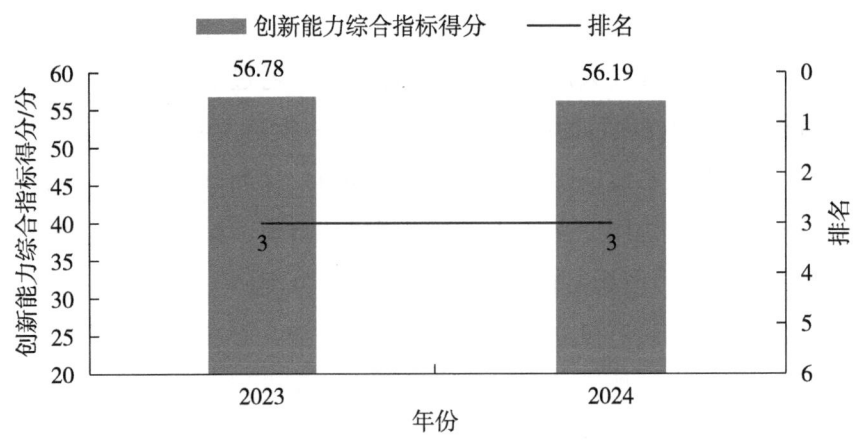

图6-20 2023—2024年珠海市创新能力变化趋势

（2）分领域概况

2024年创新投入指标值是54.61，排名第2位，较上年上升2位；创新产出指标值是62.88，排名第2位；产业升级指标值是58.80，排名第3位，较上年下降1位；创新环境指标值是24.73，指标值下降2.03，排名第5位，较上年下降1位；创新绩效指标值是79.95，排名第4位，较上年下降1位（表6-7、图6-21）。

表6-7 珠海市创新能力指标分析

指标名称	2024年		2023年	
	指标值	排名	指标值	排名
综合	56.19	3	56.78	3
1 创新投入	54.61	2	51.92	4
1.1 人员投入	66.62	2	57.78	2

续表

指标名称	2024 年		2023 年	
	指标值	排名	指标值	排名
1.2　经费投入	42.59	5	46.06	5
2　创新产出	62.88	2	60.55	2
2.1　专利产出	45.44	2	45.15	2
2.2　产业创新	80.33	3	75.95	3
3　产业升级	58.80	3	67.07	2
3.1　结构优化	49.49	3	49.07	3
3.2　能力提升	68.10	3	85.07	1
4　创新环境	24.73	5	26.76	4
4.1　政策环境	35.10	4	39.13	4
4.2　创新平台	14.37	5	14.39	5
5　创新绩效	79.95	4	77.59	3
5.1　生活质量	70.43	6	71.47	6
5.2　技术水平	89.46	2	83.72	2

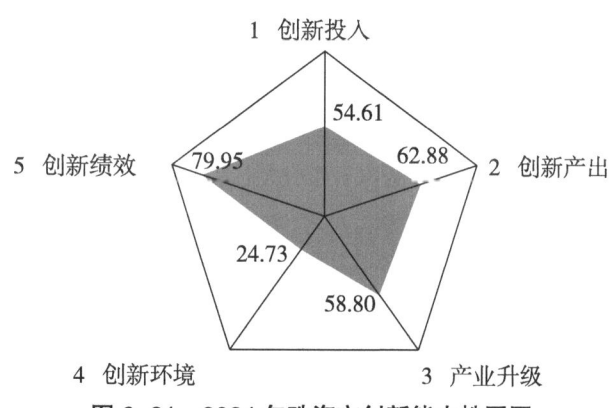

图 6-21　2024 年珠海市创新能力蛛网图

6.3.2　决定创新能力的关键指标分析

（1）国民经济综合发展情况

2022 年，珠海市地区生产总值 4045.45 亿元，同比增长 3.83%，高于全省平均增速，显示出较强的经济韧性和发展动力。从产业结构来看，珠海市产业结构持续优化，三次产业比例为 1.5∶44.7∶53.8。其中，第一产业生产总值为 60.52 亿元，同比增长 11.66%；第二产业生产总值为 1808.08 亿元，同比增长 9.51%；第三产业生产总值为 2176.86 亿元，同比下降 0.63%。人均生产总值达到 16.37 万元，比上年增长 3.63%，显示出居民经济福祉的稳步提升（图 6-22、图 6-23）。

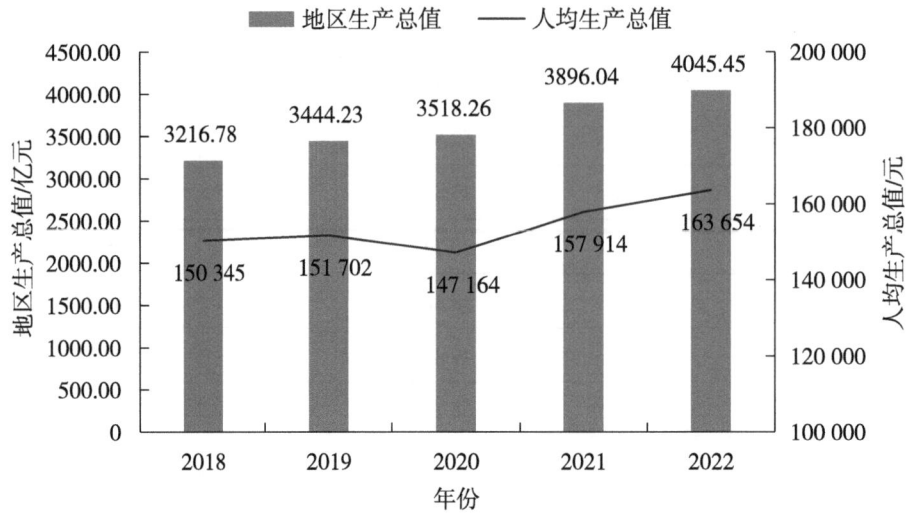

图 6-22　2018—2022 年珠海市地区生产总值和人均生产总值

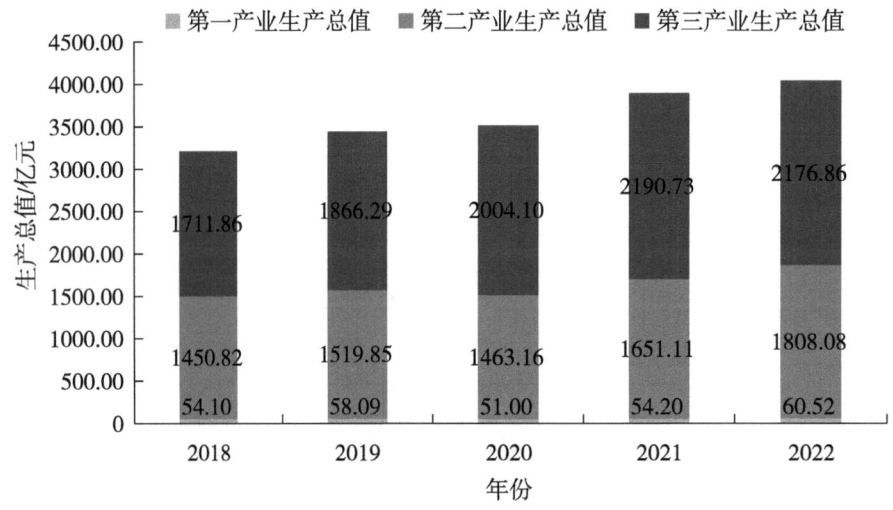

图 6-23　2018—2022 年珠海市三次产业生产总值

2022 年末，珠海市的常住人口为 247.72 万人，与 2021 年末的 246.67 万人相比，增加了 1.05 万人。2022 年珠海居民人均可支配收入为 62 976 元，比上年增长 2.6%，扣除价格因素实际增长 1.4%。从城乡来看，2022 年珠海城市人均可支配收入为 65 743.20 元，同比增长 2.35%；农村人均可支配收入为 35 828.64 元，同比增长 4.17%（图 6-24）。2022 年珠海市在常住人口数量和居民人均可支配收入方面都有所增长，显示出城市吸引力的持续上升和经济社会的稳步发展。

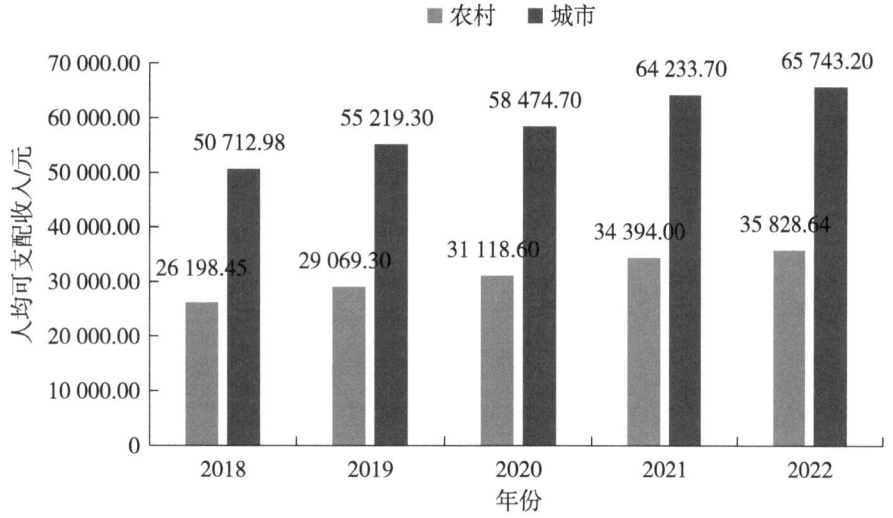

图 6-24 2018—2022 年珠海市城市和农村人均可支配收入

(2) 工业发展情况

从工业发展情况来看,珠海市近5年的规上工业企业数虽然稳定增加,但是增幅仍然较小,从 2018 年的 1236 家增加到 2022 年的 1792 家(表 6-8)。

表 6-8 珠海市规上工业企业数和工业总产值

年份	规上工业企业数/家	规上工业总产值/亿元
2018	1236	4481.34
2019	1388	4646.99
2020	1492	4565.80
2021	1655	5272.44
2022	1792	5916.09

2022 年,珠海市规上工业企业研发人员达到 32 102 人,当年新增研发人员 6190 人,同比增长 23.89%。规上工业企业研发经费内部支出达到 118.07 亿元,比上年增加 4.34 亿元,同比上涨 3.82%(图 6-25)。

(3) 科技发展情况

在科技创新方面,2022 年珠海市地方财政拨款 418 396 万元,较上年下降 76 675 万元。2022 年珠海市 R&D 经费占 GDP 比重提高到 2.92%,较上年相差不大(图 6-26)。

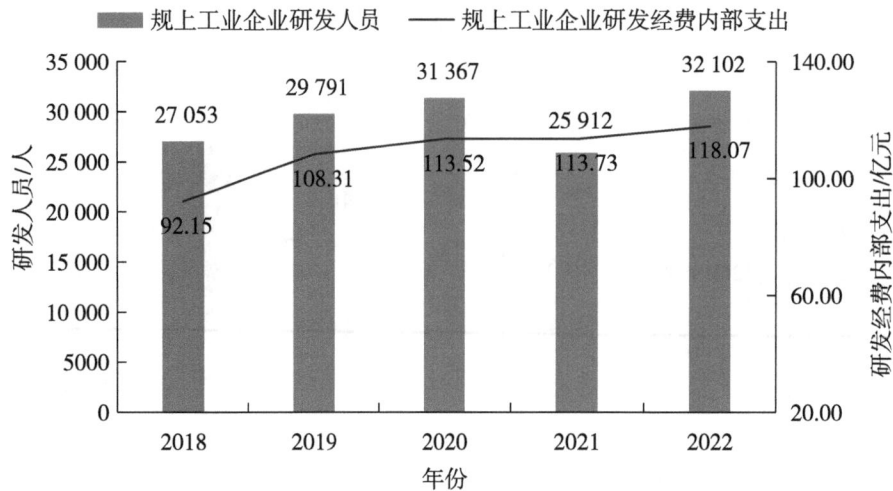

图 6-25 2018—2022 年珠海市规上工业企业研发人员和研发经费内部支出

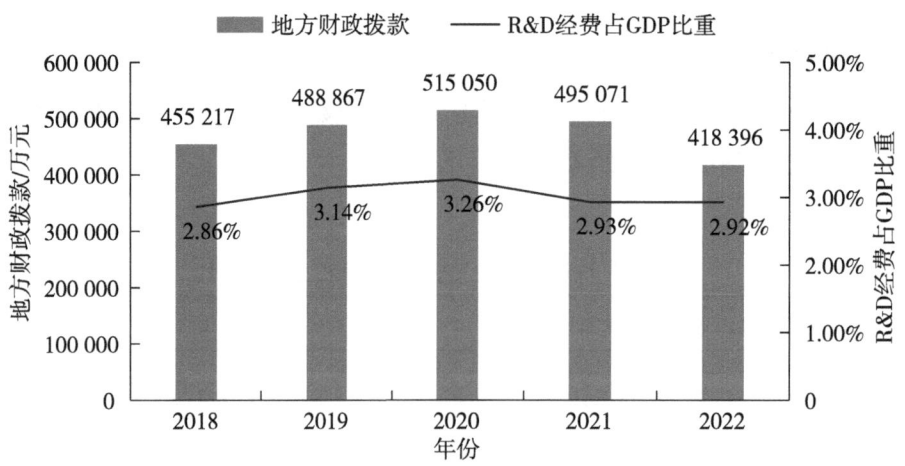

图 6-26 2018—2022 年珠海市研发投入强度

2022年,珠海市有效发明专利拥有量达到29 799件,比上年增长23.59%。珠海市万人发明专利拥有量达到120.81件,继续位居全省第二(图6-27)。

(4)新经济发展情况

2022年,珠海市高新区拥有6个国家级孵化器、7家省级新型研发机构。2022年,珠海全市规上工业实现增加值1480.82亿元,同比增长6.9%,增速排名全省第一。高新技术企业数增幅明显,达到2292家(图6-28)。高技术制造业工业增加值同比增长15.39%。这表明高技术产业对珠海经济高质量发展的重要支撑作用进一步增强(图6-29)。

第6章 各地市区域创新能力分析

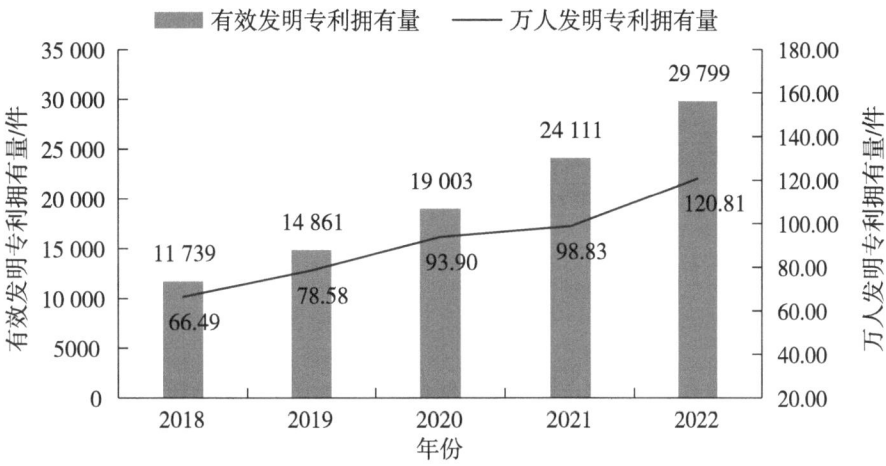

图 6-27 2018—2022 年珠海市有效发明专利拥有量

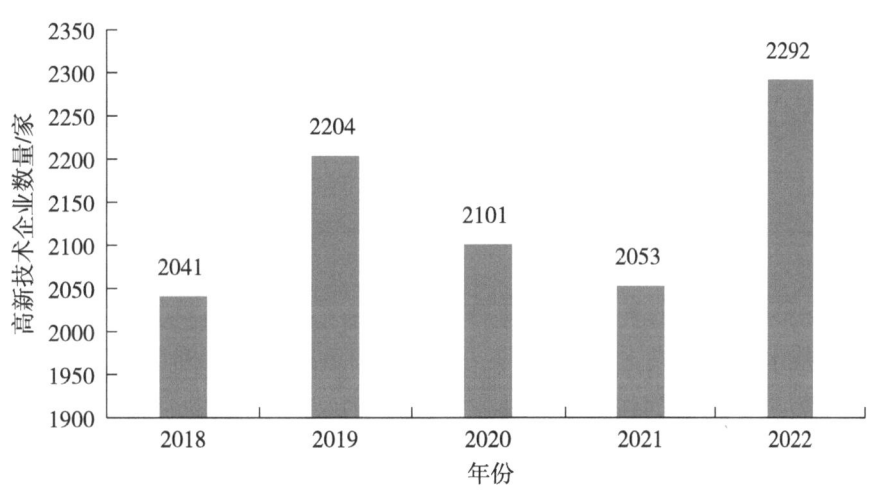

图 6-28 2018—2022 年珠海市高新技术企业数

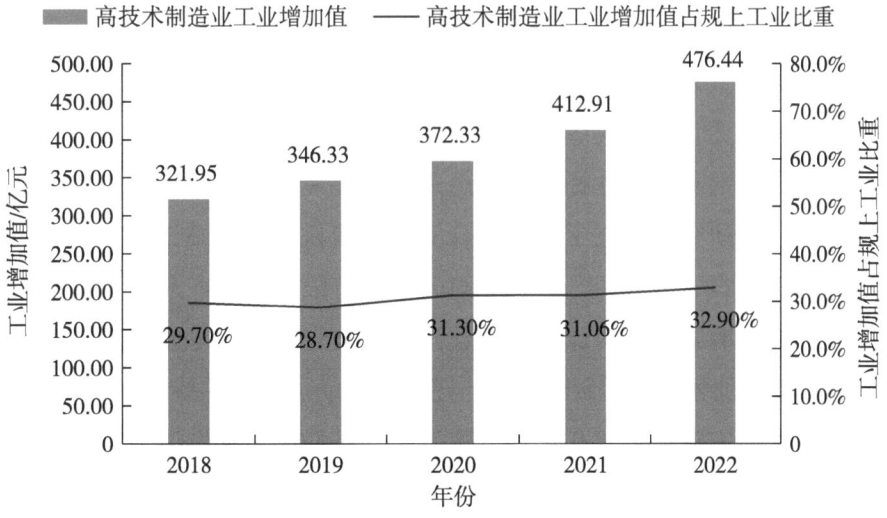

图 6-29 2018—2022 年珠海市高技术制造业工业增加值及占比

6.3.3 创新平台和载体情况

（1）总体情况

2018—2022年，珠海市国家重点实验室和国家工程技术研究中心的数量均没有增加，其中，国家重点实验室有1个，国家工程技术研究中心有4个。省重点实验室在2021年达到6个，2022年下降到4个。省工程技术研究中心数量不断增加，从2018年的247个增加到了2022年的358个（表6-9）。

表6-9 珠海市重点实验室和工程技术研究中心数量

单位：个

年份	国家重点实验室	省重点实验室	国家工程技术研究中心	省工程技术研究中心
2018	1	2	4	247
2019	1	2	4	286
2020	1	4	4	284
2021	1	6	4	317
2022	1	4	4	358

（2）珠海中科先进技术研究院的特色和成绩

珠海中科先进技术研究院成立于2017年，由珠海市政府与中国科学院深圳先进技术研究院合作设立。该研究院致力于科研创新、成果转化、人才引进、企业孵化、园区运营及科学普及等多方面工作，旨在成为粤港澳大湾区具有竞争力、创新力和影响力的新型研发机构。其愿景是建设一个集科研、产业、资本于一体的微创新体系。通过重点发展生物医药、医疗器械、生物材料、人工智能大数据等新兴产业领域，力求在粤港澳大湾区内成为一流的科技成果转移转化基地及生物医药、医疗器械产业创新引擎。

珠海中科先进技术研究院总投资达到13亿元，占地面积达22万平方米，显示了其在硬件设施及资源投入上的雄厚实力。通过这些投资，该研究院已经初步建立了一套完整的研发体系和科技创新平台，为区域内外的科技人才提供了理想的创新环境和优质的科研支持。在合作单位的支持下，珠海中科先进技术研究院建立了多个联合实验室或科考工作站，与珠海市担杆镇政府、澳门大学、深圳中科传感科技有限公司、深圳北鲲云计算有限公司、广东省萱嘉医品健康科技有限公司、珠海格力电器股份有限公司、珠海市镭通激光科技有限公司等政府部门、高校和企业展开深度合作。这些合作不仅加强了产学研的融合，还有效推动了产业的持续创新发展。

珠海中科先进技术研究院在短短几年内迅速发展，已经成为粤港澳大湾区科技创新的重要力量。未来，随着其持续推进科研成果的转化和产业的创新，预计其在区域内外的影响力和竞争力将进一步加强，为推动科技进步及经济发展做出更大贡献。

6.3.4 政府部门引导创新的典型做法

珠海市政府近年来在引导创新方面采取了一系列有力措施，以推动科技创新、促进产业发展为核心目标。首先，珠海市制定并实施了一系列创新政策，如《珠海市科技创新"十四五"规划》和《创新驱动促进产业发展十条措施》，这些政策为科技创新工作提供了明确的战略方向和全面的政策支持。通过这些政策，珠海市鼓励企业加大研发投入，并积极建设创新平台，如工程技术研究中心和重点实验室，旨在吸引和培养高端创新人才，进一步增强科技创新的实力和竞争力。

其次，珠海市政府坚持扩增量与提质并重的原则，出台了针对高企、高成长创新型企业的相关政策文件，通过建立培育库、加强申报辅导、提供财政补助等措施，支持科技企业的入库培育，不断壮大其规模。同时，珠海市还设立了科技企业龙头标杆，通过建立评价体系，如设立创新综合实力百强、成长性百强、税收贡献百强等榜单，激励企业提质增效。

再次，珠海市在创新环境营造方面着力加强政策供给，重点支持创新发展的关键环节和重点领域。珠海市政府加快实施高企倍增计划，并出台了科技型企业、科技创新平台、孵化载体高质量发展三大行动计划，积极培育和扶持科技型中小企业、高新技术企业及潜力独角兽企业。此外，珠海市围绕"4+3"重点产业链布局创新链，实施更加开放的创新人才政策，推动基础前沿、重大共性关键技术及应用示范项目的落地。

最后，珠海市在区域创新合作方面积极推动与广州、深圳等地区的创新资源对接，探索建立"异地孵化、珠海落地"和"异地研发、珠海转化"的合作模式。珠海市出台了《珠海市珠港澳科技创新合作项目管理办法》，这是全国首个在市级层面支持港澳科技创新合作的政策，为促进区域创新协同发展做出了积极探索和努力。

6.3.5 珠海市创新能力分析小结

珠海市在广东省内展现了较为显著的创新引领作用，其良好的创新环境和高新技术产业发展为国民经济的持续增长提供了重要支持。未来，珠海市在科技创新发展中将朝着更加开放和协同的方向迈进，未来需要持续优化创新环境，加强基础设施建设，提升创新政策的针对性和执行力度，以实现科技创新的跨越式发展，为地区经济的可持续增长贡献更大力量。

6.4 汕头市创新能力分析

汕头市在科技创新方面展示出努力和成就。通过积极推动科技政策和资金支持，加强产学研合作，建设高水平科研平台，汕头市已初步形成了以电子信息、生物医药、新材料等为重点的创新产业体系。此外，汕头还注重引进和培育高端科技人才，促进科技成果转化应用，为地方经济转型升级注入了新的活力和动力。

6.4.1 创新能力排名

2024年汕头市创新能力居全省第13位，相对上年上升1位（图6-30）。

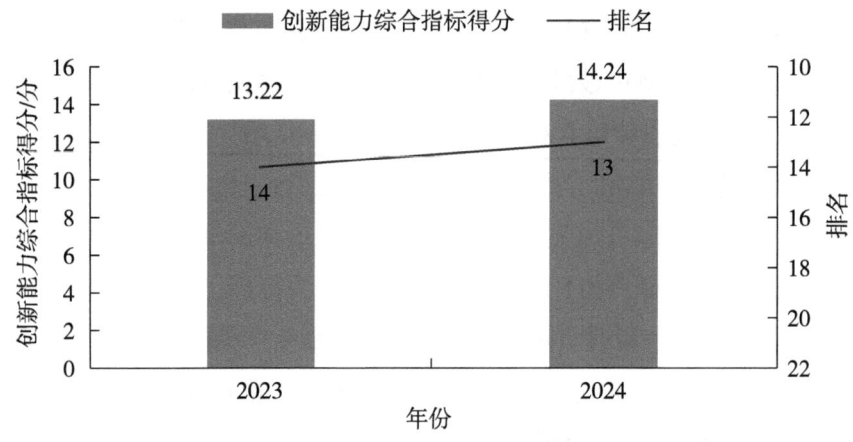

图 6-30　2023—2024 年汕头市创新能力变化趋势

从指标维度来看，汕头市2024年创新投入指标排名第14位，与上年保持一致；创新产出指标排名第16位，较上年上升1位；产业升级指标排名第18位，较上年下降1位；创新环境指标排名第10位，较上年上升1位；创新绩效指标排名第12位，与上年持平（表6-10、图6-31）。

表 6-10　汕头市创新能力指标分析

指标名称	2024 年		2023 年	
	指标值	排名	指标值	排名
综合	14.24	13	13.22	14
1　创新投入	10.61	14	10.75	14
1.1　人员投入	7.80	16	7.38	15
1.2　经费投入	13.43	11	14.13	14
2　创新产出	17.89	16	15.53	17
2.1　专利产出	1.99	11	2.14	9
2.2　产业创新	33.80	16	28.93	17
3　产业升级	13.31	18	11.04	17
3.1　结构优化	20.70	13	16.06	14
3.2　能力提升	5.92	13	6.01	14
4　创新环境	12.20	10	12.31	11

续表

指标名称	2024 年		2023 年	
	指标值	排名	指标值	排名
4.1 政策环境	17.43	10	17.46	11
4.2 创新平台	6.97	9	7.17	9
5 创新绩效	17.16	12	16.47	12
5.1 生活质量	13.64	12	13.39	13
5.2 技术水平	20.68	13	19.54	13

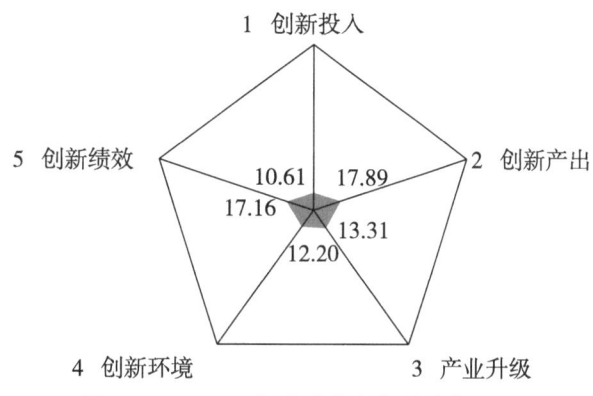

图 6-31　2024 年汕头市创新能力蛛网图

6.4.2　决定创新能力的关键指标分析

（1）国民经济综合发展情况

2018—2022 年，汕头市坚持稳中求进的工作总基调，贯彻新发展理念，坚持"工业立市、产业强市"的发展道路，实现了经济总量的稳步增长和民生福祉的持续改善。地区生产总值和人均生产总值均实现了稳定增长，其中地区生产总值增速较快，从 2018 年的 2503.08 亿元增长到 2022 年的 3017.44 亿元（图 6-32）。

从产业结构来看，2022 年汕头市三次产业结构比重为 4.5∶47.9∶47.5，第一产业生产总值 136.96 亿元，同比增长 8.34%。第二产业生产总值 1446.43 亿元，同比增长 1.72%。第三产业生产总值 1434.05 亿元，同比增长 2.35%。汕头市第二产业和第三产业的年度生产总值几乎持平，增速也相对一致。相比之下，第一产业对地区经济发展的贡献度较低（图 6-33）。

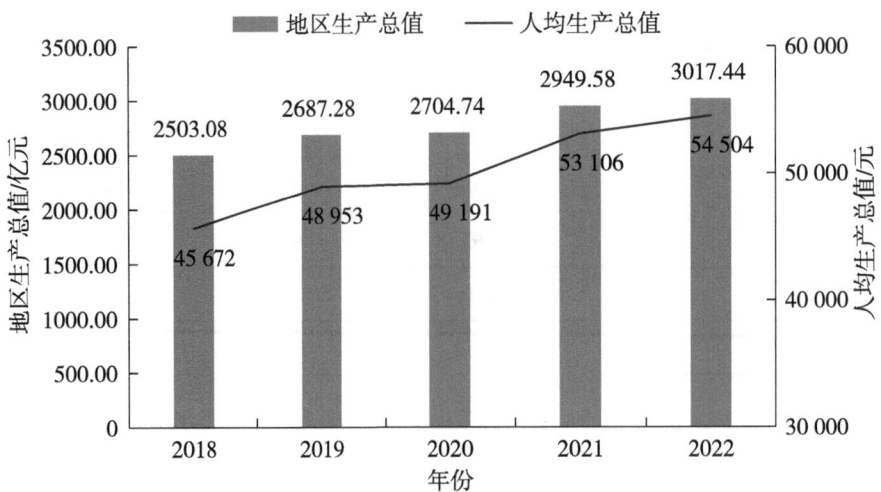

图 6-32　2018—2022 年汕头市地区生产总值和人均生产总值

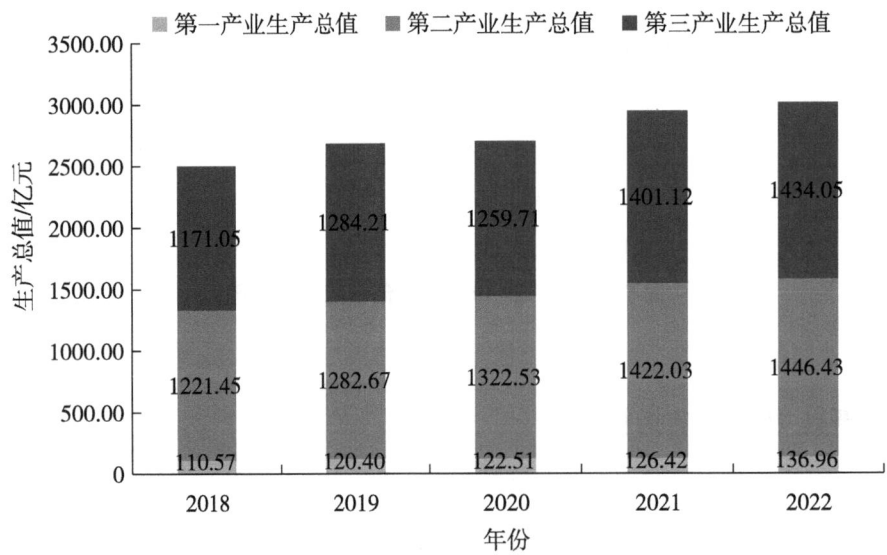

图 6-33　2018—2022 年汕头市三次产业生产总值

2018—2022 年，农村人均可支配收入与城市人均可支配收入均呈稳定增长趋势。2022 年城市人均可支配收入 37 036.93 元，同比增长 4.03%；农村人均可支配收入 22 056.83 元，同比增长 5.94%（图 6-34）。

（2）工业发展情况

从工业发展情况来看，汕头市近 5 年的规上工业企业数虽然稳定增加，但是增幅仍然较小，从 2018 年到 2022 年共增加 198 家（表 6-11）。汕头规上工业总产值自 2018 年起开始下降，2021 年开始回升到 2018 年的水平。

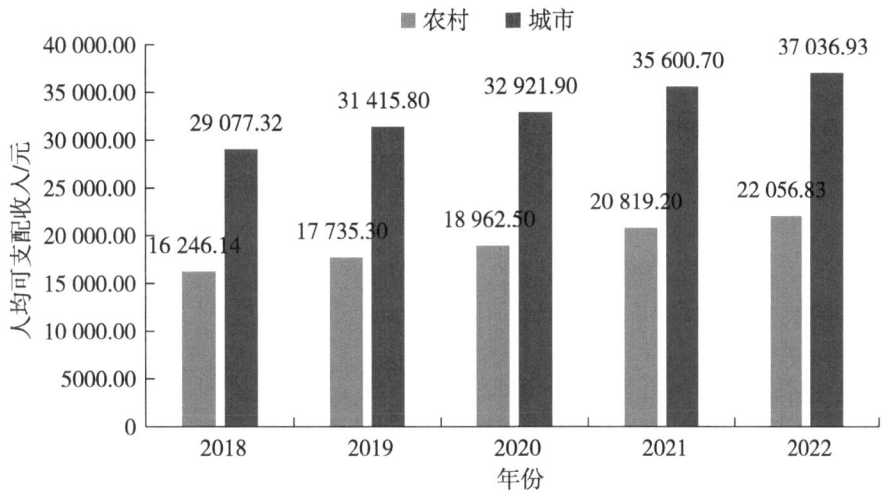

图 6-34　2018—2022 年汕头市城市和农村人均可支配收入

表 6-11　汕头市规上工业企业数和工业总产值

年份	规上工业企业数/家	规上工业总产值/亿元
2018	1983	3405.47
2019	1972	3060.82
2020	1928	2985.44
2021	2061	3378.20
2022	2181	3404.18

汕头市的规上工业企业研发人员数量 5 年内变化呈 W 形，2022 年规上工业企业研发人员 11 081 人，同比增长 14.66%。规上工业企业研发经费内部支出不断增加，相比 2021 年增加 5.11 亿元，同比增长 16.39%（图 6-35）。

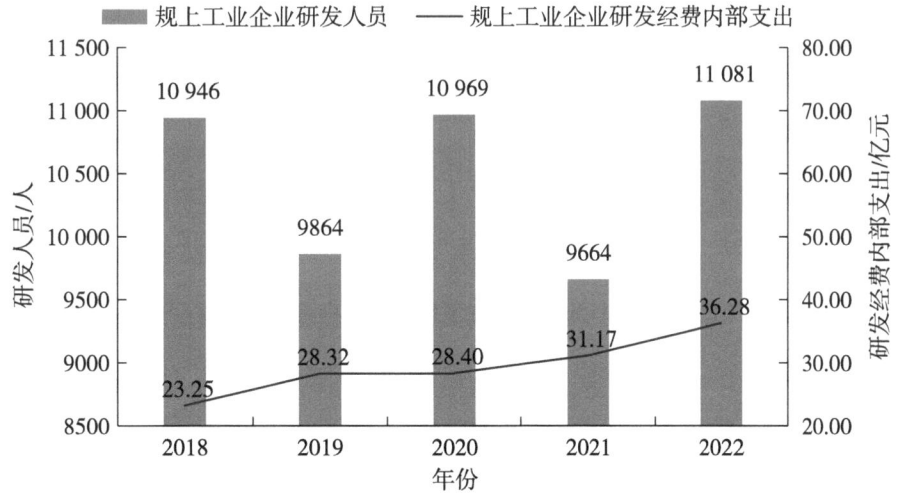

图 6-35　2018—2022 年汕头市规上工业企业研发人员和研发经费内部支出

（3）科技发展情况

汕头市在科技发展中也进行了积极布局，2018—2022年地方财政拨款变化呈M形，2022年地方财政拨款33 417万元，同比下降48.65%。R&D经费占GDP比重相对稳定，2020年略有下降（图6-36）。

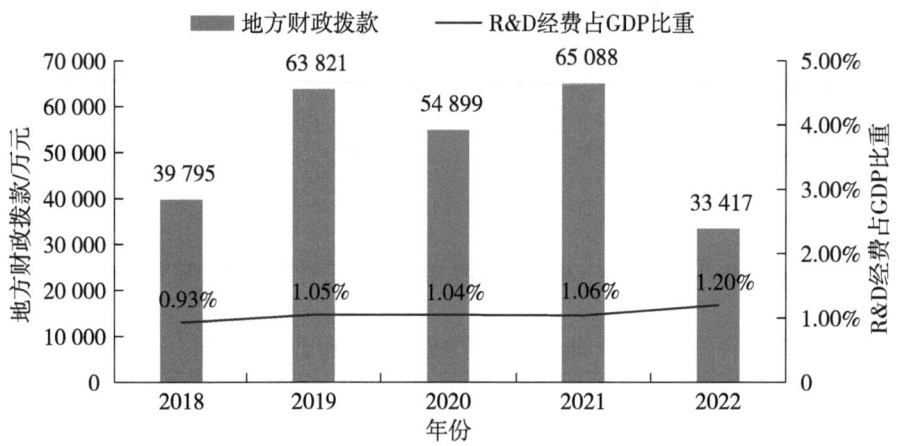

图6-36　2018—2022年汕头市财政投入和研发投入强度

在专利上，有效发明专利拥有量和万人发明专利拥有量虽增速较慢，但整体上呈现出稳定上升趋势，2022年有效发明专利拥有量为3685件，万人发明专利拥有量为6.66件（图6-37）。PCT国际专利申请量和发明专利授权量虽有波动，但整体上也呈现出了上升趋势。

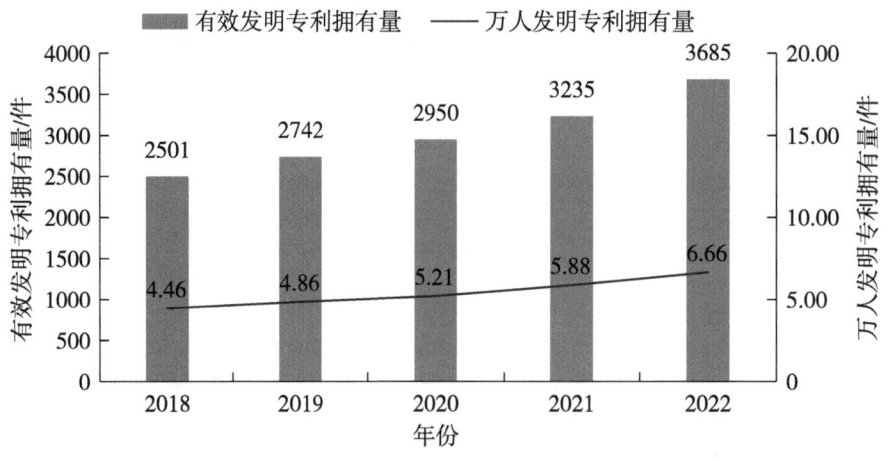

图6-37　2018—2022年汕头市有效发明专利拥有量和万人发明专利拥有量

（4）新经济发展情况

2022年汕头市高新技术企业有687家，较2021年增加57家，同比增长9.05%，新技术产品产值近4年稳定增长。高技术制造业工业增加值占规上工业比重逐年增加，2022年末达9.60%。

汕头市在高新技术企业数量与产值及增加值等方面均取得了积极进展，新经济发展势头强劲（图6-38、图6-39）。

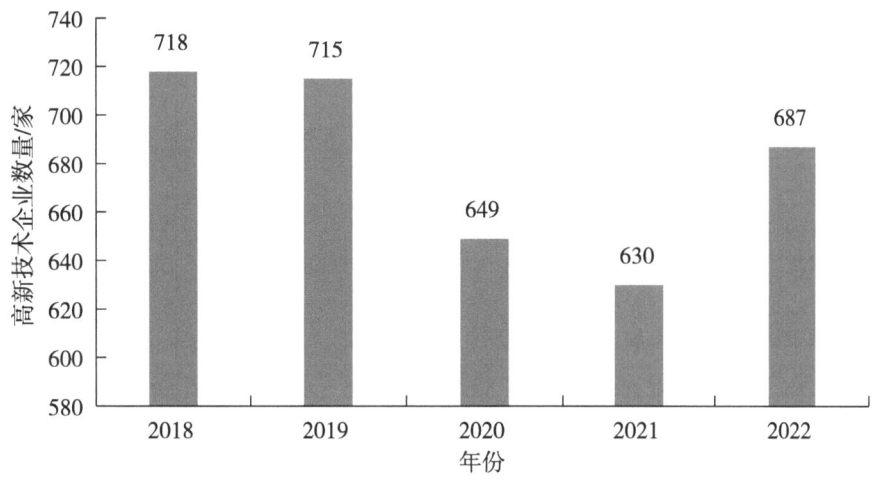

图6-38　2018—2022年汕头市高新技术企业数

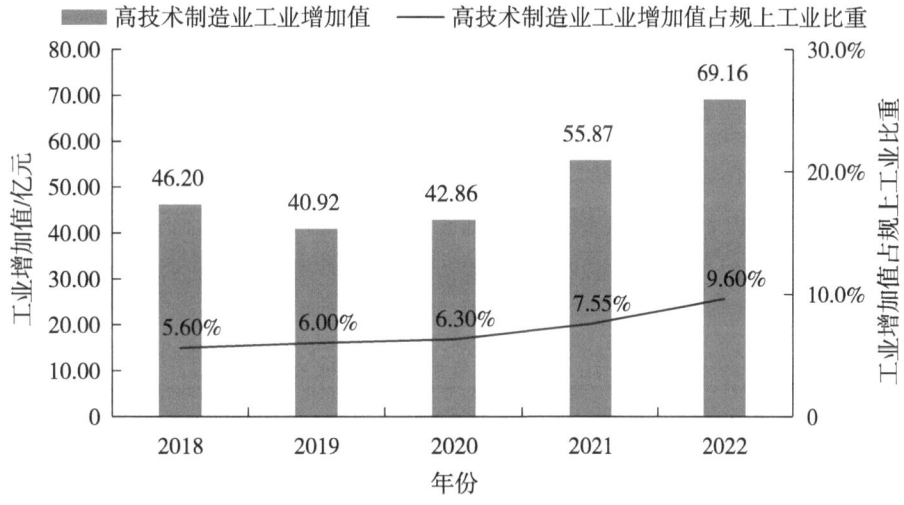

图6-39　2018—2022年汕头市高技术制造业工业增加值及占比

6.4.3　创新平台和载体情况

（1）总体情况

汕头市省重点实验室在2021年达到8个，2022年下降到7个。省工程技术研究中心2022年达到222个（表6-12）。

表 6-12　汕头市重点实验室和工程技术研究中心数量

单位：个

年份	国家重点实验室	省重点实验室	国家工程技术研究中心	省工程技术研究中心
2018	0	8	0	214
2019	0	8	0	234
2020	0	7	0	200
2021	0	8	0	211
2022	0	7	0	222

（2）化学与精细化工广东省实验室的特色和成绩

化学与精细化工广东省实验室（简称"汕头实验室"）是广东省委、省政府设立的重大创新平台之一，旨在推动化学与化工领域的前沿科技创新和产业化进程。成立于2019年1月，汕头实验室采用"主体＋分中心"模式，主体实验室设立于汕头市，分中心分别设立于潮州市和揭阳市，共同构建起一个涵盖从基础研究到产业化的全链条创新体系。

汕头实验室在研究方向上聚焦于"新化学、新化工、新产业"，紧密围绕碳中和战略和地方经济布局，重点发展碳中和化学与化工、高端精细化学品、高端化工装备等三大领域。汕头实验室已建成高标准的化学实验楼和综合服务设施，配备了亚洲领先的大型科研仪器设备，如超高时空分辨双球差电镜等，以支持高水平科研和技术创新。目前，汕头实验室已发表超过240篇高水平论文，申报专利近百件，并获得了众多国家级和省部级科研项目的支持，涉及的研究成果包括新型化工装备、绿色高效生产技术等，已经孵化成立了首家产业化公司，为地方经济发展注入了新的动力。

未来，汕头实验室将继续发挥其引领作用，吸引国内外高端科技人才和创新资源，推动关键核心技术的突破和实现重大科研成果的产业化应用，致力于打造成为汕头市的科技创新名片和国家级创新策源地，为广东省乃至全国的高端科技发展贡献更多力量。

6.4.4　政府部门引导创新的典型做法

2022年，汕头市政府颁布《汕头市关于加快建设国家创新型城市的若干政策措施》，旨在推动汕头市在全面建设现代化经济体系、加快科技创新步伐、打造国家创新型城市方面迈出坚实步伐，为汕头市经济社会发展注入新的动力和活力，助力实现高质量发展目标。在《关于印发〈汕头经济特区科技创新条例〉的通知》（汕市常〔2022〕26号）、《汕头市人民政府关于深入实施创新驱动发展战略 全面建设国家创新型城市的实施意见》（汕府〔2022〕67号）、《汕头市人民政府办公室关于印发汕头市科技创新"十四五"规划的通知》（汕府办〔2021〕56号）基础上，从以下多个维度完善汕头市科技创新发展。

加强基础研究和关键核心技术攻关，设立基础研究重大专项和关键核心技术攻关专项，支持"三新两特一大"等产业基础研究和关键核心技术攻关，提升科技创新能力。培育壮大科技型企业，重点支持高新技术企业培育和发展，推动创新创业孵化载体发展，落实研发费用加计扣除和高新技术企业所得税优惠政策，增加企业研发投入。促进科技成果转化和产业化，积极对接粤港澳大湾区国际科技创新中心建设，支持共建研发机构和重点实验室，鼓励科技型中小企业购买创新创业服务，推动技术市场培育。构建多层次科技创新平台载体，持续支持汕头实验室建设，引进境内外高水平创新研究院和企业技术中心，推动国家级、省级高新区高质量发展。

此外，强化科技金融支撑能力，建立创新融资需求对接机制，支持金融机构对重大技术攻关与科技成果产业化项目提供信贷支持，培育科技金融专营机构，推广"政银保"融资合作项目。激发科技创新人才活力，认定一批科技创新领军人才，引进高水平创新团队，支持青年科技人才开展技术攻关，加强科技人才服务和人才住房建设。加强创新生态环境建设，举办高水平学术活动，改革科研组织管理和项目形成机制，加强科研诚信和伦理建设，简化科研项目管理流程，推动科技成果有效转化。

6.4.5 汕头市创新能力分析小结

汕头市在创新能力的各项指标中均有所表现，尤其在创新产出和创新环境方面的进步比较明显。然而，产业升级仍是一个需要重点关注和加强的领域，以推动整体经济结构的优化和提升。未来，汕头市可以继续通过加大创新投入、优化政策环境、促进产学研深度合作等措施，进一步提升创新能力和竞争力，推动经济高质量发展。

6.5 佛山市创新能力分析

佛山市作为重要的制造业基地，地区生产总值不断增长，其中第二产业的贡献度较为显著，规上工业企业的发展也较为稳定。在创新发展方面，虽然佛山市过去几年也不断加强创新投入和产出的水平，但在增速上较其他城市有所放缓，导致整体创新排名有所下降。

6.5.1 创新能力排名

2024年佛山市创新能力居全省第7位，相对上年排名下降了2位（图6-40）。

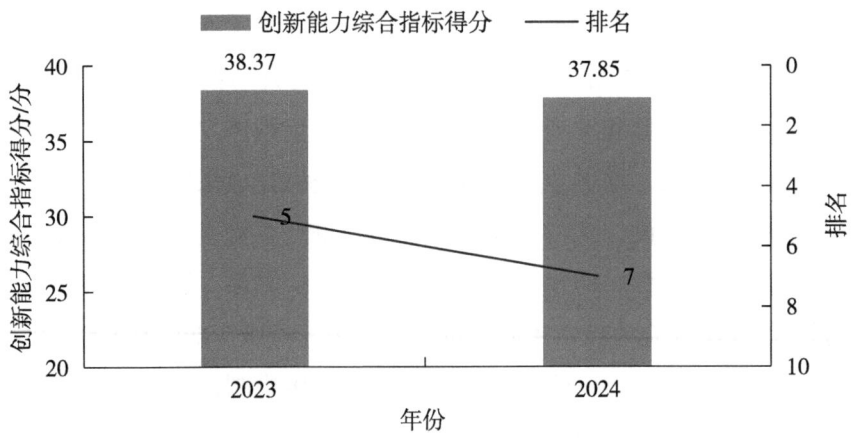

图 6-40 2023—2024 年佛山市创新能力变化趋势

从指标维度来看,佛山市2024年创新投入指标排名第6位,比上年上升1位。创新产出指标排名第8位,与上年持平;产业升级指标排名第8位,比上年上升2位;创新环境指标排名第3位,与上年持平;创新绩效指标排名第5位,与上年持平(表6-13、图6-41)。

表6-13 佛山市创新能力指标分析

指标名称	2024年		2023年	
	指标值	排名	指标值	排名
综合	37.85	7	38.37	5
1 创新投入	33.38	6	36.89	7
1.1 人员投入	30.53	6	32.83	7
1.2 经费投入	36.23	8	40.96	7
2 创新产出	30.63	8	30.38	8
2.1 专利产出	18.30	5	18.35	5
2.2 产业创新	42.97	13	42.41	11
3 产业升级	23.22	8	19.29	10
3.1 结构优化	9.11	19	6.02	19
3.2 能力提升	37.33	5	32.55	6
4 创新环境	35.60	3	38.61	3
4.1 政策环境	44.41	3	50.44	3
4.2 创新平台	26.79	3	26.78	3
5 创新绩效	66.43	5	66.70	5
5.1 生活质量	76.09	5	75.37	5
5.2 技术水平	56.78	6	58.03	5

第6章 各地市区域创新能力分析

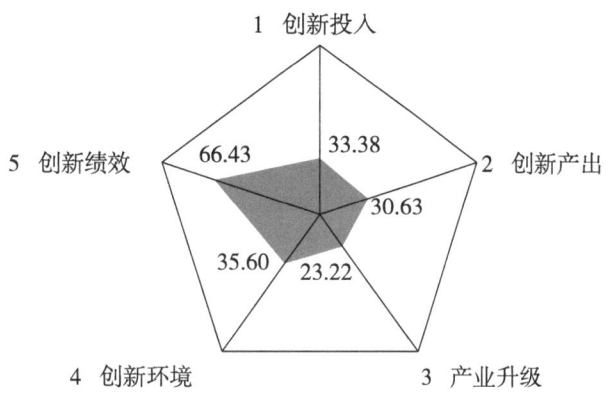

图 6-41 2024 年佛山市创新能力蛛网图

6.5.2 决定创新能力的关键指标分析

（1）国民经济综合发展情况

佛山市在 2022 年取得了显著的经济增长，全市地区生产总值达到 12 698.39 亿元，同比增长 4.21%。佛山市地区生产总值和人均生产总值在 2018—2022 年稳定增长（图 6-42）。

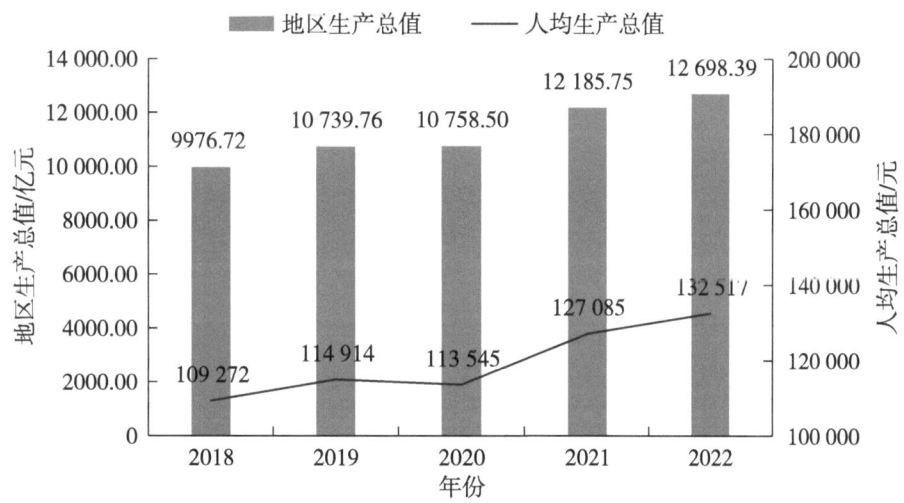

图 6-42 2018—2022 年佛山市地区生产总值和人均生产总值

佛山市第二产业发展显著，生产总值在近 5 年实现了缓慢增长，第三产业生产总值也有所增加。相比之下，第一产业贡献较小，增长缓慢。第一产业生产总值达到 221.18 亿元，同比增长 9.13%。第二产业生产总值 7129.80 亿元，同比增长 5.14%。第三产业生产总值 5347.46 亿元，同比增长 2.79%。现代服务业增势较好，但交通运输、仓储和邮政业及住宿和餐饮业表现相对较弱。金融业、信息传输、软件和信息技术服务业、卫生和社会工作等行业增长较快（图 6-43）。

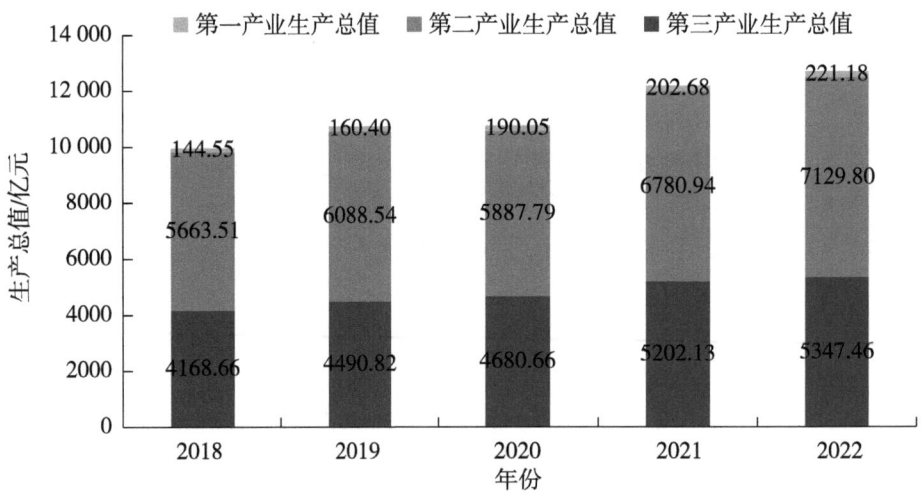

图 6-43 2018—2022 年佛山市三次产业生产总值

2018—2022 年，佛山市农村人均可支配收入和城市人均可支配收入不断增加，城市人均可支配收入自 2018 年的 50 736.92 元增加到 65 416.81 元。但总体来看，城乡差距在缓慢加大，差距自 2018 年的 21 972.22 元增加到 2022 年的 26 445.51 元（图 6-44）。

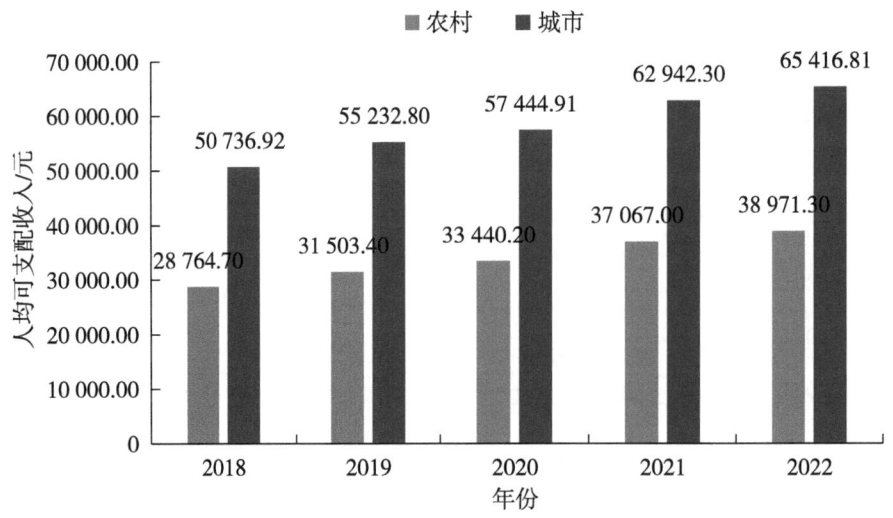

图 6-44 2018—2022 年佛山市城市和农村人均可支配收入

（2）工业发展情况

从佛山市的工业发展情况来看，2018—2022 年佛山市的规上工业企业数稳定增加，2022 年增幅较大，达到 5.13%。从数量上来看，2018—2022 年共增加 3220 家（表 6-14）。佛山规上工业企业研发人员数量 2021 年略有下降，主要受到新冠疫情的影响，但是 2022 年恢复增长（图 6-45）。

表 6-14　佛山市规上工业企业数和工业总产值

年份	规上工业企业数/家	规上工业总产值/亿元
2018	6631	21 595.71
2019	7902	23 222.05
2020	8020	23 037.41
2021	9370	26 312.48
2022	9851	27 965.42

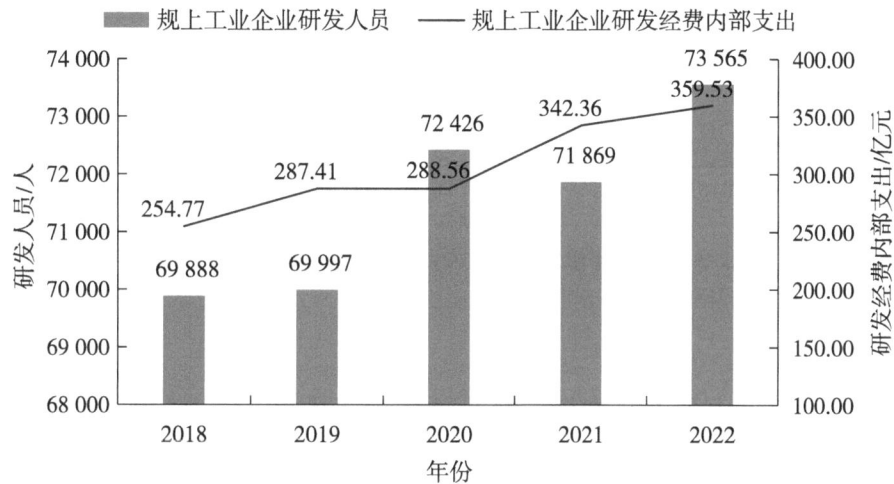

图 6-45　2018—2022 年佛山市规上工业企业研发人员和研发经费内部支出

（3）科技发展情况

佛山市地方财政拨款在 2019 年大幅增加，此后 2 年趋于稳定，2022 年有所下降，比 2021 年减少 180 625 万元。R&D 经费占 GDP 比重稳定增加，研发强度持续增加，2022 年达到 2.83%（图 6-46）。

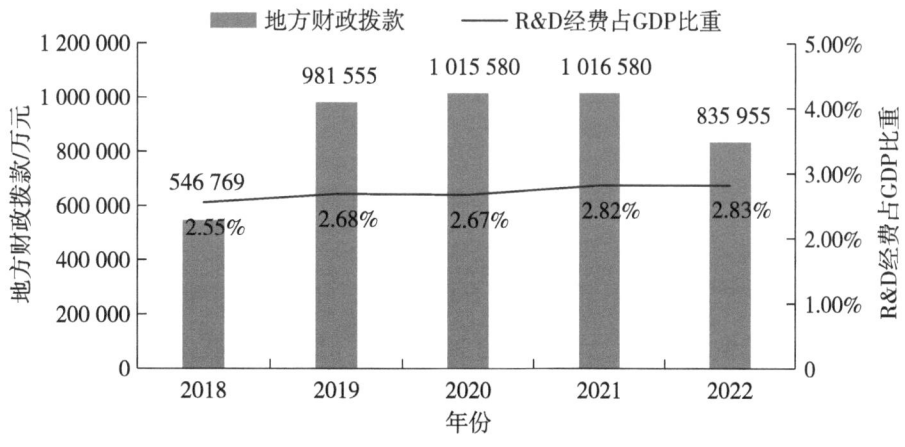

图 6-46　2018—2022 年佛山市财政投入和研发投入强度

佛山市在科技产出方面也有所改善,有效发明专利拥有量呈现逐渐上升趋势,2022年达到41 387件,万人发明专利拥有量增速加快,2022年同比增长18.30%(图6-47)。

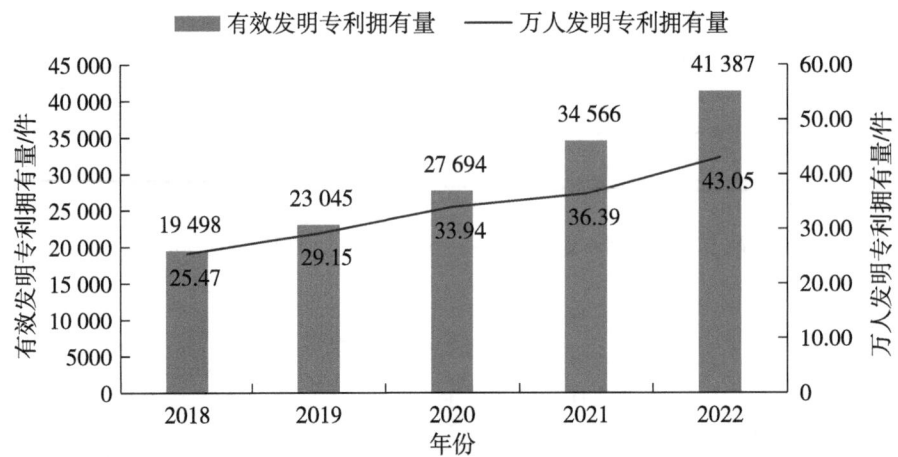

图6-47 2018—2022年佛山市有效发明专利拥有量和万人发明专利拥有量

(4) 新经济发展情况

2018—2022年,佛山市高新技术企业数显著增加,从2018年的3949家增加到2022年的9006家(图6-48)。

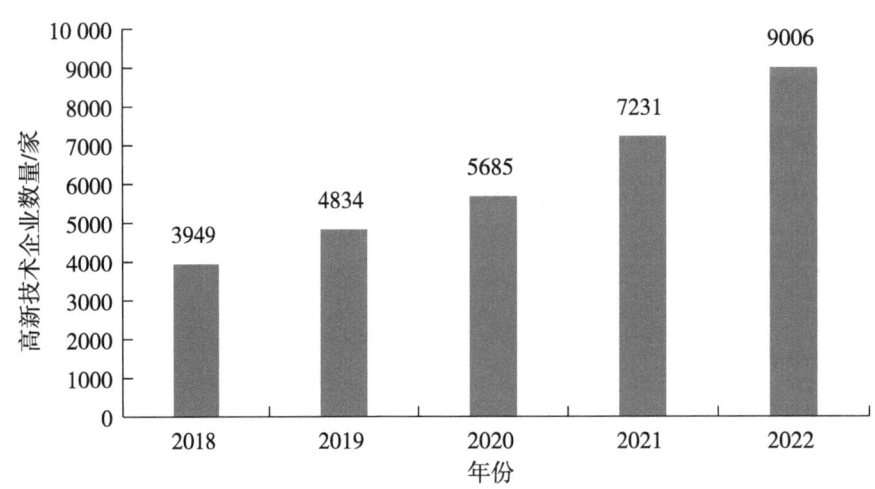

图6-48 2018—2022年佛山市高新技术企业数

高技术制造业工业增加值呈现先下降再上升的趋势,自2018年的276.49亿元下降到2020年的253.20亿元,此后上升恢复到2022年的313.30亿元。但是,高技术制造业工业增加值占规上工业比重上升缓慢,2022年仅恢复到5.60%,仍然没有达到2018年6.00%的水平(图6-49)。

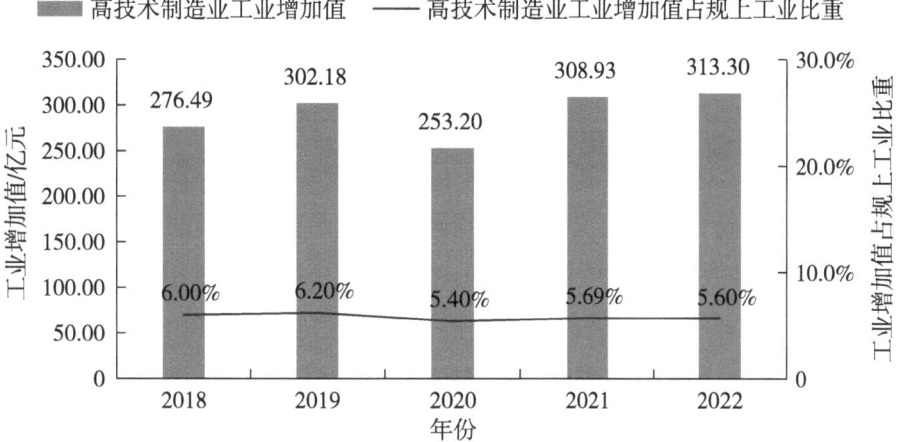

图 6-49　2018—2022 年佛山市高技术制造业工业增加值及占比

6.5.3　创新平台和载体情况

（1）总体情况

佛山市省重点实验室在 2021 年达到 29 个，2022 年下降到 26 个。省工程技术研究中心 2022 年达到 890 个（表 6-15）。

表 6-15　佛山市重点实验室和工程技术研究中心数量

单位：个

年份	国家重点实验室	省重点实验室	国家工程技术研究中心	省工程技术研究中心
2018	0	25	0	714
2019	0	26	0	805
2020	0	28	0	754
2021	0	29	0	811
2022	0	26	0	890

（2）佛山高新区创新平台的特色与成绩

佛山高新区三水园作为佛山市重要的创新核心，正在迅速构建并深化其创新平台的特色。园区以"众创+孵化+加速+金融+产业园"的创新生态链为核心发展理念，旨在促进战略性新兴产业的研发和技术攻关。近年来，园区陆续引入了广东省机器人协会、高校科技成果转化基地等平台，推动了增材制造、智能装备、新能源、新材料、生物医药、工业物联网等领域的技术创新与产业化进程。其中，"摘星楼"作为一个面积超过 1.5 万平方米的科技企业孵化器，成为创新企业孵化与发展的重要载体。此外，国家级增材制造创新中心佛山分中心和一系列创新平台的相继投入运营，进一步增强了园区的创新驱动力。未来，该园区将继续深化"1+4"主导产业专区的发展，通过产业规划、招商引资等手段，进一步推动生态、人才和创新资源的整合，为佛山市及周边地区的产业转型升级提供坚实支持。

6.5.4 政府部门引导创新的典型做法

以习近平新时代中国特色社会主义思想为指导，全面贯彻落实党的各项决策部署，特别是党的十九大和十九届二中、三中、四中、五中全会精神。佛山出台《佛山三龙湾高端创新集聚区发展总体规划（2020—2035年）》，强调以智能制造为主攻方向，培育和引进国家重点实验室、科技创新中心等高端科研机构，推动科技成果向市场转化，助力打造世界一流的创新型湾区。

该规划设立了明确的发展目标：到2022年，三龙湾框架基本成型，产业集聚效应初步显现，与港澳交流合作平台作用凸显；到2025年，创新集聚能力显著增强，开放合作体系更加多元，城市空间布局持续优化；到2035年，全面建成粤港澳大湾区重要发展平台和珠江西岸创新核心，形成具有国际竞争力的现代产业体系，推动开放型经济向更广领域迈进。佛山携手港澳建立"香港+佛山""澳门+佛山"机制，在共建香港（佛山）科创转化合作区、开展与澳门中医院院内制剂转化、加强与澳门科技大学合作等方面达成合作共识。在该规划期内，将积极探索新的合作模式和发展路径，为粤港澳大湾区的经济一体化发展贡献力量。

佛山明确了"碧环绕芯、双核驱动、三网协同、四轴支撑"的发展格局，以此为指导思想，构建生态、基础和公共服务3张设施网，通过高端服务集聚轴、协同创新发展轴、科技产业发展轴、区域协同联动发展轴等四轴支撑体系，全面促进三龙湾的经济繁荣和社会发展。通过优化城市空间布局和加强生态环境建设，提升现代化城市品质。特别是在生态保护和可持续发展方面，三龙湾将致力于构建智慧便民的城市建设模式，凸显蓝绿交融的生态底色，打造宜居宜业宜游的优质生活圈。

6.5.5 佛山市创新能力分析小结

作为广东省重要的经济中心之一，佛山市注重发挥科技创新在经济社会发展中的支撑作用。佛山市内建设了多个重要科技创新平台和实验室，这些平台和实验室不仅提升了市内企业的技术研发能力，也促进了跨界合作和技术创新的跨越式发展。此外，佛山市政府通过政策扶持和财政支持，鼓励企业加大科技投入，推动科技成果转化。例如，实施科技创新券制度和专项资金扶持政策，支持企业开展科技创新和应用示范，促进了科技成果的市场化和产业化。佛山市还积极探索智能制造、人工智能等新兴产业的发展路径，力求在新经济时代赢得先机。然而，佛山市在创新能力提升过程中也面临一些挑战，如科技人才的供给与需求不平衡、企业创新意识和能力不足等。未来，佛山市将进一步加强科技政策和人才"双轮驱动"，加大对科技人才的培养和引进力度，优化创新创业生态环境，全面提升城市创新能力，推动佛山市经济发展迈向高质量发展的新阶段。

6.6 韶关市创新能力分析

作为广东省北部的重要城市，韶关市在政府引导下，注重科技创新和产业结构调整，努力提升自身的创新能力和竞争力，综合排名上升1位。主要归功于产业水平的大幅提升，韶关市在创新环境和创新绩效等指标的稳定性上也表现较好。

6.6.1 创新能力排名

2024年韶关市创新能力居全省第12位，比2023年排名上升1位（图6-50）。

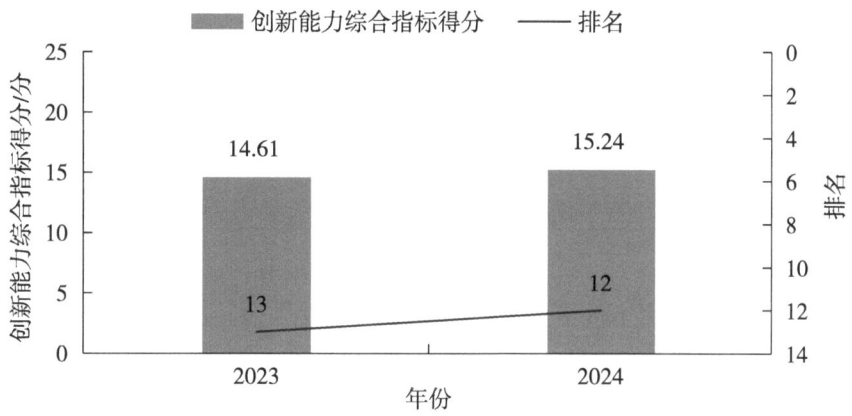

图6-50 2023—2024年韶关市创新能力变化趋势

从指标维度来看，韶关市2024年创新投入指标下降2位，居第11位。创新产出指标下降1位，居第14位。产业升级指标居第11位，较上年上升5位；创新环境指标居第12位，较上年上升2位；创新绩效指标居第11位，与上年保持一致（表6-16、图6-51）。

表6-16 韶关市创新能力指标分析

指标名称	2024年		2023年	
	指标值	排名	指标值	排名
综合	15.24	12	14.61	13
1 创新投入	12.23	11	17.04	9
1.1 人员投入	13.19	12	15.23	10
1.2 经费投入	11.27	13	18.86	9
2 创新产出	19.59	14	19.28	13
2.1 专利产出	2.01	10	1.55	11

续表

指标名称	2024年		2023年	
	指标值	排名	指标值	排名
2.2 产业创新	37.18	15	37.01	14
3 产业升级	17.98	11	12.44	16
3.1 结构优化	22.50	12	18.77	12
3.2 能力提升	13.47	11	6.11	13
4 创新环境	8.49	12	7.12	14
4.1 政策环境	12.80	12	10.05	15
4.2 创新平台	4.18	12	4.20	12
5 创新绩效	17.88	11	17.19	11
5.1 生活质量	13.88	11	14.46	11
5.2 技术水平	21.88	11	19.92	12

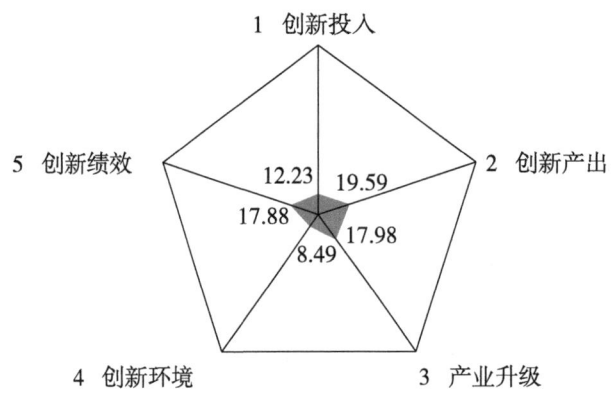

图 6-51 2024 年韶关市创新能力蛛网图

6.6.2 决定创新能力的关键指标分析

（1）国民经济综合发展情况

2018—2022年，韶关市地区生产总值稳定增长，2022年增长放缓，达到1563.93亿元（图6-52）。

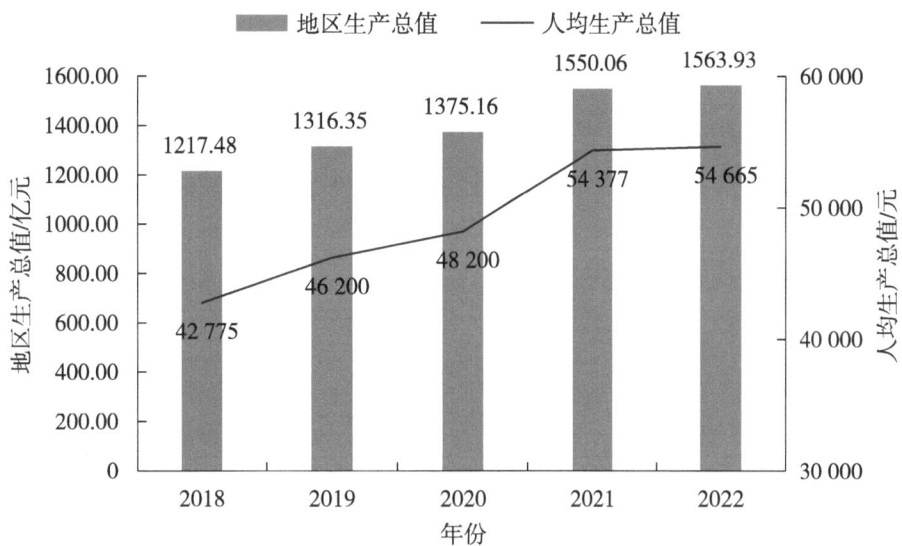

图 6-52　2018—2022 年韶关市地区生产总值和人均生产总值

2022 年，韶关市地区生产总值同比增长 0.9%。其中，第一产业生产总值 224.56 亿元，同比增长 4.4%；第二产业生产总值 556.69 亿元，同比下降 0.5%；第三产业生产总值 782.67 亿元，同比增长 0.9%（图 6-53）。

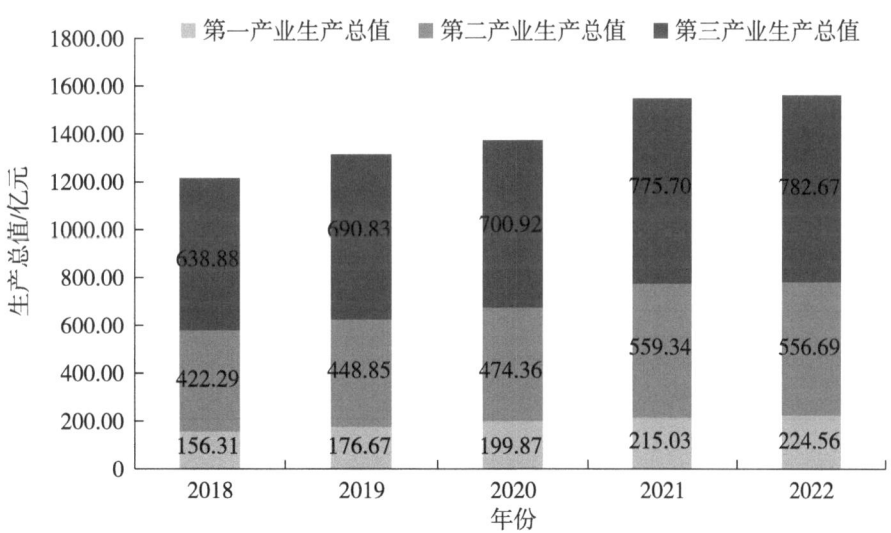

图 6-53　2018—2022 年韶关市三次产业生产总值

韶关市的农村人均可支配收入和城市人均可支配收入也实现了增长，相比之下，农村人均可支配收入增长较为缓慢，导致城乡差距有所加大（图 6-54）。

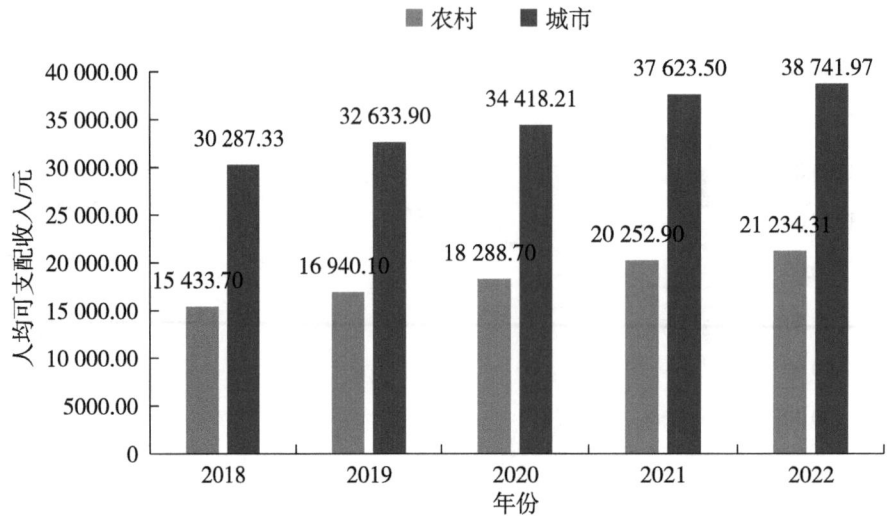

图 6-54　2018—2022 年韶关市城市和农村人均可支配收入

（2）工业发展情况

从工业发展情况来看，韶关市近 5 年的规上工业企业数稳定增加，但是总体数量仍然较少。从 2018 年的 439 家增加到 2022 年的 641 家。韶关规上工业总产值总体保持稳定增长，但是 2022 年略有下降（表 6-17）。

表 6-17　韶关市规上工业企业数和工业总产值

年份	规上工业企业数 / 家	规上工业总产值 / 亿元
2018	439	1128.83
2019	475	1210.17
2020	504	1256.83
2021	603	1645.23
2022	641	1617.80

韶关市规上工业企业研发人员数量 2020 年下降明显，2022 年实现了回升，达到 4443 人。规上工业企业研发经费内部支出下降，2022 年为 13.94 亿元，同比下降 27.17%（图 6-55）。

（3）科技发展情况

韶关市地方财政拨款自 2020 年起呈下降趋势，主要由于财政经费紧张所致。2022 年地方财政拨款 28 979 万元，R&D 经费占 GDP 比重自 2019 年的 1.45% 下降到 2022 年的 0.89%（图 6-56）。

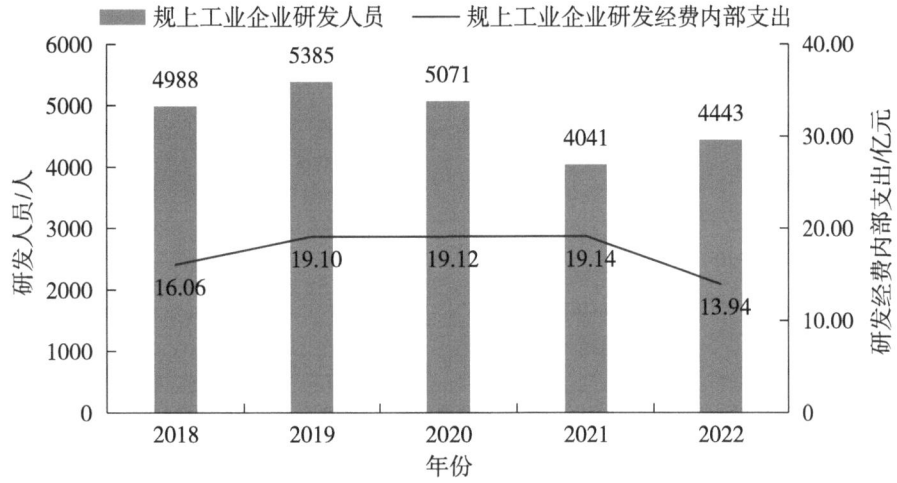

图 6-55 2018—2022 年韶关市规上工业企业研发人员和研发经费内部支出

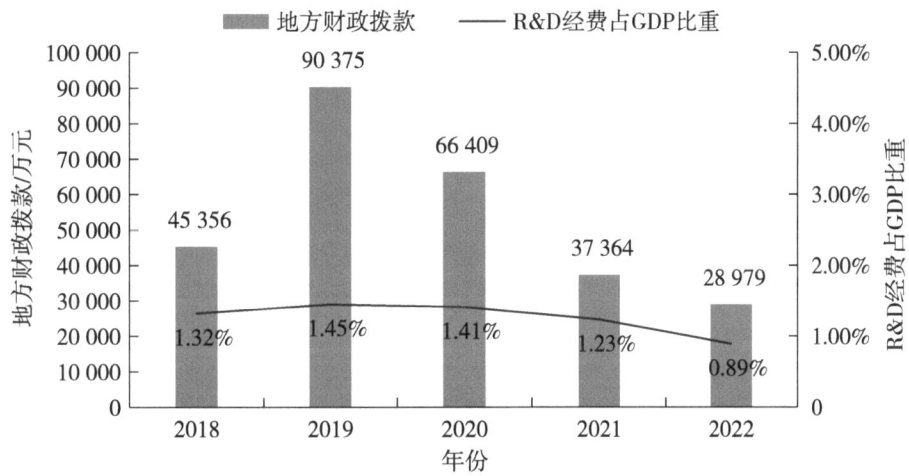

图 6-56 2018—2022 年韶关市财政投入和研发投入强度

在专利上,韶关市有效发明专利拥有量稳定增长,2022 年达 1985 件,万人发明专利拥有量增速较快,从 2018 年的 2.42 件增加到 2022 年的 6.94 件(图 6-57)。

(4)新经济发展情况

2018—2022 年,韶关市高新技术企业数稳定增长,2022 年,韶关市共有 9006 家高新技术企业,同比增长 24.55%(图 6-58)。

韶关市高技术制造业工业增加值占规上工业比重也不断增加,从 2018 年的 6.70% 增加到 2022 年的 7.10%(图 6-59)。

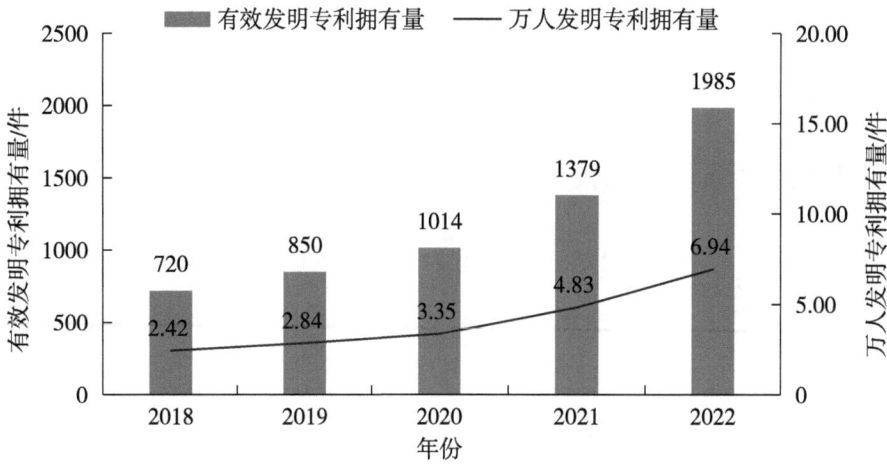

图 6-57　2018—2022 年韶关市有效发明专利拥有量和万人发明专利拥有量

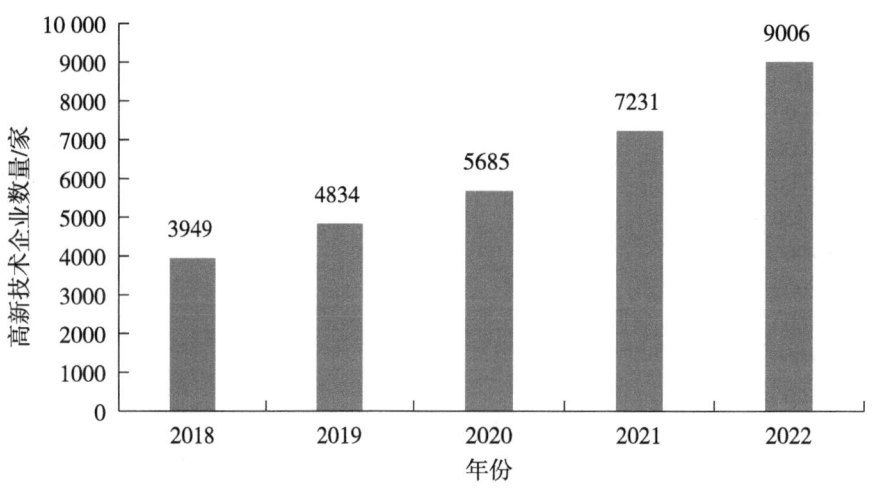

图 6-58　2018—2022 年韶关市高新技术企业数

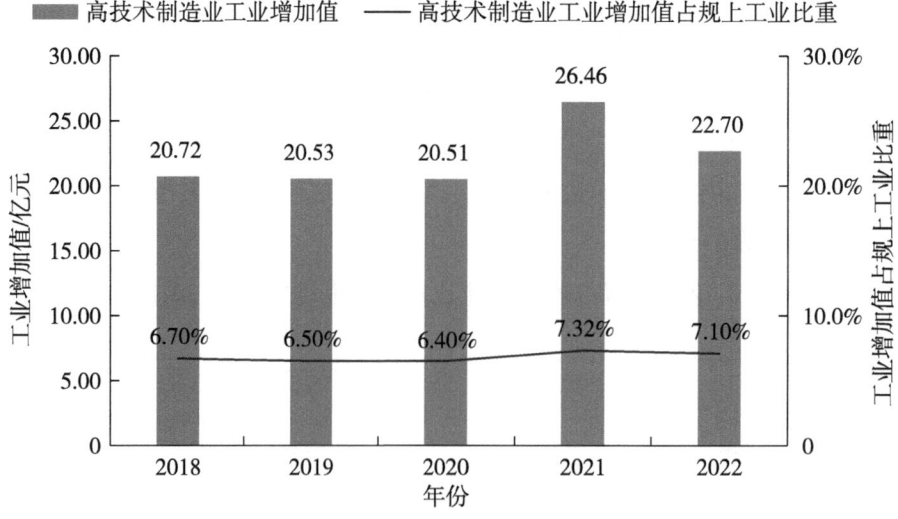

图 6-59　2018—2022 年韶关市高技术制造业工业增加值及占比

6.6.3 创新平台和载体情况

（1）总体情况

韶关市在2022年有1个省重点实验室和109个省工程技术研究中心，没有国家重点实验室和国家工程技术研究中心（表6-18）。

表6-18 韶关市重点实验室和工程技术研究中心数量

单位：个

年份	国家重点实验室	省重点实验室	国家工程技术研究中心	省工程技术研究中心
2018	0	1	0	63
2019	0	1	0	78
2020	0	2	0	78
2021	0	2	0	92
2022	0	1	0	109

（2）韶关市数据产业平台建设的特色和成绩

韶关市在科技创新平台建设方面展现出显著的特色和成效。首先，中国算力网粤港澳大湾区算力服务平台的上线为韶关注入了新的发展动力。通过与鹏城实验室的深度合作，该平台成功实现了粤港澳大湾区算力、数据、网络资源的云际互联和融合应用，为战略性产业的创新发展提供了有力支持。

其次，韶关市数据产业研究院的成立进一步加强了对大数据、算力和人工智能等领域的研发和支持。该研究院不仅推动了韶关数据中心集群产业的发展，还在政策制定、技术成果转化、产业孵化等方面提供了重要的智力支持。此外，韶关市还积极发展数据标注基地和广州数据交易所（韶关）服务基地，推动了数字经济全产业链的布局和数据要素市场化体系的建设，为韶关在大数据时代的战略地位奠定了坚实基础。

6.6.4 政府部门引导创新的典型做法

通过深入实施工业强市战略，韶关市坚持以实体经济为本、制造业为主攻方向，全面推进产业转型升级。通过制定和实施一系列具体政策和措施，如《高质量建设制造强市实施方案》等，明确了发展路径和总体要求，加快了建设以实体经济为支撑的现代化产业体系的步伐。

2023年，全市实现规上工业增加值387.23亿元，同比增长4.5%，高于全省平均水平，其中制造业增加值占比达80.5%，进一步巩固了制造业的支柱地位。韶关市政府重点推动先进材料、装备制造、轻工等传统产业的发展，同时积极开拓大数据、电子信息、生物医药等新兴产业，取得了一系列突破性进展。

在产业链招商方面，韶关市成功举办多场招商大会，引进了一批重要项目，如华天科技、朗科科技等，进一步强化了产业链条，为市区经济注入了强劲动能。同时，韶关市政府还加快推进绿色制造体系建设，建成了多家国家级绿色工厂和工业园区，为环保和可持续发展做出了积极贡献。

通过园区建设和产业转移平台的建设，韶关市有效促进了产业结构优化和城市经济的全面提升。未来，韶关将继续推动智能化、绿色转型，努力在制造业发展上迈向更高水平，为实现中国式现代化建设做出更大贡献。

6.6.5 韶关市创新能力分析小结

近年来，韶关市在创新能力发展中呈现出积极的态势，尽管在一些方面仍有改进的空间。韶关市积极推动科技创新平台和基地的建设，如韶关高新技术产业开发区、韶关市科技创新中心等，这些平台为本地企业和科研机构提供了良好的创新环境和支持条件。通过政策扶持和资金投入，韶关市鼓励企业加大科技研发投入，推动产业转型和产业升级。然而，韶关市在创新能力提升过程中仍然面临一些挑战，如科技人才的引进和培养有待进一步加强、创新投入不足、企业创新意识和能力不强等。未来，韶关市可以进一步加大政策支持力度，优化创新生态环境，推动企业加大创新投入，加强人才培养和引进，以实现创新驱动发展战略的全面落实，推动韶关市经济持续健康发展。

6.7 河源市创新能力分析

河源市创新能力水平位居全省中间水平，2024年综合排名保持不变。在分领域指标中，产业升级的综合发展效果明显，河源市重点布局的战略性新兴产业对产业升级起到促进作用。虽然河源市缺少引领区域创新发展的领军企业，但高新技术企业数量持续增加，平台载体作用逐步体现。

6.7.1 创新能力排名

（1）总体概况

2024年河源市创新能力全省排名第9位，与2023年相比排名保持不变（图6-60）。

（2）分领域概况

创新投入排名下降3位，居第16位。创新产出与创新环境排名均与上年持平，分别居第9位和第7位。产业升级排名上升1位，居第7位。创新绩效排名较上年没有变化，居第19位（表6-19、图6-61）。

第6章 各地市区域创新能力分析

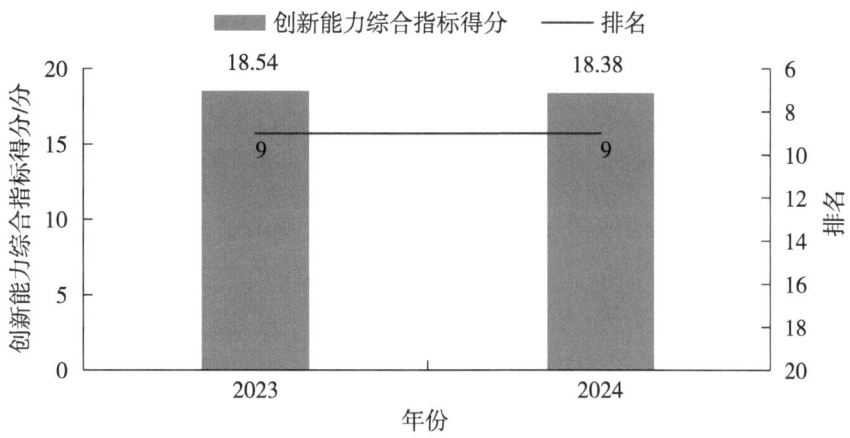

图 6-60　2023—2024 年河源市创新能力变化趋势

表 6-19　河源市创新能力指标分析

指标名称	2024 年		2023 年	
	指标值	排名	指标值	排名
综合	18.38	9	18.54	9
1　创新投入	8.63	16	11.84	13
1.1　人员投入	11.05	14	13.17	12
1.2　经费投入	6.20	17	10.52	15
2　创新产出	28.58	9	26.03	9
2.1　专利产出	0.59	15	0.53	15
2.2　产业创新	56.58	7	51.53	7
3　产业升级	26.03	7	25.25	8
3.1　结构优化	47.95	4	43.81	4
3.2　能力提升	4.11	14	6.69	12
4　创新环境	19.04	7	19.95	7
4.1　政策环境	34.95	5	36.60	5
4.2　创新平台	3.13	14	3.30	14
5　创新绩效	9.61	19	9.62	19
5.1　生活质量	4.22	19	4.47	19
5.2　技术水平	15.01	16	14.78	16

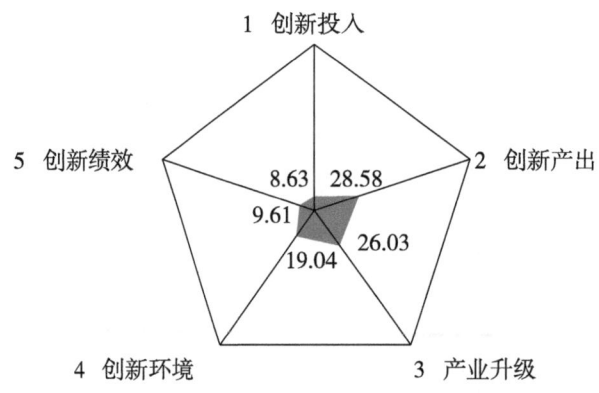

图 6-61 2024 年河源市创新能力蛛网图

6.7.2 决定创新能力的关键指标分析

（1）国民经济综合发展情况

2022 年河源市地区生产总值为 1294.57 亿元，比上年增长 1.0%。其中，第一产业生产总值为 162.41 亿元，同比增长 4.7%；第二产业生产总值为 469.15 亿元，同比增长 0.5%；第三产业生产总值为 663.01 亿元，同比增长 0.5%（图 6-62、图 6-63）。

2022 年，河源市城市居民人均可支配收入 38 741.97 元，比上年增长 2.97%。农村居民人均可支配收入 21 234.31 元，比上年增长 4.85%（图 6-64）。

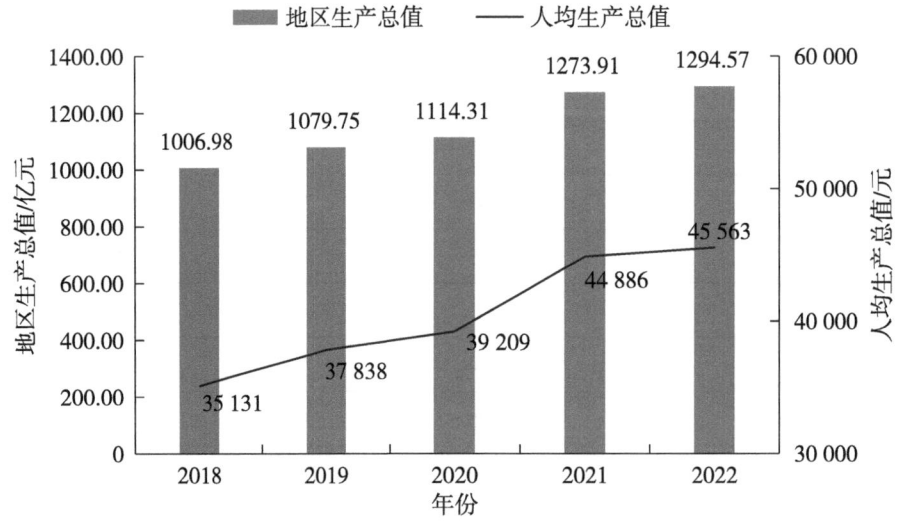

图 6-62 2018—2022 年河源市地区生产总值和人均生产总值

第6章 各地市区域创新能力分析

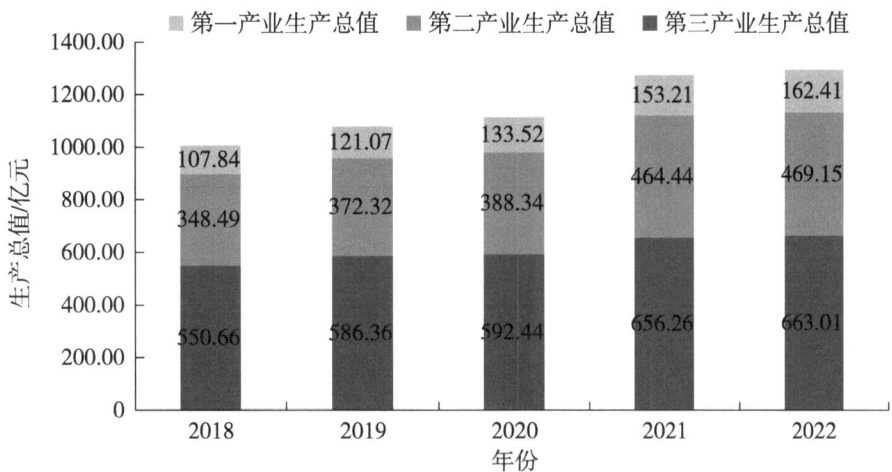

图6-63 2018—2022年河源市三次产业生产总值

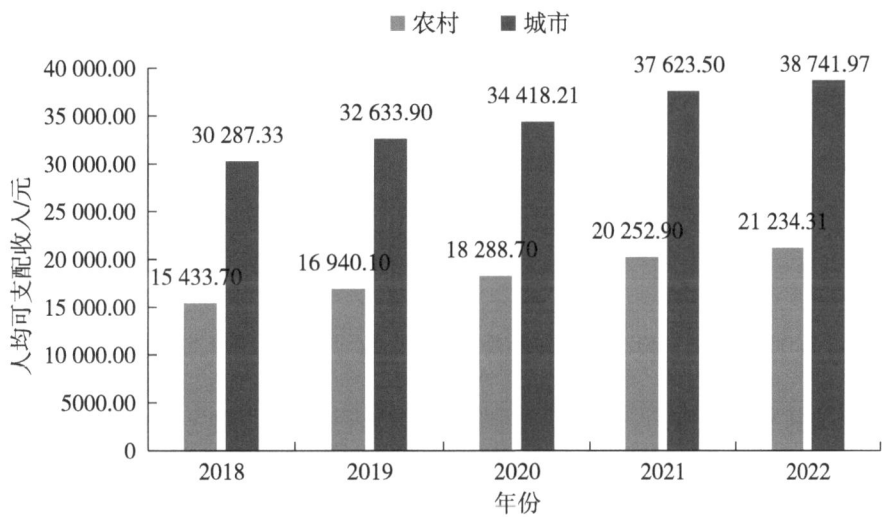

图6-64 2018—2022年河源市城市和农村人均可支配收入

（2）工业发展情况

河源市工业经济持续稳定增长，支柱行业贡献突出。近5年规上工业企业数呈现先下降后上升的趋势。从2018年的611家下降到2019年的567家，此后增加到2022年的627家。河源市规上工业总产值在2020年下降到1244.61亿元，但是2022年恢复到1459.82亿元（表6-20）。

表6-20 河源市规上工业企业数和工业总产值

年份	规上工业企业数/家	规上工业总产值/亿元
2018	611	1333.76
2019	567	1352.91
2020	581	1244.61

续表

年份	规上工业企业数/家	规上工业总产值/亿元
2021	623	1459.68
2022	627	1459.82

2022年，河源市规上工业企业研发人员达到3287人，当年减少研发人员663人，同比下降16.78%。规上工业企业研发经费内部支出8.26亿元，比上年下降6.98%（图6-65）。

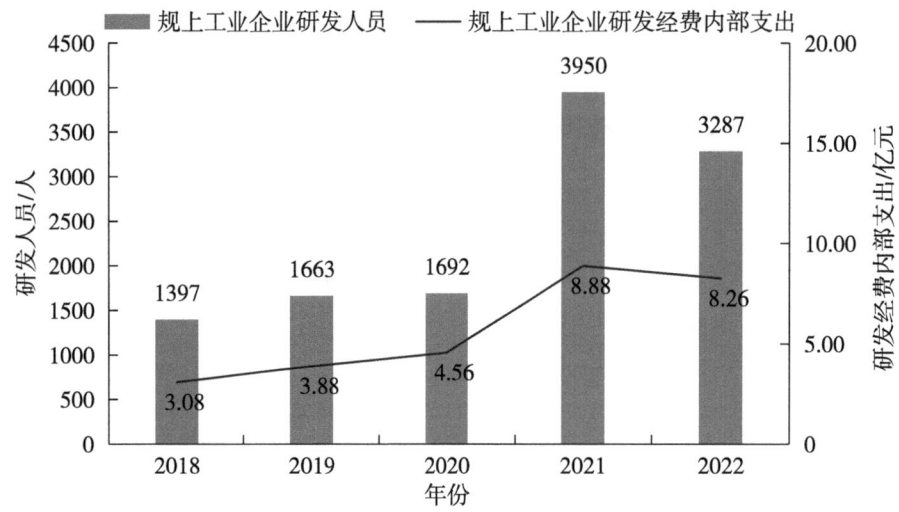

图6-65　2018—2022年河源市规上工业企业研发人员和研发经费内部支出

（3）科技发展情况

在科技创新方面，由于财政经费紧张，河源市地方财政拨款连续5年下降，2022年为18 633万元，比2018年下降55 209万元；R&D经费占GDP比重为0.64%，同比降低0.06个百分点（图6-66）。

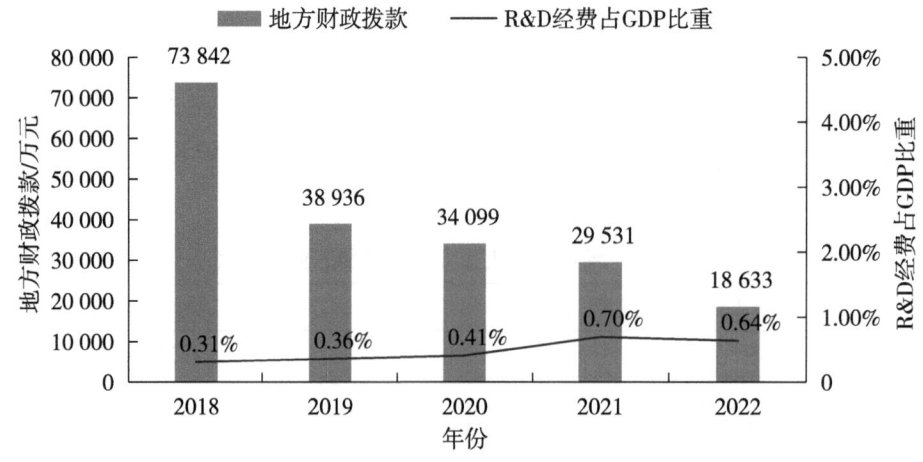

图6-66　2018—2022年河源市财政投入和研发投入强度

2022年，河源市有效发明专利拥有量达到860件，比上年增长140件，同比增加19.44%。2022年，河源市万人发明专利拥有量为3.03件，同比增加19.29%（图6-67）。

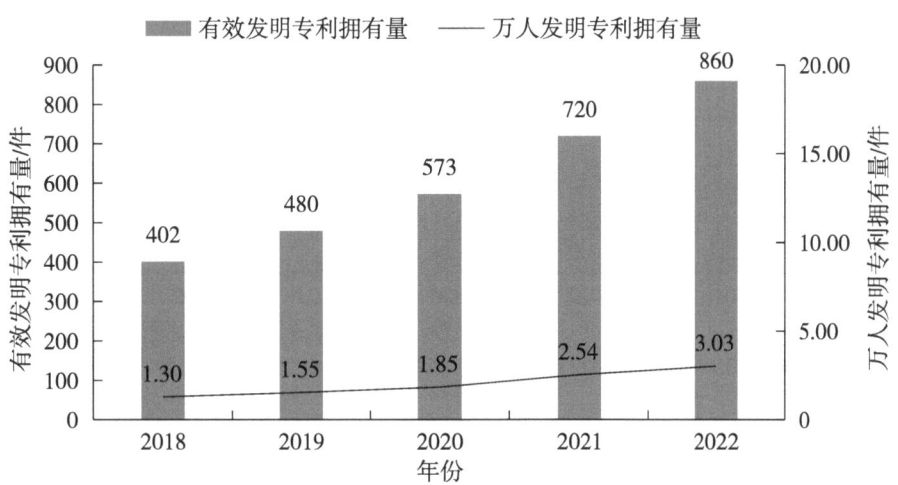

图6-67　2018—2022年河源市有效发明专利拥有量和万人发明专利拥有量

（4）新经济发展情况

河源市高新技术企业数连续5年保持增长，2022年河源市拥有343家高新技术企业，当年新增55家，同比增加19.10%（图6-68）。

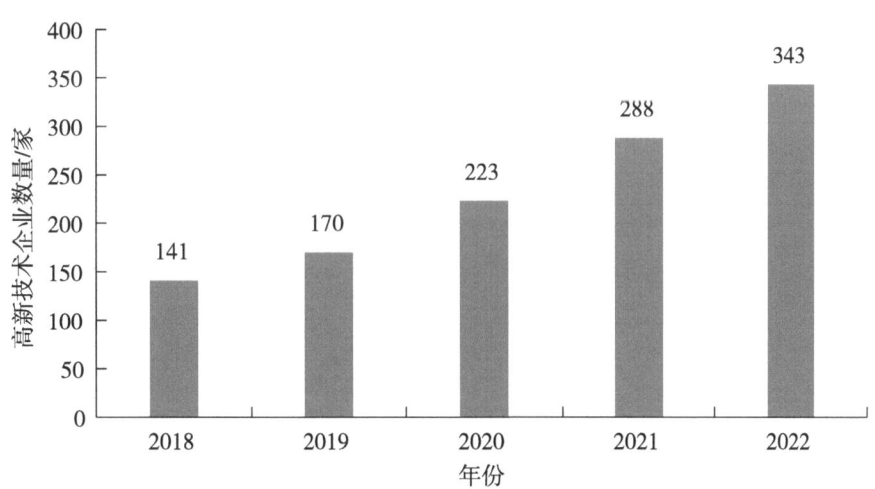

图6-68　2018—2022年河源市高新技术企业数

2022年，高技术制造业工业增加值达到123.37亿元，高技术制造业工业增加值占规上工业比重达35.90%，河源市抢先发展战略性产业集群取得显著成效（图6-69）。

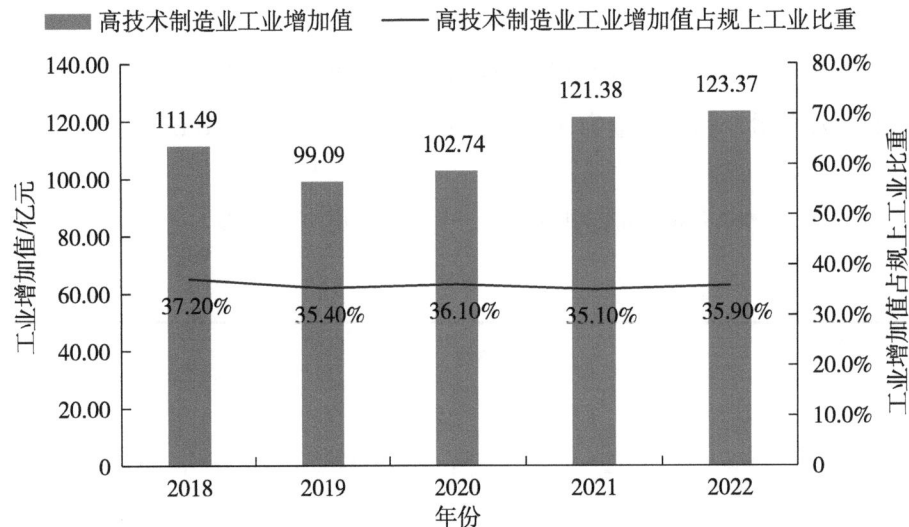

图 6-69　2018—2022 年河源市高技术制造业工业增加值及占比

6.7.3　创新平台和载体情况

（1）总体情况

河源市在 2022 年有 1 个省重点实验室和 98 个省工程技术研究中心，没有国家重点实验室和国家工程技术研究中心（表 6-21）。

表 6-21　河源市重点实验室和工程技术研究中心数量

单位：个

年份	国家重点实验室	省重点实验室	国家工程技术研究中心	省工程技术研究中心
2018	0	2	0	87
2019	0	2	0	91
2020	0	2	0	81
2021	0	2	0	91
2022	0	1	0	98

（2）河源市创新平台特色和成绩

河源市搭建河源"智汇＋平台"，联合广东省科研院所和高校等 5 家创新平台，成功打造了集展示、共享、服务、交流、交易、赋能于一体的技术转移生态体系。该平台上线以来，汇聚了 30 多万个科技成果、1000 多名高水平专家及价值 10 亿元的共享仪器设备，有效促进了技术需求与科研资源的精准对接，推动了河源产业的高质量发展。同时，线下平台展示了 55 个优秀科技成果，成功推介至广东省科技成果转化中心，展示了河源在电子信息、水经济等领域的技术实力。通过系列活动和成果转化项目路演，河源"智汇＋平台"加速了科技成果的落地和产业化，为地方经济发展注入了强劲动力。未来，河源将继续优化平台服务，推动更多高水平科技成果在地方落地转化，实现科技创新与产业发展的深度融合。

6.7.4 政府部门引导创新的典型做法

河源市政府积极促进科技成果转化以推动"双区"协同发展。通过建立"双区研发—河源孵化—河源产业化"协同创新体系，推动科技成果的转化和落地。举办了科技成果对接活动，促成了多项科技成果的商业化和产业化应用，如新型碳捕集工业环保处理技术和光束编辑技术。

河源市政府促进科技创新能力达到新高度。在高新技术产业示范区和农业科技园区建设上取得显著进展，推动东源县成功列入国家创新型县（市）名单，提升了区域创新能力。实施了科技计划项目，支持了关键共性技术攻关和科技成果转化，推动了农业知识产权运营服务中心和"智慧+"成果转移转化服务平台的建设，提升了科技创新支撑能力。此外，举办了全国科技活动周，推广科技知识和创新成果，营造了良好的科技创新氛围。

6.7.5 河源市创新能力分析小结

河源市在科技创新方面展现出了显著的进展和潜力。通过全面贯彻党的二十大精神和习近平总书记关于科技创新的重要讲话精神，河源市科技局积极响应国家级和省级政策部署，深入推进创新驱动发展战略。河源市内建设了多个重要科技创新平台和实验室，如岭南联合实验室、国家植物航天育种工程技术研究中心河源创新研究院等，为该地区高水平科研和技术攻关提供了强有力的支持。不过，河源市在科技创新中仍面临一些挑战，如企业创新能力不足、科创平台功能尚需进一步强化、科技人才供给紧张等。未来，河源市将继续加大政策支持力度，优化创新创业环境，培育更多高新技术企业和科技型中小企业，加强基础研究和关键核心技术攻关，助力全市经济社会高质量发展，推动河源市的科技创新能力迈上新的台阶。

6.8 梅州市创新能力分析

梅州市创新能力水平居全省第16位，2024年排名保持不变。在分领域指标中，产业升级的综合发展效果相对较好，创新投入、创新产出、创新环境综合发展情况仍需进一步提升。2024年，梅州市政策环境指标与创新投入指标全省排名分别下降3位和2位。梅州市政府在促进企业资源聚集和提高产出效率方面进一步做好政府服务，通过创新人才和创新投入的强化来积极推动新旧动能转化。

6.8.1 创新能力排名

2024年,梅州市创新能力排全省第16位,与2023年相比排名相同(图6-70)。从过去5年排名来看,梅州市创新能力综合排名保持稳定。梅州市综合竞争力稳步提升,城市经济活力正在释放产业转型升级潜力,发展动能日益增强。

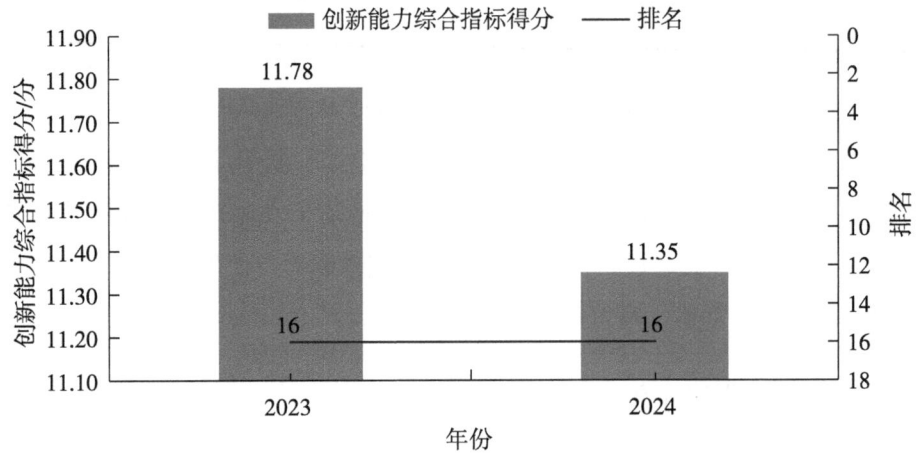

图6-70 2023—2024年梅州市创新能力变化趋势

2024年,梅州市产业升级指标保持不变,为全省第12位。其他分领域综合指标排名均有所下降。其中,创新投入和创新产出排名均下降2位,创新投入从第18位下降到第20位,创新产出从第16位下降至第18位。创新环境排名下降1位至第16位,创新绩效排名下降1位至第14位(表6-22、图6-71)。

表6-22 梅州市创新能力指标分析

指标名称	2024年		2023年	
	指标值	排名	指标值	排名
综合	11.35	16	11.78	16
1 创新投入	3.27	20	6.52	18
1.1 人员投入	2.35	19	3.43	18
1.2 经费投入	4.19	18	9.60	17
2 创新产出	15.85	18	16.54	16
2.1 专利产出	0.43	17	0.34	17
2.2 产业创新	31.27	17	32.73	16

续表

指标名称	2024年		2023年	
	指标值	排名	指标值	排名
3 产业升级	17.91	12	15.69	12
3.1 结构优化	33.20	8	28.36	8
3.2 能力提升	2.62	17	3.02	17
4 创新环境	5.42	16	6.31	15
4.1 政策环境	9.01	17	10.66	14
4.2 创新平台	1.82	17	1.97	16
5 创新绩效	14.30	14	13.87	13
5.1 生活质量	6.96	17	7.16	17
5.2 技术水平	21.63	12	20.57	11

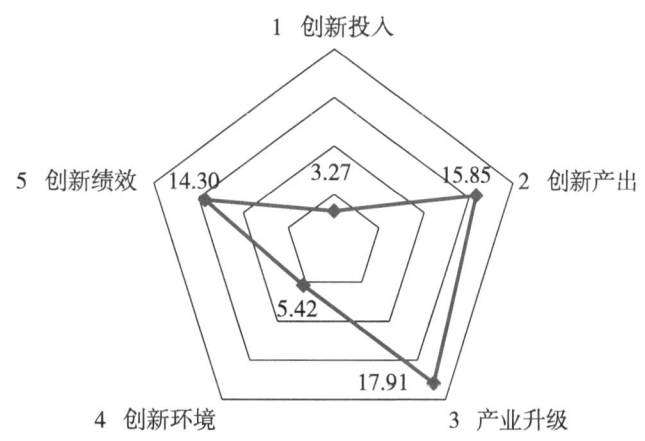

图 6-71 2024年梅州市创新能力蛛网图

6.8.2 决定创新能力的关键指标分析

（1）国民经济综合发展情况

2022年梅州市实现地区生产总值1318.20亿元，比上年增长0.5%，其中，第一产业生产总值257.91亿元，同比增长7.0%；第二产业生产总值407.69亿元，同比下降3.5%；第三产业生产总值652.60亿元，同比增长1.1%。三次产业结构比重为19.6∶30.9∶49.5，三次产业综合发展情况如图6-72所示，第三产业所占比重比上年提高0.2个百分点。

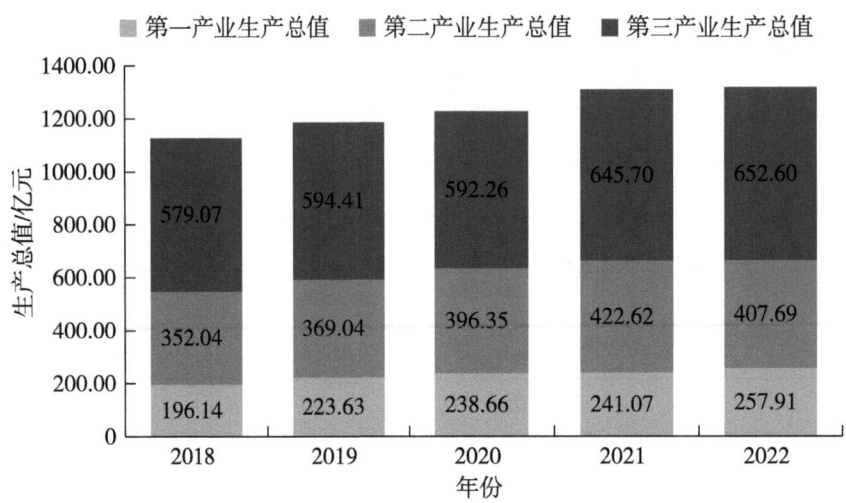

图 6-72　2018—2022 年梅州市三次产业生产总值

2022 年末，梅州市常住人口 385.80 万人，比 2021 年末减少 1.89 万人。2022 年，梅州市居民人均可支配收入 27 431 元，同比增长 4.7%。按常住地分，城市居民人均可支配收入为 33 923.57 元，同比增长 3.6%，农村居民人均可支配收入为 20 289.56 元，同比增长 5.4%。城市居民恩格尔系数为 39.2%，农村居民恩格尔系数为 41.9%（图 6-73）。

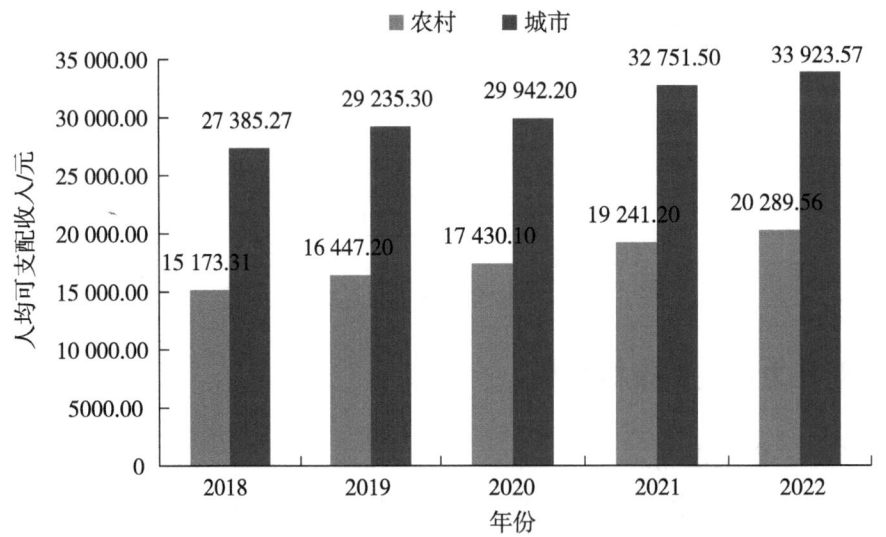

图 6-73　2018—2022 年梅州市城市和农村人均可支配收入

（2）工业发展情况

2022 年，梅州市规上工业企业共有 547 家，比上年末增加 11 家（表 6-23）。当年，梅州市规上工业总产值 858.68 亿元，工业增加值 240.18 亿元，同比下降 9.05%。

表 6-23 梅州市规上工业企业数和工业总产值

年份	规上工业企业数/家	规上工业总产值/亿元
2018	467	639.19
2019	474	713.19
2020	505	725.80
2021	536	865.46
2022	547	858.68

2022 年，梅州市研发人员达到 2259 人，当年减少研发人员 3 人，同比下降 0.13%。规上工业企业研发经费内部支出 8.08 亿元，如图 6-74 所示，占 GDP 比重为 0.61%，比 2021 年提高 0.01 个百分点。

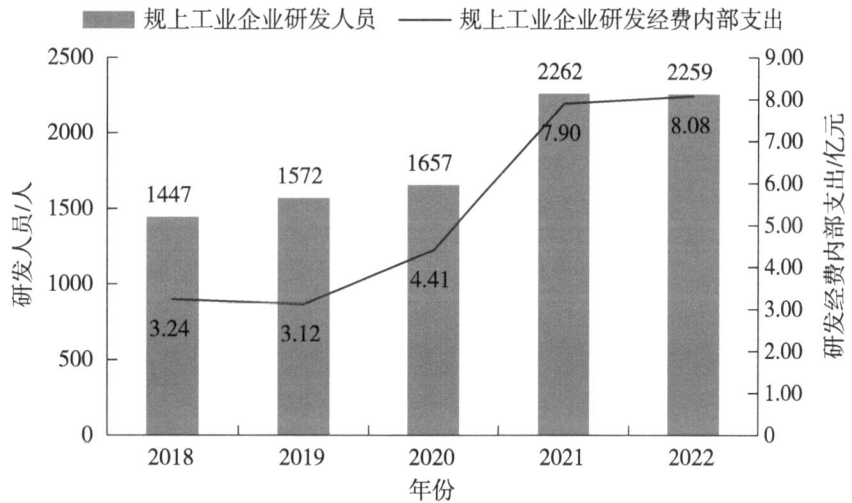

图 6-74　2018—2022 年梅州市规上工业企业研发人员和研发经费内部支出

（3）科技发展情况

在科技创新方面，2022 年，梅州市地方财政拨款 18 305 万元，同比下降 19.47%，R&D 经费占 GDP 比重为 0.61%，同比上升 0.1 个百分点（图 6-75）。

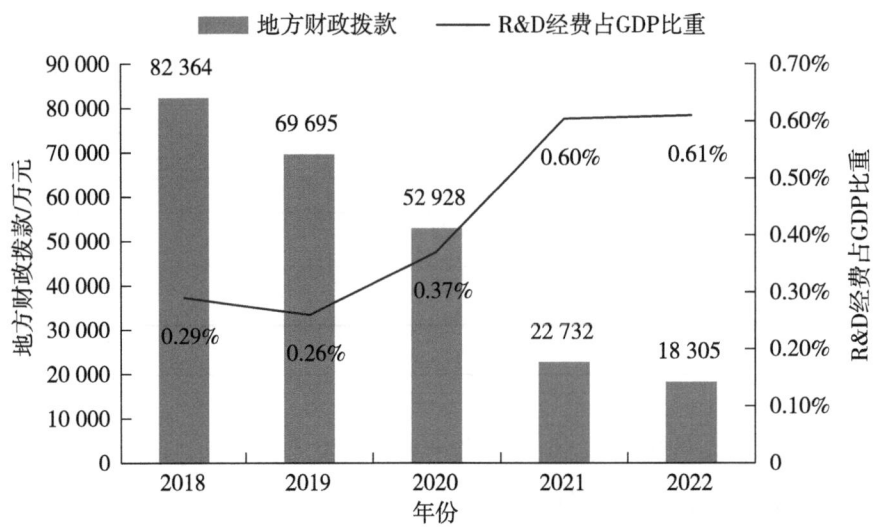

图 6-75　2018—2022 年梅州市财政投入和研发投入强度

2022 年，梅州市有效发明专利拥有量达到 1014 件，比上年增长 199 件。2022 年，梅州市专利申请授权量 3521 件，比上年下降 14.89%，PCT 国际专利申请量 5 件。发明专利授权 244 件，万人发明专利拥有量 2.62 件（图 6-76）。截至 2022 年底，全市省工程技术研究中心 91 个，省重点实验室 2 个。

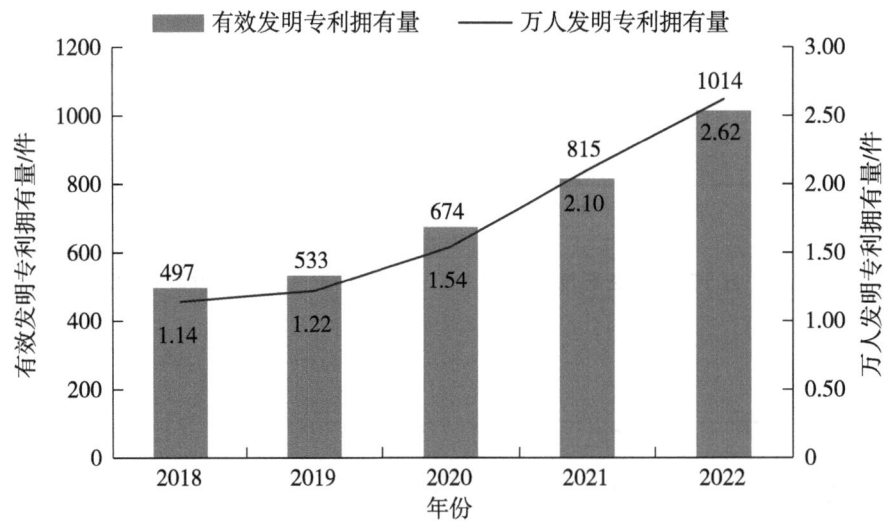

图 6-76　2018—2022 年梅州市有效发明专利拥有量和万人发明专利拥有量

（4）新经济发展情况

2022 年，梅州市拥有高新技术企业 277 家，比上年增加 17 家，同比上涨 6.5%。高新技术企业数连续 5 年保持增长（图 6-77）。高技术企业工业总产值 284.69 亿元。高技术制造业工业增加值 50.62 亿元，同比下降 0.96%。高技术制造业工业增加值占规上工业比重达 21.1%，占比增长 1.7

个百分点（图 6-78）。当年技术市场成交合同数 75 项，比上年增加 46 项，同比增长 158.62%，技术市场成交合同金额 3414 万元，比上年增加 2027 万元，同比增长 146.14%。

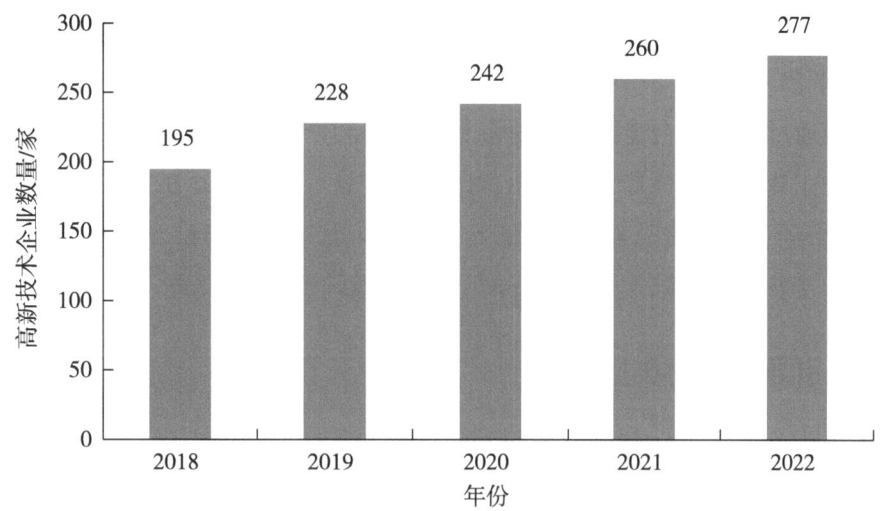

图 6-77　2018—2022 年梅州市高新技术企业数

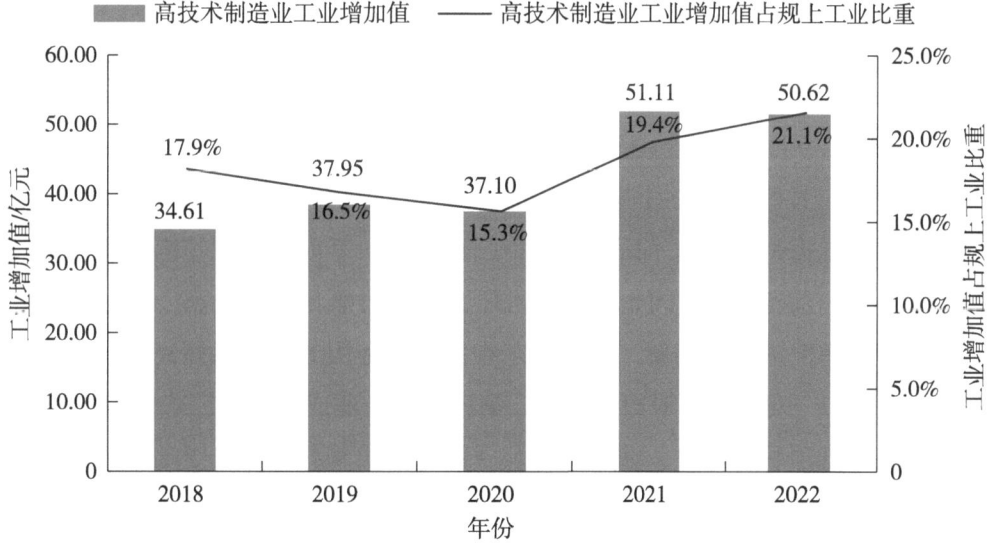

图 6-78　2018—2022 年梅州市高技术制造业工业增加值及占比

6.8.3　创新平台和载体情况

2022 年，梅州市拥有新型研发平台 3 家，孵化器毕业当年企业数量 39 家，众创空间 21 家。近年来，梅州市坚持互联合作，开放发展，围绕跨境电商综合试验区等重大发展平台，积极用好华侨和港澳台资源，发展更高层次的开放型经济。梅州市经济开发区被认定为省级加工贸易产业园。五华经济开发区内的跨境澳门未来中心利用横琴平台和澳门窗口共建国际化产业基地，打造了以培育数字经济产业为主导，聚焦跨境电商、数字农业等板块的一站式产业服务平台，带动梅州当地传统贸易数字化转型。2022年实现跨境电商进出口贸易额3.5亿元。在建设创新载体方面，积极融入大湾区国际科技创新中心体系，与大湾区院士团队、知名企业、科研机构和高校加强产学研融合发展，依托省科学院平台，做好科技项目的引进、孵化，推动创新链的有效嫁接，搭建"技术超市"供需平台。强化知识产权的全链条保护。

梅州市还积极通过创新平台建设形成对资本、项目和产业的吸引力。2022年，梅州综合保税区二期项目正式动工建设。作为广东省首个内陆型保税区、梅州首个国家级发展平台，梅州综合保税区落户了19个项目，投资总额约5.8亿元，投产运营13个项目，2022年1—11月外贸进出口总额7.28亿元，为梅州从内陆腹地迈向外向型经济发展注入强大动能。

6.8.4 政府部门引导创新的典型做法

梅州市政府在促进企业创新资源聚集和产出效率方面进一步发挥好服务者角色，调动一切可以调动的资源要素，确保资源跟着项目走。建立了工业重点项目督办工作机制，强化对工业重点项目落地建设的督办。在推进产业项目建设过程中，梅州市统筹用地、用林、用能等指标，以用户思维贴身做好全链条保障。梅州市主干企业嘉元科技与宁德时代合资成立了广东省嘉元时代新能源材料有限公司，在项目前期工作推进中，梅州市自然资源部门提前介入企业项目立项、用地审批、规划许可、施工许可等重点环节，以拿地即开工的"三变"审批改革，推动审批时间从原来需要一年多缩短至5个月，缩短的是审批时间，提振的是企业投资发展的信心。

多渠道增加财政科技投入。2021年，梅州市政府争取到中央引导地方科技发展资金1010万元，用于广东省科学院梅州产业技术研究院、梅州市农林科学院和梅州市医学科学院加强科研基础能力建设，其中，广东省科学院梅州产业技术研究院新增孵化企业7家，孵化企业产值达3000万元。同时，多措并举促进企业创新。邀请广东省高企服务团专家对梅州高新技术企业申报过程中的困难和问题进行"一对一、面对面"培训，帮助3家企业成功申报广东省科技厅2021年度广东省重点领域研发计划项目。同时，在环保、装备制造、生物科技、电子通信等领域孵化培育科技型中小企业，并将其作为高新技术企业的后备力量。一方面注重本地企业与周边的产业龙头企业合作以提升核心技术攻关能力，如支持嘉元科技与宁德时代合作研发高端锂电铜箔项目，培育铜箔百亿产业集群；另一方面也注重支持博敏电子、志浩电子、华清园等企业加大对"全微波高阶高密度印制电路关键技术研发及产业化""5G通信基站精密印制电路关键技术开发及5G产品技术中心平台建设""南药梅片高值化利用关键技术研究与产业化"项目的技术攻关，并将其成功列入2021年省科技创新战略专项基金项目立项计划。

通过强化创新人才和创新投入积极推动新旧动能转化。深入实施高新技术企业树标提质行动，规上工业企业设立研发机构的比例达到40%。继续落实"人才新政20条"和金融人才政策，深化政银企券"双月"沟通座谈机制，帮助企业解决了一批用地、融资、审批等方面的困难和问题。

积极外聘高水平专家来梅州开展农村科技指导，助力乡村振兴发展。梅州市建立了农村科技特派员库，认定华南农业大学、仲恺农业工程学院、广东省农业科学院等单位的共570名专家教授为梅州市首批农村科技特派员，分赴基层开展技术指导、技术培训、成果转化、创业辅导、政策宣传和规划设计等"三农"科技服务。

6.8.5 梅州市创新能力分析小结

梅州市创新能力受制于产业发展水平。梅州市产业层次不高，创新能力不强，传统优势产业转型升级较慢，新兴产业尚未形成规模，这也造成了部分地区发展后劲不足，效益不高。缺少重大投资项目的牵引带动，园区载体功能发挥不充分，固定资产投资增长乏力。另外，财政收支矛盾突出，财政科技投入额度小且增幅缓慢。在积极利用大湾区创新资源的同时，梅州市也要继续立足自身特色和优势，保持发展定力，加快推进新旧动能转换，继续完善企业创新服务、降低企业创新成本，优化创新环境，激活中小企业创新活力，不断提升自身创新能力和人才储备，增强发展动能。

6.9 惠州市创新能力分析

惠州市创新能力居全省第5位，2024年排名上升1位。分领域指标中，产业升级指标的综合发展效果相对较好，创新投入、创新产出、创新环境和创新绩效排名保持不变。2022年，惠州市结构优化指标排名下降2位。惠州市政府更加注重打造产业梯度、提升格局，从科技型企业、孵化企业到高技术企业的培育发展机制更加健全，推出各类金融创新平台，扶持初创型、中早期企业创新创业，促进高技术企业储备库、整体规模和发展质量的整体提升。

6.9.1 创新能力排名

（1）总体概况

2024年，惠州市创新能力排全省第5位，与2023年相比排名上升1位（图6-79）。从过去5年排名来看，惠州市创新能力综合排名有所上升。惠州市综合竞争力有上升趋势，城市经济活力进一步增强，助力产业升级，发展动能显著增强。

（2）分领域概况

2024年，惠州市多项指标排名稳定，创新投入、创新产出、创新环境和创新绩效4项指标排名与上年相同，分别为第3位、第4位、第9位和第7位。产业升级指标有所改善，排名上升1位至第5位（表6-24、图6-80）。

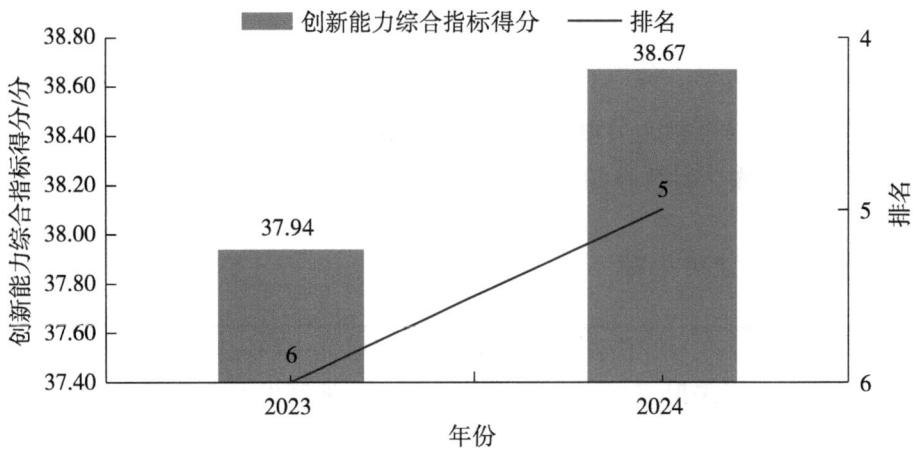

图 6-79 2023—2024 年惠州市创新能力变化趋势

表 6-24 惠州市创新能力指标分析

指标名称	2024 年		2023 年	
	指标值	排名	指标值	排名
综合	38.67	5	37.94	6
1　创新投入	53.70	3	54.17	3
1.1　人员投入	57.43	3	54.25	4
1.2　经费投入	49.98	4	54.08	3
2　创新产出	44.24	4	43.63	4
2.1　专利产出	7.79	7	8.47	7
2.2　产业创新	80.70	2	78.80	2
3　产业升级	30.13	5	27.21	6
3.1　结构优化	35.25	7	32.39	5
3.2　能力提升	25.02	8	22.02	9
4　创新环境	15.02	9	15.69	9
4.1　政策环境	21.20	9	22.31	9
4.2　创新平台	8.84	8	9.07	8
5　创新绩效	50.26	7	48.98	7
5.1　生活质量	41.46	7	41.64	7
5.2　技术水平	59.05	5	56.32	6

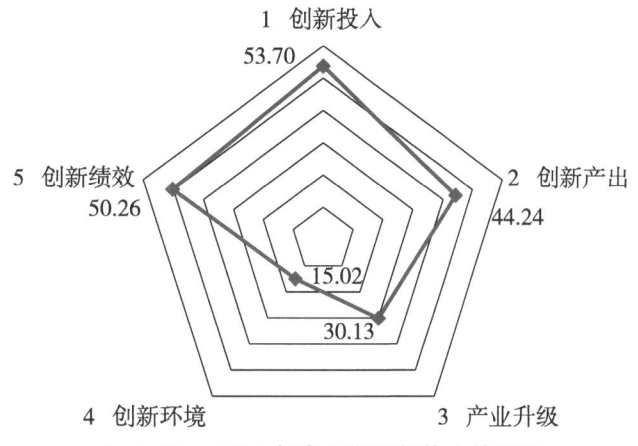

图 6-80　2024 年惠州市创新能力蛛网图

6.9.2　决定创新能力的关键指标分析

（1）国民经济综合发展概况

2022年惠州市实现地区生产总值5401.24亿元，比上年增长4.2%。其中，第一产业生产总值277.45亿元，同比增长11.7%；第二产业生产总值3019.87亿元，同比增长11.1%；第三产业生产总值2103.91亿元，同比增长1.8%。三次产业结构比重为5.1∶55.9∶39.0，三次产业综合发展情况如图6-81所示。人均地区生产总值89 157元，同比增长4.3%。

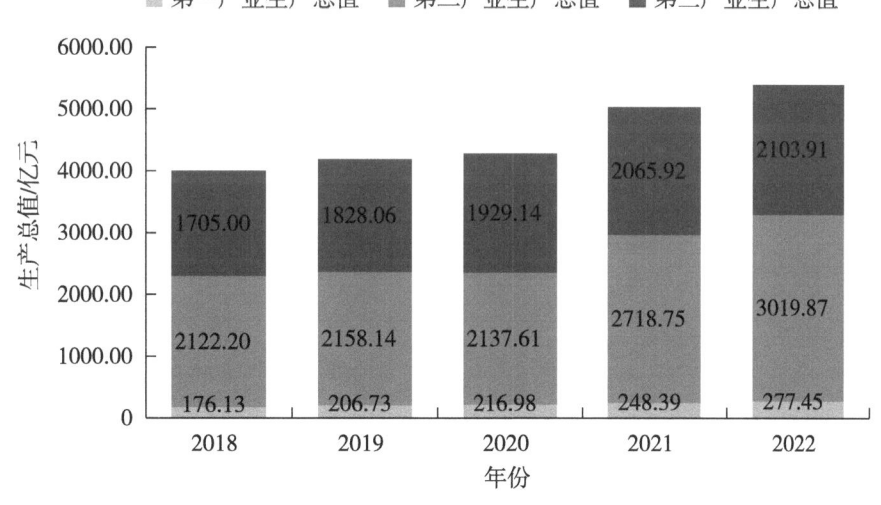

图 6-81　2018—2022 年惠州市三次产业生产总值

2022年末，惠州市常住人口605.02万人。2022年，惠州市居民人均可支配收入44 890元，比上年增长3.6%。按常住地分，城市居民人均可支配收入为50 811.06元，同比增长3.2%，扣除价格因素，实际增长0.5%；农村居民人均可支配收入为28 963.68元，同比增长5.0%，扣除价格因素，实际增长 2.2%（图 6-82）。

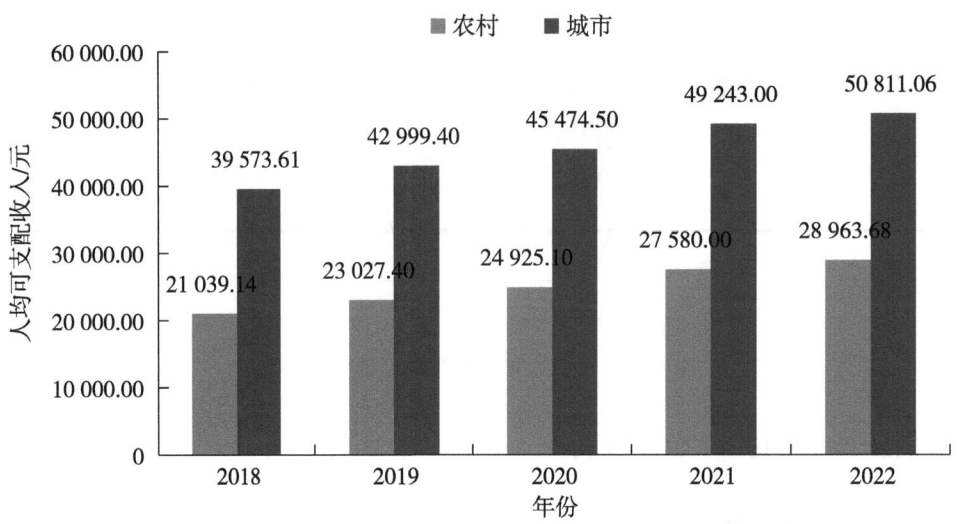

图 6-82　2018—2022 年惠州市城市和农村人均可支配收入

（2）工业发展情况

2022 年，惠州市规上工业企业共有 4365 家，规上工业总产值 11 099.46 亿元，同比增长 11.56%，工业增加值 2185.30 亿元，同比下降 1.4%（表 6-25）。进口贸易总额 156.84 亿元，同比增长 9.76%；出口贸易总额 307.50 亿元，同比下降 6.83%。

表 6-25　惠州市规上工业企业数和工业总产值

年份	规上工业企业数/家	规上工业总产值/亿元
2018	2546	7700.39
2019	2764	7431.43
2020	3055	7714.43
2021	3873	9949.28
2022	4365	11099.46

2022 年，惠州市研发人员达到 65 085 人，当年增加 10 433 人，同比增长 19.09%。规上工业企业研发经费内部支出 185.71 亿元，比上年增加 16.74 亿元，同比上涨 9.9%（图 6-83）。

第 6 章
各地市区域创新能力分析

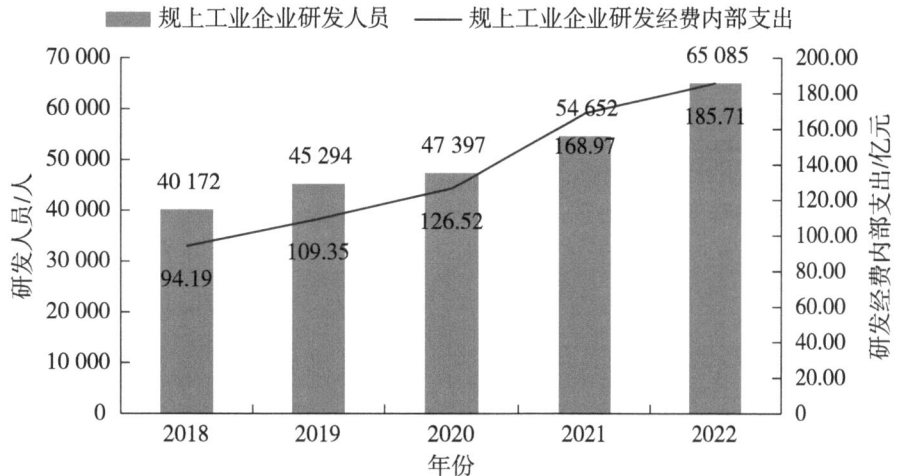

图 6-83 2018—2022 年惠州市规上工业企业研发人员和研发经费内部支出

（3）科技发展情况

在科技创新方面，2022 年，惠州市地方财政拨款 272 887 万元，同比增长 15.53%，地方财政拨款占地方财政支出的比重为 3.9%，同比增长 0.3%。2022 年惠州市 R&D 经费支出 185.71 亿元，占 GDP 比重提高到 3.44%，比 2021 年提高 0.05 个百分点（图 6-84）。

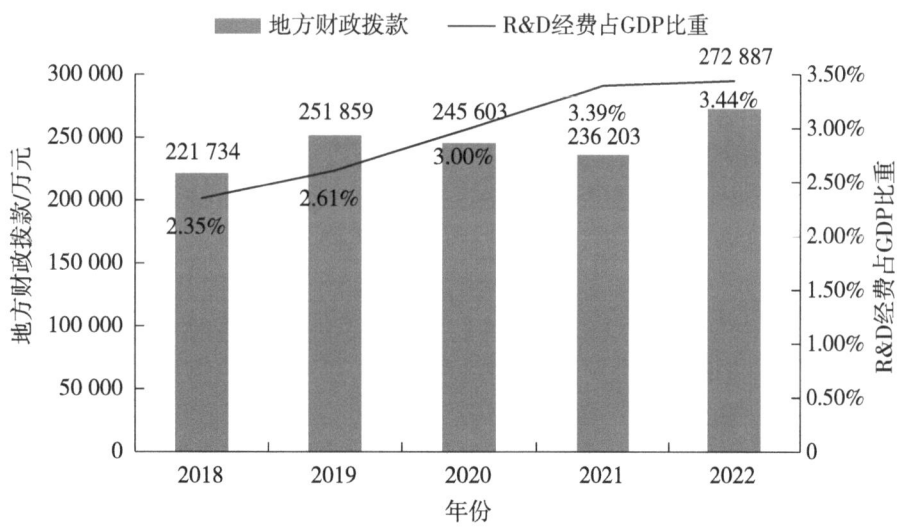

图 6-84 2018—2022 年惠州市财政投入和研发投入强度

2022 年，惠州市专利申请授权量 27 613 件，比上年增长 7.8%，其中发明专利授权 2092 件，同比下降 3.1%；PCT 专利申请 303 件，同比下降 33.7%；有效发明专利拥有量 12 216 件，万人发明专利拥有量 20.14 件（图 6-85）。截至 2022 年底，全市有省工程技术研究中心 236 个。

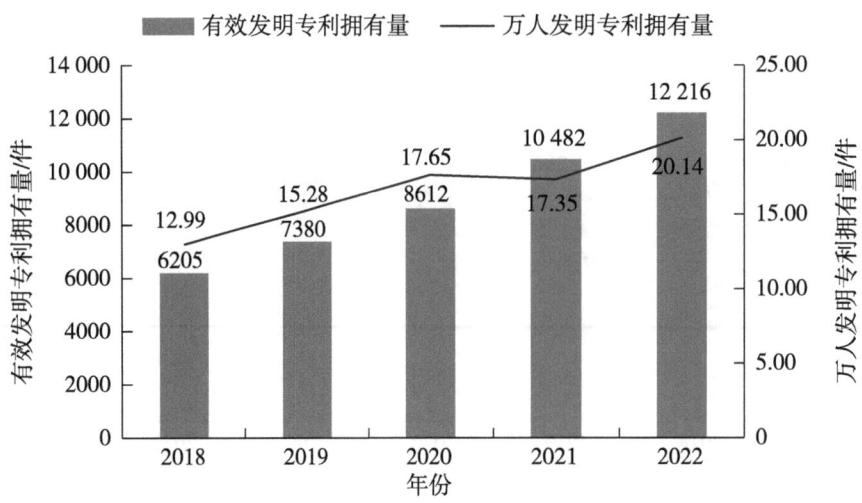

图 6-85　2018—2022 年惠州市有效发明专利拥有量和万人发明专利拥有量

（4）新经济发展情况

2022 年，惠州市拥有高新技术企业 2829 家，比上年增加 767 家。高新技术企业数连续 5 年保持增长，同比上涨 37.2%（图 6-86）。高技术企业工业总产值 5222.11 亿元。高技术制造业工业增加值达到 946.95 亿元，高技术制造业工业增加值占规上工业比重达 43.3%，比重较上年增加 2.6 个百分点（图 6-87）。当年技术市场成交合同数 753 项，比上年增加 153 项，同比增长 25.50%，技术市场成交合同金额 273 910 万元，比上年增加 72 555 万元，同比增长 36.03%。

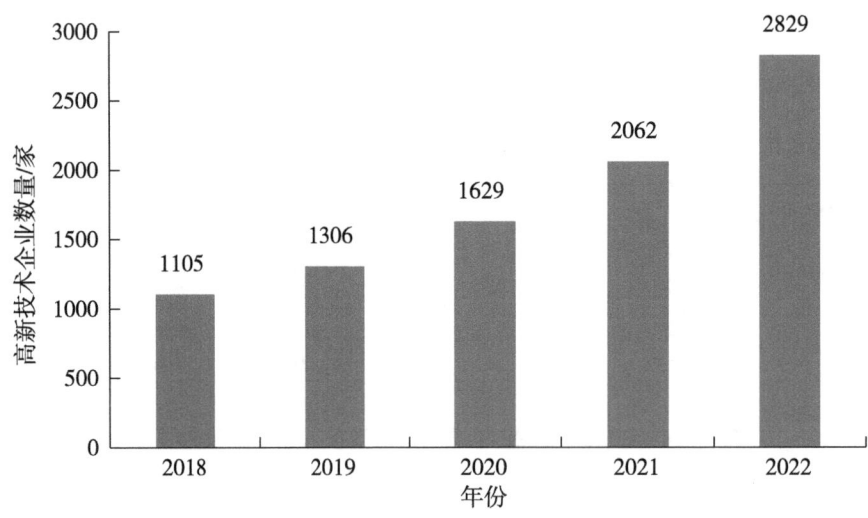

图 6-86　2018—2022 年惠州市高新技术企业数

第6章 各地市区域创新能力分析

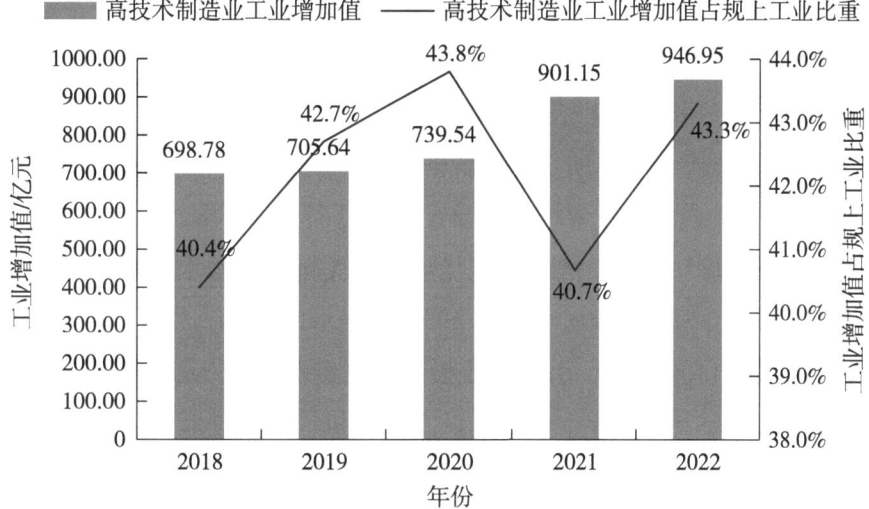

图6-87 2018—2022年惠州市高技术制造业工业增加值及占比

6.9.3 创新平台和载体情况

2022年，惠州市持续推进各类创新平台的创建，其中，当年新型研发平台13家，孵化器毕业当年企业141家，众创空间30家。另外，两大科学装置总部即中国科学院近代物理研究所惠州研究部、东江实验室总部区均投入使用，建设了液态金属靶研发平台、高场超导磁体技术开发平台等11个重大科研平台，为惠州在基础科学研究、先进成果转化等方面提供了坚实的技术和人才保障。为了主动承接大湾区核心城市外溢创新资源，惠州市参与广深港澳科技创新走廊建设，探索"深圳孵化、惠州产业化"模式，建设异地孵化器——惠深创新中心，2022年已经有17家企业入驻，推动了惠深两地产学研用合作，与深圳职业技术大学、深圳技术大学共建校企实践基地。

6.9.4 政府部门引导创新的典型做法

创新工作方式方法，激励企业高质量发展。把培育和引进高新技术企业作为提升创新能力的核心抓手，通过常态化举办高企政策分析指导培训会，将政策全面细化，并通过惠州高企服务平台，第一时间发布高企相关政策、金融信贷等信息，为中小企业提供更好的服务。2021年，惠州市高企首次单年度组织超过1000家企业申报，科技型中小企业首次单年度组织2000家企业参评。2022年，申报高企的企业数量突破1400家，高企存量增速达36.3%，居珠三角第一。惠州市搭建了全市科技企业库，储备高企培育苗子，2022年底在库企业9137家，已形成"培育入库企业—科技型中小企业—高新技术企业"的全链条培育发展机制。同时，2022年惠州市科技局修订出台了科技企业孵化载体认定和扶持办法，实施在孵企业引育奖补、高企引育奖补、孵化基金投资奖补和创新创业赛事奖补，高质量打造"众创空间—孵化器—加速器"的全链条孵化育成体系。创新创业同样离不开科技金融的支持，惠州市出台了科技金融奖补政策，对科技金融科技信贷政策导向效果评估考核优秀的银行机构给予奖励，支持科技型企业解决融资难题。而且，引导金融机构健全以企业创新能力为核心指标的融资评价体系，推出"立项贷""人才贷""研发贷"等专属创新金融平台，重点扶持初创型、中早期企业创新创业。

引导和鼓励企业加强关键核心技术攻关和加大科技投入。2021年，惠州市首次面向"2+1"现代产业探索实施"揭榜挂帅"制度，推动攻克优势产业关键核心技术"卡脖子"问题，共计8个发榜项目，11个揭榜方案中榜，引导企业投入研发经费达1.8亿元。2022年惠州市共有5个揭榜方案中榜，项目扶持资金1100万元，引导企业投入研发经费1.4亿元。同时，为了主动承接广深港澳科技创新走廊资源外溢，既引导企业在惠设立研发机构，引进大湾区高水平大学和研究机构在惠州共建研究机构，还设立了"粤惠联合基金"，支持惠州市高校、医院、科研机构和企业开展基础与应用基础研究，技术攻关有所突破，惠州市也成为第5个设立广东省基础与应用基础研究区域联合基金的城市。

提升服务水平，科技成果转化成效明显。2022年，惠州市政府工作报告指出，将惠州市建设成为科技成果转化首选地。2022年，惠州市科技局正式出台了引进培育一流科技人才、团队具体实施办法，引导国家重大科技基础设施、省实验室等重大科技创新平台、科技园区和创新型企业积极引育科技人才。2022年，技术合同成交额27.39亿元，同比增长36%，全省排名第五。截至2022年，东江实验室共引进12个高端科研团队，团队成员共400多人，吸引境外人才来惠州创新创业，已取得有效工作许可的外国人共1057人，其中外国高端人才（A类）占34.62%，占比持续上升。

6.9.5 惠州市创新能力分析小结

惠州市主要经济指标增速位居全省前列，创新链条进一步完善，积极引入大项目落户的同时，加强前端基础科学研究布局与人才引入，关于创新链条前端企业的奖补和认定机制进一步完善，科技型企业引育和促进机制进一步完善，为推动产业转型升级奠定了良好的基础。同时，积极承接广深港澳科技创新走廊外溢创新资源，设置各类引导基金使企业积极开展产学研合作来解决产业创新发展关键问题，促进不同创新主体对产业关键问题的关注和投入。惠州市政府进一步强化服务意识，围绕石化能源新材料和电子信息两大支柱产业来打造具有地域优势的高质量现代产业集群，先进制造和高技术制造业保持高速稳定增长，企业创新发展的主动性和积极性进一步增长。

6.10 汕尾市创新能力分析

汕尾市创新能力水平居全省第14位，2024年排名较上年上升1位，分领域指标中，创新投入指标的综合发展效果相对较好，创新产出指标的综合发展情况仍需进一步提升。2024年，汕尾市

第 6 章
各地市区域创新能力分析

创新投入指标排位提升明显。汕尾市政府将科技成果转化摆在更加重要的位置，并建立了科技成果转化服务超市等专项措施以推进需求对接和成果落地，创新投入进一步向园区倾斜，增强制造业发展基础和产业承载能力。

6.10.1 创新能力排名

2024 年，汕尾市创新能力排名全省第 14 位，与 2023 年相比排名上升 1 位（图 6-88）。从过去 5 年排名来看，汕尾市创新能力排名总体呈上升趋势。

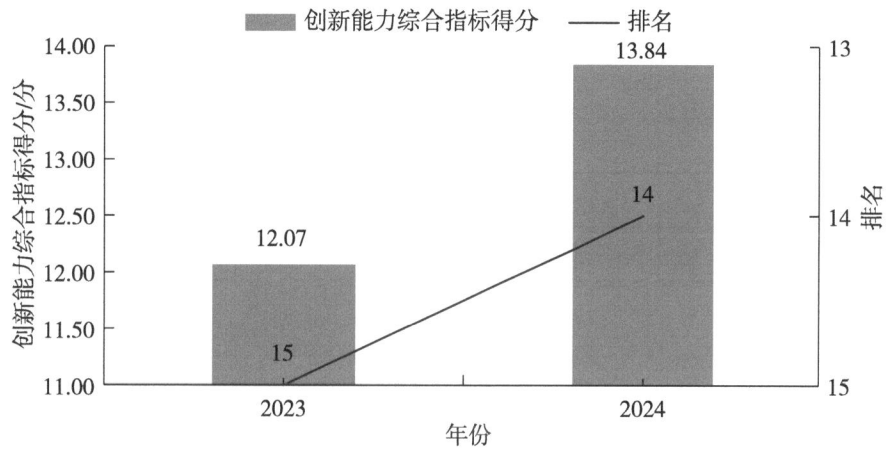

图 6-88　2023—2024 年汕尾市创新能力变化趋势

2024 年，汕尾市创新投入指标排名升幅明显，列全省第 13 位。其他分领域综合指标排名总体呈上升态势，其中，产业升级排名上升 1 位至第 10 位；创新环境排名上升 1 位至第 19 位，创新绩效排名上升 1 位至第 13 位，创新产出排名下降 1 位至第 15 位（表 6-26、图 6-89）。

表 6-26　汕尾市创新能力指标分析

指标名称	2024 年		2023 年	
	指标值	排名	指标值	排名
综合	13.84	14	12.07	15
1　创新投入	10.77	13	7.38	17
1.1　人员投入	8.62	15	4.93	16
1.2　经费投入	12.92	12	9.83	16
2　创新产出	19.03	15	18.94	14
2.1　专利产出	0.45	16	0.52	16

续表

指标名称	2024 年		2023 年	
	指标值	排名	指标值	排名
2.2 产业创新	37.60	14	37.36	13
3 产业升级	21.08	10	17.01	11
3.1 结构优化	38.86	5	29.34	6
3.2 能力提升	3.30	15	4.67	15
4 创新环境	3.57	19	3.44	20
4.1 政策环境	7.13	18	6.88	19
4.2 创新平台	0.00	21	0.00	21
5 创新绩效	14.77	13	13.58	14
5.1 生活质量	9.65	16	8.80	16
5.2 技术水平	19.90	14	18.37	15

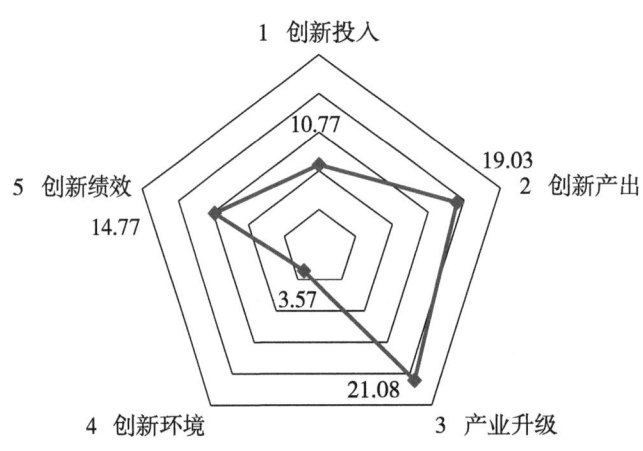

图 6-89　2024 年汕尾市创新能力蛛网图

6.10.2　决定创新能力的关键指标分析

（1）国民经济综合发展情况

2022 年汕尾市实现地区生产总值 1322.02 亿元，比上年增长 1.5%。其中，第一产业生产总值 187.40 亿元，同比增长 12.6%；第二产业生产总值 490.90 亿元，同比下降 0.1%；第三产业生产总值 643.72 亿元，同比增长 2.6%。三次产业结构比重为 14.2∶37.1∶48.7，三次产业综合发展情况如图 6-90 所示。人均地区生产总值 49 242 元，同比增长 2.4%。

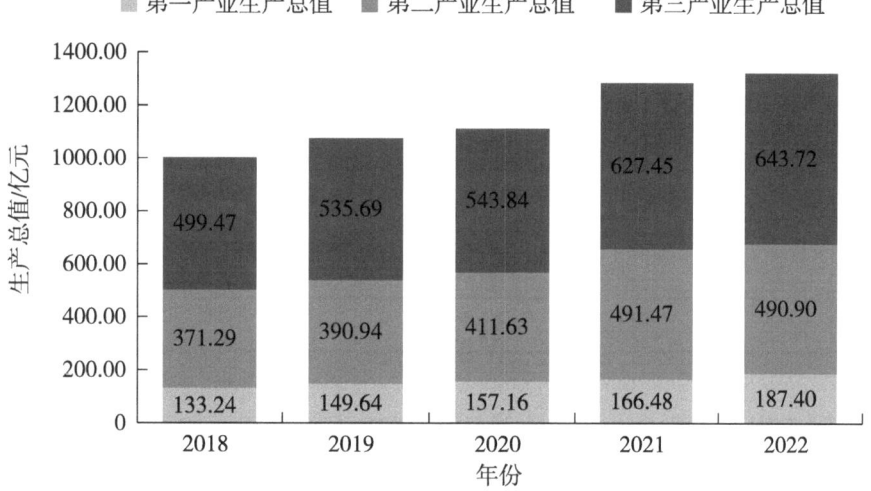

图 6-90　2018—2022 年汕尾市三次产业生产总值

2022 年末，汕尾市常住人口 268.26 万人，比上年末减少 0.43 万人。2022 年，汕尾市居民人均可支配收入 29 020 元，比上年增长 5.8%。按常住地分，城市居民人均可支配收入 34 766.30 元，同比增长 5.1%；农村居民人均可支配收入 21 226.80 元，同比增长 6.8%。全市居民恩格尔系数为 46.3%，比上年上升 0.7 个百分点（图 6-91）。

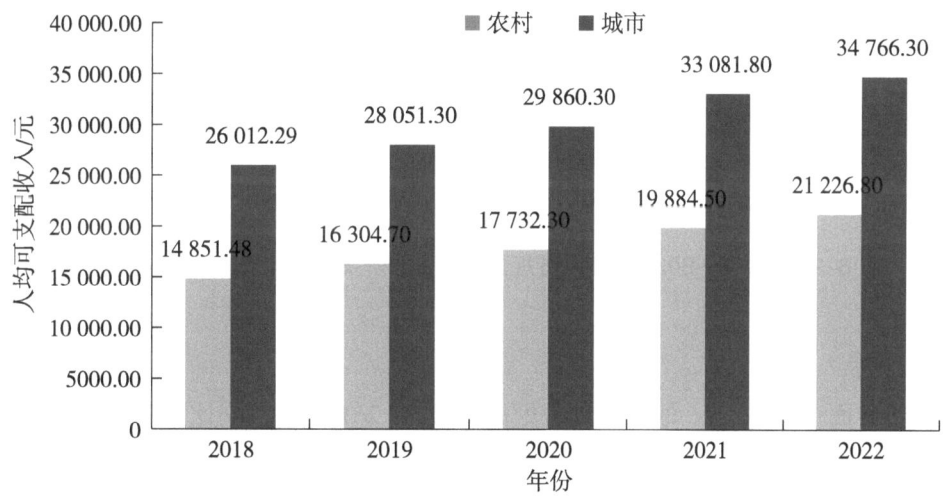

图 6-91　2018—2022 年汕尾市城市和农村人均可支配收入

（2）工业发展情况

2022 年，汕尾市规上工业企业共有 316 家，比上年末增加 27 家，同比增长 9.34%（表 6-27）。当年，汕尾市规上工业总产值 1251.04 亿元，工业增加值 174.34 亿元，同比下降 9.2%。

表 6-27　汕尾市规上工业企业数和工业总产值

年份	规上工业企业数/家	规上工业总产值/亿元
2018	248	1165.46
2019	244	1236.29
2020	258	1180.04
2021	289	1462.56
2022	316	1251.04

2022年，汕尾市规上工业企业研发人员达到1938人，当年增加625人，同比增长47.60%。规上工业企业研发经费内部支出9.85亿元，比上年增加1.78亿元，同比增长21.06%（图6-92）。

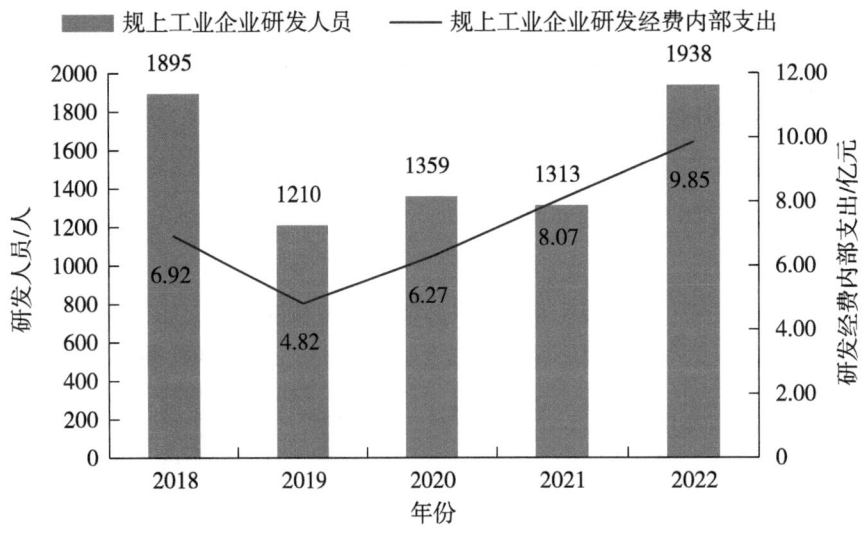

图 6-92　2018—2022 年汕尾市规上工业企业研发人员和研发经费内部支出

（3）科技发展

在科技创新方面，2022年，汕尾市地方财政拨款37 261万元，同比下降27.31%，地方财政拨款占地方财政支出的比重为1.3%。2022年，汕尾市R&D经费支出9.85亿元，占GDP比重提高到0.75%，比2021年提高0.12个百分点（图6-93）。

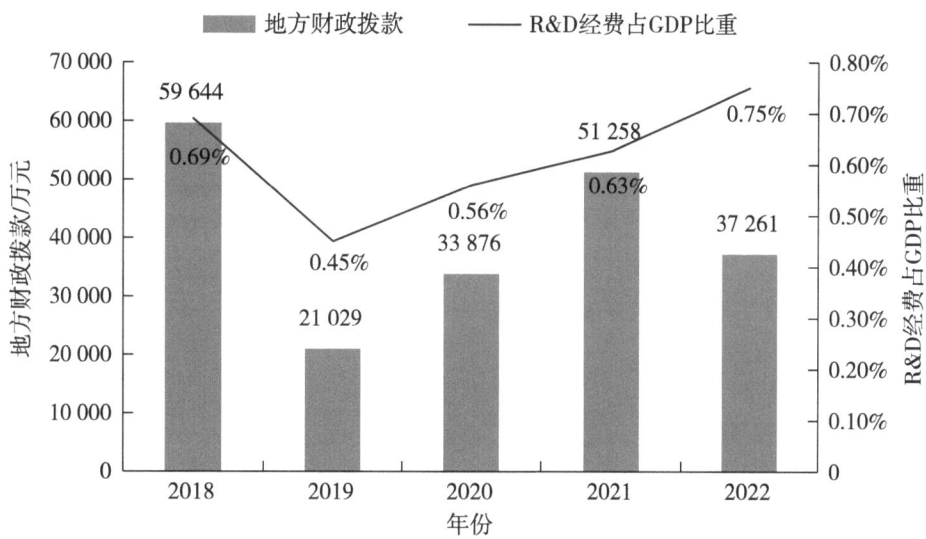

图 6-93 2018—2022 年汕尾市财政投入和研发投入强度

2022年，汕尾市专利申请授权量3077件，比上年增长11.9%，其中发明专利授权量69件，同比下降43.4%；PCT专利申请3件；有效发明专利拥有量729件，万人发明专利拥有量2.71件（图6-94）。截至2022年底，全市有省重点实验室1个。

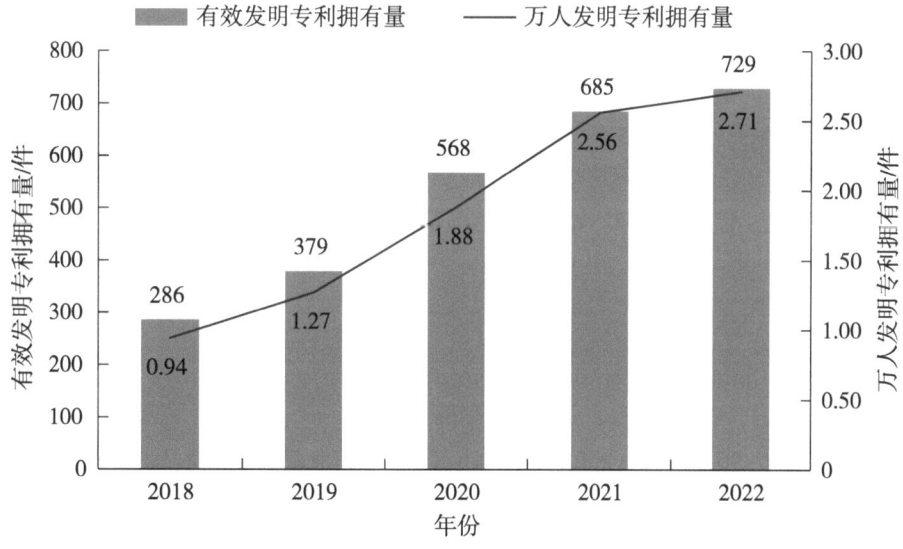

图 6-94 2018—2022 年汕尾市有效发明专利拥有量和万人发明专利拥有量

（4）新经济发展情况

2022年，汕尾市拥有高新技术企业76家，比上年增加25家。高新技术企业数连续5年保持增长，同比上涨49%（图6-95）。高技术企业工业总产值395.79亿元。高技术制造业工业增加值达到51.42亿元，高技术制造业工业增加值占规上工业比重达29.5%（图6-96）。当年技术市场成交合同数 25 项，比上年增加 16 项，同比增长 177.78%，技术市场成交合同金额 4084 万元，比上年增加 2319 万元，同比增长 131.39%。

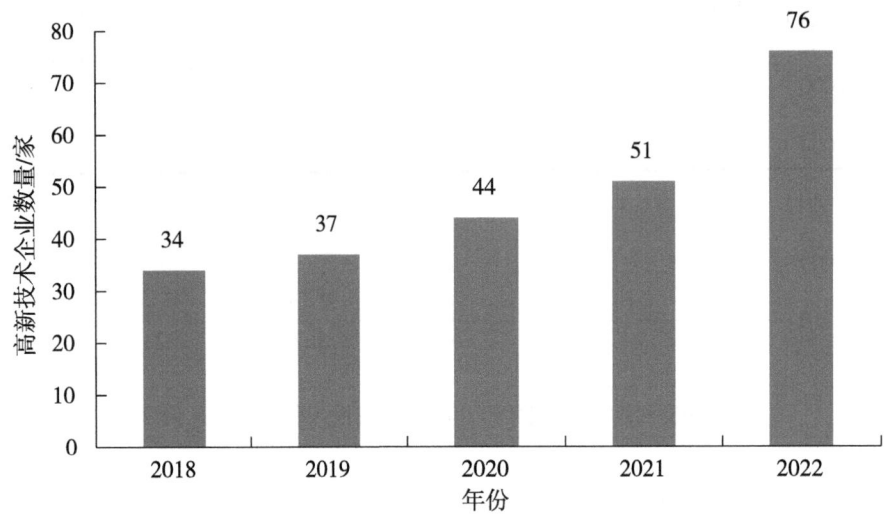

图 6-95　2018—2022 年汕尾市高新技术企业数

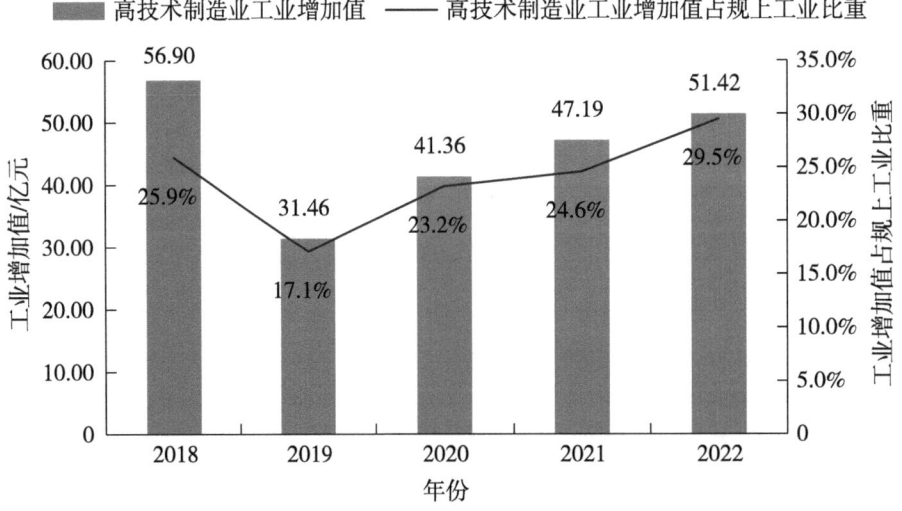

图 6-96　2018—2022 年汕尾市高技术制造业工业增加值及占比

6.10.3　创新平台和载体情况

2022 年，汕尾市拥有新型研发平台 2 家，孵化器毕业当年企业 30 家，众创空间 19 家。汕尾市在创新平台和载体建设方面排位有所提升，如孵化器当年毕业数量、市级众创空间数量等。汕尾市的产业集聚优势进一步加强，制造业基础进一步夯实，中小型企业发展态势良好，规下工业增加值增长 12.3%。信利光电跻身"广东省民营企业 100 强"，陆丰康佳半导体产业园引入康源、诺斯特、晶源等 8 个产业链项目。甲子海上风电项目建成全国最大平价海上风电场。天能重工、长风新能源建成投产，海工装备制造业规模不断扩大。产业平台赋能进一步升级。2022 年，汕尾市高新区成功获批为省级电子元件及显示器件特色产业园和省级加工贸易产业转移园。海丰经济开发区获批为省级高新区。科技创新活力进一步迸发。除高新技术企业数目快速增长外，新增了 10 家省级专精特新中小企业和 22 家省级创新型中小企业，推动了 110 家工业企业开展技术改造，累计带动近 300 家中小微企业"上线用云"。汕尾创新岛（深圳）科技成果转化效果逐步显现，获得了各类知识产权 184 项，建成汕尾市科技成果交易服务超市。

6.10.4 政府部门引导创新的典型做法

2022 年，汕尾市人民政府以 2022 年 1 号文印发了《汕尾市科技创新发展"十四五"规划》，在产业集群、平台建设、公民科学素质教育等主要发展指标上注重与《广东省科技创新"十四五"规划》的衔接，突出了科技成果转化的重要性，将科技成果转化工作放在规划的首要位置。例如，汕尾市建立了一个科技成果交易服务超市，让汕尾高新区技术需求方跟成果提供方在这个平台上能够无缝对接，同时开展了中试基地认定和技术合同登记，使 2002 年技术合同交易额创历史新高。为推动跨区域跨行业的协同创新，汕尾市成立了高水平海洋产业技术联盟，利用大湾区的高校院所向汕尾的海洋产业提供智力支撑。另外，在深圳建立了汕尾市创新岛，发挥异地孵化功能，将深圳的离岸资源导入汕尾。截至 2022 年，汕尾市创新岛入驻企业 42 家，其中汕尾本土企业 20 家，共计完成申报发明专利、实用新型专利、外观设计专利等各类知识产权 184 项，落地汕尾的企业中有 7 家通过科技型中小企业评价，提高了汕尾的科技成果转化落地能力。

在深入推进"放管服"改革方面，继续优化营商环境，简化企业办理流程，降低企业成本，推动取消银信部门 45 个申办材料，创新实施企业投资项目全代办服务，348 项高频事项全部实现全市通办。继续深化国资国企改革，汕尾市与头部资本合作共建了 4 支产业基金，撬动 13.23 亿元投资汕尾，搭建本地国资投融资平台，稳步推进国有企业混合所有制改革。

进一步筑牢制造业发展基础。2022 年向园区投入 25.5 亿元资金，增强其产业承载能力，加快构建开放平台，中国（汕尾）跨境电商综合试验区、中国（广东）自由贸易试验区联动发展区获批成功。持续招才引智，2022 年，汕尾市开展了科技人才需求征集、全市科技企业技术需求征集，推进重点技术难题"揭榜挂帅"和"专门载体+孵化服务"工作，做好人才社团工作，完成对口企业用人需求情况收集工作任务，新增高技能人才 3578 人。

6.10.5 汕尾市创新能力分析小结

汕尾市创新投入与创新环境进一步改善，虽然自身一些指标在改善，高新技术企业数量增长明显，高技术制造业工业增加值占规上工业比重增加，企业研发投入力度进一步加强，但从指标的全省横向比较来看，结构性和基础性问题仍然制约汕尾市创新发展能力的提升。受限于产业基础、产业结构和科教基础薄弱，汕尾市创新产出综合指标排名并未提升，存在很大优化空间，如"上市高新技术企业数量""省级以上大学科技园""新三板、广东省科技创新专板挂牌展示企业"等指标仍为零。新型研发机构数量、省级孵化器数量和重大创新平台载体数量等指标在全省排位进一步下降。企业规模小、成长慢，当年高新技术企业享受税收优惠的企业数量和减免税额、研发费用加计扣除总额、营收超5亿元、获得I类知识产权授权的高新技术企业数仍居全省末位，产业结构培育需久久为功，持续推进高新技术企业倍增计划、新型研发机构建设，以及与大院大所和央企的合作，推进高水平大学建设和企业研发投入，加快孵化育成体系的建设，夯实产业发展的基础。

6.11 东莞市创新能力分析

东莞市创新能力水平居全省第4位，2024年排名与上年保持不变。分领域指标中，产业升级的综合发展效果相对较好，创新投入综合发展情况仍需进一步提升。2024年，东莞市创新投入指标排名下降2位，产业升级指标排名上升2位。东莞市聚焦科技创新和先进制造，成功创建国家创新型城市。在优化基础科学设施布局和资源配置的同时，制定研发投入工作方案，积极引导企业加大研发投入力度，并对龙头企业和专精特新企业推出定制化减负政策，保持制造企业稳定增长。

6.11.1 创新能力排名

2024年，东莞市创新能力排名全省第4位，与2023年相比排名保持不变（图6-97）。从过去5年排名来看，东莞市创新能力综合排名基本稳定。

2024年，东莞市创新产出和创新绩效排名保持不变，分别列全省第3位和第2位。其他分领域综合指标中，创新投入排名下降2位至第4位，产业升级排名上升2位至第2位，创新环境排名上升1位至第4位（表6-28、图6-98）。

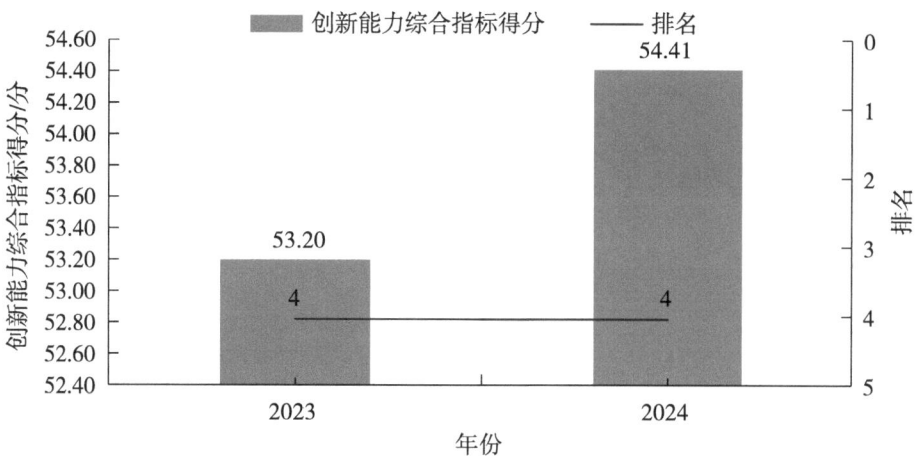

图 6-97 2023—2024 年东莞市创新能力变化趋势

表 6-28 东莞市创新能力指标分析

指标名称	2024 年		2023 年	
	指标值	排名	指标值	排名
综合	54.41	4	53.20	4
1 创新投入	53.68	4	57.59	2
1.1 人员投入	50.45	5	54.77	3
1.2 经费投入	56.92	2	60.41	2
2 创新产出	51.24	3	50.23	3
2.1 专利产出	32.80	3	32.72	3
2.2 产业创新	69.67	6	67.74	6
3 产业升级	59.82	2	52.90	4
3.1 结构优化	36.55	6	29.30	7
3.2 能力提升	83.09	1	76.50	2
4 创新环境	26.19	4	25.87	5
4.1 政策环境	31.44	7	30.87	7
4.2 创新平台	20.94	4	20.87	4
5 创新绩效	81.11	2	79.41	2
5.1 生活质量	87.85	1	88.40	1
5.2 技术水平	74.37	4	70.42	4

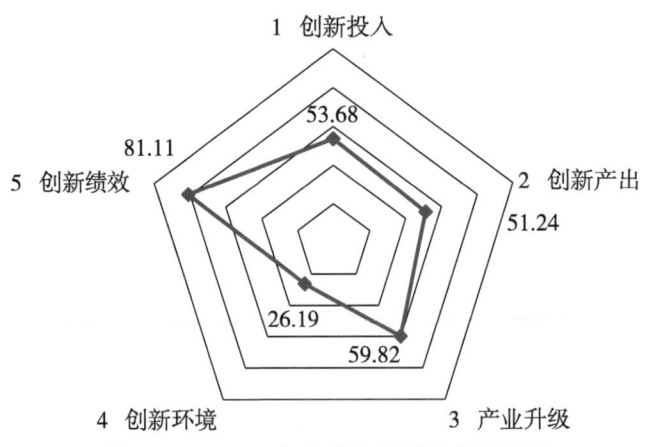

图 6-98　2024 年东莞市创新能力蛛网图

6.11.2　决定创新能力的关键指标分析

（1）国民经济综合发展情况

2022 年，东莞市实现地区生产总值 11 200.32 亿元，比上年增长 0.6%，其中，第一产业生产总值 36.50 亿元，同比增长 4.8%；第二产业生产总值 6513.64 亿元，同比增长 2.4%，对地区生产总值增长的贡献率为 77.4%；第三产业生产总值 4650.18 亿元，同比增长 2.5%，对地区生产总值增长的贡献率为 22.4%。三次产业结构比重为 0.3∶58.2∶41.5，三次产业综合发展情况如图 6-99 所示。人均地区生产总值 106 803 元，同比增长 0.8%。

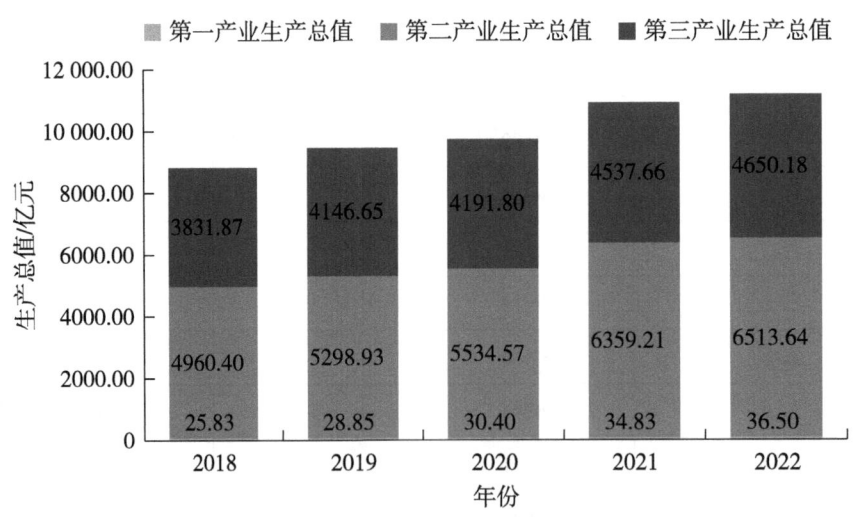

图 6-99　2018—2022 年东莞市三次产业生产总值

2022 年末，东莞市常住人口 1043.70 万人。2022 年，东莞市居民人均可支配收入 63 833 元，比上年增长 2.7%。按常住地分，城市居民人均可支配收入为 65 405.85 元，同比增长 2.6%，农村居民人均可支配收入为 45 135.80 元，同比增长 4.5%（图 6-100）。

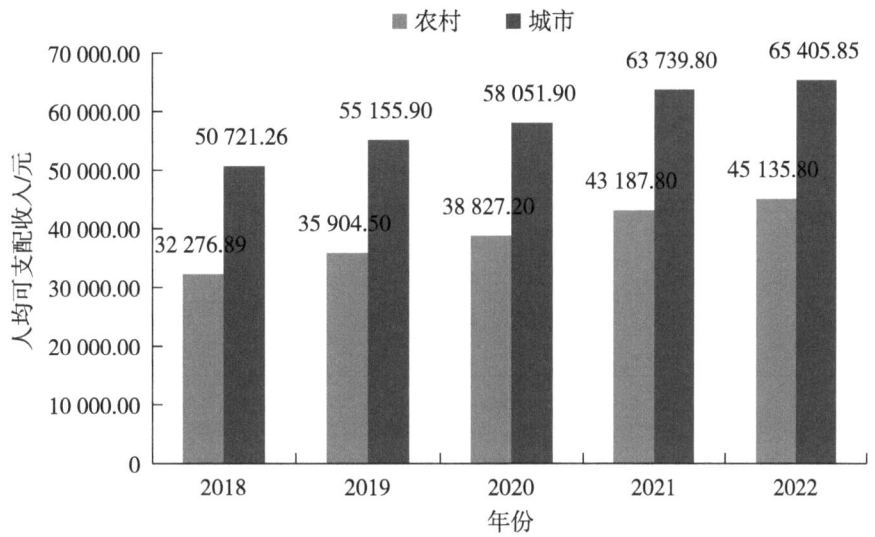

图 6-100　2018—2022 年东莞市城市和农村人均可支配收入

（2）工业发展情况

2022 年，东莞市规上工业企业共有 13 844 家，比上年末增加 1066 家，同比增长 8.34%（表 6-29）。当年，东莞市规上工业总产值 24 772.97 亿元，工业增加值 4959.60 亿元，同比下降 4.4%。

表 6-29　东莞市规上工业企业数和工业总产值

年份	规上工业企业数 / 家	规上工业总产值 / 亿元
2018	10 054	20 392.92
2019	10 658	21 561.78
2020	11 525	21 862.96
2021	12 778	24 513.14
2022	13 844	24 772.97

2022 年，东莞市规上工业企业研发人员达到 136 045 人，当年增加 2409 人，同比增长 1.80%。规上工业企业研发经费内部支出 458.72 亿元，比上年增加 24.27 亿元，同比增长 5.59%（图 6-101）。

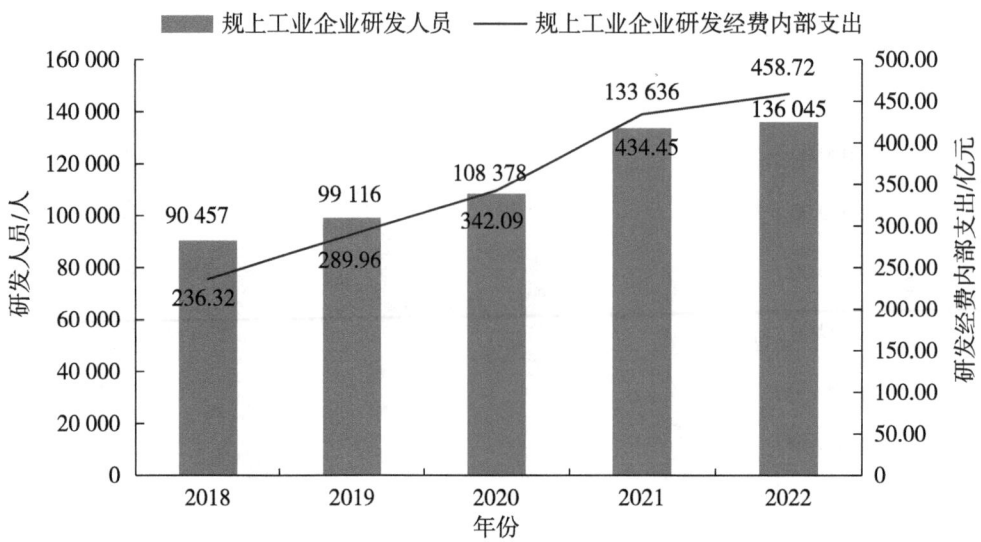

图 6-101 2018—2022 年东莞市规上工业企业研发人员和研发经费内部支出

（3）科技发展情况

在科技创新方面，2022年，东莞市地方财政拨款328 977万元，同比增长0.21%，地方财政拨款占地方财政支出的比重为3.8%，比2021年提高3.24个百分点。2022年，东莞市R&D经费458.72亿元，占GDP比重提高到4.10%，比2021年提高0.1个百分点（图6-102）。

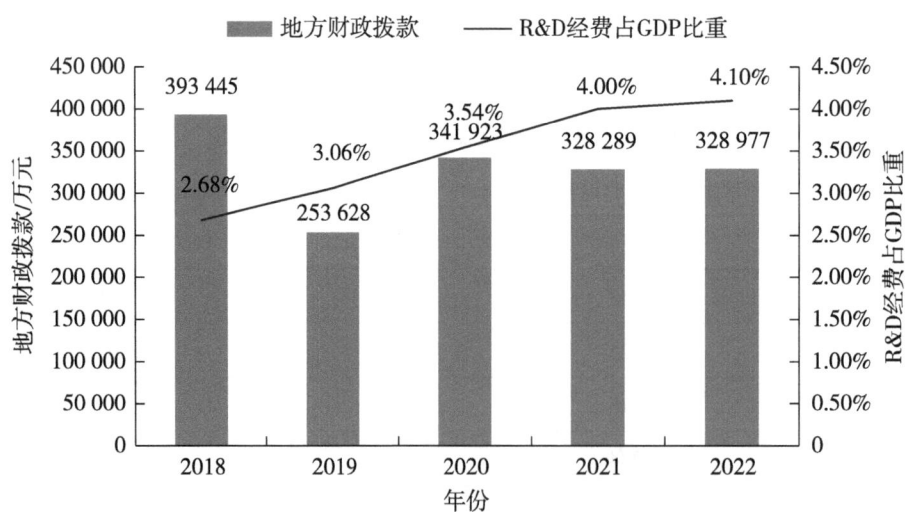

图 6-102 2018—2022 年东莞市财政投入和研发投入强度

2022年，东莞市全市国内专利授权量95 581件，比上年增长1.1%，其中发明专利授权量10 700件，同比下降8.5%，数量居全省第3位。全市PCT国际专利申请量4224件，同比下降4.2%，数量居全省第2位，有效发明专利拥有量57 668件，万人发明专利拥有量54.73件（图6-103）。全市新型研发机构32家，其中省级25家；全市各级工程技术研究中心累计1137个，其中国家级1个,省级497个;各级重点实验室累计186个,其中国家级1个,省级13个;科技企业孵化器111个,其中国家级26个,省级20个。规上工业企业设立研发机构的比例达52.4%。技术合同成交数量397项,合同成交额96.37亿元,引进省级创新创业团队40个。

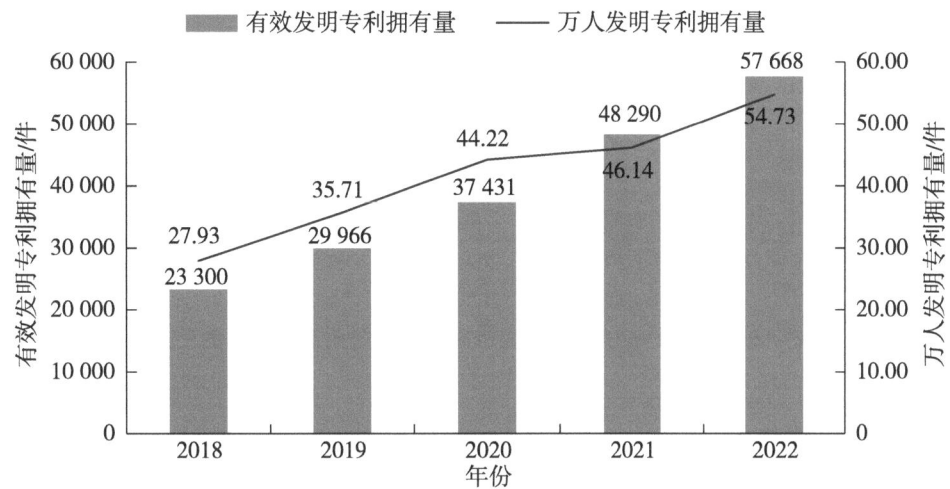

图6-103 2018—2022年东莞市有效发明专利拥有量和万人发明专利拥有量

(4)新经济发展情况

2022年,东莞市拥有高新技术企业8933家,比上年增加1665家。高新技术企业数连续5年保持增长,同比上涨22.9%(图6-104)。高技术企业工业总产值13 478.94亿元。高技术制造业工业增加值达到1993.41亿元,高技术制造业工业增加值占规上工业比重达40.2%(图6-105)。当年技术市场成交合同数397项,比上年增加41项,同比增长11.52%,技术市场成交合同金额963 655万元,比上年增加285 706万元,同比增长42.14%。

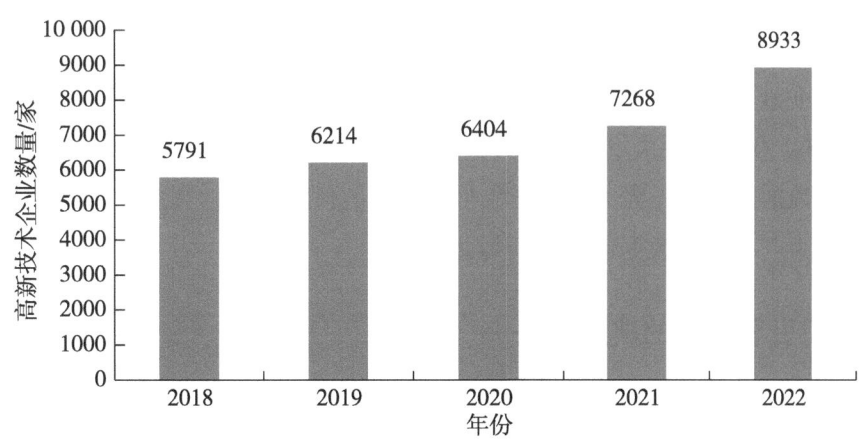

图6-104 2018—2022年东莞市高新技术企业数

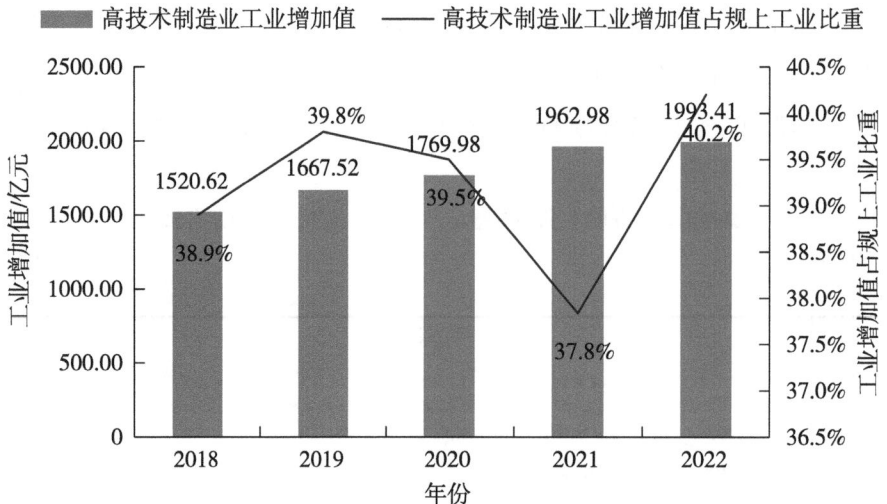

图 6-105　2018—2022 年东莞市高技术制造业工业增加值及占比

6.11.3　创新平台和载体情况

2022 年，东莞市拥有新型研发平台 26 家，在孵企业超 3727 家，孵化器毕业当年企业 557 家，众创空间 49 家（国家备案众创空间 22 家），载体数量、国家级孵化器数量、孵化面积、企业数量等多项数据位居全省前列。2022 年，全年引进和孵化科技型企业 116 家（国家级总数达到 26 家，评为优秀等级的有 10 家），其中从外市引进企业 55 家，新孵化成立企业 61 家。2022 年，东莞市在孵企业参加高企新认定或复审的约 330 家，较上年度的 304 家有所增长。在科技部火炬中心公布的 2022 年东莞入选国家级科技企业孵化器名单中，东莞市东科创意产业园以引进新一代电子信息为主，先进装备制造、新能源新材料为辅，搭建产学研合作桥梁，先后与东莞中山大学研究院、优科检测公司、联合校准技术公司等合作，以期孵化出具有特色、产业前景的科技项目。林润智谷孵化器以智能产业为依托，聚焦生物医药、智能制造、人工智能三大产业，同时以投资为驱动，为项目提供投融资服务。目前，林润智谷孵化器进驻企业超 200 家，其中规上工业企业 3 家，国家高新技术企业 4 家，科技型中小企业 8 家，省级专精特新企业 1 家，园区企业累计获得知识产权超 1000 件。在数字经济创新载体方面，数据服务产业载体建设快速发展，松山湖产业园获批成为广东省大数据产业园，光大 We 谷产业园、中国科学院云计算产业技术创新与育成中心、高盛科技园获批成为广东省大数据创业创新孵化园。

6.11.4　政府部门引导创新的典型做法

近年来，东莞市聚焦科技创新和先进制造进行了一系列有成效的举措。在高新技术企业培育方面，东莞市组建了 9 个指导服务工作组挂点指导镇街，精准动员 5800 家重点目标企业，开展了 22 场分片区申报培训会，成立省市专家辅导服务团，2022 年东莞市国家高新技术企业数量超过

9000家，居全省地级市第一。为了鼓励企业增加研发投入，东莞市科技系统制定了研发投入工作方案，加强镇街研发投入工作指导和培训，落实企业研发投入补助政策。在科研平台支撑方面，2021年东莞市全面启动大湾区综合性国家科学中心先行启动区建设，东莞市依托中国散裂中子源等大科学装置、松山湖材料实验室等重点科研平台来打造国际一流科学基础设施集群，2021年通过科技部评估，成功创建国家创新型城市。在创新成果转化方面，东莞组织龙头企业和高校院所实施"卡脖子"技术研发。截至2021年底，东莞市科研机构和企业牵头与参与24项国家项目，全社会研发经费来自企业的比例达94%，建有研发机构的规上工业企业达47.2%。2022年，松山湖材料实验室有27个创新样板工厂团队成立产业化公司40家，主要方向是柔性电池、透明陶瓷、新材料等。在基础研究方面，2022年东莞市基础研究实力进一步增强，获国家级和省级基础研究项目立项超过1亿元，共有333项入选国家、省基础研究项目，资助经费达1亿元，东莞医疗机构首次获得国家自然科学基金区域创新发展联合基金重点项目立项。在人才培养方面，为了深入推进研究生联合培养（实践）计划，吸引集聚清华大学、北京大学、香港城市大学等160多家国内外高校的3000多名研究生来莞培养实践。在此基础上，2022年，东莞获教育部批准建设粤港澳大湾区（东莞）新一代信息技术国家卓越工程师创新研究院，成为首批4个试点城市之一。

为了稳定制造业、促进经济增长，2022年，东莞市定向为龙头企业和专精特新企业推出定制化的政策，在减轻企业负担、提高资源要素配置效率和稳"双链"等方面进行分类扶持、精准施策。典型做法有：为保障工业企业用地需求，"稳工业22条"提出，对重大工业项目用地指标应保尽保，2022—2023年累计推动"工改工"改造面积1万亩，开工建设产业空间800万平方米。针对"倍增计划"企业增资扩产需求，东莞提出，每年全市土地利用年度计划指标向倍增企业优质项目倾斜，支持倍增企业原地增资扩产、"工改工"。对于专精特新企业，东莞将进一步增加空间要素供给，创新土地供应模式。此外，为了进一步解决受疫情影响的中小微企业生产经营困难问题，东莞市继续支持减税降费政策，引导金融机构增加信贷投放，降低融资成本，新发放企业贷款平均利率降至有统计以来最低水平，对受疫情影响严重的中小微企业、个体商户等实施阶段性贷款延期还本付息，对普惠小微贷款阶段性减息。用改革办法激活市场活力，2022年增值税留抵退税超过2.4万亿元，新增减税减费超过1万亿元，缓税缓费7500多亿元。

6.11.5 东莞市创新能力分析小结

2022年，东莞市成功创建国家创新型城市，成为向创新驱动发展转变的一个标志性节点。在2021年东莞市GDP进入"万亿"城市俱乐部后，东莞提出了打造"科技创新＋先进制造"的城市特色。2022年8月，广东省委、省政府发布《关于支持东莞新时代加快高质量发展打造科创制造强市的意见》，明确了东莞发展方向是打造科创制造强市。东莞市具备支撑这一战略落地的产业结构，如近年来，东莞市企业的数量和质量改善幅度明显，高新技术企业数量大幅增加，且企业的创新能力进一步加强，万人发明专利拥有量和发明专利授权量等进步明显，专精特新中小企业数量也是居地市排名首位。东莞市政府更加注重部署支撑产业发展的科技基础，如共建大湾区综合性国家科学中心、构建紧贴世界前沿的技术创新体系、打造大湾区科技成果转化阵地、培育具有国际竞争力的创新型企业等，围绕重点任务用研究生人才培育发展、科技特派员项目经费改革、工程技术中心和省实验室认定等系列政策来夯实科创制造强市的基础。

6.12 中山市创新能力分析

2024年，中山市创新能力水平居全省第6位，较上年上升1位。分领域指标中，创新投入指标的综合发展效果相对较好，创新产出、创新环境和创新绩效指标排名较稳定。2024年，中山市创新投入中的经费投入指标排名上升明显。中山市围绕加快推进新旧动能转换，更加注重保持高企数量稳步增长及相应奖补政策落实，强化科技信贷对科研机构孵化企业的支持，修订制定一系列科技项目和资金管理实施办法，大幅提升企业的政策获得感和投资便利度。

6.12.1 创新能力排名

2024年，中山市创新能力排名全省第6位，与2023年相比上升1位（图6-106）。从过去5年排名来看，中山市创新能力排名稳中有进。

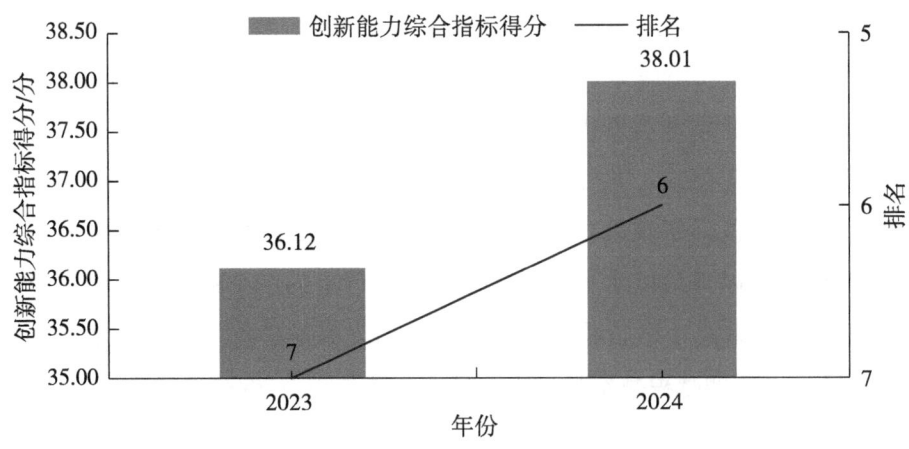

图6-106　2023—2024年中山市创新能力变化趋势

2024年，中山市创新产出、创新环境和创新绩效指标排名保持不变，分别列全省第5位、第6位和第6位。其他分领域综合指标排名有所上升。其中，创新投入排名上升1位至第7位，产业升级排名上升1位至第6位（表6-30、图6-107）。

表 6-30 中山市创新能力指标分析

指标名称	2024 年		2023 年	
	指标值	排名	指标值	排名
综合	38.01	6	36.12	7
1 创新投入	33.33	7	28.20	8
1.1 人员投入	26.14	8	21.66	8
1.2 经费投入	40.52	6	34.73	8
2 创新产出	42.29	5	40.81	5
2.1 专利产出	9.04	6	9.66	6
2.2 产业创新	75.55	5	71.96	5
3 产业升级	28.90	6	26.70	7
3.1 结构优化	26.21	10	21.65	10
3.2 能力提升	31.59	6	31.76	7
4 创新环境	21.78	6	21.88	6
4.1 政策环境	34.33	6	34.04	6
4.2 创新平台	9.24	6	9.72	6
5 创新绩效	63.76	6	63.01	6
5.1 生活质量	81.30	3	81.83	3
5.2 技术水平	46.23	8	44.19	8

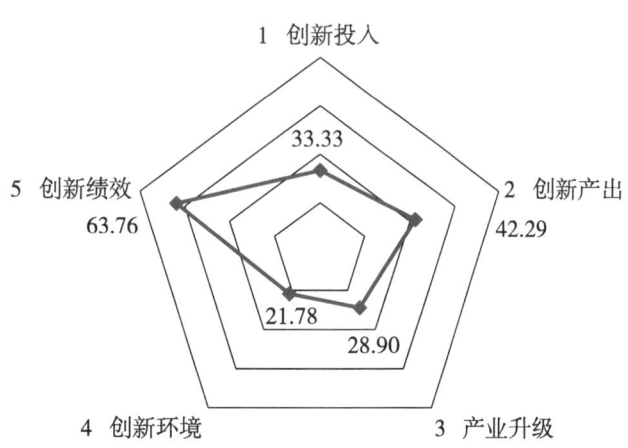

图 6-107 2024 年中山市创新能力蛛网图

6.12.2 决定创新能力的关键指标分析

（1）国民经济综合发展情况

2022年，中山市实现地区生产总值3631.28亿元，同比增长0.5%。其中，第一产业生产总值89.20亿元，同比增长5.3%；第二产业生产总值1795.25亿元，与上年基本持平；第三产业生产总值1746.83亿元，同比增长1.7%，对地区生产总值增长的贡献率为74.3%。三次产业结构比重为2.5∶49.4∶48.1，三次产业综合发展情况如图6-108所示。

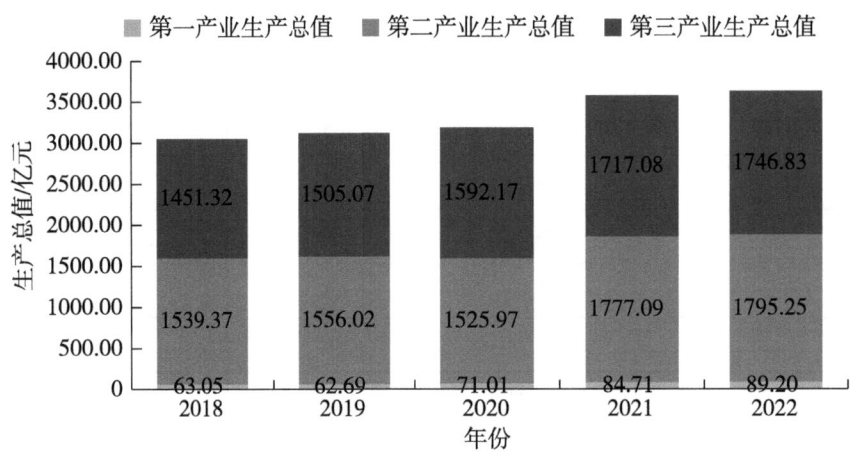

图6-108　2018—2022年中山市三次产业生产总值

2022年末，中山市常住人口443.11万人，人均地区生产总值81 620元，同比增长0.5%。2022年，中山市居民人均可支配收入59 764元，比上年增长3.2%。按常住地分，城市居民人均可支配收入为62 195.71元，同比增长3.1%，农村居民人均可支配收入为43 490.19元，同比增长4.2%（图6-109）。

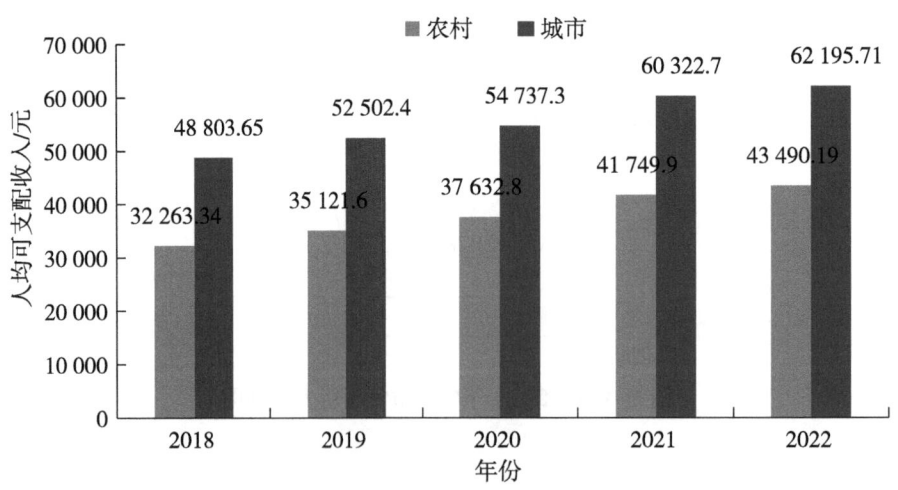

图6-109　2018—2022年中山市城市和农村人均可支配收入

（2）工业发展情况

2022年，中山市规上工业企业数量为4959家，比上年增加333家（表6-31），规上工业总产值6772.54亿元，工业增加值1363.20亿元，同比增长0.09%。当年，中山市全市工业增加值下降0.6%。2022年，中山市规上工业企业实现利润总额274.90亿元，同比下降5.9%。

表6-31 中山市规上工业企业数和工业总产值

年份	规上工业企业数/家	规上工业总产值/亿元
2018	3376	5115.30
2019	3635	5162.50
2020	3868	5375.84
2021	4626	6619.31
2022	4959	6772.54

2022年，中山市规上工业企业研发人员达到30 690人，当年增加6706人，同比增长27.96%。规上工业企业研发经费内部支出100.66亿元，比上年增加19.53亿元，同比上涨24.07%（图6-110）。

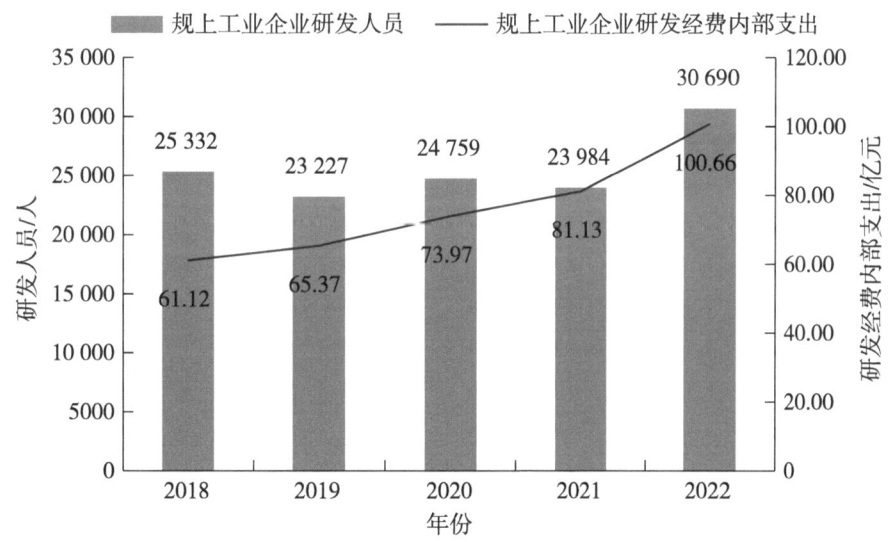

图6-110 2018—2022年中山市规上工业企业研发人员和研发经费内部支出

（3）科技发展情况

在科技创新方面，2022年，中山市地方财政拨款287 915万元，同比增长12.77%，地方财政拨款占地方财政支出比重达到6.22%。2022年，中山市R&D经费为100.66亿元，占GDP比重提高到2.77%，比2021年提高0.5个百分点（图6-111）。

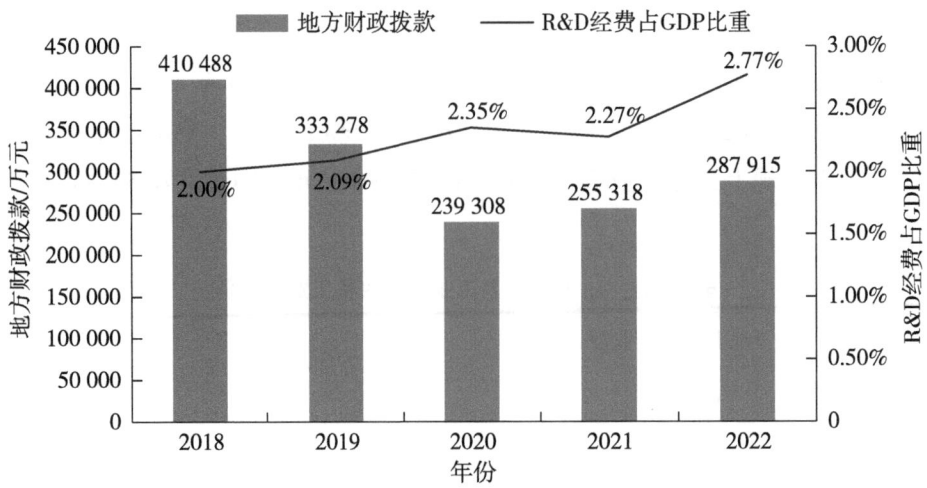

图 6-111　2018—2022 年中山市财政投入和研发投入强度

2022年，中山市专利授权总量43 328件，比上年增长4.4%；其中，发明专利授权量1939件，比上年增长25.4%，全年PCT国际专利申请量178件，增长9.2%，有效发明专利拥有量11 003件，万人发明专利拥有量24.63件（图6-112）。截至2022年底，全市拥有省级工程技术研究中心378个，省重点实验室4个。

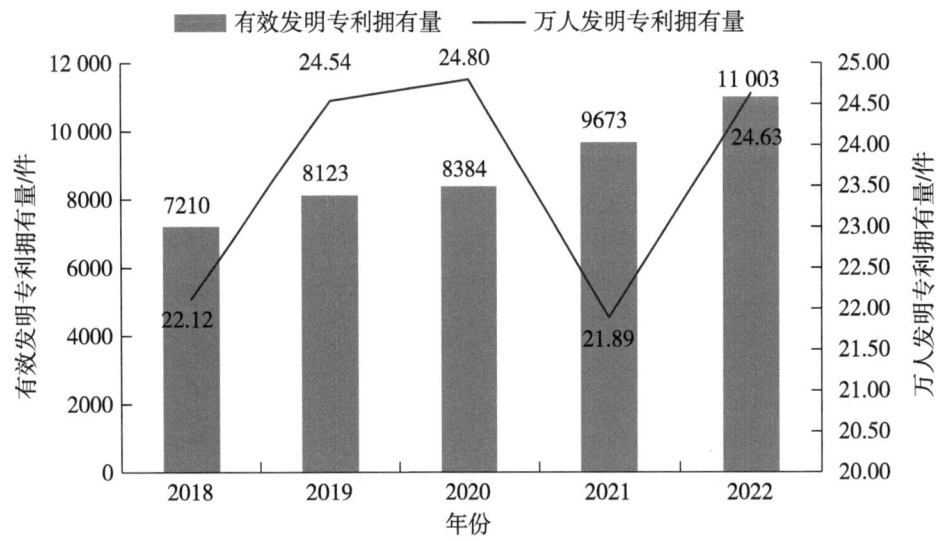

图 6-112　2018—2022 年中山市有效发明专利拥有量和万人发明专利拥有量

（4）新经济发展情况

2022年，中山市拥有高新技术企业2587家，比上年增加323家，同比增长14.3%（图6-113）。高技术企业工业总产值3366.96亿元。高技术制造业工业增加值达到207.03亿元，高技术制造业工业增加值占规上工业比重达15.2%（图6-114）。当年技术市场成交合同数519项，比上年增加

73项,同比增长16.37%,技术市场成交合同金额237 503万元,比上年增加42 878万元,同比增长22.03%。

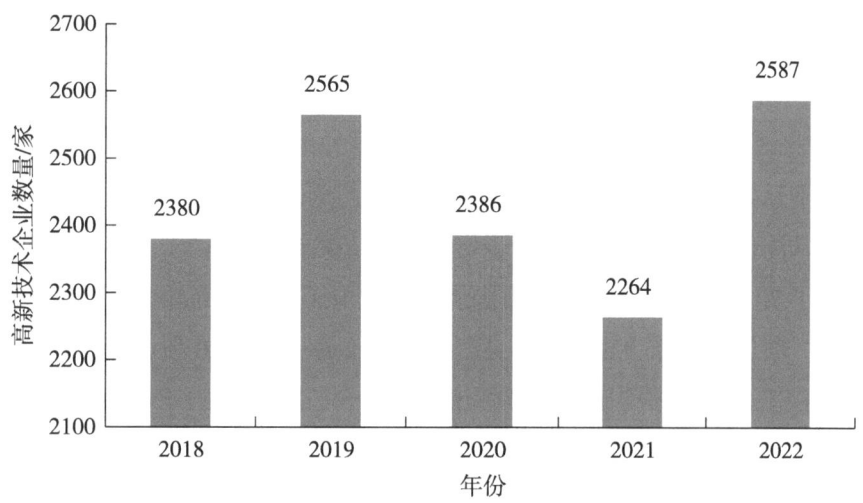

图6-113 2018—2022年中山市高新技术企业数

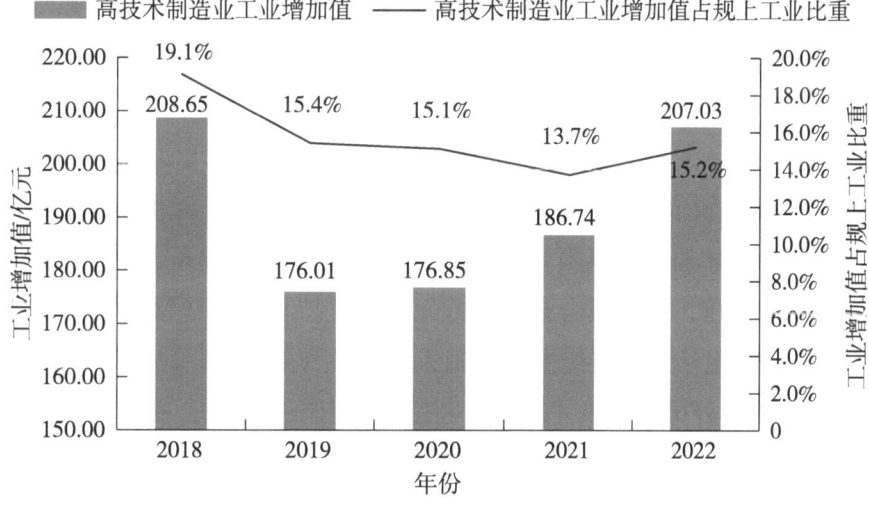

图6-114 2018—2022年中山市高技术制造业工业增加值及占比

6.12.3 创新平台和载体情况

2022年,中山市拥有新型研发平台8家,孵化器毕业当年企业151家,众创空间42家。总体上,中山市推进孵化育成体系提质增效,新增1家省级大学科技园、4家市级孵化育成载体。当年,国家健康基地科技企业孵化器等5家单位获得科技企业孵化器运营绩效评价A级单位,坦南创客园(众创空间)等5家单位获得众创空间运营绩效评价A级单位。其中,国家健康基地科技企业孵化器目前落户企业超过600家,形成了以生物医药、医疗器械、特殊食品化妆品、健康服务业为主导的产业集群格局，集聚了一批知名医药企业和高科技创新企业，形成产业链完善的健康产业集群，培育和引进了一批领先的关键技术和创新产品，培育了 3 个广东省创新科研团队、17 个中山市创新科研团队，建设了博士后科研工作站 2 个、博士后创新实践基地 7 个。

6.12.4 政府部门引导创新的典型做法

进一步强化企业创新主体地位，培育具有强大竞争力的科技创新企业。2022 年，通过广东省技术先进型服务企业认定 3 家，实现该领域零的突破。与周边城市相比，中山的大企业数量并不突出，但是中山市非常注重保持高企数量的稳步增长及相应奖补政策落实，如对 2021 年通过高企认定的 831 家企业给予了 7015 万元补助。中山市围绕新一代电子信息、高端装备制造等产业集群薄弱环节安排了"揭榜制"项目 5 项和"战略性新兴产业技术攻关"项目 20 项。针对中小微企业转型发展共性难题，中山市探索打造更多优质的公共技术服务平台，截至 2022 年，中山市累计认定 23 个工业和工业互联网类公共技术服务平台，拓宽中小企业科技研发和研发成果转化的路径。2022 年，中山市各类企业研发投入占全社会研发投入的比重高达 94.3%。为了激发企业创新动力，有效发挥政策资金的撬动作用是关键。近年来，中山市通过开展研发费用加计扣除项目鉴定，帮助企业享受加计扣除税收优惠。同时完善了科技金融体系，出台了《中山市科技信贷风险准备金管理办法》，完善科技信贷机制，推动银行机构加大科技信贷投放，2022 年新增科技贷款约 13 亿元，累计贷款近 110 亿元，知识产权质押融资登记金额累计达 44.9 亿元。同时强化科技信贷对科研机构孵化企业的支持。

在加快引进、培养高层次人才方面，中山市 2022 年出台了《关于进一步优化外国人来华工作许可办理的若干措施》，加快集聚海外高端人才和创新资源。推动社会力量设立市级科技奖励，营造重视和鼓励科技创新人才的良好氛围。2022 年，中山市首次实施人才攻坚项目悬赏制，3 项人才攻坚悬赏项目实现了揭榜，悬赏金合计 570 万元，并支持科技创新领军人才在中山市重点产业细分领域牵头开展科研学术活动。持续推动外国人才服务管理工作，2022 年共办理外国人工作许可证业务 1545 人次，签发外国高端人才确认函 6 份。中山市科技和公安部门联合成立"中山市外籍人才服务专区"，实现外国人工作许可、居留许可"一窗通办、并联办理"。

为了进一步营造良好的创新创业生态环境，中山市制定了《中山市科技计划项目经费管理办法（试行）》以加强科技计划项目资金使用和管理；修订了《中山市科技孵化育成体系专项资金使用办法》以完善科技孵化育成体系，制定《中山市科技局"免申即享"工作制度（试行）》，将科技孵化载体认定补助等 5 项业务列入"免申即享"事项，大幅提升企业的政策获得感和资金申请便利度，2022 年共兑现 61 家企业，补助金额 1300 万元。同时，着力强化企业服务，优化营商环境。典型的做法包括：组织技术和财务专家对申报第一批高企认定企业进行"一对一"预评审辅导，共服务企业超过 550 家；对重点企业开展实地走访辅导，并通过政务新媒体开展高企小课堂线上辅导；开展 2022 年高新技术企业人才积分和子女入学工作，支持高企稳定研发人员。另外，还扎实推进科技服务集聚基地工作，开展科技成果推广、技术转移、知识产权服务、知识产权管理体系认证、科技咨询等各项服务，累计服务企业2082家，走访企业82家，挖掘企业技术需求31条。

6.12.5 中山市创新能力分析小结

整体来看，2022年，中山市研发经费投入总量突破百亿元，经费投入保持较快增长且结构持续优化。从投入结构来看，企业成为中山加大科技创新投入的主力军，各类企业研发经费投入94.92亿元，比上年增长21.71%。但是产业结构上仍以传统产业和中小企业为主，小家电、服饰、灯饰等产业难以支撑经济增势，也缺乏打造高科技产业的基础，产出端的结构仍显劣势，高技术制造业工业增加值占规上工业比重仍落后于整体创新排名，产业技术基础相对薄弱和产业关键技术人才缺乏仍是制约产业转型升级的重要因素。尽管中山市开始实施人才攻坚项目悬赏制等高端人才引育政策和重大创新平台联动发展举措，但是创新人才聚集效应和创新平台带动效应并不明显，缺乏一些创新平台帮助企业快速找到合适的技术支撑，企业依靠科技实现转型的意愿还不强烈，对高端产业人才的吸引力还较弱，整体上仍需加快产业发展动能转换。

6.13 江门市创新能力分析

江门市创新能力水平居全省第8位，2024年排名保持不变，在分领域指标中，创新产出、产业升级、创新环境和创新绩效排名均比较稳定。创新投入综合发展水平仍需进一步提升。2024年，江门市创新投入指标排名下降2位，其中人员投入和经费投入指标均下降1位。江门市政府进一步优化创新环境，特别是深化科技金融工作方案落实，落地了全国首批科技创新再贷款，拓宽了企业融资渠道，鼓励企业创新创业。为解决产业技术源头供给问题，江门市也积极向外部高端科技资源寻求合作机会，以揭榜制支持产业技术攻关，并通过调研走访发掘行业共性难题，加大财政投入资金支持以专门解决此类问题。

6.13.1 创新能力排名

2024年，江门市创新能力排全省第8位，与2023年相比排名保持不变（图6-115）。从过去5年排名来看，江门市创新能力综合排名基本保持不变。

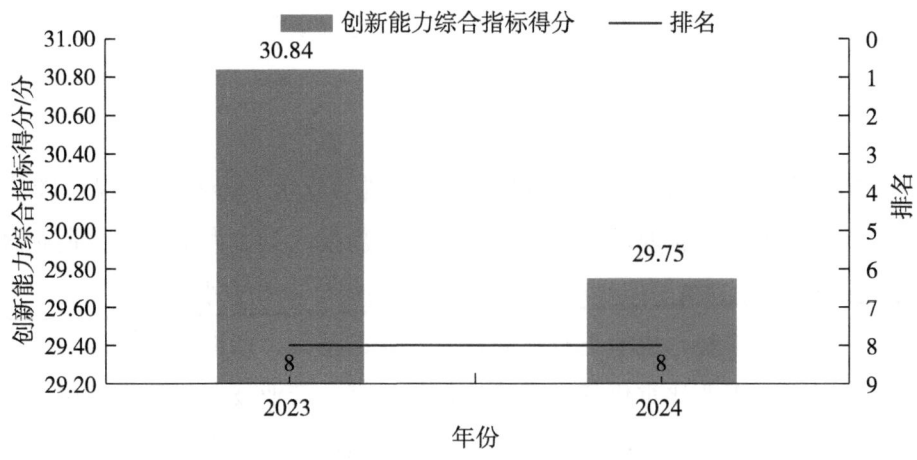

图 6-115 2023—2024 年江门市创新能力变化趋势

2024 年，江门市多项创新指标排名保持稳定，创新产出、产业升级、创新环境和创新绩效指标排名保持不变，分别列全省第 6 位、第 9 位、第 8 位和第 8 位。其他分领域综合指标排名中，创新投入排名下降 2 位至第 8 位（表 6-32、图 6-116）。

表 6-32 江门市创新能力指标分析

指标名称	2024 年 指标值	2024 年 排名	2023 年 指标值	2023 年 排名
综合	29.75	8	30.84	8
1 创新投入	31.53	8	39.67	6
1.1 人员投入	26.46	7	34.42	6
1.2 经费投入	36.60	7	44.92	6
2 创新产出	40.52	6	38.47	6
2.1 专利产出	4.19	8	4.42	8
2.2 产业创新	76.84	4	72.51	4
3 产业升级	22.65	9	20.00	9
3.1 结构优化	20.23	14	17.76	13
3.2 能力提升	25.07	7	22.24	8
4 创新环境	16.65	8	19.17	8
4.1 政策环境	24.42	8	28.81	8
4.2 创新平台	8.88	7	9.53	7
5 创新绩效	37.41	8	36.89	8
5.1 生活质量	27.65	8	27.19	8
5.2 技术水平	47.16	7	46.60	7

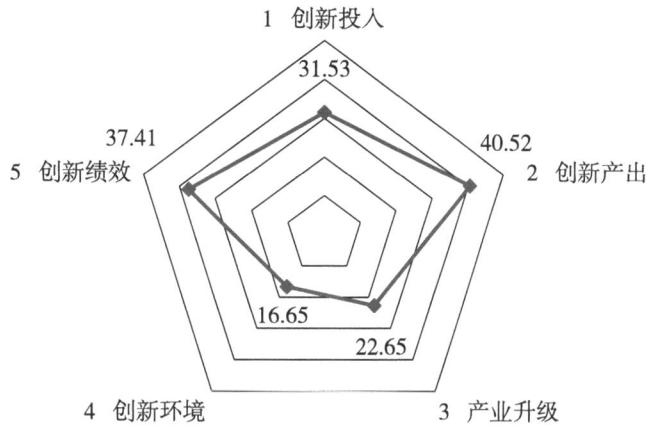

图 6-116　2024 年江门市创新能力蛛网图

6.13.2　决定创新能力的关键指标分析

（1）国民经济综合发展情况

2022 年，江门市实现地区生产总值 3773.41 亿元，比上年增长 3.3%，其中，第一产业生产总值 324.61 亿元，同比增长 10.1%；第二产业生产总值 1723.64 亿元，同比增长 6.2%；第三产业生产总值 1725.16 亿元，同比增长 2.7%。三次产业结构比重为 8.6∶45.7∶45.7，三次产业综合发展情况如图 6-117 所示。人均地区生产总值 78 146 元，同比增长 3.1%。

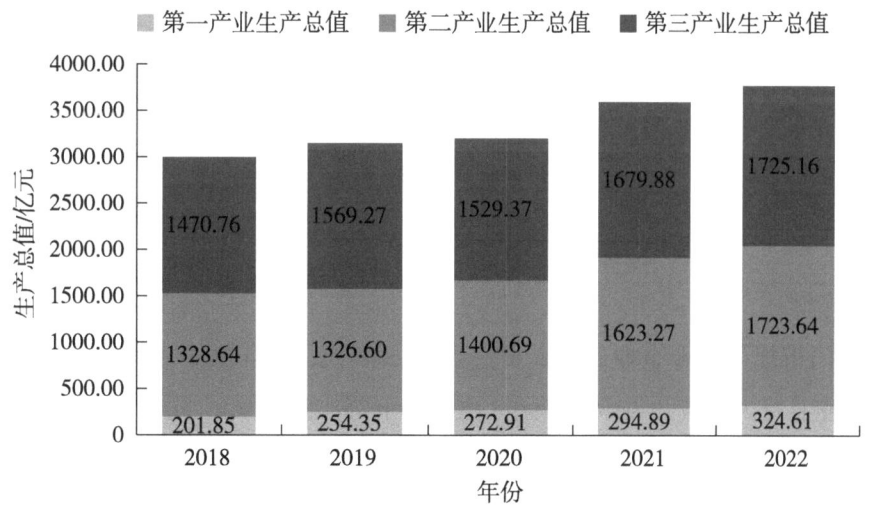

图 6-117　2018—2022 年江门市三次产业生产总值

2022 年末，江门市常住人口 482.22 万人。2022 年，江门市居民人均可支配收入 38 756 元，比上年增长 4.6%。按常住地分，城市居民人均可支配收入为 45 399.79 元，同比增长 4.1%；农村居民人均可支配收入为 24 742.17 元，同比增长 5.8%（图 6-118）。

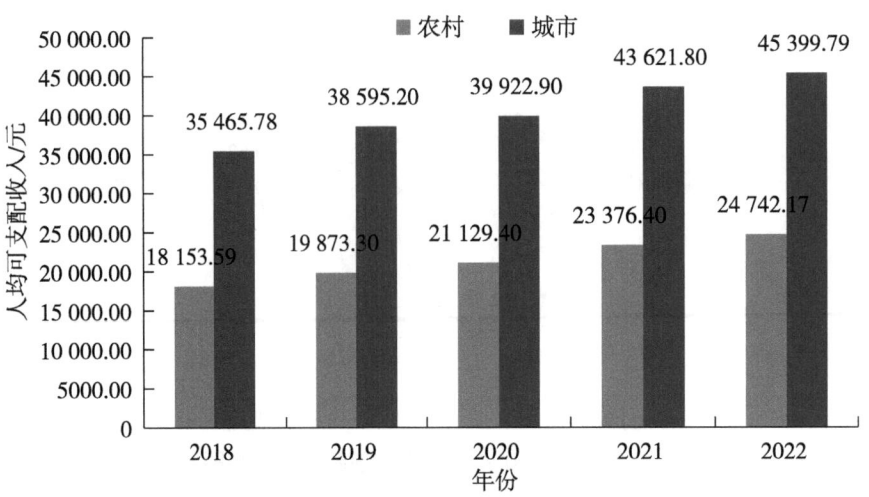

图 6-118　2018—2022 年江门市城市和农村人均可支配收入

（2）工业发展情况

2022 年，江门市规上工业企业共有 3264 家，比上年增加 361 家（表 6-33）。当年，江门市规上工业总产值 5631.70 亿元，工业增加值 1136.07 亿元，同比下降 5.48%。2022 年，江门市规上工业企业利润 174.97 亿元，同比下降 25.5%。

表 6-33　江门市规上工业企业数和工业总产值

年份	规上工业企业数/家	规上工业总产值/亿元
2018	2300	4409.29
2019	2458	4246.64
2020	2535	4382.58
2021	2903	5451.19
2022	3264	5631.70

2022 年，江门市规上工业企业研发人员达到 25 546 人，当年减少 1960 人，同比下降 7.13%。规上工业企业研发经费内部支出 91.40 亿元，比上年下降 1.32 亿元，同比下降 1.42%（图 6-119）。

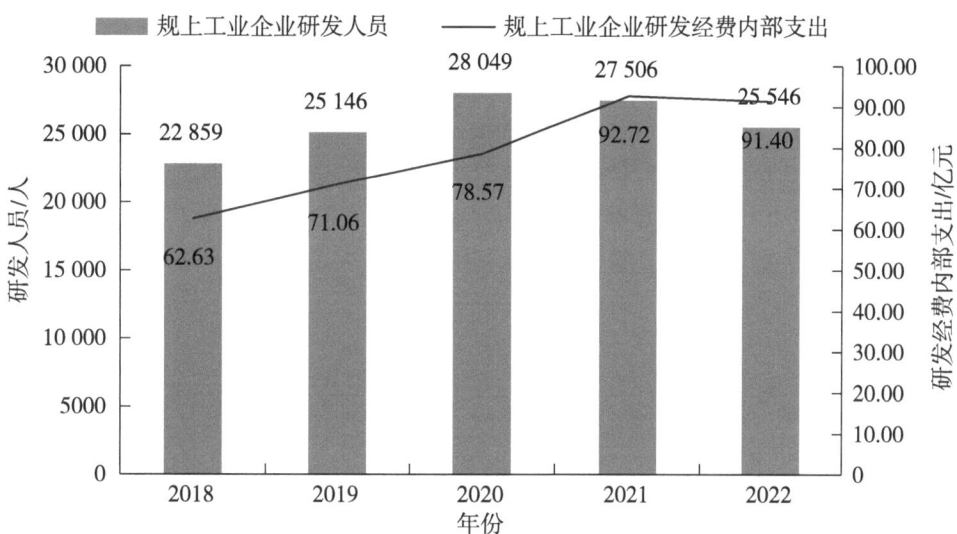

图 6-119 2018—2022 年江门市规上工业企业研发人员和研发经费内部支出

（3）科技发展情况

在科技创新方面，2022 年，江门市地方财政拨款 159 334 万元，同比下降 8.99%，地方财政拨款占地方财政支出的比重为 3.5%，占比同比下降 6.84%。2022 年江门市 R&D 经费支出 91.40 亿元，占 GDP 比重下降到 2.42%，比 2021 年下降 0.15 个百分点（图 6-120）。

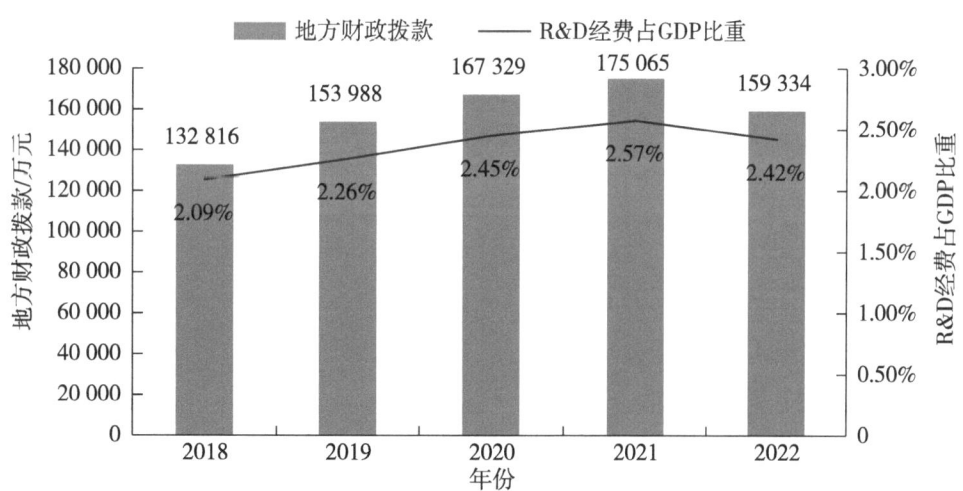

图 6-120 2018—2022 年江门市财政投入和研发投入强度

2022 年，江门市专利申请授权量 20 501 件，同比下降 3.6%，其中，发明专利授权量 1183 件，同比增长 22.7%；PCT 国际专利申请量 121 件，同比增长 19.8%；有效发明专利拥有量 5755 件，万人发明专利拥有量 11.90 件（图 6-121）。截至 2022 年底，全市拥有省工程技术研究中心 432 个，省重点实验室 1 个。

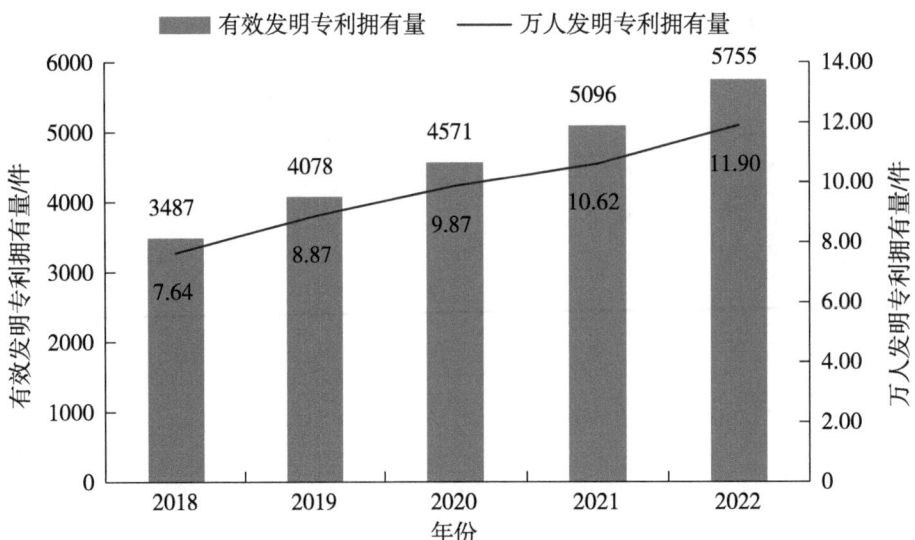

图 6-121　2018—2022 年江门市有效发明专利拥有量和万人发明专利拥有量

（4）新经济发展情况

2022年，江门市拥有高新技术企业2667家，比上年增加486家，同比增长22.3%（图6-122）。高技术企业工业总产值3279.80亿元。高技术制造业工业增加值达到140.70亿元，高技术制造业工业增加值占规上工业比重达12.4%，占比下降0.1个百分点（图6-123）。当年技术市场成交合同数893项，比上年增加283项，同比增长46.39%。技术市场成交合同金额179 922万元，比上年增加86 162万元，同比增长91.90%。

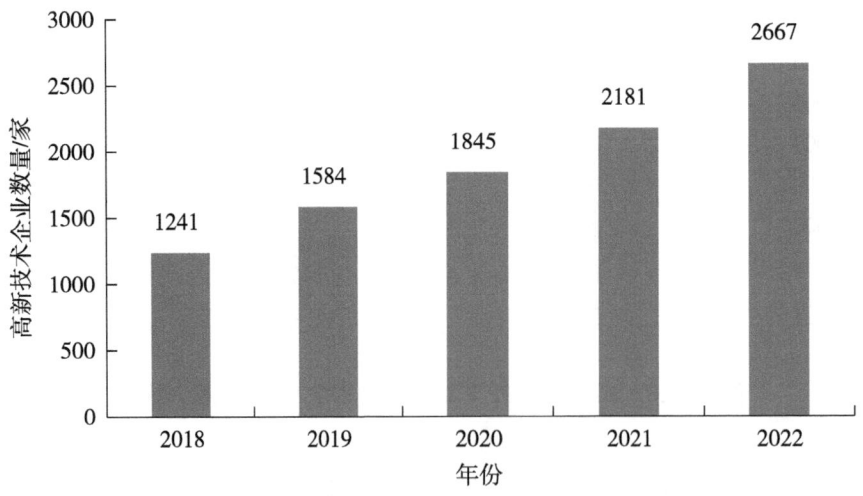

图 6-122　2018—2022 年江门市高新技术企业数

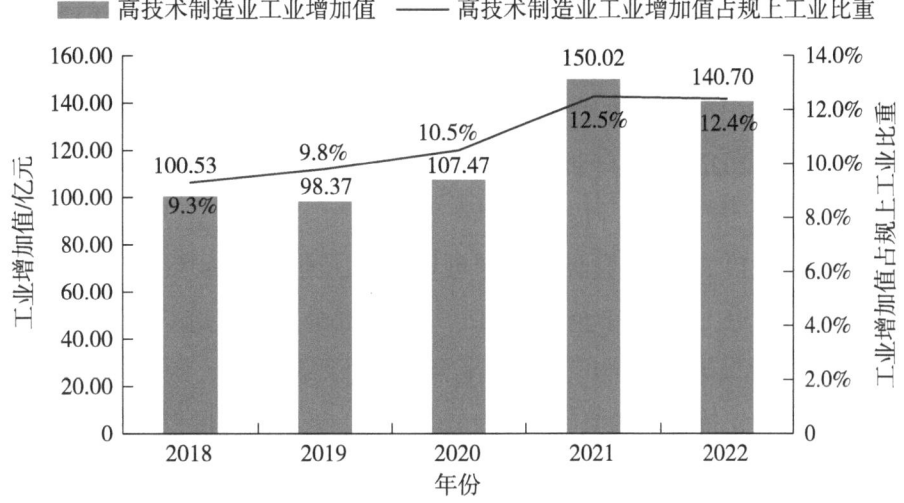

图 6-123　2018—2022 年江门市高技术制造业工业增加值及占比

6.13.3　创新平台和载体情况

2022 年，江门市拥有新型研发平台 6 家，孵化器毕业当年企业 146 家，众创空间 37 家。其中，高新区拥有 7 家国家级孵化器载体，5 家坐落于江海区。江海区大力实施创新驱动发展战略，出台《江门高新区（江海区）推动科技创新办法》，对新认定为国家级或省级的运营主体，最高给予 50 万元奖励；对获 B 级以上运营评价的孵化载体，最高给予 10 万元运营补助。目前，江海区已成功引进大健康研究院、泛亚生物研究院等一批研发机构，设立了国家半导体光电产品检测重点实验室等专业检测机构。江海区内的启迪之星（江门），依托总部在企业孵化投资领域积累的经验和资源，获得了国际化孵化器资质，形成了与海外孵化载体加强合作的良好局面。为了进一步加速创新孵化，自 2022 年 10 月起，江门产业技术研究院承接火炬园的运营服务工作，全力打造"1+6+N"育成孵化生态体系，为企业提供工商登记、政策咨询、技术服务、科技成果转化、知识产权服务、人才引进等全链条孵化服务，赋能初创科技企业加速成长。

6.13.4　政府部门引导创新的典型做法

为了促进专精特新企业发展，2022 年，江门市出台了《江门市促进专精特新和"金种子"企业增量提质实施方案（2022—2024 年）》，该方案在资金扶持、梯度培育计划、创新发展、拓展市场、数字化转型、融资支持、服务保障、专项保障等方面明确了任务要求和责任部门。

为了增强产业技术源头供给，2022 年，江门市组织实施省市级基础研究项目，立项实施 209 项，其中获省自然科学基金立项数居全省第 6 位，围绕"双碳"、高端装备、新材料等产业，科技局以揭榜制支持了 12 项产业技术攻关项目。为了壮大创新创业人才队伍，2022 年，江门市共资助高层次创新创业团队 36 个，资助金额 1510 万元。与广东省科学院签订"人才供给战略合作协议"，建立了省科学院江门市人才供给基地，柔性引进近40名博士、博士后帮助江门科技企业解决技术难题。

在创新环境方面，江门市深化科技金融工作方案，通过科技企业首贷风险补偿等工作举措，拓宽科技企业融资渠道。2022年，江门市印发实施了"科技金融发展三年方案"，发放"邑科贷"贷款107笔共2.27亿元。全国首批科技创新再贷款落地江门，撬动贷款30.48亿元，规模居全省第3位。连续10年举办江门市"科技杯"创新创业大赛，为2000多家高科技企业提供展示平台和融资渠道，培育了芳源等15家上市企业。2020年，由社会力量设立了"无限创新"江门科学技术奖，搭建了优秀科技成果展示、推广和转化平台，通过评奖授奖，激发创新活力，在全社会营造崇尚科技、鼓励创新、支持创业的氛围。从2020—2022年获奖项目来看，企业牵头完成的项目占到71.65%，其中90%的企业为高新技术企业，培育高新技术企业提升科技成果转化应用已见成效。营商环境进一步改善，为进一步支持民营企业发展，江门市组建了工业200强企业服务专班，搭建了中小微企业诉求快速响应平台，协调解决了企业诉求超7000项，"政银保"放贷金额79.82亿元，有效为企业解难题、降成本。深圳国际仲裁院江门中心正式启用，广大市场主体在家门口即可享受专业高效的仲裁服务。

2022年，江门市首次试行重大科技项目"揭榜挂帅"机制，以科技管理改革激发企业创新活力，集中资源攻克制约产业发展的"卡脖子"技术难题。2022—2023年，共征集到57项技术需求，其中56项由企业提出，发榜项目均是阻碍企业创新发展的技术瓶颈和关键难题。与此同时，着力发掘行业共性关键技术。财政在"揭榜挂帅"项目上投入资金1170万元，带动企业投入科研资金9750万元。

6.13.5 江门市创新能力分析小结

近年来，江门市多措并举拓展产业链条，推动15条产业链加速集聚发展，通过以链促群、壮大产业集群、主动承接东岸城市的产业转移，吸引更多先进制造业到江门投资建厂，促进形成大湾区产业链分工协作，在制造业领域加强与深圳、东莞等城市的合作。未来需要进一步提升高技术企业、重点实验室和孵化器的创新能力和承接能力，进一步加大财政经费支持力度，加强研发人员队伍引育，夯实产业技术基础。

6.14 阳江市创新能力分析

阳江市创新能力水平居全省第18位，2024年排名保持不变。分领域指标中，创新产出指标的综合发展效果相对较好，创新环境综合发展情况仍需进一步提升。2024年，阳江市创新产出排名提升3位，创新环境排名下降4位。阳江市为了提高企业投入产出效率，实施面向人才开发全链条的奖励扶持政策，首次试行科研项目揭榜制，以解决海上风电等特色产业发展的人才和技术难题。进一步完善高新技术企业投融资平台建设，提高高企融资便利度和融资效率。

6.14.1 创新能力排名

2024年，阳江市创新能力排名全省第18位，与2023年相比排名保持不变（图6-124）。从过去5年排名来看，阳江市创新能力综合排名在下降。

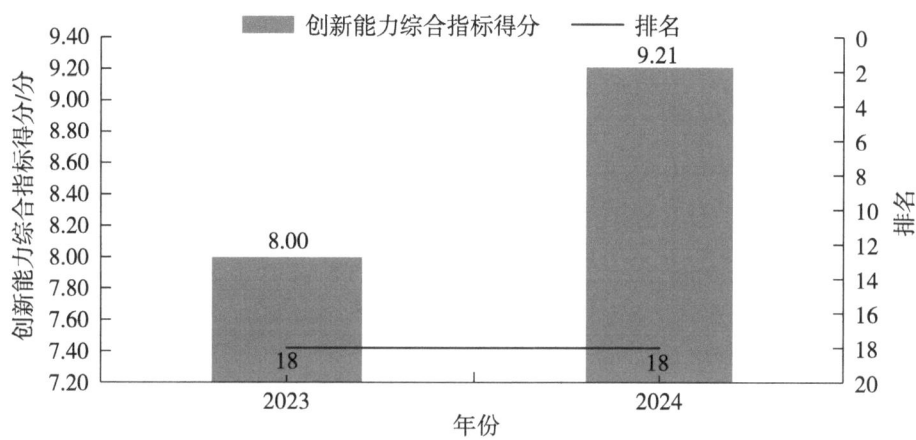

图6-124　2023—2024年阳江市创新能力变化趋势

2024年，阳江市5项指标排名均有变化，其中4项指标排名有所上升。其中，创新投入指标排名上升2位至第19位，创新产出指标排名上升3位至第12位，产业升级指标排名上升1位至第20位，创新环境指标排名下降4位至第21位，创新绩效指标排名上升1位至第15位（表6-34、图6-125）。

表6-34　阳江市创新能力指标分析

指标名称	2024年		2023年	
	指标值	排名	指标值	排名
综合	9.21	18	8.00	18
1　创新投入	3.88	19	2.29	21
1.1　人员投入	6.37	17	4.58	17
1.2　经费投入	1.38	20	0.00	21
2　创新产出	22.83	12	16.85	15
2.1　专利产出	0.17	19	0.07	20
2.2　产业创新	45.48	10	33.63	15

续表

指标名称	2024年 指标值	2024年 排名	2023年 指标值	2023年 排名
3 产业升级	5.08	20	3.38	21
3.1 结构优化	8.92	20	5.51	20
3.2 能力提升	1.24	21	1.25	20
4 创新环境	1.43	21	5.19	17
4.1 政策环境	1.43	21	8.95	16
4.2 创新平台	1.43	18	1.44	18
5 创新绩效	12.82	15	12.30	16
5.1 生活质量	15.51	10	15.55	10
5.2 技术水平	10.13	19	9.05	20

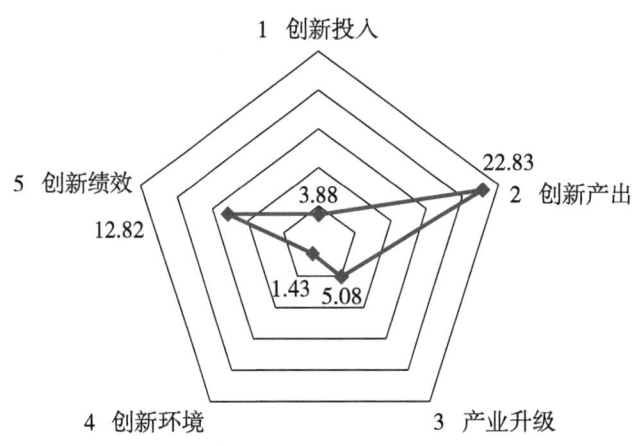

图 6-125　2024年阳江市创新能力蛛网图

6.14.2　决定创新能力的关键指标分析

（1）国民经济综合发展情况

2022年，阳江市实现地区生产总值1535.02亿元，比上年增长1.6%。其中，第一产业生产总值251.44亿元，同比增长2.4%；第二产业生产总值596.35亿元，同比增长1.1%；第三产业生产总值687.23亿元，同比增长1.7%。三次产业结构比重为16.4∶38.8∶44.8，三次产业综合发展情况如图6-126所示。人均地区生产总值58 556元，同比增长0.5%。

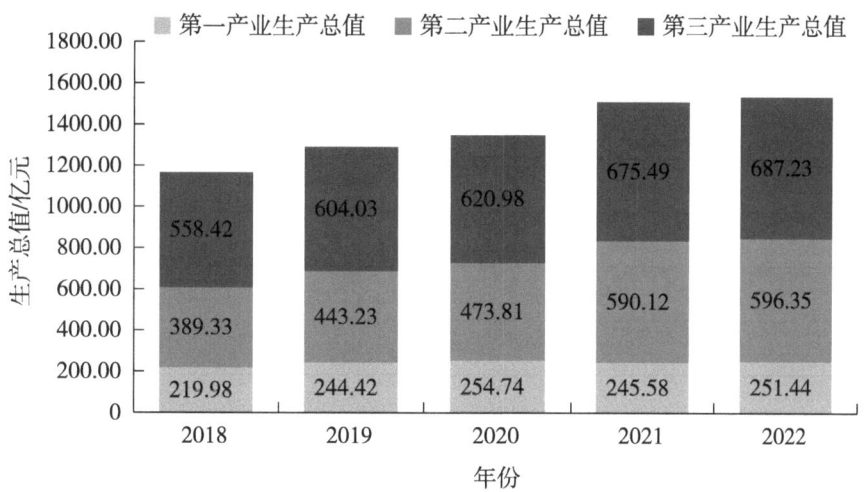

图 6-126　2018—2022 年阳江市三次产业生产总值

2022年末,阳江市常住人口262.22万人,比上年增长0.06%。2022年,阳江市居民人均可支配收入30 514元,比上年增长4.6%。按常住地分,城市居民人均可支配收入为36 319.14元,同比增长3.6%;农村居民人均可支配收入为23 431.07元,同比增长5.6%(图6-127)。

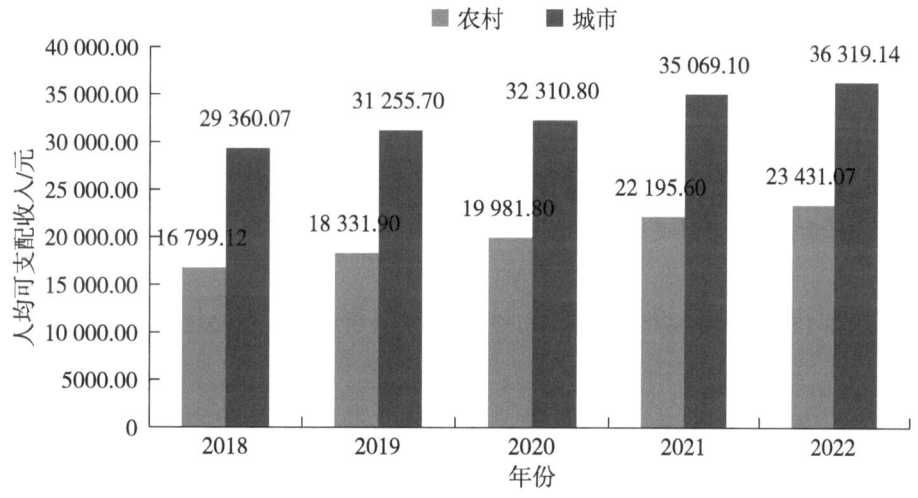

图 6-127　2018—2022 年阳江市城市和农村人均可支配收入

(2)工业发展情况

2022年,阳江市规上工业企业共有512家,比上年末增加51家,同比增长11.06%(表6-35)。当年,阳江市规上工业总产值2320.70亿元,工业增加值372.83亿元,同比增长3.61%。

表 6-35　阳江市规上工业企业数和工业总产值

年份	规上工业企业数/家	规上工业总产值/亿元
2018	309	949.29
2019	334	1237.44
2020	386	1526.51
2021	461	2124.62
2022	512	2320.70

2022年，阳江市规上工业企业研发人员达到2324人，当年增加559人，同比增长31.67%。规上工业企业研发经费内部支出8.07亿元，比上年增加1.99亿元，同比上涨32.73%（图6-128）。

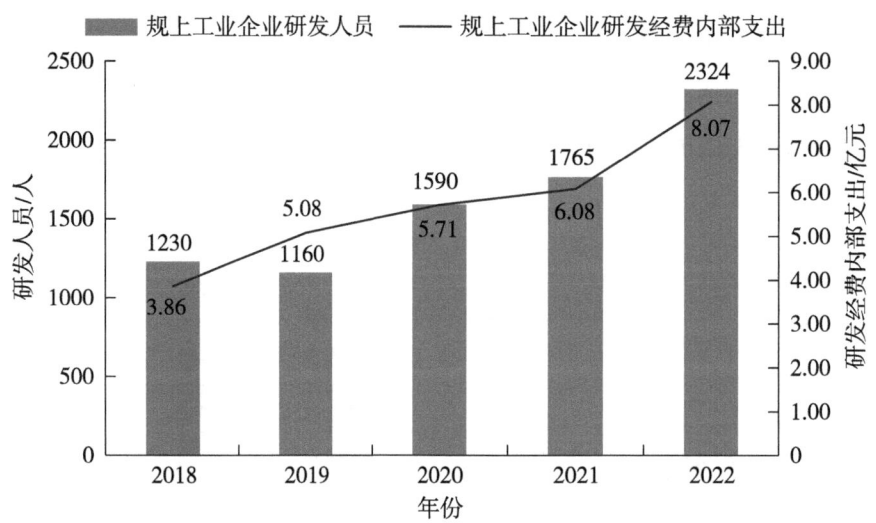

图 6-128　2018—2022年阳江市规上工业企业研发人员和研发经费内部支出

（3）科技发展情况

在科技创新方面，2022年，阳江市地方财政拨款13 110万元，同比增长186.49%，地方财政拨款占地方财政支出的比重为0.5%，占比同比增长140%。2022年，阳江市R&D经费支出8.07亿元，占GDP比重提高到0.53%，比2021年提高0.13个百分点（图6-129）。

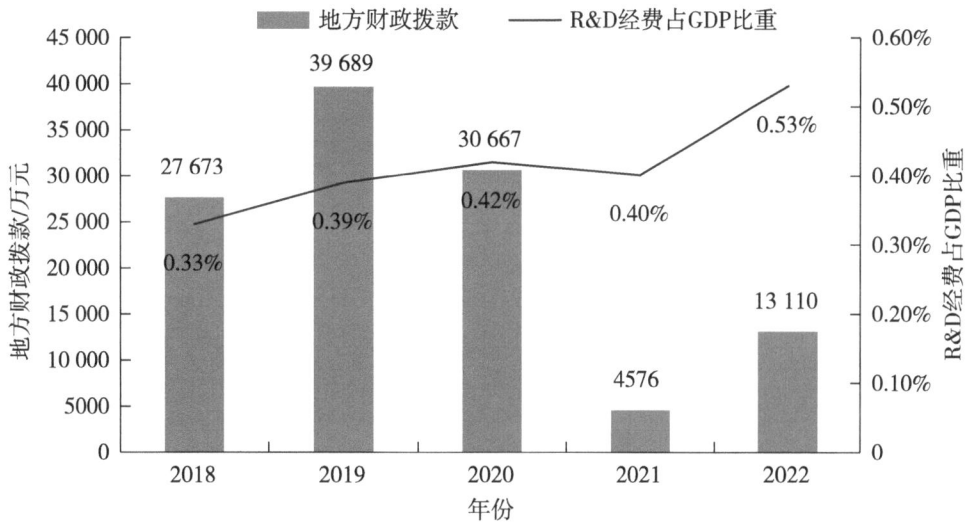

图 6-129　2018—2022 年阳江市财政投入和研发投入强度

2022 年，阳江市专利申请授权总量 5338 件，比上年下降 13.0%，其中发明专利授权量 135 件，同比增长 46.7%；PCT 国际专利申请量 5 件，同比增长 25%。有效发明专利拥有量 504 件，万人发明专利拥有量 1.92 件（图 6-130）。截至 2022 年底，全市省工程技术研究中心 51 个，省重点实验室 1 个。

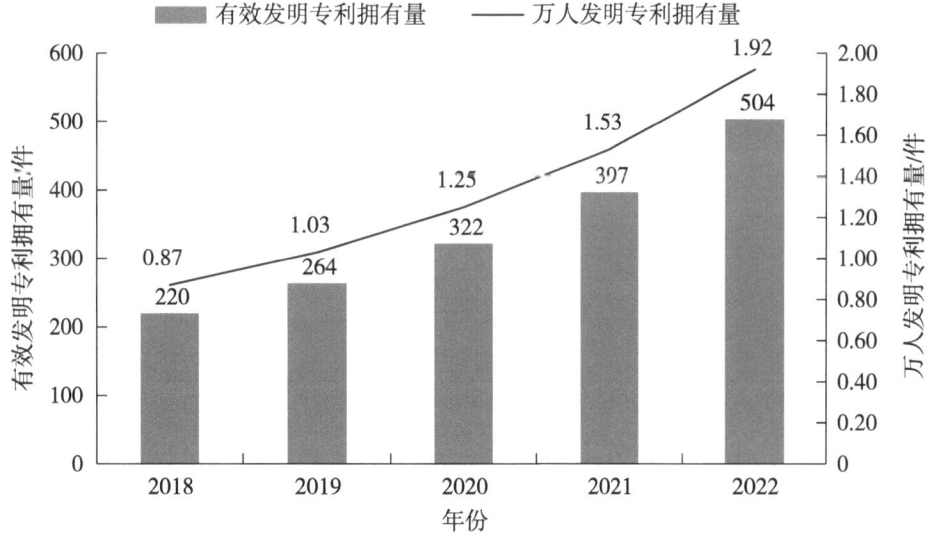

图 6-130　2018—2022 年阳江市有效发明专利拥有量和万人发明专利拥有量

（4）新经济发展情况

2022 年，阳江市拥有高新技术企业 156 家，比上年增加 30 家，同比增长 23.8%（图 6-131）。高技术企业工业总产值 1481.82 亿元。高技术制造业工业增加值达到 1.21 亿元，高技术制造业工业增加值占规上工业比重达0.3%，占比与上年相同（图6-132）。当年技术市场成交合同数185项，比上年增加61项，同比增长49.19%；技术市场成交合同金额658万元，比上年减少580万元，同比下降46.85%。

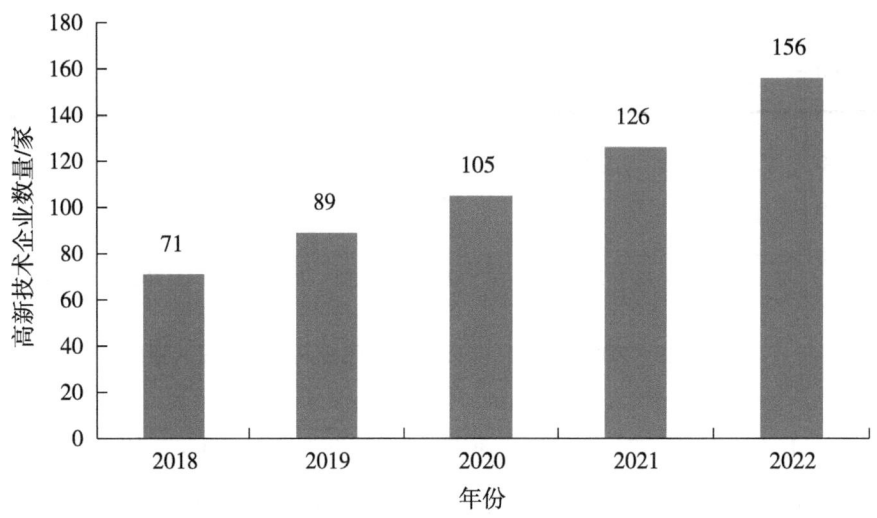

图6-131　2018—2022年阳江市高新技术企业数

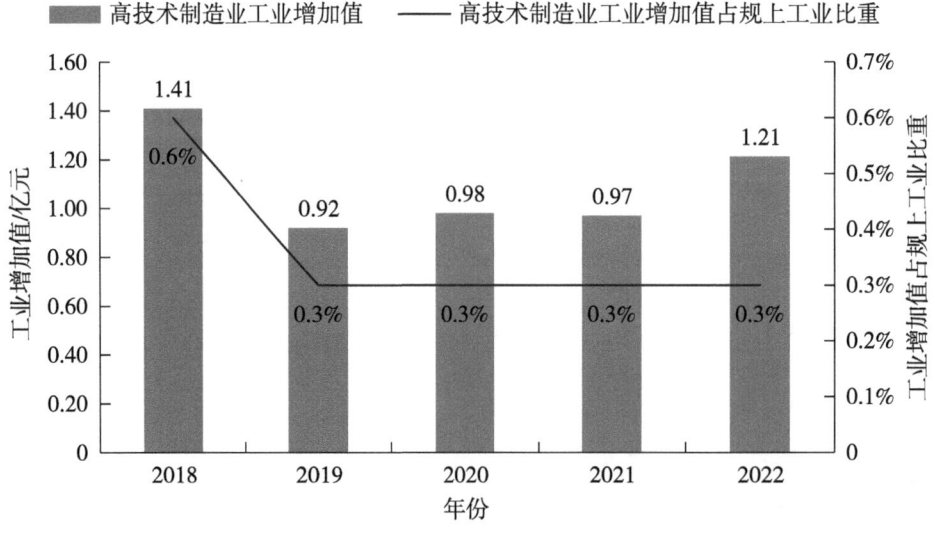

图6-132　2018—2022年阳江市高技术制造业工业增加值及占比

6.14.3　创新平台和载体情况

2022年，阳江市拥有新型研发平台4家，孵化器毕业当年企业28家，众创空间3家。作为阳江市首家国家级科技企业孵化器，阳江高新区科技企业孵化器实施了300万元种子基金等配套支持政策，持续健全全链条孵化体系。近3年来孵化企业64家，培育科技型中小企业15家。通过免费提供超 30% 的孵化面积（5000 平方米），强化创业支持场地保障，惠及创业者 60 余人，实施投资创业项目 5 个，累计投资创业资金 95 万元，全力支持创业者渡过难关，实现了孵化器与科创小微企业的共生发展。

6.14.4 政府部门引导创新的典型做法

为了扩大科技创新人才储备，2022 年，阳江市出台《关于加强新时代人才队伍建设的若干措施》《阳江市市管拔尖人才选拔管理办法》等最新人才政策，特别是实施高层次人才评定制度，对未直接符合高层次人才相应标准但业绩突出的人才可不受学历、资历和职称等限制，通过评定进入相应的高层次人才类别，建立以创新价值、能力、贡献为导向的人才评价体系。在育才方面，围绕产业链培育人才，聚焦重点产业、重点战略和项目的发展需求，实施人才振兴计划，通过互联网 + 培训、送教上门、在岗培训、以训促学和以赛促学等方式开展各类职业培训，加强领军人才、骨干人才和专业技术人才的培养建设。

推动关键核心技术攻关，助力产业创新升级。2022 年，阳江市首次试行了科研项目"揭榜挂帅"制，面向合金材料、海上风电和食品加工等支柱产业凝练了 3 项核心技术需求并将其作为发榜项目，以 300 万元财政资金撬动了 2900 万元企业自筹投入。2022 年，围绕合金材料、五金刀剪、海上风电、农产品加工等产业，支持资金 1944 万元，立项 61 个项目，撬动企业投入研发费用 5631 万元，争取加快形成科技产出和社会实物工作量。探索科技金融模式，强化金融服务支撑作用。设立科技型企业融资贷款风险池，探索科技金融风险补偿机制，并协议由阳江市恒财城投公司运作该风险池，重点扶持国家高新技术企业、省科技型中小企业。推动风投创投机构落地，在全市范围内开展创业投资、风险投资、银行信贷等科技服务，加强与广东省粤科风险投资管理有限公司对接，争取更多省级优惠政策。按照市场化机制谋划建设阳江高企投融资平台，为高新技术企业设立信用贷款、融资租赁、技术成果转化、知识产权质押、应收账款质押、低息融资贷款的绿色通道，更好地解决高企融资难、融资贵的问题。

在政府科技服务方面，为破解企业、群众办照时间成本较高，办照不够便利的创业痛点问题，阳江市市场监管局主动改革创新，结合优化营商环境工作实际，借助"互联网+"现代化信息技术，自主研发了"阳光通"商事主体智能办照系统，建立规范统一的商事主体智能办照系统，并与市政务服务和数据管理局合作，通过微信端口把"移动 + 自动"模式引入商事登记环节，推行商事登记网上全流程办理。同时，还开发了数字渔船管理系统，支撑渔业管理部门对涉渔乡镇船舶安全的监管工作，实现涉渔乡镇船舶位置可视化、管理网格化、告警 AI 化、呼叫一键化、家船联动化、报表自动化等。

6.14.5 阳江市创新能力分析小结

2022年，阳江市进一步加大财政支持力度，高新技术企业数量大幅提升，创新动能持续增强。当年入选了广东省首批省级产教融合试点城市，广东省实验室承担的科研项目成效居粤东西北地区前列。创新成果加速落地，全球最大单体碱性水电解制氢装备成功下线。进一步重视创新环境建设，成立了全省首个风电产业知识产权运营中心。未来需要大幅提升创新平台与载体的孵化能力，通过提升科技创新能力克服产业转型升级面临的资源环境硬约束，搭建更多高水平创新平台，吸引高端人才来创新创业，增强产业发展动能。

6.15 湛江市创新能力分析

湛江是广东省域副中心城市，是粤西和北部湾城市群中心城市。地处粤、琼、桂三省（区）交汇处，湛江是中国西南各省通往国外的主要出海口，是中国通往非洲、欧洲和大洋洲海上航程最短的重要口岸。借助良好的区位优势，湛江市也成了全国首批沿海开放城市、首批"一带一路"海上合作战略支点城市，目前正加快打造现代化沿海经济带重要发展极。

6.15.1 创新能力排名

2024年，湛江市的创新能力排名第20位，较上年上升1位（图6-133）。从指标分析结果可以看出，2024年，湛江市在创新投入方面排名第17位，较上年上升3位；创新产出排名第19位，较上年上升1位；产业升级排名第21位，较上年下降1位；创新环境排名第13位，与上年的指标排名持平；创新绩效排名第16位，较上年上升1位（表6-36、图6-134）。

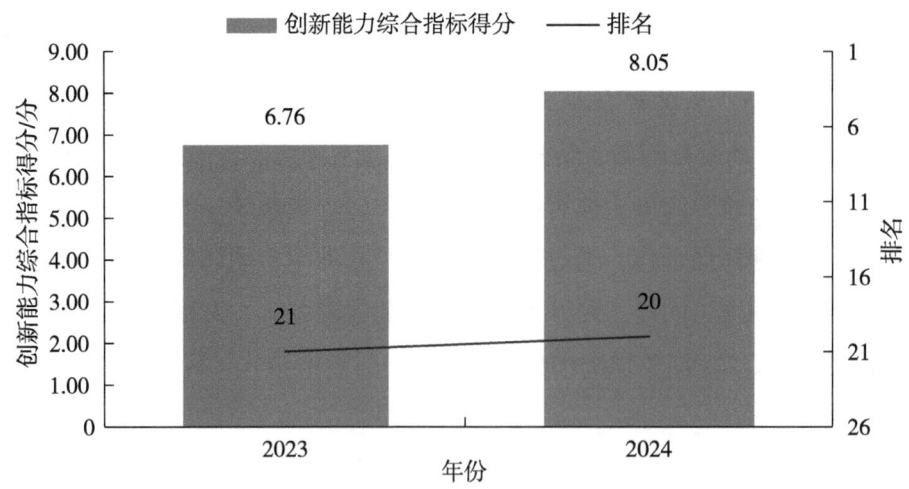

图6-133　2023—2024年湛江市创新能力变化趋势

表 6-36 湛江市创新能力指标分析

指标名称	2024 年		2023 年	
	指标值	排名	指标值	排名
综合	8.05	20	6.76	21
1 创新投入	7.77	17	2.31	20
1.1 人员投入	4.90	18	1.04	21
1.2 经费投入	10.65	15	3.58	20
2 创新产出	8.45	19	6.48	20
2.1 专利产出	0.90	13	0.63	14
2.2 产业创新	16.01	19	12.32	20
3 产业升级	4.30	21	3.66	20
3.1 结构优化	6.14	21	4.66	21
3.2 能力提升	2.45	19	2.65	18
4 创新环境	7.98	13	9.84	13
4.1 政策环境	12.46	13	16.10	13
4.2 创新平台	3.50	13	3.58	13
5 创新绩效	11.74	16	11.51	17
5.1 生活质量	13.05	13	13.56	12
5.2 技术水平	10.42	18	9.46	18

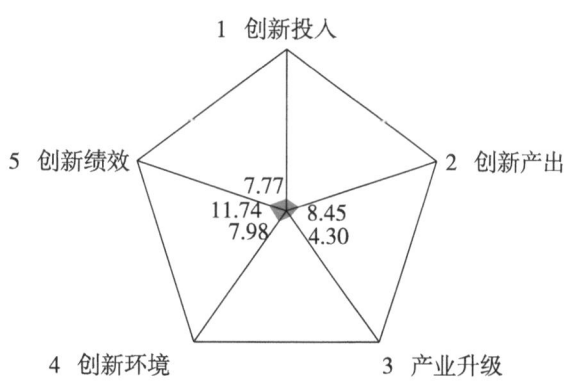

图 6-134 2024 年湛江市创新能力蛛网图

6.15.2 决定创新能力的关键指标分析

（1）国民经济综合发展情况

2022 年，湛江市实现地区生产总值 3712.56 亿元，居广东省第 9 位，较上年增长 4.1%。2018—2022 年，湛江市的地区生产总值占广东比重呈现先下降后上升的变化趋势，2020 年以后，占比逐年提升（图 6-135）。

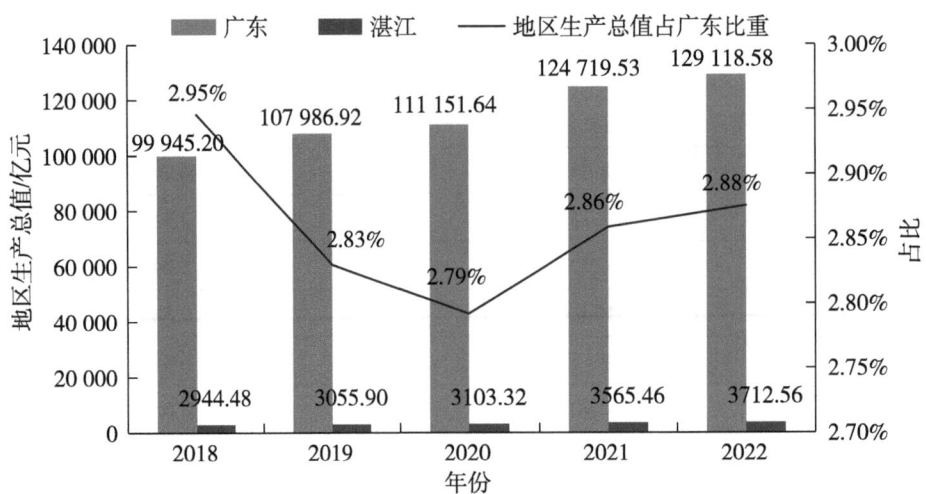

图 6-135 2018—2022 年湛江市地区生产总值及在广东省占比

从三次产业发展情况来看，2022 年，湛江市的第一产业生产总值为 682.78 亿元，较上年增长 6.0%；第二产业生产总值为 1457.77 亿元，较上年增长 5.5%；第三产业生产总值为 1572.00 亿元，较上年增长 2.2%。三次产业结构比重为 18.4∶39.3∶42.3。从 2018—2022 年的变化来看，三次产业生产总值均呈上升态势，其中，第二产业生产总值的涨幅最大（图 6-136）。

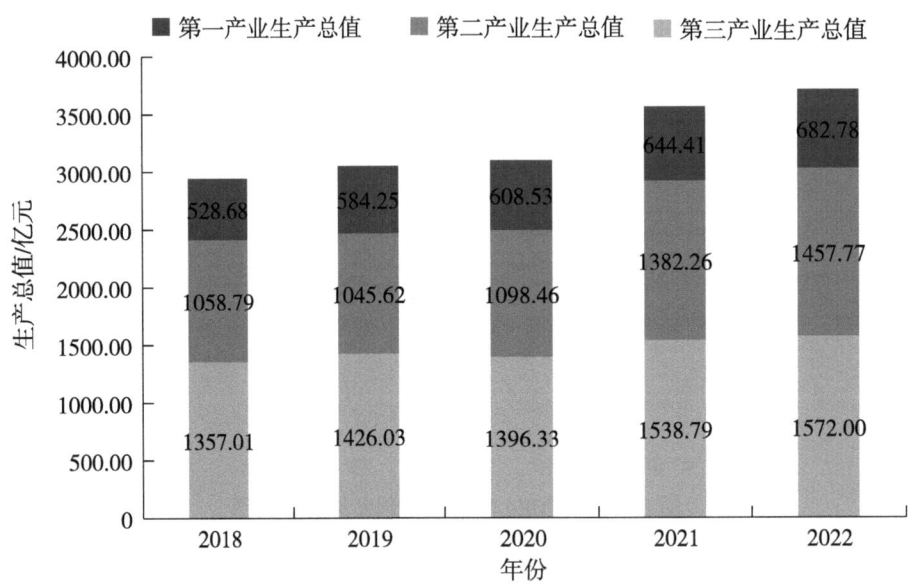

图 6-136 2018—2022 年湛江市三次产业生产总值

从人民生活水平来看，2022 年，湛江市的全市常住人口为 703.54 万人，比上年末增加 0.45 万人，其中城市常住人口 332.84 万人，占常住人口比重的 47.31%。全年全市居民人均可支配收入 28 861 元，比上年增长 4.4%。按常住地分，城市居民人均可支配收入为 37 098.65 元，较上年增长

3.1%；农村居民人均可支配收入为 21 713.16 元，较上年增长 4.9%（图 6-137）。

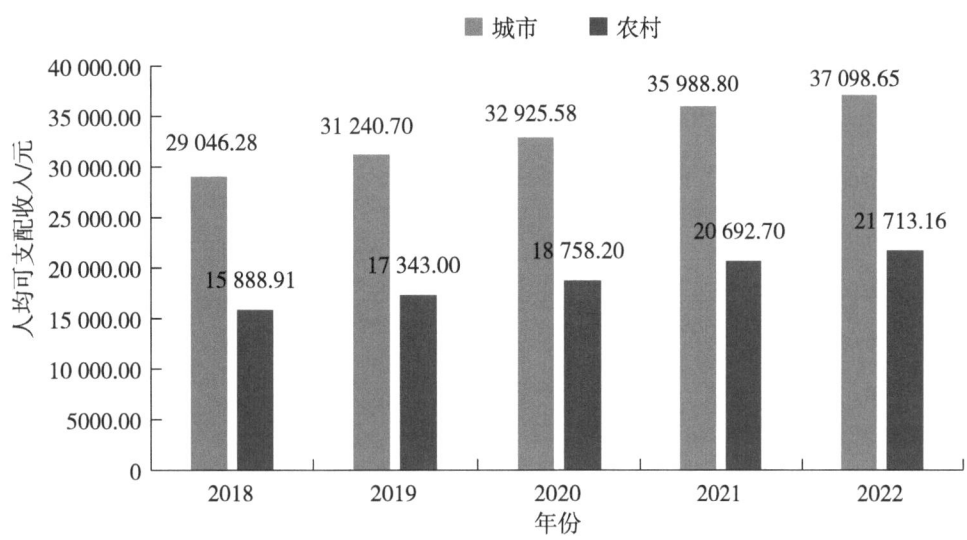

图 6-137　2018—2022 年湛江市城市和农村人均可支配收入

（2）工业发展情况

2022 年，湛江市全年规上工业总产值为 3371.13 亿元，规上工业企业数量为 815 家。规上工业增加值比上年有所下降。其中，国有及国有控股企业总产值增长 3.8%，外商及港澳台投资企业下降 9.7%，股份制企业增长 10.7%。从轻重工业来看，轻工业下降 1.2%，重工业下降 1.8%。从企业规模来看，大型企业下降 1.6%，中型企业下降 1.3%，小型企业下降 2.8%，微型企业下降 1.7%（表 6-37）。

表 6-37　湛江市规上工业企业数和工业总产值

年份	规上工业企业数 / 家	规上工业总产值 / 亿元
2018	893	2399.65
2019	870	2231.12
2020	780	2102.93
2021	788	2951.80
2022	815	3371.13

（3）科技发展情况

2022 年，湛江市地方财政拨款达 31.97 亿元，比上年增长 70.9%；R&D 经费占 GDP 比重为 0.86%，比上年提高 0.33 个百分点；研发人员为 5853 人，比上年增加 29.6%。从 2018—2022 年波动情况来看，湛江市的地方财政拨款及R&D经费占GDP比重逐年提升，2022年大幅增长。研发人员较2018年总体呈上升态势（图6-138、图6-139）。

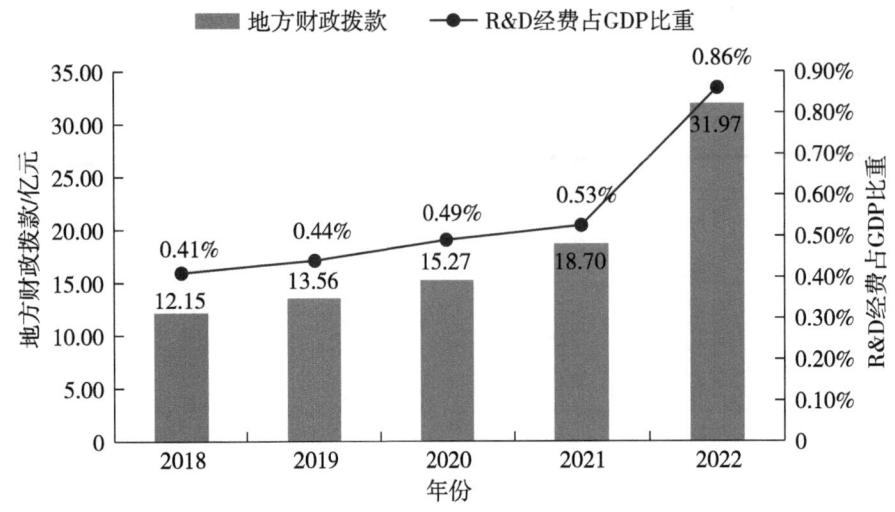

图 6-138　2018—2022 年湛江市财政投入和研发投入强度

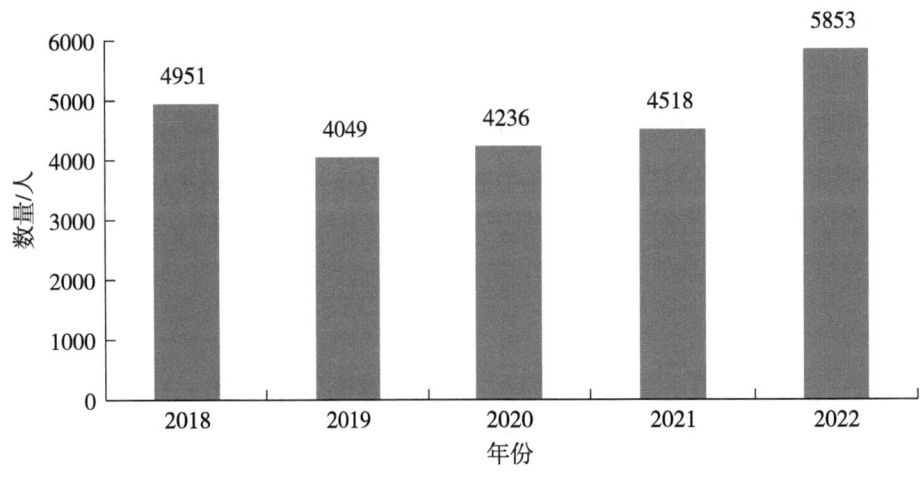

图 6-139　2018—2022 年湛江市研发人员情况

2022年，湛江市的年末有效发明专利拥有量为2441件，万人发明专利拥有量为3.47件，从近5年变化来看，有效发明专利拥有量及万人发明专利拥有量均较2018年有大幅提升（图6-140）。2022年末，湛江市县级及县级以上国有独立研究与开发机构18个；全年投入市级科技发展专项经费11 000万元，比上年增长4.8%。全年组织实施国家、省、市科技计划项目307项。全年共签订技术合同434项，比上年增长29.6%；技术合同成交金额达16 970.57万元，较上年下降10.6%。

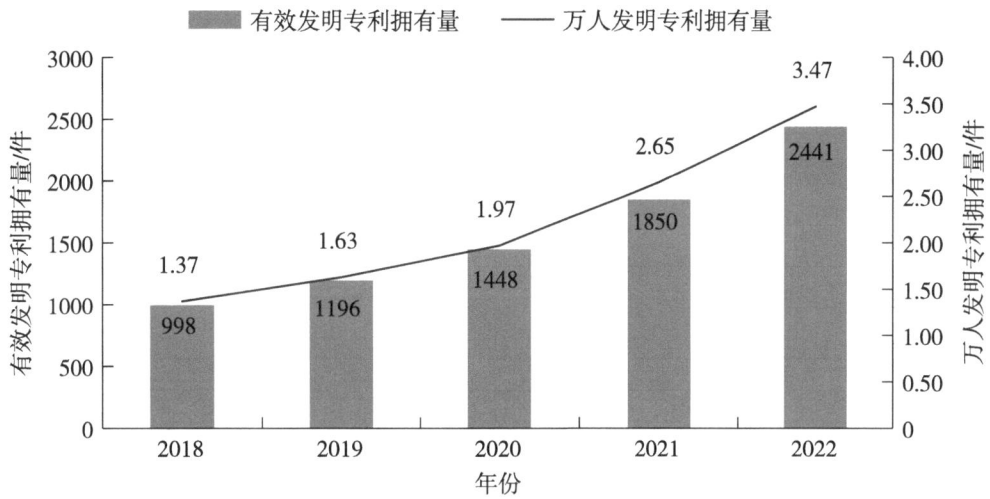

图 6-140　2018—2022 年湛江市有效发明专利拥有量和万人发明专利拥有量

（4）新经济发展情况

2022 年，湛江市高技术制造业工业增加值为 13.77 亿元，比上年增长 11.31%；高技术制造业工业增加值占规上工业比重为 1.6%，较上年提高 0.1 个百分点（图 6-141）。其中，医药制造业增长 21.1%，电子及通信设备制造业下降 13.5%，医疗仪器设备及仪器仪表制造业增长 2.4%。2018—2022 年，湛江市的高新技术企业数逐年增加，2022 年已接近 500 家，与 2018 年相比有大幅提升（图 6-142）。

2022 年，湛江市的先进制造业增加值比上年下降 1.0%，占规上工业增加值的比重为 53.1%。其中，高端电子信息制造业下降 6.5%，先进装备制造业增长 7.0%，石油化工业下降 2.8%，先进轻纺制造业下降 4.4%，新材料制造业增长 18.3%，生物医药及高性能医疗器械业增长 19.8%。

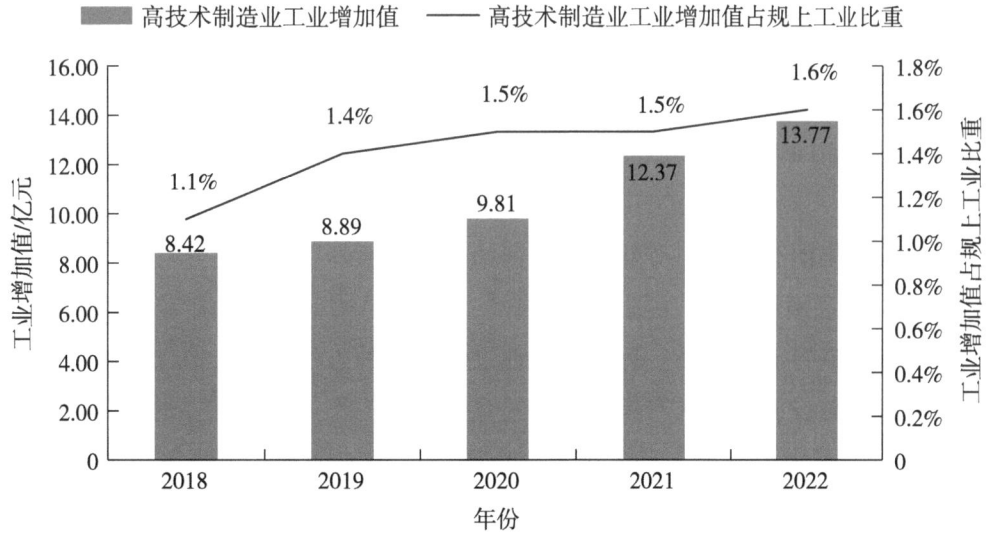

图 6-141　2018—2022 年湛江市高技术制造业工业增加值及占比

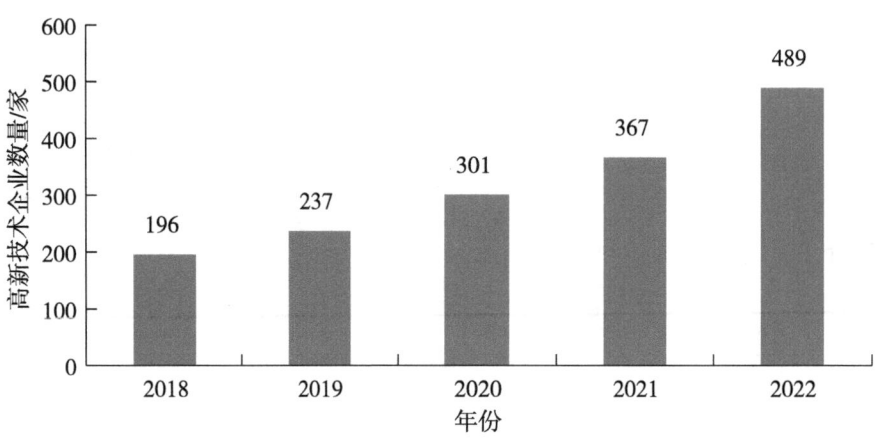

图 6-142　2018—2022 年湛江市高新技术企业数

6.15.3　创新平台和载体情况

《广东科技创新数据手册》显示，2023 年，湛江市拥有 1 个广东省实验室，14 个广东省重点实验室。在企业类创新平台方面，2023 年，湛江市拥有 99 个省工程技术研究中心，4 家新型研发机构。

南方海洋科学与工程广东省实验室（湛江）（简称"湛江湾实验室"）是广东省委、省政府第二批启动建设的广东省实验室之一，于 2018 年 11 月 14 日获批建设，是粤西地区首个获批设立的省实验室。2022 年 11 月，成功实现从启动建设期向建设运行期的重大跨越。该实验室紧紧围绕国家海洋强国发展战略和广东省委"1310"具体部署，立足湛江、面向南海、服务海洋，聚焦海洋装备、海洋能源、海洋生物三大领域，布局系列科研平台，聚集各类高端人才，开展科技攻关和产业孵化，聚力打造湛江海洋科技整合平台，锻造南海科技栋梁。湛江湾实验室自成立以来，取得了全球首创漂浮式动力定位养殖平台（湛江湾 1 号）、全潜悬浮定深柱稳式综合试验养殖平台（海塔 1 号）、12 万立方米水体游弋式养殖工船、深远海适养新品种人工繁育与良种选育、海洋生物资源高价值化利用、国内首台"扶摇号"深远海浮式风电装备、国内首台海洋电磁式可控震源试验样机研制、国内首套 50 kW 级海洋温差能发电系统实验测试平台、无人驾驶自动投料船等代表性科研成果。

广东省海威农业集团有限公司对虾良种创制研究中心与外国育种专家团队共同建设了南美白对虾、高产能、无特定病原（SPF）种虾培育中心，目前已构建选育基础群体 203 个，形成了良好的南美白对虾良种选育流程体系。近年来，通过水产良种工程建设，湛江大幅改善了水产良种保种、选育和繁育基础设施，为水产新品种的选育和引进工作创造了重要的基础条件，水产良种供应的数量和质量有了大幅提高。湛江年培育石斑鱼苗 0.76 亿尾、金鲳鱼苗 1.21 亿尾、军曹鱼苗 220 万尾、南美白对虾苗 1700 亿尾、扇贝等贝类种苗 16.28 亿粒。湛江系统开发和利用渔业种质资源，一方面优选具有发展潜质的名优新品种，如石斑鱼、鲷科鱼、军曹鱼等；另一方面引进国外优良养殖种类，成就新产业，现已形成产业规模的水产种业有南美白对虾、石斑鱼、卵形鲳鲹、扇贝、珍珠、罗非鱼等，多项成果获得省部级科学技术进步奖。经过多年的沉淀，湛江现有水产种苗场 480 多家，各类水产种苗年产量 2000 多亿尾；拥有南美白对虾遗传育种中心 1 家，国家级良种场 2 家，省级良种场 16 家，经农业农村部审定的湛江南美白对虾新品种占全国的 50%。66 个水产品种人工繁育技术投入生产应用，其中淡水 20 个、两栖类 5 个、海水 41 个。育、繁、推一体化良种体系形成，种质资源"卡脖子"问题得到缓解，水产种业"硅谷"初步形成。

6.15.4 政府部门引导创新的典型做法

湛江市出台一系列政策措施推进科技发展，发挥科技创新对经济社会高质量发展的支撑和引领作用，加快建设区域创新中心，为建设省域副中心城市、打造现代化沿海经济带重要发展极提供科技支撑。加快融入粤港澳大湾区国际科技创新中心建设。以政产学研合作为媒介，支持企业与粤港澳大湾区高校、科研院所共建研发机构、联合实验室，培育发展国家级、省级技术转移示范机构，促进重大科技成果落地转化。建立全市财政科研资金跨境使用机制，允许项目资金直接拨付至港澳机构，支持高校、科研院所、企业参与粤港澳科技创新联合行动。大力支持港澳人才入驻创新创业基地。与粤港澳大湾区在新一代信息技术、人工智能、海洋生物医药、新能源、前沿新材料、高端装备制造、精细化工、5G、大数据等产业领域全面深化产业共建与科技创新合作。

6.15.5 湛江市创新能力分析小结

湛江市坚持把深入实施创新驱动发展战略作为引领和支撑全力建设省域副中心城市、加快打造现代化沿海经济带重要发展区的第一动力，全市科技创新工作取得了累累硕果。湛江市的科技创新工作虽然取得了斐然成果，但仍然存在科技投入偏低、高新技术产业规模偏小、科技创新人才相对匮乏等突出短板，还不能满足湛江高质量发展、跨越式发展的现实需要。未来，围绕加强与粤港澳大湾区、海南的创新合作，全力打造高水平科技创新平台，加快构筑创新人才高地，培育壮大科技型企业，大力推动科技成果转化，发展完善普惠性科技金融，全面优化创新的生态环境，以更好地促进科技创新推动高质量发展。

6.16 茂名市创新能力分析

茂名市位于广东省西南部，东接阳江市，南邻南海，西连湛江市，北与云浮市和广西壮族自治区交界。茂名作为粤西综合性枢纽城市和沿海重要港口，地处粤港澳大湾区、北部湾城市群和海南自贸区三大国家级经济区的交汇处，是全国重要的石油化工基地和能源基地。此外，茂名也是广东省农业经济比较发达的城市，"三高农业"蓬勃发展，"岭南佳果"驰名海外，水产养殖享誉盛名。

6.16.1 创新能力排名

2024年茂名市创新能力全省排名第21位,与上年相比下降1位(图6-143)。从分项指标来看,茂名市的创新投入排名第18位,较上年下降2位;创新产出、产业升级指标排名与上年齐平,分别排在全省第21位和第19位;创新环境指标排名第20位,较上年上升1位;创新绩效指标排在第18位,与上年相比排名未发生波动(图6-144、表6-38)。

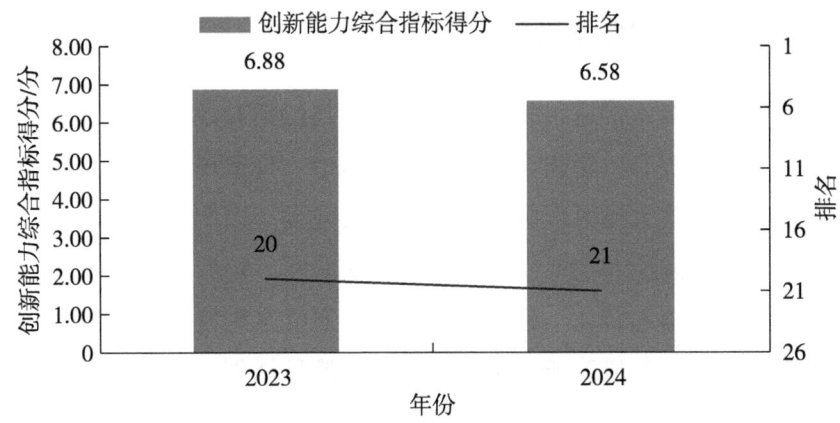

图6-143 2023—2024年茂名市创新能力变化趋势

表6-38 茂名市创新能力指标分析

指标名称		2024年		2023年	
		指标值	排名	指标值	排名
综合		6.58	21	6.88	20
1	创新投入	5.85	18	8.67	16
1.1	人员投入	11.52	13	12.74	13
1.2	经费投入	0.17	21	4.61	19
2	创新产出	6.91	21	6.05	21
2.1	专利产出	0.11	20	0.07	19
2.2	产业创新	13.72	21	12.03	21
3	产业升级	7.36	19	5.66	19
3.1	结构优化	11.87	18	10.72	17
3.2	能力提升	2.84	16	0.60	21
4	创新环境	2.24	20	3.12	21
4.1	政策环境	1.94	20	3.68	21
4.2	创新平台	2.54	15	2.57	15

续表

指标名称	2024年		2023年	
	指标值	排名	指标值	排名
5 创新绩效	10.53	18	10.87	18
5.1 生活质量	11.48	14	12.50	14
5.2 技术水平	9.59	20	9.25	19

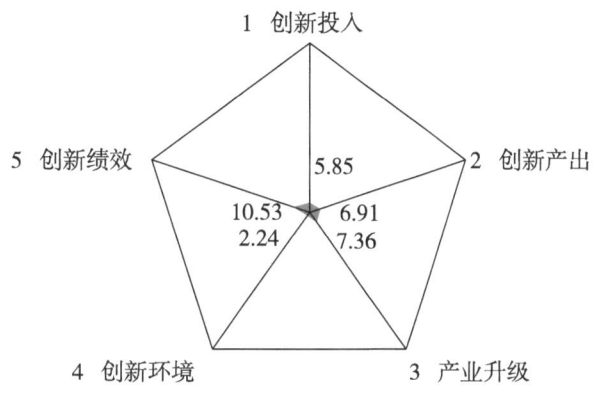

图6-144　2024年茂名市创新能力蛛网图

6.16.2　决定创新能力的关键指标分析

（1）国民经济综合发展情况

2022年，茂名市实现地区生产总值3904.63亿元，居广东省第7位，比上年增长0.5%。2018—2022年，茂名市地区生产总值及在广东省占比如图6-145所示，茂名市地区生产总值占广东比重保持在3%左右，2020年以来，地区生产总值占广东比重不断提升。

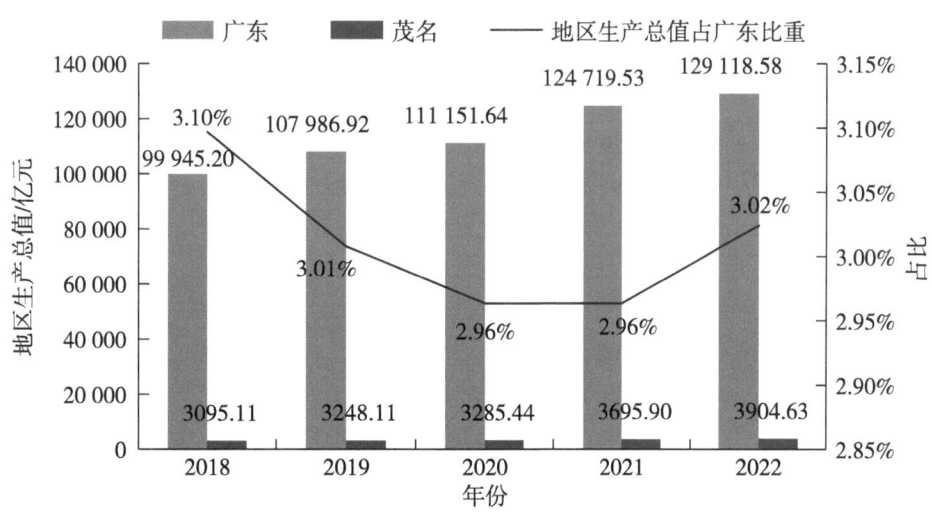

图6-145　2018—2022年茂名市地区生产总值及在广东省占比

从三次产业发展情况来看,2022年,茂名市的第一产业生产总值699.01亿元,较上年增长7.7%;第二产业生产总值1421.12亿元,较上年上升11.2%;第三产业生产总值1784.51亿元,与上年相比上升0.9%。三次产业结构比重为17.9∶36.4∶45.7。人均地区生产总值62 685元,较上年增长0.03%。2022年,茂名市的第一产业和第三产业生产总值较2021年有小幅提升,第二产业生产总值较2021年的上升幅度较大(图6-146)。

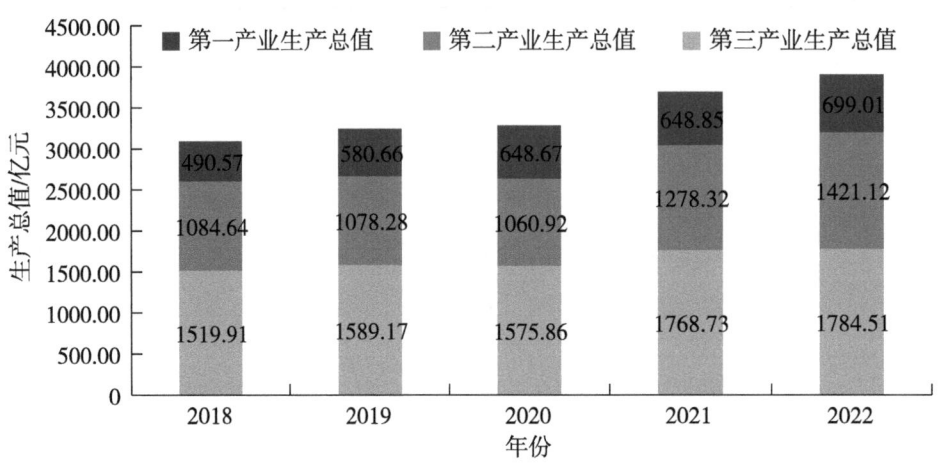

图6-146　2018—2022年茂名市三次产业生产总值

2022年末,茂名市常住人口623.82万人,比上年末增加1.85万人。其中,城市常住人口285.96万人,占全市常住人口的45.84%,比上年末提高0.78个百分点。从人民生活水平情况来看,2022年,茂名市全市居民人均可支配收入27 788元,比上年增长4.0%。按常住地分,城市居民人均可支配收入34 303.48元,同比增长2.6%;农村居民人均可支配收入22 443.98元,同比增长4.1%(图6-147)。城乡居民收入比由2021年的1.55缩小为1.53。

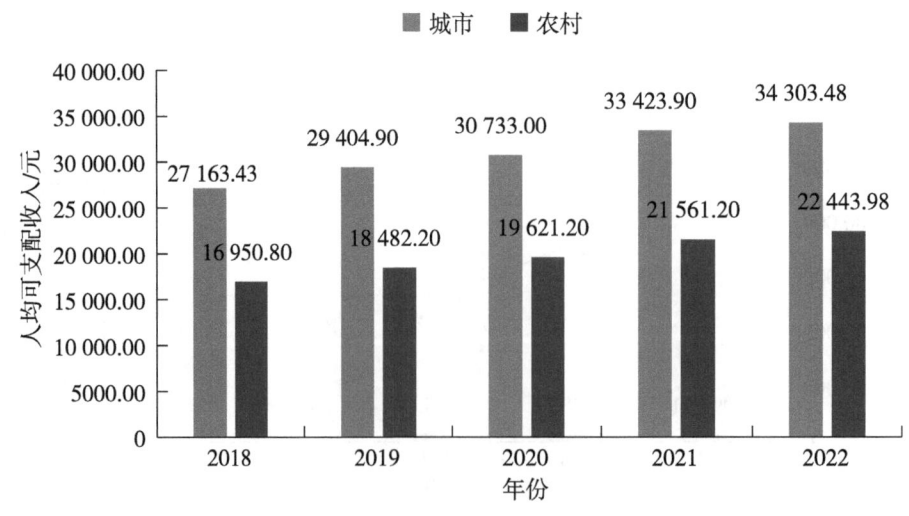

图6-147　2018—2022年茂名市城市和农村人均可支配收入

（2）工业发展情况

2022年，茂名市规上工业企业有674家，较上年增加3.37%；规上工业总产值为2477.57亿元，较上年提高11.05%，与2018年相比提升16.56%（表6-39）。全年全部工业增加值比上年下降1.9%。规上工业增加值下降8.0%，从隶属关系来看，中央省属企业下降9.2%，地方企业下降6.2%；从企业规模来看，大型企业下降8.8%，中型企业下降9.9%，小微企业下降6.6%；从行业来看，农副食品加工业增长5.7%，石油加工炼焦及核燃料加工业下降14.5%，非金属矿物制品业下降19.0%，医药制造业增长11.6%。全年全员劳动生产率为86.5万元/人年，产品销售率为99.01%，营业收入增长11.5%。

表6-39 茂名市规上工业企业数和工业总产值

年份	规上工业企业数/家	规上工业总产值/亿元
2018	949	2125.61
2019	810	1988.87
2020	751	1771.25
2021	652	2231.07
2022	674	2477.57

（3）科技发展情况

2022年，茂名市地方财政拨款14.92亿元，较上年下降13.10%；R&D经费占GDP比重为0.38%，较上年下降0.08个百分点；研发人员为4384人，较上年增长1.62%。从2018—2022年的整体变化情况来看，茂名市的R&D经费占GDP比重在2020年达到最大值，2020—2022年有一定幅度下降。地方财政拨款金额较2018年有所提高，研发人员数量较2018年有一定幅度下降（图6-148、图6-149）。

2022年，茂名市全年组织申报国家级、省级各类科技项目167项。全年全市专利授权总量3883件，较上年下降14.0%；其中，发明专利授权量239件，增长16.0%。全年《专利合作条约》（PCT）国际专利申请量10件。全年有效发明专利拥有量1059件，较上年增长15.6%。全年经各级科技行政部门登记的技术合同387项，增长24.4%，技术合同成交额5.47亿元（图6-150）。

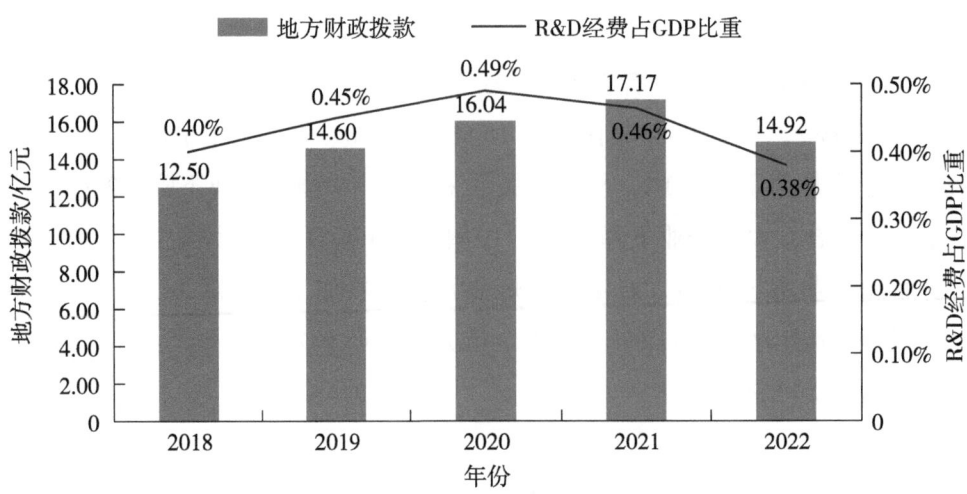

图 6-148　2018—2022 年茂名市财政投入和研发投入强度

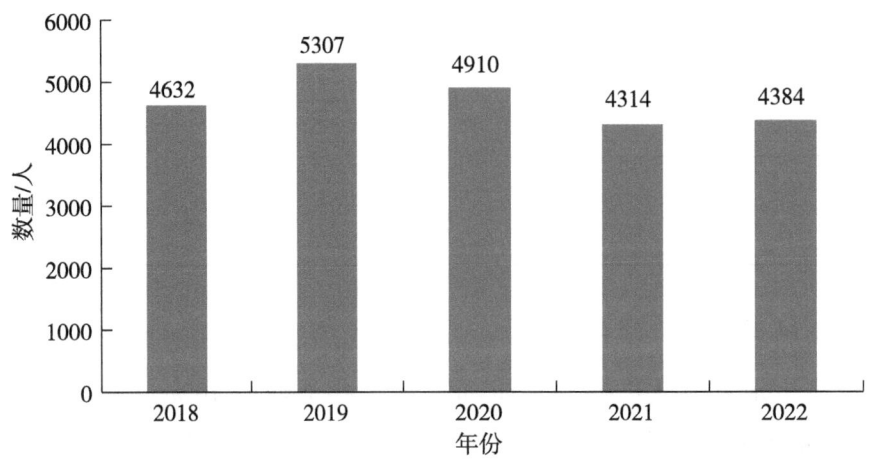

图 6-149　2018—2022 年茂名市研发人员情况

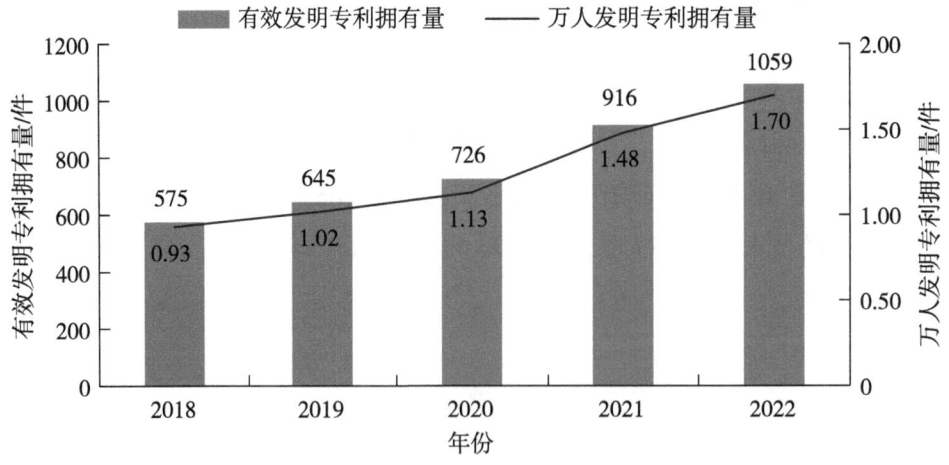

图 6-150　2018—2022 年茂名市有效发明专利拥有量和万人发明专利拥有量

（4）新经济发展情况

2022年，茂名市高技术制造业工业增加值为8.45亿元，较上年下降26.77%；高技术制造业工业增加值占规上工业比重为2.2%，与上年持平。从2018—2020年的变化情况来看，高技术制造业工业增加值逐年提升。但是，在2020年以后，逐年下降。高技术制造业工业增加值占规上工业比重较2018年略有提升（图6-151）。

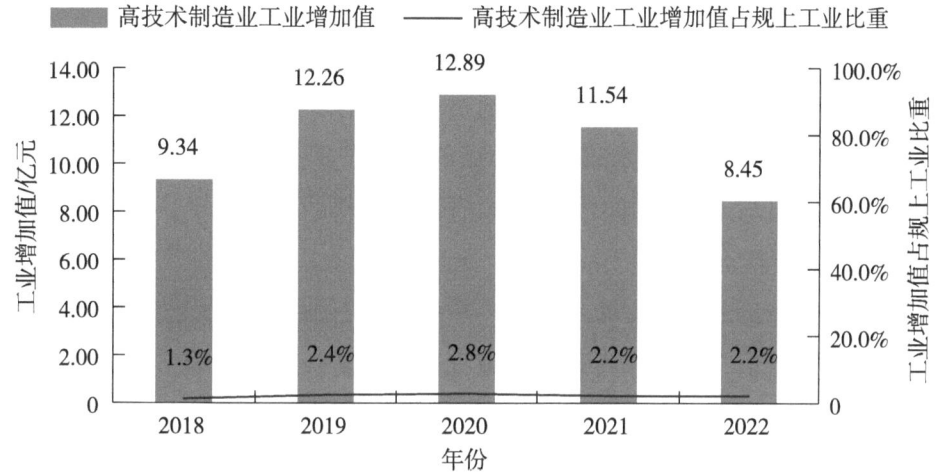

图6-151　2018—2022年茂名市高技术制造业工业增加值及占比

茂名市的高新技术企业和科技型中小企业队伍持续壮大，2022年全市净增高新技术企业26家，共计177家。科技型中小企业净增99家，总数为232家（图6-152）。

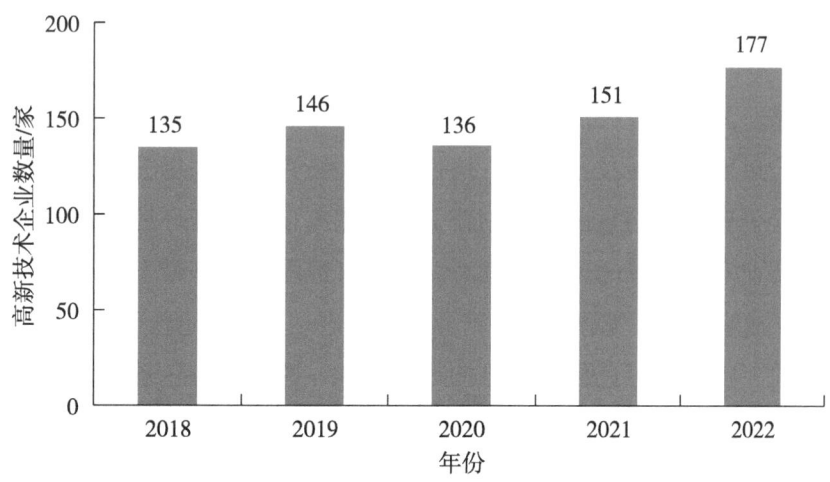

图6-152　2018—2022年茂名市高新技术企业数

6.16.3 创新平台分析

《广东科技创新数据手册》显示，2023年，茂名市拥有1个广东省实验室，3个广东省重点实验室。在企业类创新平台方面，2023年，茂名市拥有107个省工程技术研究中心，4家新型研发机构。

广东省先进绿色润滑材料企业重点实验室（简称"省重点实验室"）是广东省科学技术厅于2022年12月批准设立的、聚焦先进润滑材料开发、深层次润滑理论突破及技术研发的科研平台。省重点实验室由广东省石油化工学院与茂名石化研究院共同建设，立足于广东省绿色石化战略性支柱产业，围绕乙烯高附加值利用开展研究，通过校企合作，实现人才培养、成果转化及技术服务，解决核心自主知识产权攻关技术难题，为绿色石化产业提供技术和人才支撑，建立开放协作、产研结合的组织网络与运行机制，提升广东省润滑材料的研发水平，促进广东省经济可持续发展，为新材料经济做出新贡献。

广东省石化装备故障诊断重点实验室是在广东省高校石油化工过程装备故障诊断与信息化控制工程技术开发中心基础上，经广东省科技厅审批建设的省级重点实验室。依托广东省石油化工学院的控制科学与工程、动力工程及工程热物理等学科，联合中国石油化工集团有限公司旗下的茂名石油化工公司、广州石油化工公司、湛江东兴石油化工公司等特大型、大型企业共建，紧紧围绕华南地区石化产业生产过程装备安全和先进控制关键共性问题，开展科技创新、团队建设和人才培养，加快成果转化，提升产业核心竞争力，促进产业转型升级。

6.16.4 政府部门引导创新的典型做法

茂名深入实施创新驱动发展战略，将其作为贯彻落实习近平总书记科技创新思想的具体实践，按照广东省委"1+1+9"工作部署和茂名市委"1+4+6"工作布局，以"自主创新、重点跨越、支撑发展、引领未来"为指导方针，以提升自主创新能力为核心，以促进产业结构调整和经济发展方式转变为主线，以发展高新技术产业、培育战略性新兴产业、提升优势传统产业、推进特色产业为重点，全社会创新能力明显增强、创新资源加速集聚、创新环境日益改善，取得了显著创新成效。在"建设产业实力雄厚的现代化滨海城市、打造沿海经济带上的新增长极"的总体定位的基础上，结合国家战略方向、资源禀赋、产业优势，进一步细化定位和实现路径，提出打造"五大基地"的细化定位：世界级绿色化工和氢能产业基地、国家级特色现代农业产业基地、区域性现代商贸物流基地、中国南方文旅康养度假基地、示范性城乡融合发展基地。

6.16.5 茂名市创新能力分析小结

茂名市科技创新发展取得了显著成效，但同时也存在一些薄弱环节，如自主创新能力不足，制约科技创新的思想观念和深层次体制机制障碍依然存在。企业开展产业关键核心技术攻关和成果转化项目积极性不高,"卡脖子"问题依然存在。国家级研发机构不足,推动创新平台成果共享渠道不畅通;地处经济较不发达的粤西地区,人才被周边经济区"分流"的风险大。未来,茂名可以依托岭南现代农业科学与技术广东省实验室茂名分中心、茂名绿色化工研究院、广东省石化装备故障诊断重点实验室等创新平台,结合绿色石化、新材料、氢能新能源、新一代信息技术、先进高端装备制造及生物医药和绿色健康食品等茂名重点产业发展对原始创新的需求,重点支持绿色化工、新材料、现代农业与食品、氢能新能源、生物医药与健康等领域开展基础研究与应用基础研究,努力实现"从0到1"的重大突破。充分发挥重大创新平台推动科技自立自强的核心引领作用,优化提升科技创新平台建设与发展水平,将重大创新平台作为聚重大项目、聚高端人才、聚创新资源的重要载体,强化战略科技力量支撑,推动现代产业高质量发展。优先引进掌握重点产业"卡脖子"关键核心技术及前沿科技领域的高精尖人才,充分利用粤港澳大湾区人才高地优势,建立茂名与粤港澳大湾区科技创新人才合作机制,打通柔性引才通道。

6.17 肇庆市创新能力分析

肇庆市位于广东省中西部,东部和东南部分别与佛山市、江门市接壤,西南部与云浮市相连,西部及西北部分别与广西壮族自治区的梧州市、贺州市交界,北部和东北部与清远市相邻,属珠三角九市之一,是粤港澳大湾区重要节点城市,也是粤港澳大湾区连接大西南的重要枢纽。肇庆拥有肇庆高新区、肇庆新区等多个国家级、省级重大平台,初步形成了新能源汽车及汽车零部件、电子信息、生物医药、金属加工四大主导产业和建筑材料、家具制造、食品饮料、精细化工四大特色产业,更有宁德时代、小鹏汽车、风华高科和肇庆万达国家度假区等超百亿级项目。

6.17.1 创新能力排名

2024年肇庆市创新能力全省排名第11位,与2023年相比上升1位,整体创新能力处于全省中等水平(图6-153)。

从分项指标来看,2024年,肇庆市的创新投入指标排名第9位,较上年上升2位;创新产出指标排名第17位,较上年上升1位;产业升级和创新环境指标分别排名第14位和第11位,较上年均上升1位;创新绩效指标排名第10位,与上年持平(表6-40、图6-154)。

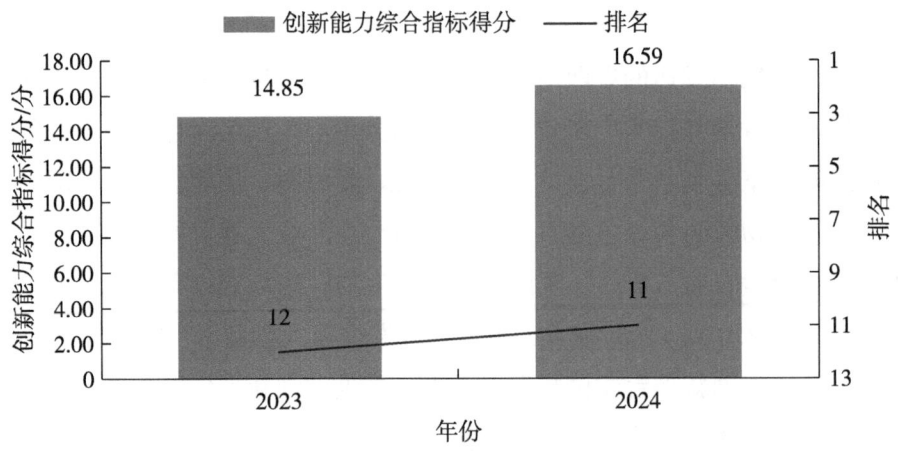

图 6-153　2023—2024 年肇庆市创新能力变化趋势

表 6-40　肇庆市创新能力指标分析

指标名称	2024 年		2023 年	
	指标值	排名	指标值	排名
综合	16.59	11	14.85	12
1　创新投入	17.23	9	14.71	11
1.1　人员投入	16.42	9	13.70	11
1.2　经费投入	18.03	9	15.71	10
2　创新产出	16.13	17	14.14	18
2.1　专利产出	2.16	9	2.07	10
2.2　产业创新	30.10	18	26.21	18
3　产业升级	15.91	14	12.93	15
3.1　结构优化	13.06	17	9.06	18
3.2　能力提升	18.76	9	16.80	10
4　创新环境	10.87	11	10.61	12
4.1　政策环境	17.12	11	16.50	12
4.2　创新平台	4.62	10	4.72	10
5　创新绩效	22.82	10	21.87	10
5.1　生活质量	18.47	9	19.48	9
5.2　技术水平	27.17	10	24.26	10

第6章 各地市区域创新能力分析

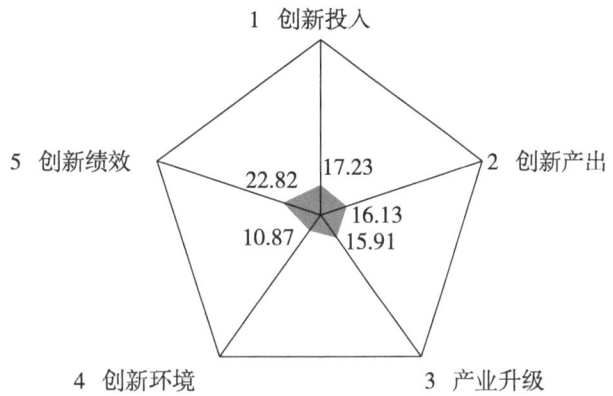

图 6-154　2024 年肇庆市创新能力蛛网图

6.17.2　决定创新能力的关键指标分析

（1）国民经济综合发展情况

2022 年肇庆市地区生产总值为 2705.05 亿元，排广东省第 12 位，地区生产总值比上年增长 2.24%；全市地区生产总值占广东比重为 2.10%，较上年下降 0.02 个百分点；人均地区生产总值 65 513 元，较上年增长 0.9%（图 6-155）。

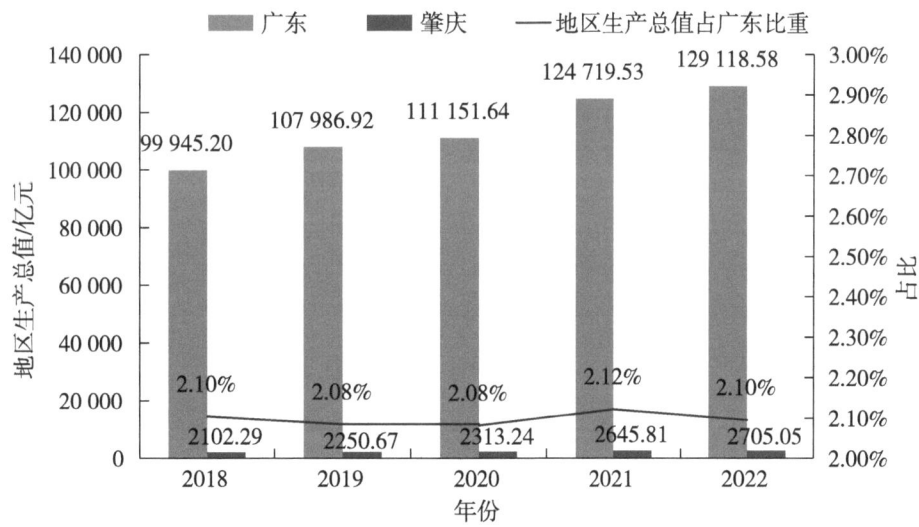

图 6-155　2018—2022 年肇庆市地区生产总值及在广东省占比

从产业分布来看，2022 年，肇庆市的第一产业生产总值为 486.46 亿元，比上年增长 5.25%；第二产业生产总值为 1126.94 亿元，比上年增长 1.86%；第三产业生产总值为 1091.65 亿元，比上年增长 1.34%，三次产业结构比重为 18.0∶41.7∶40.3（图 6-156）。

179

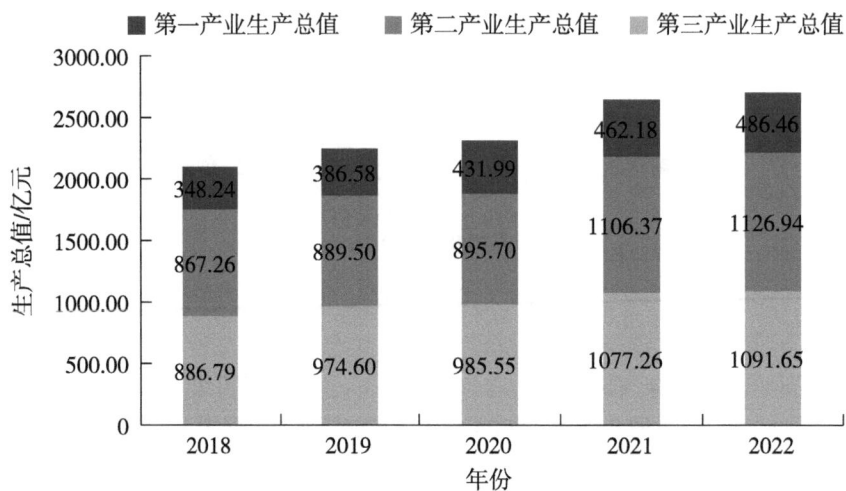

图 6-156 2018—2022 年肇庆市三次产业生产总值

2022 年，肇庆市居民人均可支配收入为 31 470 元，比上年增长 3.5%。按常住地分，城市居民人均可支配收入 38 711.08 元，比上年增长 2.4%；农村居民人均可支配收入 23 653.35 元，比上年增长 4.3%（图 6-157）。全市居民恩格尔系数为 38.3%，比上年提高 0.2 个百分点，其中城市为 36.7%，农村为 41.0%。

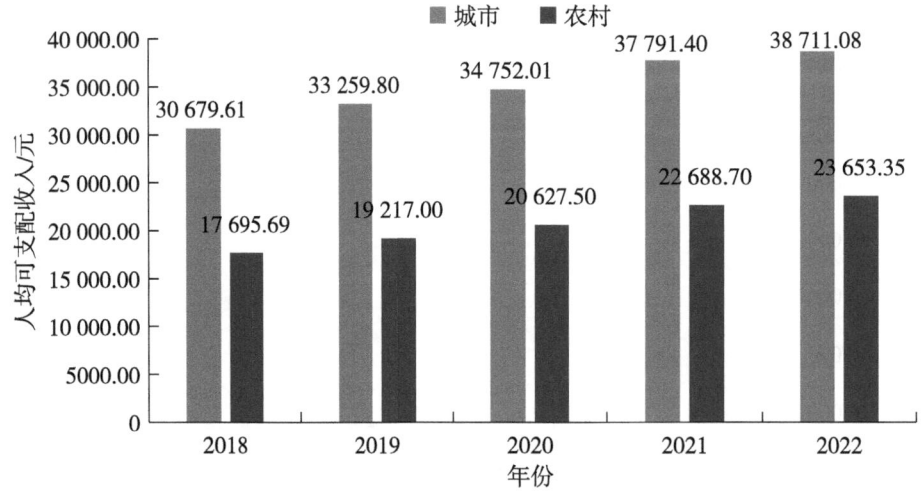

图 6-157 2018—2022 年肇庆市城市和农村人均可支配收入

（2）工业发展情况

2022 年，肇庆市规上工业企业有 1562 家，比上年增长 8.02%，较 2018 年增长 31.37%；规上工业总产值为 4385.41 亿元，较上年提高 2.63%，较 2018 年提高 52.20%（表 6-41）。全年全部工业增加值比上年增长 2.8%。规上工业增加值增长 1.5%，其中，国有企业增长 19.5%，外商及港澳台投资企业下降 5.8%，股份制企业增长 4.7%，集体企业下降 24.2%。从轻重工业来看，轻工业增长 0.2%，重工业增长 2.1%。从企业规模来看，大型企业增长 0.1%，中型企业增长 14.7%，小微型企业下降 5.9%。

表 6-41 肇庆市规上工业企业数和工业总产值

年份	规上工业企业数/家	规上工业总产值/亿元
2018	1189	2881.44
2019	1269	3123.28
2020	1321	3272.42
2021	1446	4272.96
2022	1562	4385.41

（3）科技发展情况

2022 年，肇庆市地方财政拨款为 37.37 亿元，同比增长 26.55%；R&D 经费占 GDP 比重为 1.38%，较上年提高 0.27 个百分点。研发人员为 10 571 人，较上年增加 24.03%。2018—2020 年，研发人员数量整体呈下降态势，2020—2022 年，研发人员数量逐年提升，尤其在 2022 年，有大幅增加。地方财政拨款及 R&D 经费占 GDP 比重在这 5 年里基本保持持续增长态势（图 6-158、图 6-159）。

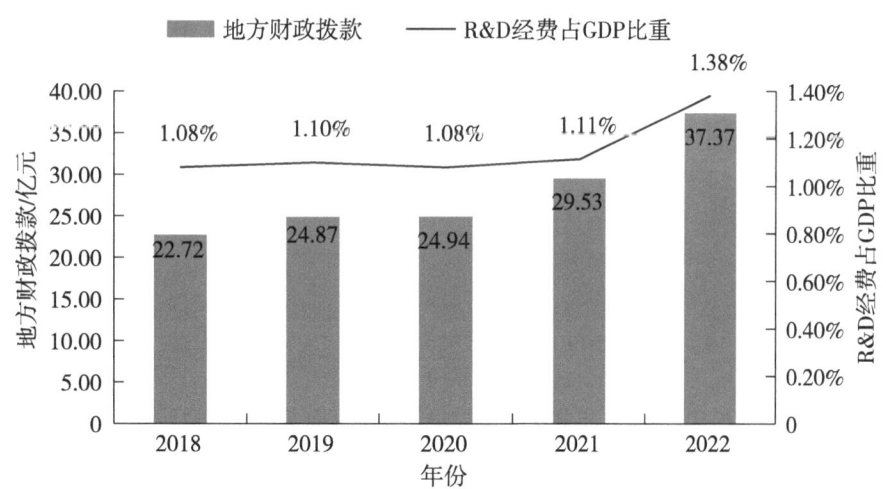

图 6-158 2018—2022 年肇庆市财政投入和研发投入强度

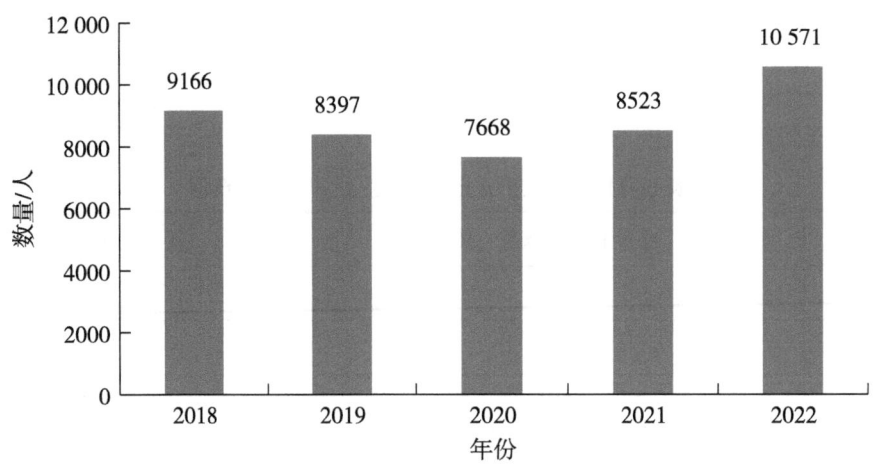

图 6-159　2018—2022 年肇庆市研发人员情况

2022年末，肇庆市县级以上国有研究与开发机构、科技情报和文献机构有13个。全年专利授权量8999件，比上年增长18.7%，其中，发明专利授权量672件，比上年增长11.6%。《专利合作条约》(PCT)国际专利申请量23件，有效发明专利拥有量2964件，万人发明专利拥有量7.18件（图6-160）。

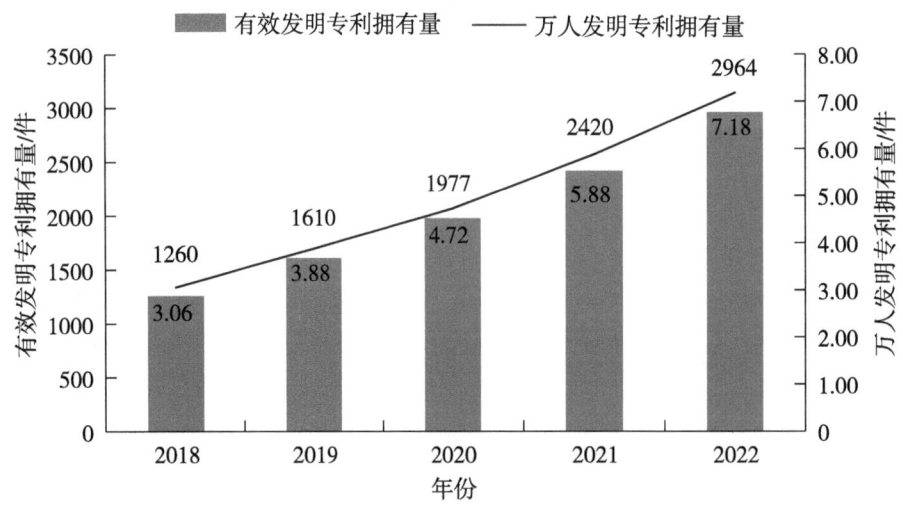

图 6-160　2018—2022 年肇庆市有效发明专利拥有量和万人发明专利拥有量

（4）新经济发展情况

2022年，肇庆市的高技术制造业工业增加值为99.09亿元，比上年增长6.89%，占规上工业增加值的比重为13.6%，比上年提高1.5个百分点（图6-161）。其中，电子及通信设备制造业增长15.1%，计算机及办公设备制造业增长5.4%，医药制造业下降3.4%，医疗仪器设备及仪器仪表制造业增长19.8%。

先进制造业增加值比上年增长 3.5%，占规上工业增加值的比重为 35.7%，比上年提高 1.9 个百分点。其中，先进装备制造业增长 10.7%，石油化工业增长 6.9%，生物医药及高性能医疗器械业增长 5.5%，高端电子信息制造业增长 1.5%，先进轻纺制造业下降 11.0%，新材料制造业下降 6.6%。

装备制造业增加值比上年增长 4.2%，占规上工业增加值的比重为 28.4%，比上年提高 2.3 个百分点。其中，汽车制造业增长 26.2%，计算机、通信和其他电子设备制造业增长 3.1%，专用设备制造业增长 0.2%，电气机械和器材制造业下降 0.5%。

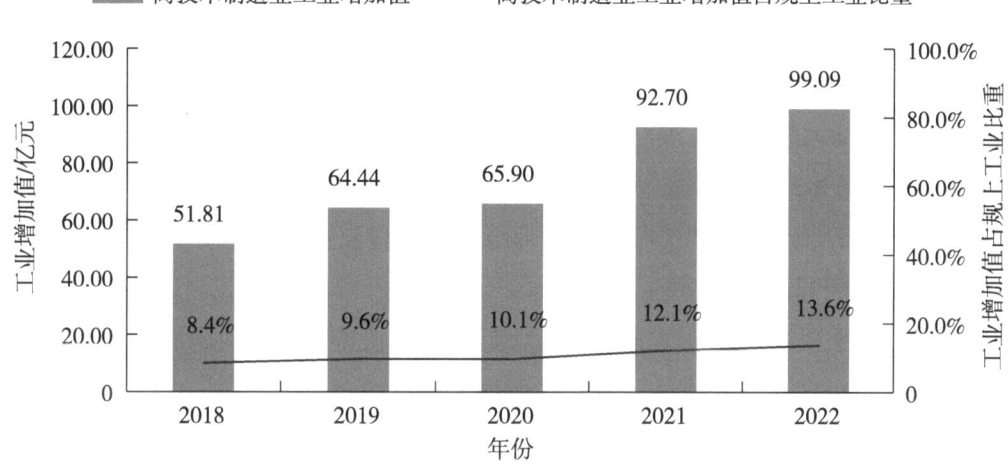

图 6-161　2018—2022 年肇庆市高技术制造业工业增加值及占比

2022 年，肇庆市全市高新技术企业有 1376 家，比上年增加 297 家（图 6-162）。新增省级创新平台 6 家，省级以上创新平台数量达到 244 家，其中国家级创新平台 8 家。市级以上新型研发机构 29 家，其中省级新型研发机构 5 家。

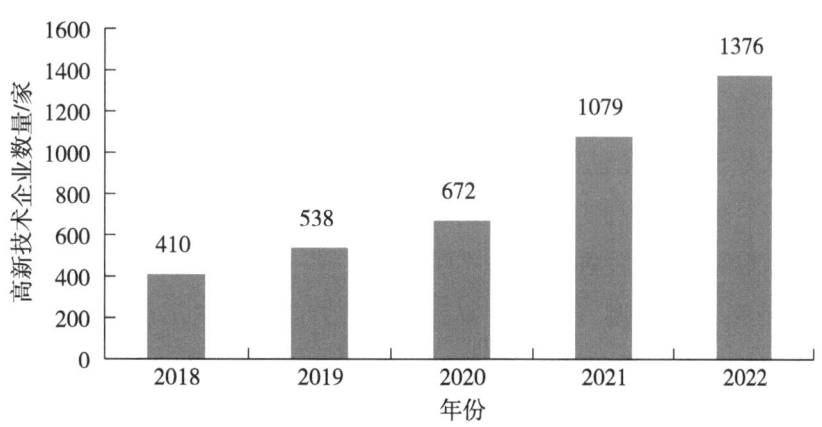

图 6-162　2018—2022 年肇庆市高新技术企业数

6.17.3 创新平台分析

《2023年肇庆市国民经济和社会发展统计公报》显示，2023年，肇庆市新增省级创新平台17家，省级以上创新平台数量达到249家，其中国家级创新平台9家。市级以上新型研发机构25家，其中省级新型研发机构5家。

肇庆高新区创新创业科学园是集科研办公、生产服务、商业休闲于一体的城市综合体。按照肇庆高新区党工委、管委会的要求，肇庆高新区创新创业科学园坚持打造粤港澳大湾区科创高地的定位不动摇，按照"聚焦科创、服务产业，打造地标、引领发展"的总体原则，围绕新能源汽车及汽车零部件、电子信息、生物医药（兽医兽药）、金属加工等重点发展产业，积极引进高新技术企业、初创型和高成长型的科技型中小企业、科研院所、专业服务机构、总部经济企业等，并提供良好的政策扶持和贴身服务，积极建设成为粤港澳大湾区科技成果转移转化示范基地、粤港澳大湾区协同创新基地和肇庆发展总部经济示范园区。肇庆高新区创新创业科学园已经迎来了岭南现代农业科学与技术广东省实验室肇庆分中心、粤港澳大湾区生物技术和实验动物科技产业园、广东省汽车配件产业计量测试中心、华南师范大学华南先进光电子研究院、广东省国腾量子科技有限公司等首批高科技项目进驻。

肇庆市登骏创业谷于2016年正式成立运营，是一个以扶持帮助创业者和初创企业为宗旨的创新创业孵化载体，是2023年肇庆唯一一家获评的国家级科技企业孵化器。该创业谷以促进创新项目引进并落地为首要任务，以支持科技成果研发、培养科技型企业为主要目标，近年来一直为肇庆高新区引进和培育科技企业。肇庆市登骏创业谷以"科技创新、技术服务"为标杆，在整合产业价值和区域优势资源的基础上，依托"生态肇庆、创新大旺"的新战略规划，建设肇庆第一个集孵化、创新、服务、研发、人才培训于一体的孵化基地、创意产业园区，对促进产业结构调整和推动产业升级具有重要意义。

6.17.4 政府部门引导创新的典型做法

肇庆市深入实施科技创新"八大工程"，持续强化企业创新主体地位，加强科技创新平台建设，筑牢科技创新人才底座，持续完善区域科技创新体系，构建"基础研究＋技术攻关＋成果转化＋科技金融＋人才支撑"全过程创新链，推动科技成果转化为新质生产力。此外，肇庆坚持科技赋能，强化科技对现代农业的支撑作用、对新型工业化的引领作用、对现代服务业的带动作用，以"科技＋"赋能现代农业发展、助力"百千万工程"，以科技创新引领现代化产业体系建设，打通从科技强到企业强、产业强、经济强的通道，助力产业腾飞。坚持绿色化发展、数字化转型，加快绿色科技创新和先进绿色技术推广应用，做强绿色制造业，发展绿色服务业，壮大绿色能源产业，加快传统产业数字化技术改革，不断提高产业的"含智量""含绿量"。坚持优化创新生态，深化科技体制机制改革，大力提升干部抓科技创新的能力，充分激发全社会创新创造活力。

6.17.5 肇庆市创新能力分析小结

肇庆市已具备交通区位、生态环境、历史文化、土地空间、营商环境、产业后发等优势，综合竞争力日益提升，与全国、全省的联动更加紧密，为参与构建新发展格局打开了更广阔的空间。但是，经济总量不够大、结构不够优，产业发展水平仍然不高，发展不平衡不充分问题仍比较突出。未来，坚持产业强市不动摇，强化创新第一动力，以配套发展、补缺发展、特色发展深度嵌入大湾区整体产业体系，以产业统领"一带一廊一区"建设，推动各地宜工则工、宜农则农、宜游则游、宜商则商，推动资源要素向制造业倾斜，大力构建以先进制造业为主体的现代产业集群，促进一二三产业全面发展，不断增强高质量发展的产业支撑力。积极参与打造珠三角世界级先进制造业集群，力争成为大湾区具有重要影响力的先进制造基地。

6.18 清远市创新能力分析

清远市位于广东省的中北部、北江中下游，南岭山脉南侧与珠江三角洲的接合带上。南连广州市和佛山市，北接湖南省和广西壮族自治区，东部及东北部和韶关市交界，西部及西南部与肇庆市为邻。广东省制造业高质量发展"十四五"规划提出以清远等地为依托，建立安全可控的汽车零部件配套体系。清远市紧紧抓住"近、大、好"比较优势，积极打造"三个地"的发展目标，努力构建"广州整车+清远零部件"产业格局，将汽车零部件纳入"8+1"战略产业集群体系当中，吸引了富强、敏实、敏惠、金禄、长实、戴卡旭等一大批汽车零部件龙头企业落户清远，产业集群效应日益明显。

6.18.1 创新能力排名

2024年清远市创新能力全省排名第10位，与2023年排名持平，处于广东省中游水平（图6-163）。

从分项指标来看，2024年，清远市的指标排名有所下降。其中，产业升级指标排名第17位，较2023年下降3位；创新环境指标排名第14位，较上年下降4位，降幅较大。创新投入、创新产出、创新绩效指标分别排名第10位、第10位和第9位，排名较上年均未发生变化（表6-42、图6-164）。

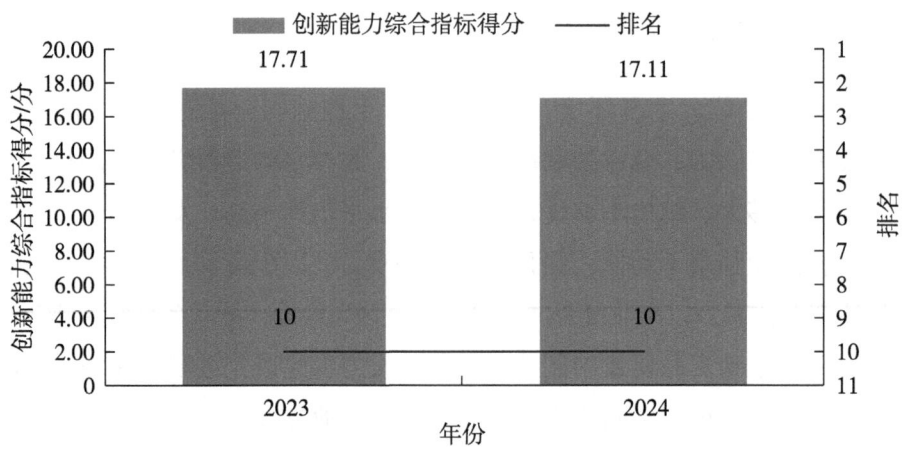

图 6-163　2023—2024 年清远市创新能力变化趋势

表 6-42　清远市创新能力指标分析

指标名称	2024 年		2023 年	
	指标值	排名	指标值	排名
综合	17.11	10	17.71	10
1　创新投入	13.01	10	15.18	10
1.1　人员投入	14.29	10	15.49	9
1.2　经费投入	11.73	13	14.87	13
2　创新产出	27.41	10	23.51	10
2.1　专利产出	1.55	12	1.35	12
2.2　产业创新	53.28	8	45.68	9
3　产业升级	13.37	17	13.23	14
3.1　结构优化	19.46	15	15.18	15
3.2　能力提升	7.28	12	11.29	11
4　创新环境	7.11	14	12.47	10
4.1　政策环境	9.72	15	20.27	10
4.2　创新平台	4.50	11	4.68	11
5　创新绩效	24.63	9	24.14	9
5.1　生活质量	11.47	15	12.07	15
5.2　技术水平	37.79	9	36.20	9

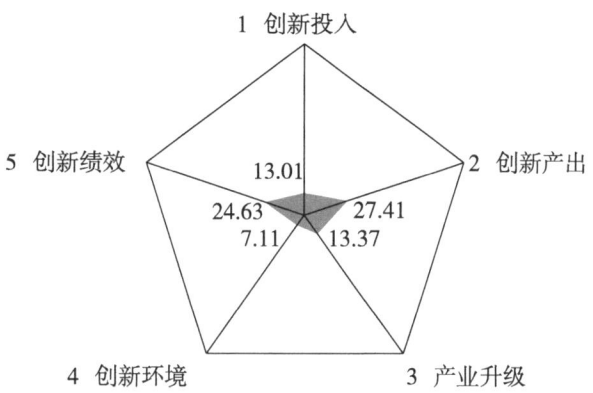

图 6-164 2024 年清远市创新能力蛛网图

6.18.2 决定创新能力的关键指标分析

（1）国民经济综合发展情况

2022 年，清远市全年地区生产总值为 2032.02 亿元，在广东省排第 14 位，同比增长 1.0%。人均地区生产总值 51 001 元，较上年增长 0.8%。地区生产总值占广东比重为 1.57%，较上年下降 0.03 个百分点（图 6-165）。

从产业分布来看，2022 年，清远市的第一产业生产总值为 330.61 亿元，较上年增长 8.82%；第二产业生产总值为 767.59 亿元，较上年下降 0.9%；第三产业生产总值为 933.83 亿元，较上年增长 1.21%。三次产业结构比重为 16.2 : 37.8 : 46.0（图 6-166）。

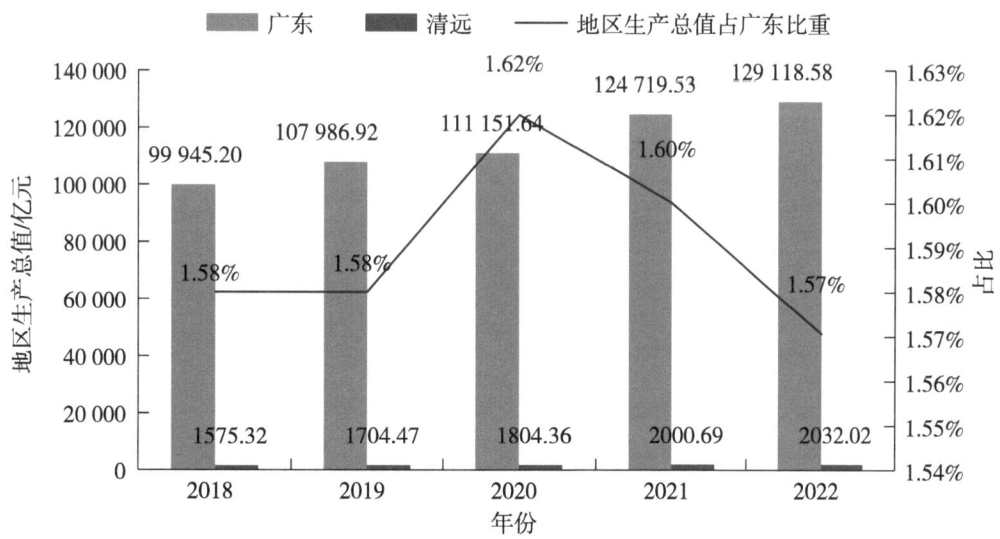

图 6-165 2018—2022 年清远市地区生产总值及在广东省占比

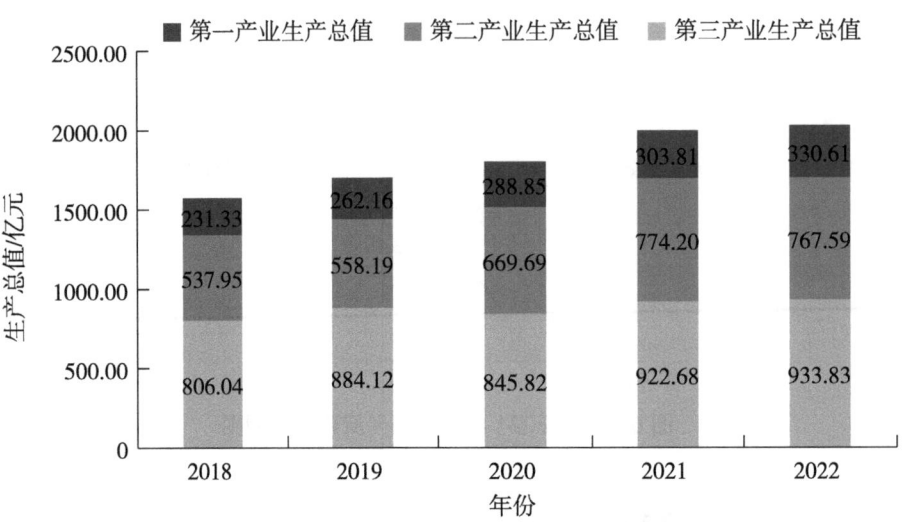

图 6-166　2018—2022 年清远市三次产业生产总值

2022年，清远市全市居民人均可支配收入为29 912元，比上年增长4.1%。其中，城市居民人均可支配收入为37 244元，比上年增长3.0%；农村居民人均可支配收入为20 803元，比上年增长4.8%（图6-167）。2022年，清远市年末常住人口398.57万人，其中城市常住人口224.39万人，占常住人口比重（常住人口城镇化率）为56.30%，比上年末提高0.90个百分点。全年全市居民人均消费支出20 711元，比上年增长1.5%。按常住地分，城市居民人均消费支出24 146元，比上年增长0.7%；农村居民人均消费支出16 443元，比上年增长2.1%。全市居民恩格尔系数为38.9%，其中城市为37.4%，农村为41.8%。

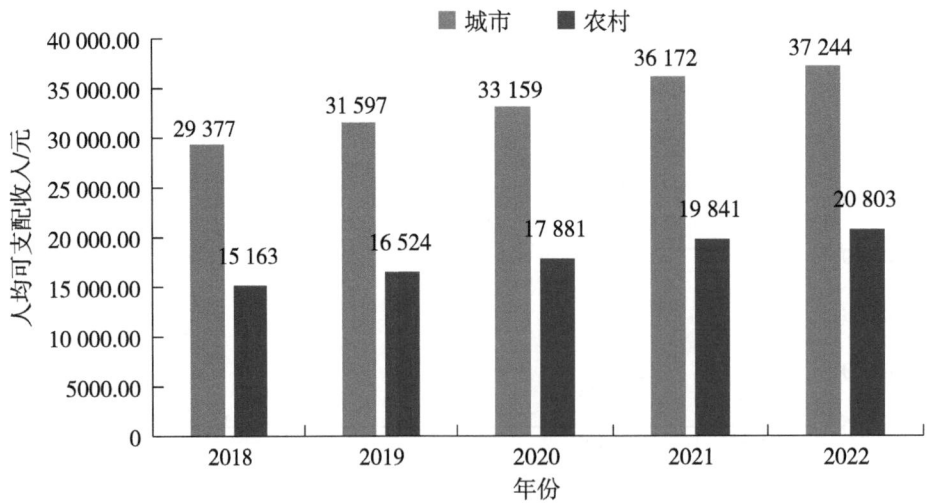

图 6-167　2018—2022 年清远市城市和农村人均可支配收入

（2）工业发展情况

2022年，清远市规上工业企业有1034家，比上年增加85家，规上工业总产值为2833.26亿元，较上年下降1.10%（表6-43）。全年规上工业完成增加值672.49亿元，较上年下降0.8%。其中，国有企业增加值5.75亿元，较上年增长28.6%；股份制企业增加值455.16亿元，较上年下降0.3%；外商及港澳台商投资企业增加值207.22亿元，较上年下降1.8%。从轻重工业来看，轻工业增加值179.84亿元，较上年增长2.3%；重工业增加值492.65亿元，较上年下降1.7%。从企业规模来看，大型企业增加值177.53亿元，比上年增长6.1%；中型企业增加值236.06亿元，比上年下降4.8%；小型企业增加值246.75亿元，与上年持平；微型企业增加值12.15亿元，比上年下降8.5%。

2022年，全年规上工业实现营业收入3082.48亿元，同比增长4.0%；利润总额124.99亿元，同比下降30.3%。资产负债率61.9%，同比下降1.7个百分点；流动资产周转率1.52次；成本费用利润率4.2%，同比下降2.3个百分点；产品销售率97.5%，同比下降0.9个百分点；全员劳动生产率29.45万元/人年，同比下降0.5%。亏损企业305家，亏损面31.2%；亏损总额30.11亿元，同比提高81.4%。

表6-43 清远市规上工业企业数和工业总产值

年份	规上工业企业数/家	规上工业总产值/亿元
2018	733	1846.42
2019	772	2003.40
2020	834	2173.68
2021	949	2864.73
2022	1034	2833.26

（3）科技发展情况

2022年清远市地方财政拨款22.06亿元，较上年增加约3000万元；R&D经费占GDP比重达1.09%，较上年增长0.01个百分点；研发人员为6961人，比上年增长12.3%。从2018—2022年的波动来看，2020年以后，清远市地方财政拨款跃上一个新的台阶，突破20亿元大关，研发人员也突破6000人（图6-168、图6-169）。

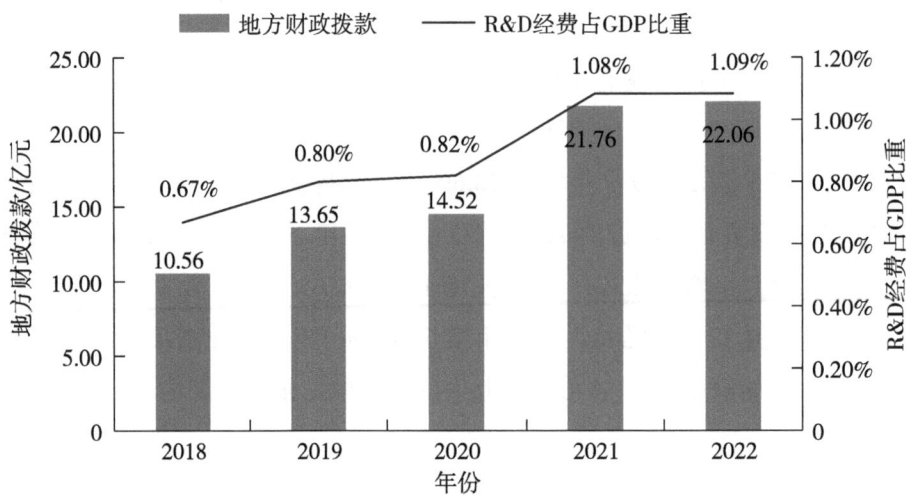

图 6-168　2018—2022 年清远市财政投入和研发投入强度

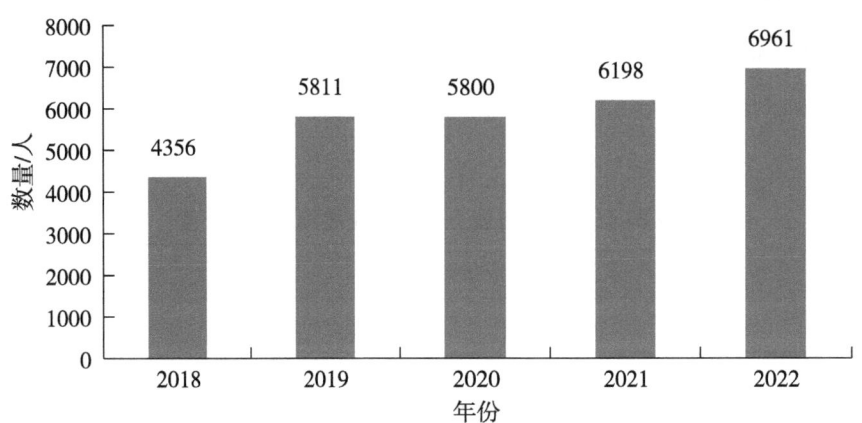

图 6-169　2018—2022 年清远市研发人员情况

2022 年，清远市年末有效发明专利拥有量 2204 件，较上年增长 32.9%；万人发明专利拥有量 5.53 件，且 2018—2022 年均保持增长态势（图 6-170）。全年专利授权量 5881 件，较上年下降 5.8%，其中发明专利授权量 611 件，增长 43.1%。《专利合作条约》（PCT）国际专利申请量 23 件，与上年相比下降 36.1%。年末拥有省级新型研发机构 7 家；国家级工程中心 1 家、省级工程中心 143 家、市级工程中心 323 家。签订技术合同 41 件，技术合同成交金额 6800 万元，较上年增长 14.8%。

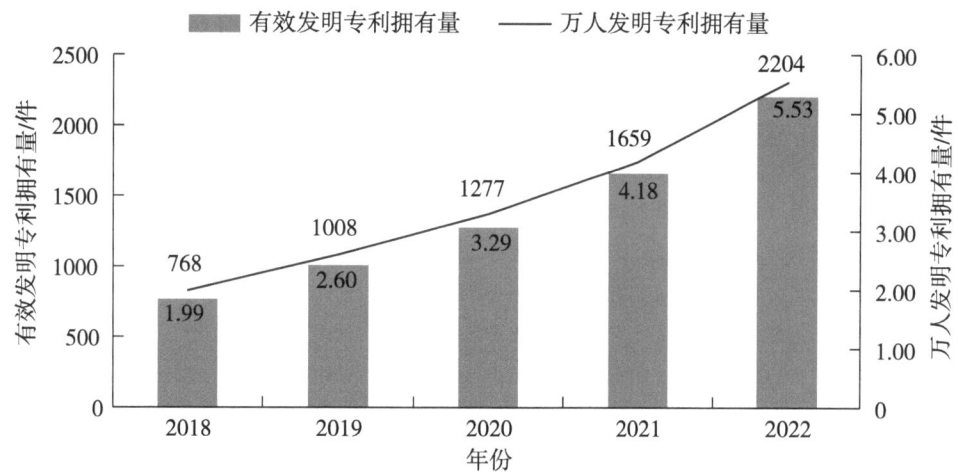

图 6-170 2018—2022 年清远市有效发明专利拥有量和万人发明专利拥有量

（4）新经济发展情况

2022年，清远市的高技术制造业工业增加值为61.89亿元，较上年下降18.28%；高技术制造业工业增加值占规上工业比重为10.9%，较上年下降0.3个百分点（图6-171）。在高技术制造业中，医药制造业下降14.8%，电子及通信设备制造业增长4.4%，电子计算机及办公设备制造业下降15.1%，医疗设备及仪器仪表制造业下降20.5%。先进制造业增加值为214.56亿元，同比增长0.6%。在先进制造业中，高端电子信息制造业增长9.2%，先进装备制造业增长34.7%，石油化工产业下降10.0%，先进轻纺制造业增长3.7%，新材料制造业下降7.3%，生物医药及高性能医疗器械下降14.8%。

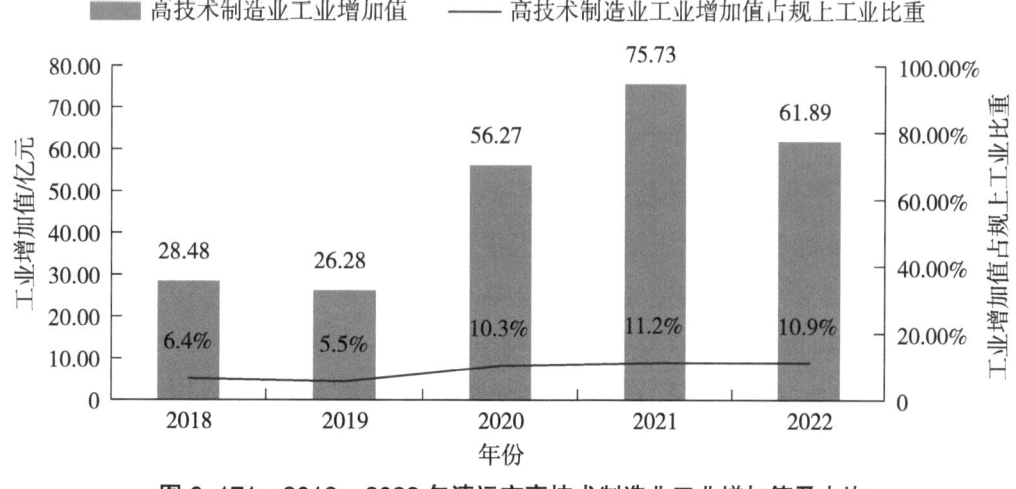

图 6-171 2018—2022 年清远市高技术制造业工业增加值及占比

2022年，清远市有高新技术企业510家，较上年增加74家。2018—2022年，清远市的高新技术企业数量逐年增加，较 2018 年增加 251 家，增幅高达 96.91%（图 6-172）。

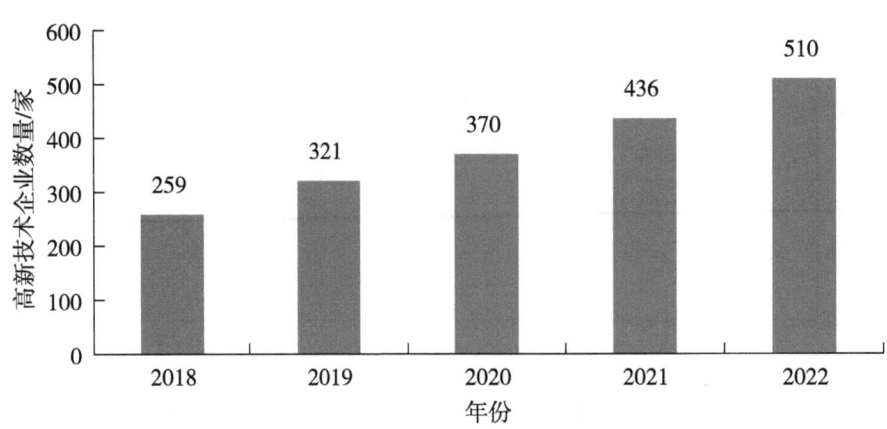

图 6-172　2018—2022 年清远市高新技术企业数

6.18.3　创新平台分析

《2023 年清远市国民经济和社会发展统计公报》显示，2023 年，清远市年末拥有省级新型研发机构 7 家、国家级工程中心 1 家、广东省工程技术研究中心 146 家、工程技术研究中心 323 家、高新技术企业 568 家。

清远高新区地处清远市南端，辖区总面积约 109 平方千米，包括百嘉科技创新园、莲湖产业园、嘉福工业园等重点园区，重点发展新材料、新能源、装备制造、电子信息、生物医药、现代服务业等"5+1"主导产业。自 2015 年升级为国家高新区以来，清远高新区在国家高新区综合排名中从 2016 年的第 112 位上升至 2021 年的第 88 位（全国总共 169 家国家高新区），全国排名连续 6 年上升，是粤东西北唯一一家进入前 100 名的国家高新区，并成为 2019 年广东省 3 家获批打造特色载体推动中小企业创新创业升级的开发区之一。目前，全区拥有 175 家规上工业企业，140 家高企，3 家上市企业。与中山大学、华南理工大学等高校院所共建 5 个科技平台，与天安智谷、华南 863 形成"苗圃—孵化器—加速器"孵化链条，全区共打造国家级科技平台（基地）16 个、省级科技平台 58 个。清远首个国家工程技术研究中心、国家认定企业技术中心、国家级孵化器、国家级众创空间、"区域工作站+企业分站"博士后科研工作站、省级新型研发机构均诞生在高新区，全市 5 家省级新型研发机构均位于高新区。专利申请量、授权量连续 8 年居全市第一。

华南理工大学清远协同创新平台（简称"平台"）成立于 2018 年 12 月，是双方共建的校地合作创新平台。平台致力于新材料研发与创新，通过组建专业的科研团队，引进高校科技成果，联合企业攻克制约清远新材料产业发展的关键共性技术难题，平台累计开展关键技术难题攻关 26 项。目前平台已引进项目 18 个，其中创新团队项目 9 个，已实现产业化项目 6 个，已完成中试并进入产业化阶段项目 4 个，正积极引进华南理工大学和西安交通大学人才团队项目 3 个。平台目前拥有全职研发、检测和运营人员15人，其中博士2人。柔性引进专家教授42人，其中省级以上人才6人。累计为行业培养专业技术人才20人。

6.18.4 政府部门引导创新的典型做法

以习近平新时代中国特色社会主义思想为指导，全面贯彻党的十九大和十九届二中、三中、四中、五中、六中全会精神，深入贯彻习近平总书记对广东省重要指示批示精神，特别是习近平总书记视察广东省、视察清远时的重要讲话精神，围绕"融湾崛起排头兵、城乡融合示范市、生态发展新标杆、'双区'魅力后花园"总目标和战略定位，立足南部融湾发展区、北部生态发展区的总体开发保护格局，以推动清远高质量发展为目标，始终把创新作为清远发展的第一动力，积极对接粤港澳大湾区国际科技创新中心建设，通过优化区域创新发展格局，打造高新技术产业集群，突出企业创新主体地位，建立完善的创新平台体系，营造一流的创新创业生态。

清远市围绕加速科技成果产业化，着力引进粤港澳大湾区、长三角、京津冀及国外创新创业资源；强化部门协同、园区协同、县（市、区）协同，推动产学研协同创新，优化创新资源配置，激发创新驱动发展的强大活力。立足产业基础和优势，围绕产业发展和培育需求，坚持"重点突破，加快转型"的工作方针，广泛聚集各种创新资源、优化创新创业环境，大力推进"传统产业高新化、新兴产业规模化、生态农业现代化"，形成具有清远特色的现代产业体系。

6.18.5 清远市创新能力分析小结

近年来，清远市持续加大科技创新投入，全社会创新能力明显增强、创新资源加速集聚、创新环境不断改善。但与国内省内先进城市相比，科技发展的基础仍然薄弱、科技创新支撑产业发展的能力仍然有限。科技资源尤其是高端科技人才稀缺，国家级和省级层面的重大创新平台布局较少。未来，清远市应当继续完善科技孵化育成平台体系。对标国家大学科技园，建立省职教城大学科技园，以科技成果转化、高新技术企业孵化、创新创业人才培养为主要任务，推动各高校结合优势特色学科开展创新创业工作；按照"产业技术研究院+学科型公司"的院地、校地结合模式，以产业发展、市场需求为导向，以优势学科知识技术化、核心共性技术工程化为主要任务，共建战略性新兴产业创新中心。加快形成"众创空间—孵化器—加速器—科技园区"创业孵化链条，打造以新材料、生物医药等产业为特色的中小微高新技术企业集群。

6.19 潮州市创新能力分析

潮州市位于粤港澳大湾区与海峡西岸经济区的交汇处，区位优势突出，四通八达、外通内联、运转高效的立体化交通网络基本形成，成为广东省东部、福建省西南部、江西省东南部的综合交通枢纽。潮州市高度重视发展实体经济，通过推动特色产业转型升级、科技创新，加强人才引育、项目带动等，不断提升经济高质量发展水平。目前已形成了陶瓷、服装、食品、电子、不锈钢、鞋业、印刷包装、水族器材等特色支柱产业，以及新材料、新能源、生药医药健康、装备制造、文化创意等战略性新兴产业，并逐步形成陶瓷、食品、新材料、新能源、生药医药健康 5 个 500 亿级产业集群。

6.19.1 创新能力排名

2024 年潮州市创新能力在广东省排名第 17 位，与上年持平，位于广东省内中下游水平（图 6-173）。

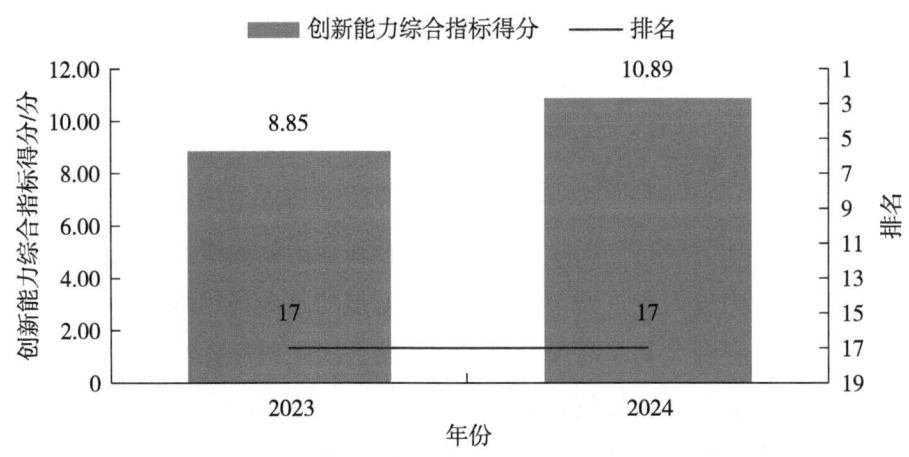

图 6-173 2023—2024 年潮州市创新能力变化趋势

从分项指标来看，2024 年潮州市创新投入居广东省第 21 位，较上年下降 2 位；创新产出排名第 11 位，较上年上升 1 位；产业升级排名第 13 位，较上年上升 5 位，排名提升幅度较大；创新环境排名第 15 位，较上年上升 3 位；创新绩效排名第 20 位，与上年齐平（表 6-44、图 6-174）。

第6章 各地市区域创新能力分析

表 6-44 潮州市创新能力指标分析

指标名称	2024 年		2023 年	
	指标值	排名	指标值	排名
综合	10.89	17	8.85	17
1 创新投入	1.97	21	3.74	19
1.1 人员投入	0.96	21	1.12	20
1.2 经费投入	2.98	19	6.37	18
2 创新产出	23.06	11	20.65	12
2.1 专利产出	0.84	14	0.91	13
2.2 产业创新	45.29	11	40.40	12
3 产业升级	16.39	13	8.17	18
3.1 结构优化	18.31	16	12.77	16
3.2 能力提升	14.47	10	3.57	16
4 创新环境	5.92	15	4.96	18
4.1 政策环境	10.75	14	8.65	18
4.2 创新平台	1.09	20	1.27	19
5 创新绩效	7.09	20	6.72	20
5.1 生活质量	2.51	20	2.22	20
5.2 技术水平	11.67	17	11.23	17

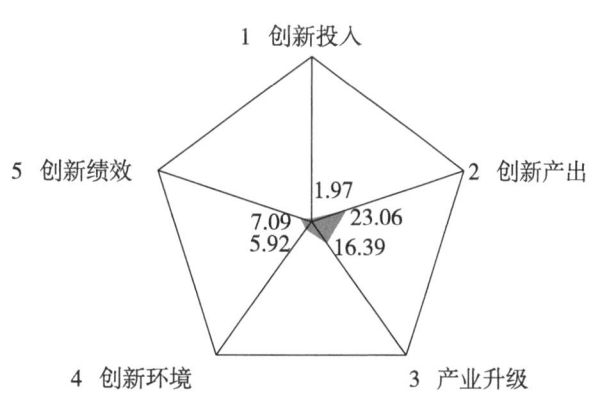

图 6-174 2024 年潮州市创新能力蛛网图

6.19.2 决定创新能力的关键指标分析

（1）国民经济综合发展情况

2022年，潮州市地区生产总值为1312.98亿元，列广东省内第19位，比上年增长2.3%。人均地区生产总值为50 988元，比上年增长2.2%。从2018—2022年波动情况来看，潮州市地区生产总值总体呈上升态势，占广东比重经历了先下降后上升的变化态势，2022年的比重高于2018年0.01个百分点（图6-175）。

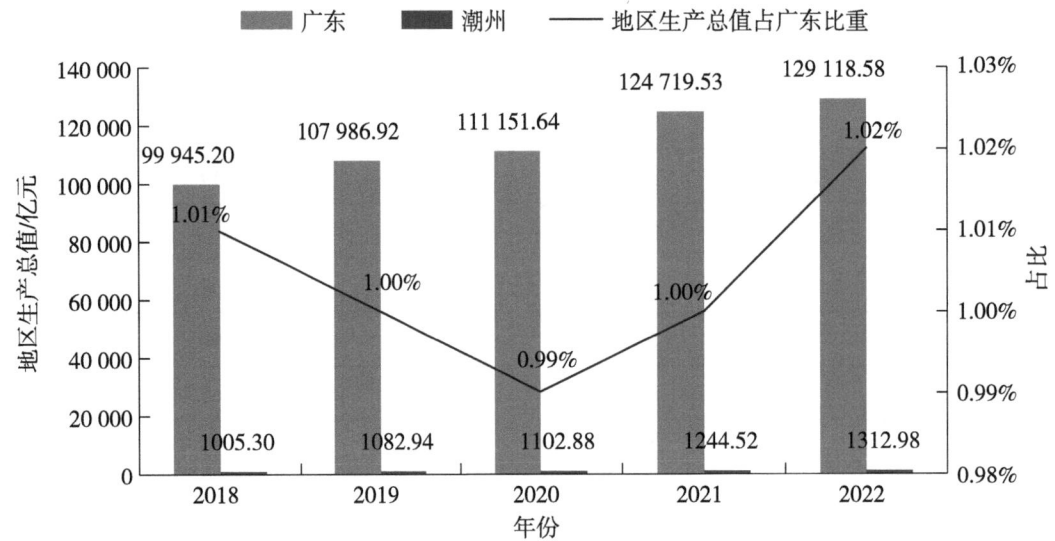

图6-175 2018—2022年潮州市地区生产总值及在广东省占比

从产业分布来看，2022年潮州市的第一产业生产总值为124.88亿元，比上年增长7.67%，对地区生产总值增长的贡献率为22.9%；第二产业生产总值为625.52亿元，比上年增长7.49%，对地区生产总值增长的贡献率为46.2%；第三产业生产总值为562.59亿元，比上年增长2.93%，对地区生产总值增长的贡献率为30.9%。三次产业结构为9.5∶47.6∶42.9（图6-176）。

2022年，潮州市居民人均可支配收入26 420元，比上年增长5.3%。按常住地分，城市居民人均可支配收入29 758.16元，同比增长4.8%；农村居民人均可支配收入20 274.78元，同比增长6.0%（图6-177）。全年全市居民人均消费支出19 568元，比上年增长3.6%。按常住地分，城市居民人均消费支出21 147元，同比增长3.0%；农村居民人均消费支出16 663元，同比增长4.5%。全市居民恩格尔系数为44.0%，比上年上升0.4个百分点；其中城市为43.7%，农村为44.6%。

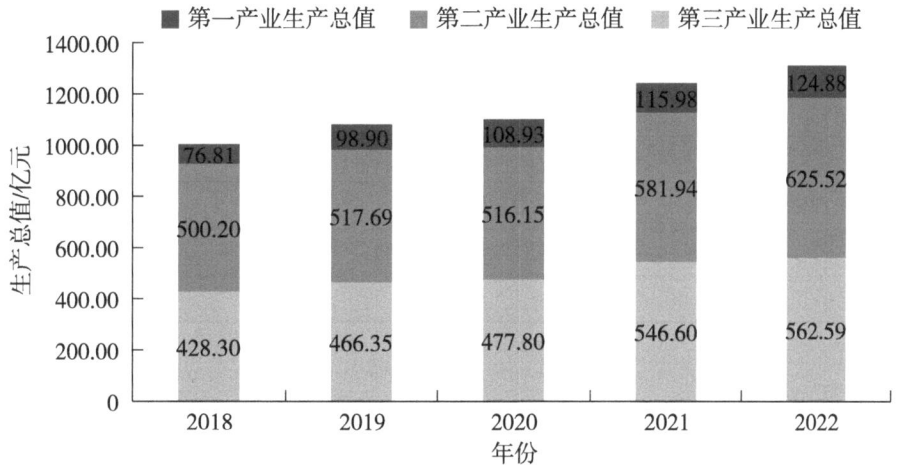

图 6-176　2018—2022 年潮州市三次产业生产总值

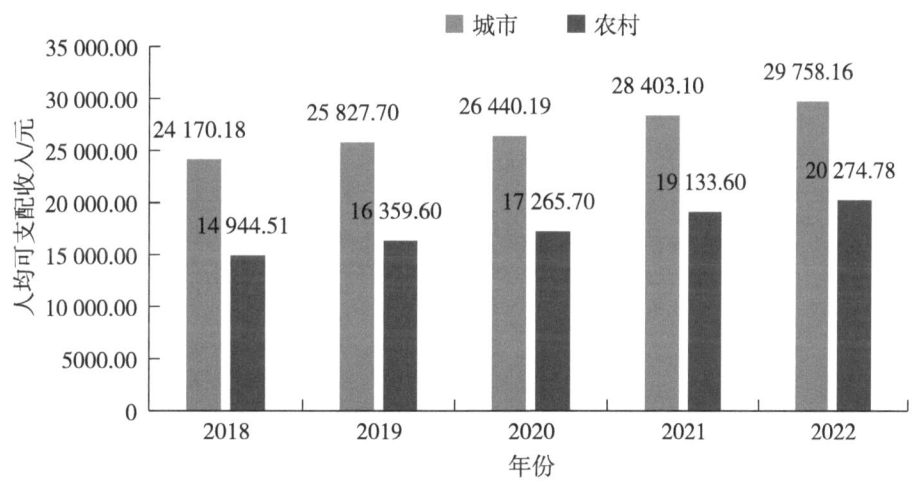

图 6-177　2018—2022 年潮州市城市和农村人均可支配收入

（2）工业发展情况

2022 年，潮州市规上工业企业有 1075 家，较上年增加 40 家，较 2018 年增加 186 家。规上工业总产值 1387.93 亿元，较上年减少 4.86%，比 2018 年增长 2.18%（表 6-45）。

全年规上工业实现利润总额 65.14 亿元，比上年下降 14.9%。从经济类型来看，国有控股企业利润总额 0.28 亿元，比上年增加 0.34 亿元；股份制企业利润总额 55.34 亿元，同比下降 12.5%；外商及港澳台商投资企业利润总额 4.98 亿元，同比下降 24.9%。从行业来看，采矿业利润 0.12 亿元，同比增长 33.3%；制造业利润 47.11 亿元，同比下降 11.3%；电力、热力、燃气及水生产和供应业利润 0.39 亿元，同比下降 93.9%。全年规上工业企业每百元营业收入中的成本为 88.90 元，比上年增加 0.48 元。营业利润率为 5.1%，比上年降低 0.5 个百分点。

表 6-45　潮州市规上工业企业数和工业总产值

年份	规上工业企业数/家	规上工业总产值/亿元
2018	889	1358.37
2019	936	1543.11
2020	939	1196.57
2021	1035	1458.80
2022	1075	1387.93

（3）科技发展情况

2022年，潮州市地方财政拨款8.01亿元，与上年持平，较2018年增长16.59%，R&D经费占GDP比重为0.61%，较上年降低0.03个百分点，较2018年下降0.07个百分点。研发人员为2494人，2018—2022年总体呈下降态势（图6-178、图6-179）。

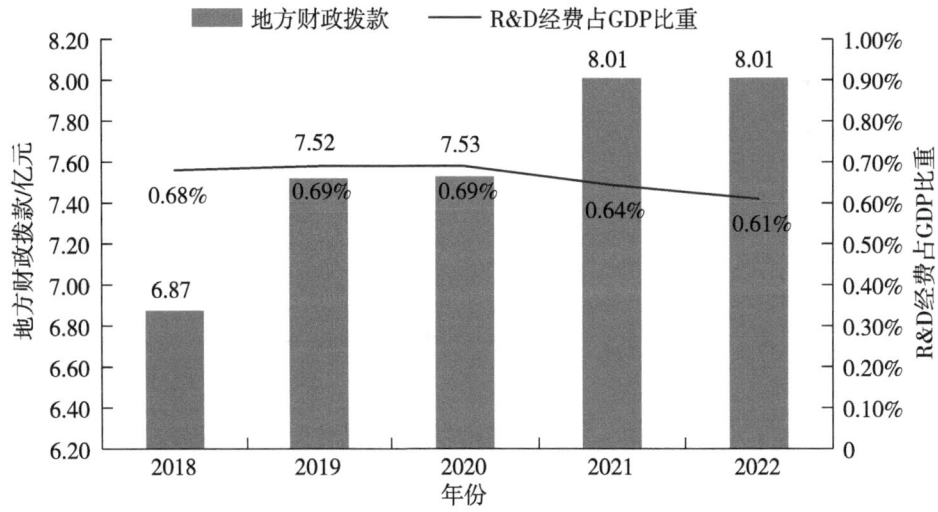

图 6-178　2018—2022年潮州市财政投入和研发投入强度

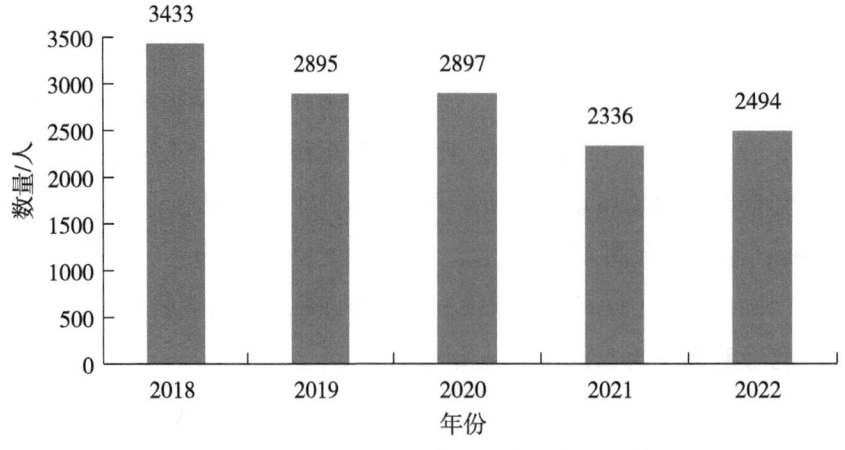

图 6-179　2018—2022年潮州市研发人员情况

2022年，潮州市有效发明专利拥有量966件，较上年增加95件；万人发明专利拥有量3.75件，较上年增加10.62%（图6-180）。全年专利授权量9915件，比上年下降1.5%。其中，发明专利161件，较上年增长9.5%。全年立项科技项目共82项，其中国家级1项，省级10项，市级71项。全年新认定国家级高新技术企业89家。

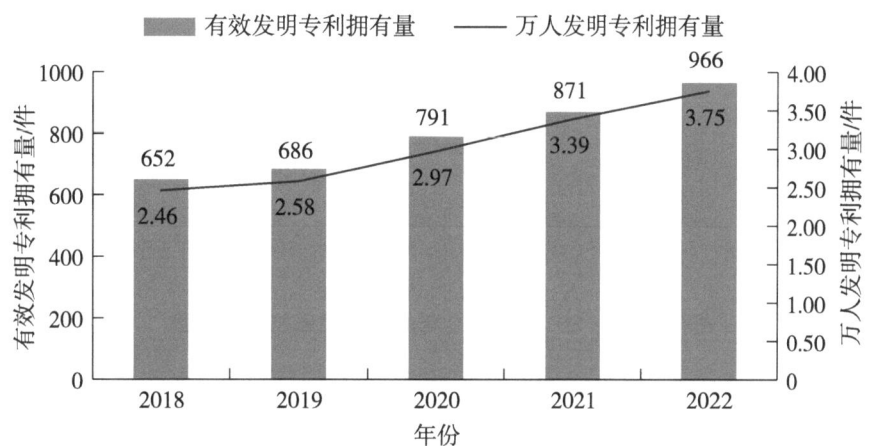

图6-180 2018—2022年潮州市有效发明专利拥有量和万人发明专利拥有量

（4）新经济发展情况

2022年，潮州市高技术制造业工业增加值37.29亿元，较上年下降4.19%；高技术制造业工业增加值占规上工业比重为15.5%，较上年上升1.2个百分点（图6-181）。电子及通信设备制造业增长5.6%，医疗仪器设备及仪器仪表制造业增长33.7%。规上先进制造业增加值比上年增长3.4%，占规上工业增加值的比重为27.6%。其中，高端电子信息制造业增长5.9%，石油化工产业增长26.1%，先进轻纺制造业增长8.4%，生物医药及高性能医疗器械业增长0.7%。

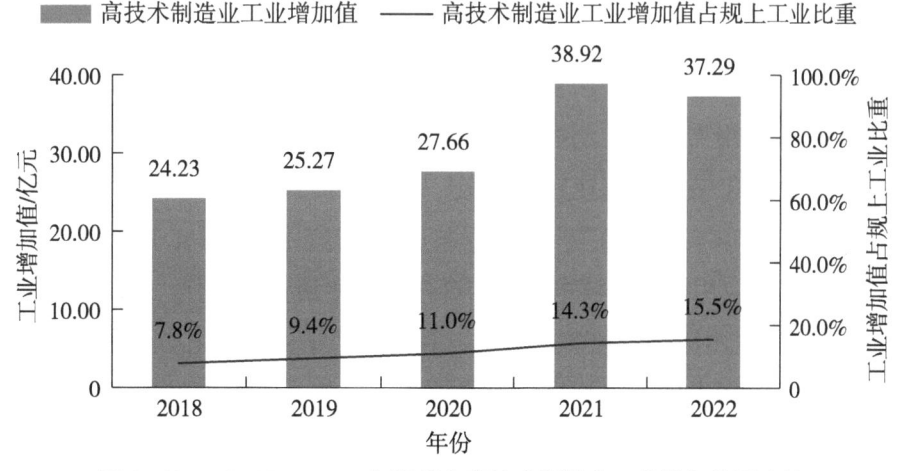

图6-181 2018—2022年潮州市高技术制造业工业增加值及占比

2022年潮州市有217家高新技术企业，较上年增加59家，较2018年增长116家。2018—2022年，潮州市高新技术企业数量逐年增长，且增幅较大（图6-182）。

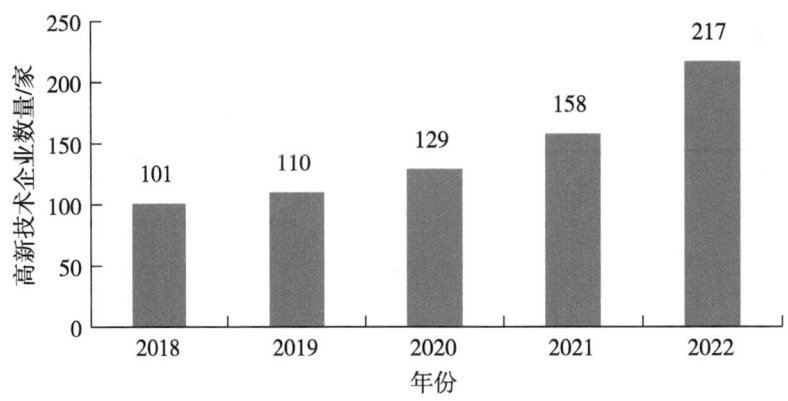

图6-182　2018—2022年潮州市高新技术企业数

6.19.3　创新平台分析

《广东科技创新数据手册》显示，2023年，潮州市拥有1个广东省实验室，2个广东省重点实验室。企业类创新平台方面，2023年，潮州市拥有57个省工程技术研究中心，3家新型研发机构。

潮州市中潮智能制造创新中心是中山对口帮扶潮州指挥部办公室贯彻落实广东省委、省政府区域协调发展战略部署，围绕潮州市政府提出打造两个千亿产业集群的目标，于2020年由广东省科学院智能制造研究所、中山对口帮扶潮州指挥部办公室、潮州市科学技术局、潮州市工业和信息化局联合共建，为民办非企业法人单位。该中心作为广东省科学院智能制造研究所参与共建的支撑和服务潮州产业智能制造转型升级的重要平台，在积极引领潮州区域创新和科技成果应用及产业化方面发挥积极作用。同时，该中心积极借助广东省科学院院内外优势创新资源，围绕潮州产业优化升级的重大技术需求，积极探索产业服务的模式和机制，助力区域高质量发展。该中心面向潮州市智能制造的应用需求、产业特色和产业集群，重点针对潮州陶瓷行业打造千亿级产业集群，拉动食品及食品加工装备等行业转型升级，开展包括智能制造技术及装备、制造业信息化增效、数字化工厂建设、5G与工业互联网等技术的推广与应用。该中心以市场为导向，开展智能制造技术协同创新、技术应用推广、技术交流与合作、人才培养等工作。

"潮州—罗湖创享岛"由潮州市科学技术局、潮州市工业和信息化局、深圳市罗湖区科技创新局合作共建，旨在以"创新发展，飞地经济"为核心，聚焦本土企业发展需求，发挥深圳综合创新优势，精准引才聚才，推动潮州与罗湖产业共建共享。该创享岛是围绕潮州市、罗湖区重点发展产业方向设立的跨区域创新合作平台，具备技术研发、人才招引、成果转化、企业孵化、产业联动等功能,是全省首创的市级与区级合作共建的"反向飞地"项目,对"深潮"两地进一步深化对接合作、拓展协作渠道有着积极而重要的意义。未来,"潮州—罗湖创享岛"将形成"总部+基地""研发/设计+生产""逆向创新"的新生态,以促进区域协调发展。

6.19.4 政府部门引导创新的典型做法

潮州市以习近平新时代中国特色社会主义思想为指导,全面贯彻党的十九大和十九届历次全会精神,深入贯彻习近平总书记对广东省重要讲话和重要指示批示精神及视察潮州重要讲话重要指示精神,统筹推进"五位一体"总体布局和"四个全面"战略布局,坚定不移贯彻新发展理念,落实高质量发展要求,强化科技支撑,积极融入"一核一带一区"和"双区"建设,促进科技创新能力大幅提升,形成以产业转型升级为创新驱动导向,以创新为主要引领和支撑的经济体系与发展模式,全面提升潮州的科技创新水平,加快构建金色韩江发展轴、蓝色海洋经济带、绿色生态发展带"一轴两带"区域发展格局,围绕实现"四个打造"奋斗目标,强化"一大引领"、打好"三大战役"、推进"六大提升",推动"三个提质"、强化"三个赋能"、夯实"三个保障",为"在更高起点打造沿海经济带上的特色精品城市""把潮州建设得更加美丽"提供重要支撑。

6.19.5 潮州市创新能力分析小结

潮州市积极统筹推进以科技创新为核心的全面创新,重点领域跨越发展取得有效进展,科技创新能力持续提升,科技创新对经济社会发展的支撑和引领作用日益增强。但是,科技创新发展仍面临基础薄弱,企业自主研发投入不够,原始创新动力不足,创新资源协同能力偏弱,传统产业转型升级步伐较慢,新兴产业尚未形成支柱动能,高层次人才的吸引力、集聚力低,新旧动能转化任务艰巨等突出问题。

未来,潮州市要准确定位在"双循环""双区""两个合作区"建设中的位置和作用,积极当好产业溢出"承接地"、资源流动"中转站"和宜居生活"后花园",把握"湾+带"联动机遇,建立与"双区"核心城市和周边地区的协同联动机制,打破区划壁垒、畅通要素循环,主动承接"双区"资源溢出和产业转移,加速人、财、物等资源的便捷流动。此外,要进一步坚持科技创新在现代化建设中的核心地位,着力提升自主创新能力、汇聚创新人才、发展创新产业、营造创新环境,加快培育新业态新经济新动能,构建特色优势突出的现代产业体系,打造特色产业集群。

6.20 揭阳市创新能力分析

揭阳市位于粤港澳大湾区—海西经济区的地理轴线中心,粤东地区中心位置。东接汕头、潮州,西连汕尾,南濒南海,北邻梅州,是广东省沿海经济带建设的主战场。揭阳市已基本形成"水陆空铁"立体大交通发展体系和现代化综合交通运输格局，全面构建内联外通的现代化交通体系，加快融入粤港澳大湾区1.5小时生活圈。拥有五金不锈钢、纺织服装、塑料、制鞋、医药、玉器等优势传统产业，荣获"中国五金基地市""中国纺织产业基地市""中国塑料时尚鞋之都""中国中药名城""亚洲玉都""国家电子商务示范城市""中国快递示范城市"等称号。

6.20.1 创新能力排名

2024年，揭阳市创新能力在全省排第19位，与2023年相比排名未发生变化，处于广东省较为落后水平（图6-183）。

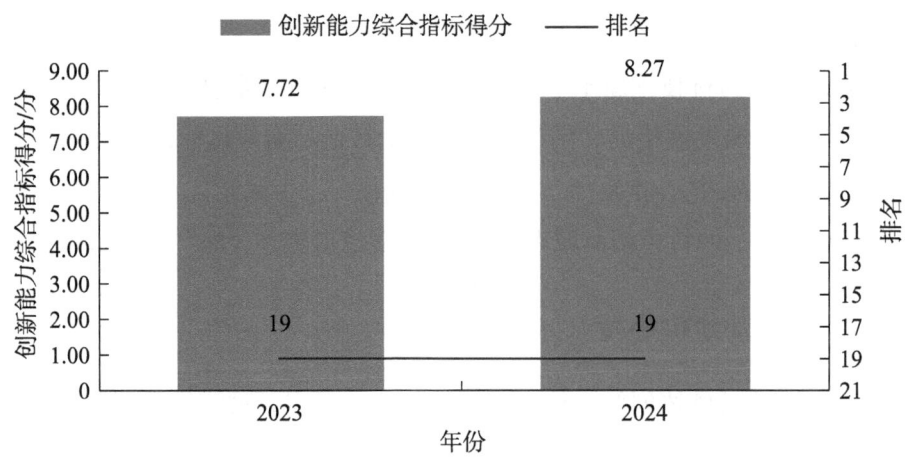

图6-183　2023—2024年揭阳市创新能力变化趋势

从分项指标来看，2024年揭阳市创新投入指标排名第15位，与上年持平；创新产出指标排名第20位，较上年下降1位；产业升级指标排名第15位，较2023年下降2位；创新环境指标排名第17位，较上年上升2位；创新绩效指标排名第21位，与上年持平（表6-46、图6-184）。

表6-46　揭阳市创新能力指标分析

指标名称	2024年		2023年	
	指标值	排名	指标值	排名
综合	8.27	19	7.72	19
1　创新投入	9.76	15	8.83	15
1.1　人员投入	1.68	20	2.28	19
1.2　经费投入	17.83	10	15.38	12
2　创新产出	7.31	20	8.55	19

续表

指标名称	2024年		2023年	
	指标值	排名	指标值	排名
2.1 专利产出	0.03	21	0.03	21
2.2 产业创新	14.59	20	17.07	19
3 产业升级	15.09	15	13.91	13
3.1 结构优化	28.80	9	25.93	9
3.2 能力提升	1.39	20	1.88	19
4 创新环境	5.37	17	4.05	19
4.1 政策环境	9.61	16	6.86	20
4.2 创新平台	1.13	19	1.23	20
5 创新绩效	3.82	21	3.26	21
5.1 生活质量	0.55	21	1.08	21
5.2 技术水平	7.09	21	5.45	21

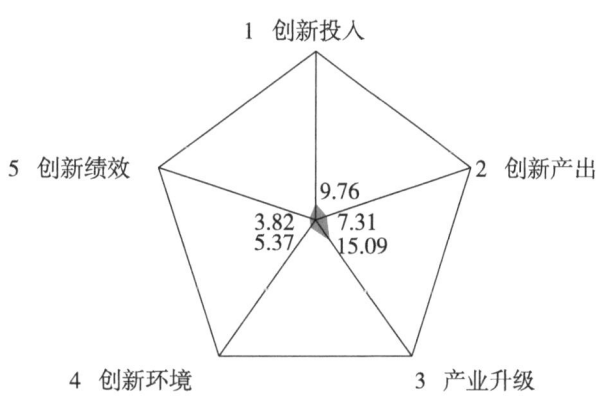

图 6-184 2024年揭阳市创新能力蛛网图

6.20.2 决定创新能力的关键指标分析

（1）国民经济综合发展情况

2022年揭阳市地区生产总值为2260.98亿元，在广东省内排名第13位。地区生产总值占广东比重为1.75%，较上年下降0.08个百分点。人均地区生产总值40 192元，较上年下降1.7%（图6-185）。

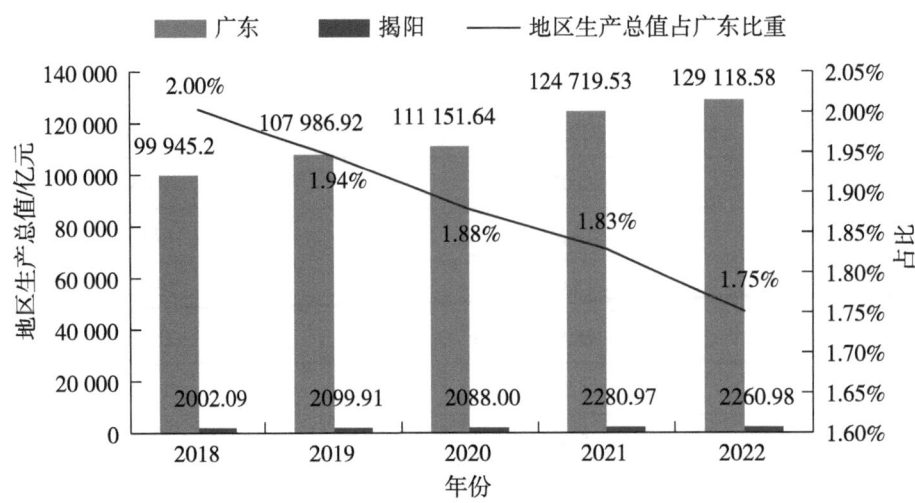

图 6-185　2018—2022 年揭阳市地区生产总值及在广东省占比

从产业分布来看，2022 年，揭阳市的第一产业生产总值为 223.68 亿元，较上年增长 7.39%；第二产业生产总值为 793.61 亿元，较上年下降 7.72%；第三产业生产总值为 1243.70 亿元，较上年增长 2.56%。三次产业结构比重为 9.9 ∶ 35.1 ∶ 55.0，其中，第三产业所占比重比上年提高 1.84 个百分点（图 6-186）。

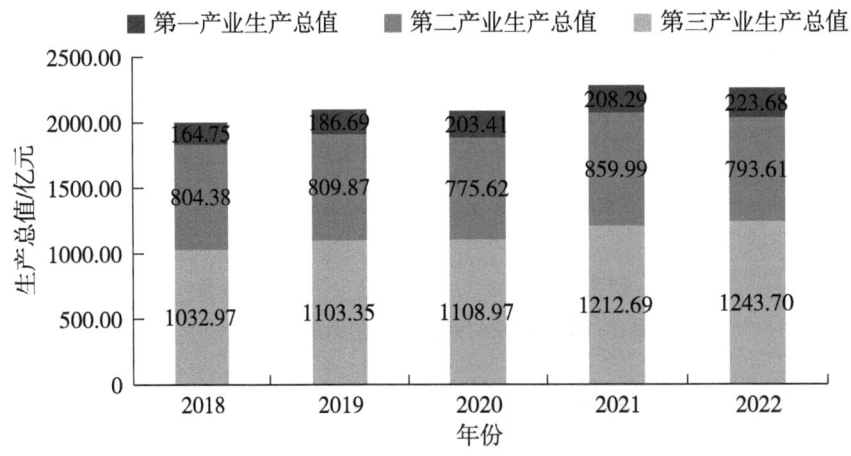

图 6-186　2018—2022 年揭阳市三次产业生产总值

2022 年，揭阳市全市居民人均可支配收入 24 788 元，比上年增长 4.2%。按常住地分，城市居民人均可支配收入 30 273.09 元，比上年增长 3.0%；农村居民人均可支配收入 18 959.31 元，比上年增长 5.2%（图 6-187）。全年全市居民人均消费支出 18 662 元，比上年增长 4.7%。按常住地分，城市居民人均消费支出 20 394 元，比上年增长 3.1%；农村居民人均消费支出 16 822 元，比上年增长 6.4%。

第6章 各地市区域创新能力分析

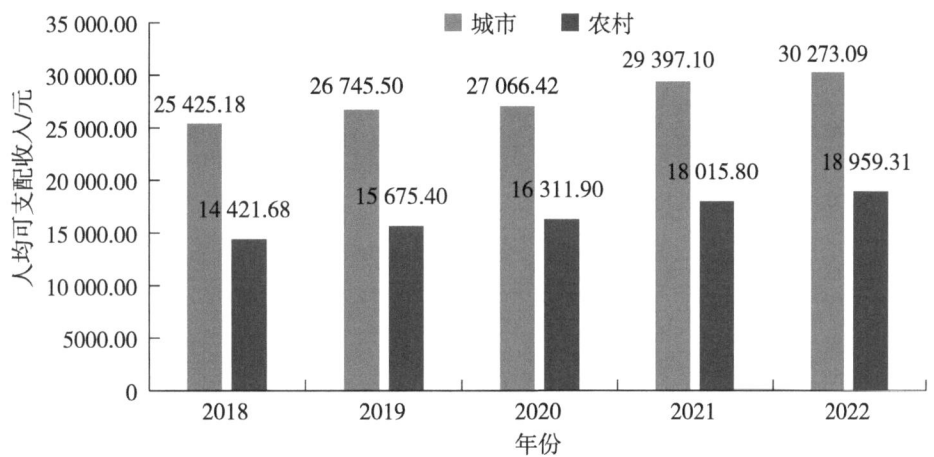

图6-187 2018—2022年揭阳市城市和农村人均可支配收入

（2）工业发展情况

2022年，揭阳市规上工业企业有1572家，较上年增加108家；规上工业总产值2502.81亿元，较2018年下降14.90%（表6-47）。全年全部工业增加值比上年下降7.8%，规上工业增加值下降17.5%。其中，国有控股企业增长16.3%，外商及港澳台投资企业下降27.9%，股份制企业下降16%，集体企业下降26.2%。从轻重工业来看，轻工业下降18.2%，重工业下降16.3%。从企业规模来看，大型企业下降9.6%，中型企业下降14.0%，小微型企业下降20.0%。

（3）科技发展情况

2022年揭阳市地方财政拨款22.99亿元，R&D经费占GDP比重为1.02%，占比较上年提高0.07个百分点。研发人员3751人，较上年下降3.87%，从2018—2022年的变化来看，揭阳市研发人员数量在这5年来呈现先上升后下降的态势，在2019年达到5年来的最高点（图6-188、图6-189）。

2022年，揭阳市全年专利授权总量10 277件，同比下降1.0%；其中，发明专利授权量134件，同比下降13.0%。全年《专利合作条约》（PCT）国际专利申请量11件。截至2022年底，全市有效发明专利拥有量831件，较上年增加42件；万人发明专利拥有量1.48件，较上年增加4.96%（图6-190）。

表6-47 揭阳市规上工业企业数和工业总产值

年份	规上工业企业数/家	规上工业总产值/亿元
2018	1581	2941.07
2019	1393	2873.24
2020	1376	2745.02
2021	1464	2900.65
2022	1572	2502.81

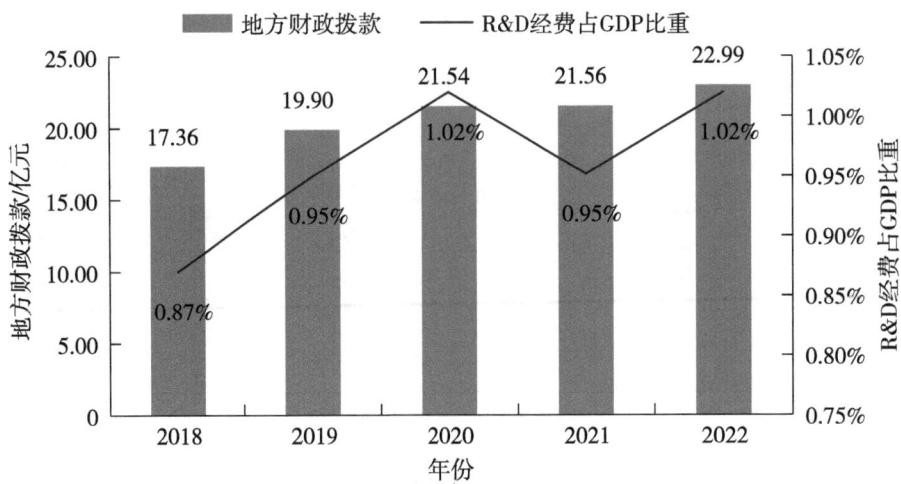

图 6-188　2018—2022 年揭阳市财政投入和研发投入强度

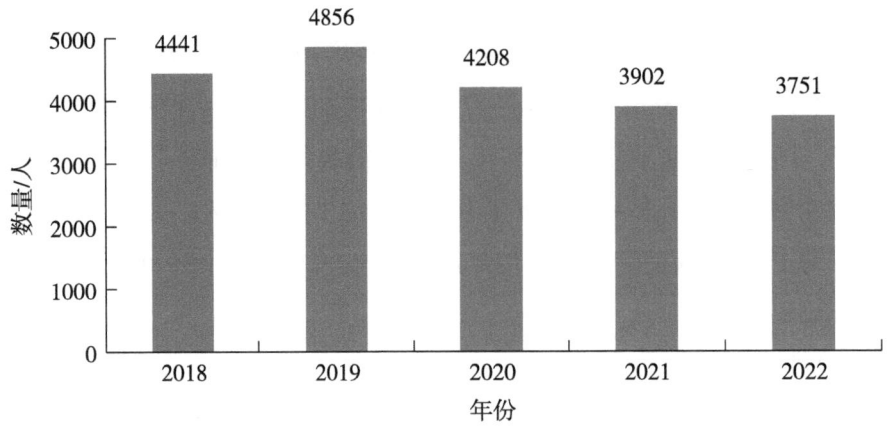

图 6-189　2018—2022 年揭阳市研发人员情况

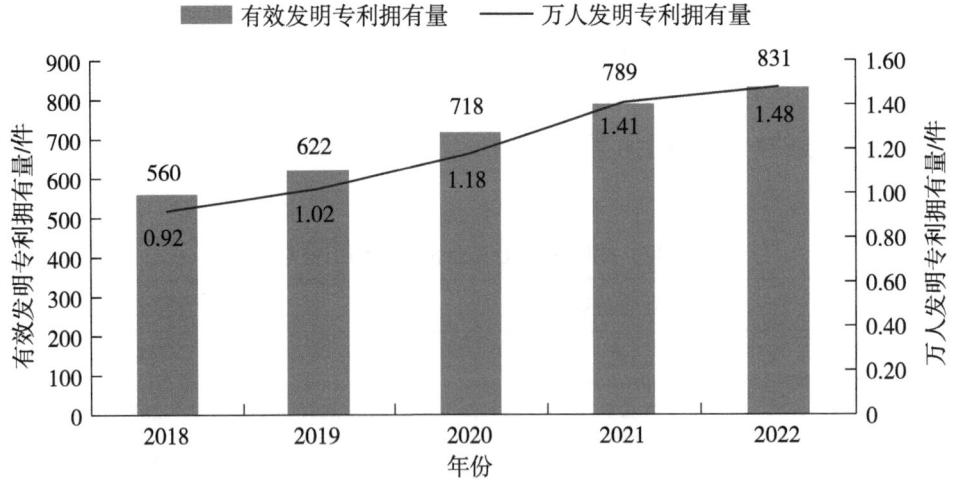

图 6-190　2018—2022 年揭阳市有效发明专利拥有量和万人发明专利拥有量

（4）新经济发展情况

2022年，揭阳市高技术制造业工业增加值为26.00亿元，同比下降幅度超过16%，占规上工业生产总值比重为5.4%，较上年下降0.7个百分点（图6-191）。其中，医药制造业增长7.5%，电子及通信设备制造业下降19.0%，医疗仪器设备及仪器仪表制造业下降59.8%。

先进制造业增加值比上年下降21.6%，占规上工业增加值的比重为35%。其中，高端电子信息制造业下降44.4%，生物医药及高性能医疗器械业下降10.0%，先进装备制造业下降35.6%，先进轻纺制造业下降19.6%，新材料制造业下降20.7%，石油化工业下降12.1%。装备制造业增加值比上年下降27.3%，占规上工业增加值的比重为11.5%。其中，电气机械和器材制造业下降16.2%，计算机、通信和其他电子设备制造业下降19.4%，汽车制造业增长1.0%。

2022年，揭阳市拥有高新技术企业325家，比上年增加91家。2018—2022年，全市高新技术企业数量呈增长态势，较2018年有大幅提升（图6-192）。省工程技术研究中心76个，省重点实验室2个，省级新型研发机构2家。全年统计科技成果9项，其中应用技术成果9项。全年经科技行政部门登记的技术合同27项，技术合同成交额351.6万元。省级企业技术中心12家。

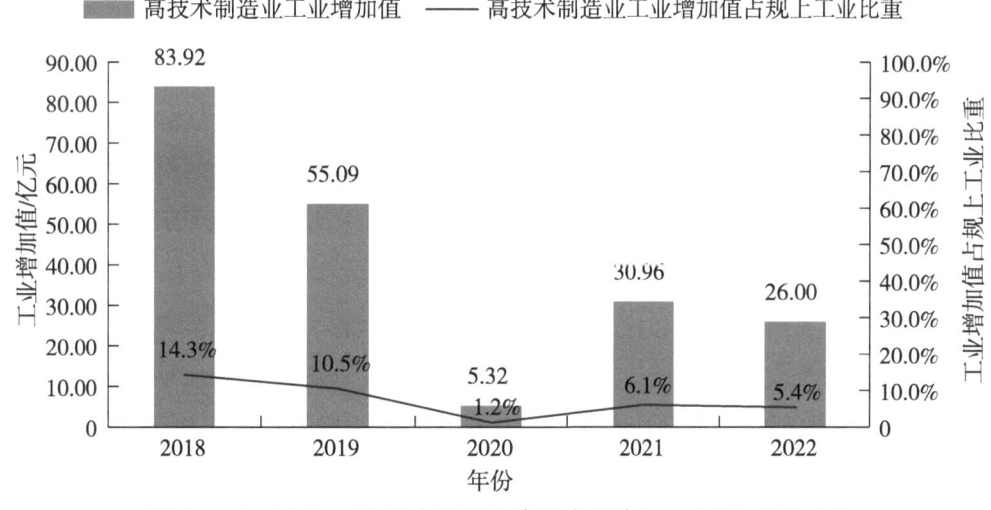

图6-191 2018—2022年揭阳市高技术制造业工业增加值及占比

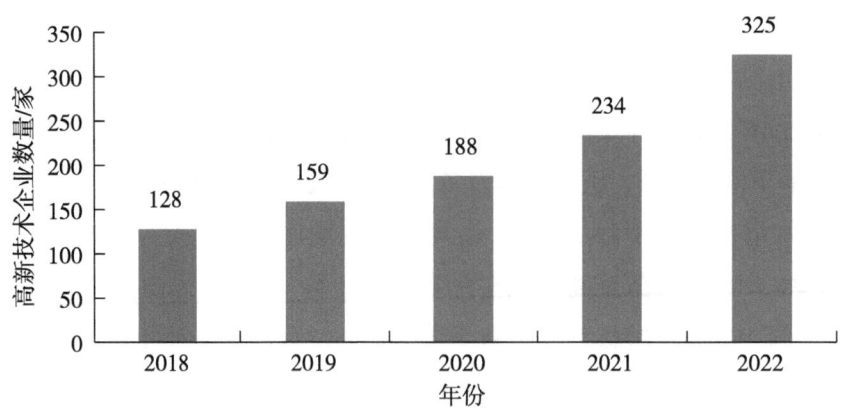

图 6-192　2018—2022 年揭阳市高新技术企业数

6.20.3　创新平台分析

《广东科技创新数据手册》显示，2023 年，揭阳市拥有 1 个广东省实验室，2 个广东省重点实验室。企业类创新平台方面，2023 年，揭阳市拥有 76 个省工程技术研究中心，2 家新型研发机构。

化学与精细化工广东省实验室揭阳分中心（榕江实验室）坐落于揭阳市粤东新城，于 2020 年 7 月完成独立法人事业单位设立登记，2022 年 5 月正式迁址到广东工业大学揭阳校区。揭阳市委、市政府高度重视省实验室建设，把榕江实验室建设作为实施创新驱动发展战略、补齐科技创新短板、建设粤东新发展的重要抓手，致力于将其打造成为开放性、互动性的科技创新和科研开发平台，塑造基础理论研究和应用基础研究区域领先优势。榕江实验室聚焦国际科技前沿和短板，以国家战略目标和需求为导向，立足于广东省支柱产业的重大发展战略布局，对接揭阳市绿色石化、新材料等支柱产业集群的基础和技术创新需求。汇聚全省、全国乃至海内外化学制造相关领域优势高校、研究机构及大型企业研发力量，建设综合性、全链条、高水平的化学与精细化工省实验室，形成"应用基础研究—关键技术研发—工程化孵化—产业化推广应用"新模式，实现"创新链"与"产业链"有机融合。既要"顶天"支撑前沿科技核心领域，又要"立地"服务于地方产业转型升级。

揭阳高新区于 2002 年 11 月经广东省政府批准设立，是广东省构建"一核一带一区"区域发展格局的重要战略支点，是揭阳市打造沿海经济带产业强市的重点产业创新平台和承接产业转移主平台之一。揭阳高新区深入实施创新驱动发展战略，大力引进科技企业孵化器、众创空间等平台，培育了一批高新技术企业和高成长性的科技型中小企业。目前，揭阳高新区（一核三区）拥有国家级孵化器 1 个、国家火炬揭阳机电模具特色产业基地 1 个、国家级企业技术中心 1 家、国家级众创空间 1 个等。通过实施科技领军人才工程、"扬帆计划"等创新创业人才项目，引进 6 支院士团队和一批科技领军人才，搭建"孵化器—加速器—产业园区"全链条创新创业服务体系。

同时，与中国科学院微电子研究所、广东工业大学、华南理工大学等达成产学研合作项目。未来，揭阳高新区将规划"一核三区九园"，以高新区为主体，整合全市各类工业园区，更加有效承接"双区"产业梯度转移，形成具有区域影响力的特色产业集群和一批具有核心竞争力的企业和品牌，努力把揭阳高新区打造成为粤东地区乃至全省的创新驱动发展示范区、新兴产业集聚区、转型升级引领区、高质量发展先行区，走出一条具有揭阳特色的园区高质量发展新路。

6.20.4 政府部门引导创新的典型做法

揭阳市积极落实广东省"1+1+9"工作部署，积极融入粤港澳大湾区和深圳中国特色社会主义先行示范区"双区"建设。深入推进供给侧结构性改革，集中资源重点建设"一城两园"，一批重大产业项目建设取得突破，年产2000万吨炼油+260万吨芳烃+120万吨乙烯的中石油广东石化炼化一体化项目全面开工，配套建设吉林石化ABS、中石油广东揭阳LNG等产业链项目，稳步打造绿色世界级石化基地；海上风电总装机容量640万千瓦获得核准，国电投90万千瓦海上风电项目已开工建设，GE海上风电机组总装基地、明阳新能源综合基地等配套项目加快推进，夯实产业强市基础。深化商事制度改革，推进企业开办流程网办和"6+X证照联办"，全面提升开办企业便利度。

6.20.5 揭阳市创新能力分析小结

揭阳市正处于综合实力提升的关键期、新旧动能转换的突破期、生态环境好转的攻坚期、治理效能提升的深化期。亟须突破发展动力不足和质量不高的"双重问题"；现代产业体系尚未建立，创新链、产业链、供应链存在明显薄弱环节，亟须增强创新动能以促进动能转换；深化改革任务仍然艰巨，生产流通要素体系有待优化整合，制度机制亟待完善提升，营商环境亟待优化。

未来，揭阳市应坚持创新在现代化建设全局中的核心地位，深入实施创新驱动发展战略，着力构建区域协同创新体系，加强技术交流、合作和科技人才引进，大力推进新旧动能转换，以新产业、新业态、新模式为引领，推动互联网、大数据、人工智能和实体经济深度融合，打造具有区域竞争力的成果转化基地，为实现经济高质量发展提供核心动力。在创新平台建设方面，重点支持企业与粤港澳大湾区高校、科研机构、企业建设研发机构和科技创新孵化平台，促使重大科技成果落地转化。加快建设省级实验室和新型研发机构。建设化学与精细化工广东省实验室揭阳分中心，实行新型管理体制和运行机制，赋予其人财物自主权，自主设立的科技项目视同省级或市级科技计划项目，重点引进的人才团队纳入省或市重大人才工程。

6.21 云浮市创新能力分析

云浮市位于广东省中西部，西江中游以南，与肇庆、佛山、江门、阳江、茂名、广西梧州接壤。云浮市为广州都市圈城市之一、珠三角城市群城市之一，珠江西岸先进装备制造产业带重要节点城市。云浮布局发展金属智造、信创产业、氢能源、生物医药、现代农业、文旅产业、现代物流、石材、硫化工、清洁能源等"十大园区产业"，大力推动园区经济扩容提质。云浮市还积极发展金属智造、绿色建材、现代农业3个千亿产业集群，梯次培育精细化工、大健康等百亿特色产业集群，加快构建以制造业为核心的现代产业体系。

6.21.1 创新能力排名

2024年，云浮市创新能力在全省排第15位，与2023年相比排名下降4位，降幅较大（图6-193）。

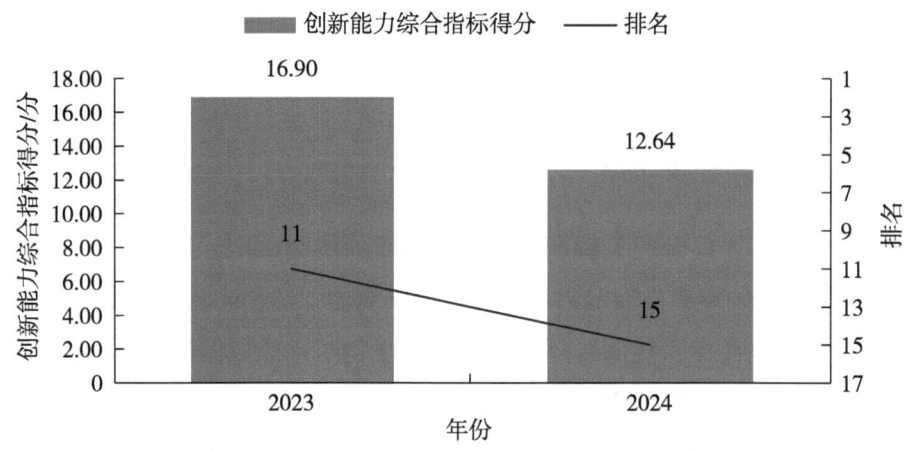

图6-193　2023—2024年云浮市创新能力变化趋势

从分项指标来看，云浮市的创新投入排名第12位，与上年持平；创新产出排名第13位，较上年下降2位；产业升级排名第16位，较上年下降11位，降幅较大；创新环境排名第18位，较上年下降2位；创新绩效排名第17位，较上年下降2位（表6-48、图6-194）。

表6-48　云浮市创新能力指标分析

指标名称	2024年		2023年	
	指标值	排名	指标值	排名
综合	12.64	15	16.90	11
1　创新投入	11.41	12	13.73	12

续表

指标名称	2024年		2023年	
	指标值	排名	指标值	排名
1.1 人员投入	13.68	11	11.97	14
1.2 经费投入	9.13	16	15.48	11
2 创新产出	22.28	13	22.34	11
2.1 专利产出	0.33	18	0.25	18
2.2 产业创新	44.23	12	44.44	10
3 产业升级	13.79	16	30.73	5
3.1 结构优化	25.02	11	19.52	11
3.2 能力提升	2.57	18	41.93	5
4 创新环境	4.24	18	5.40	16
4.1 政策环境	6.63	19	8.93	17
4.2 创新平台	1.86	16	1.87	17
5 创新绩效	11.46	17	12.31	15
5.1 生活质量	6.28	18	6.07	18
5.2 技术水平	16.65	15	18.55	14

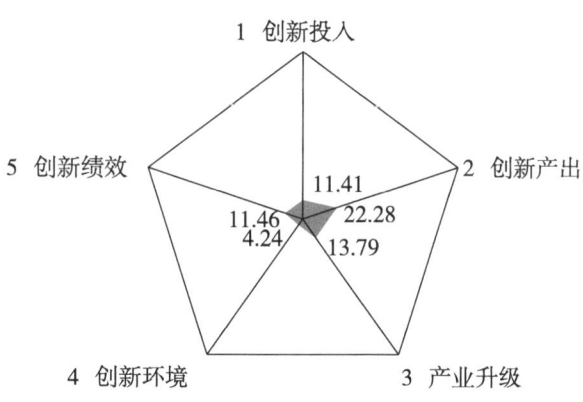

图6-194 2024年云浮市创新能力蛛网图

6.21.2 决定创新能力的关键指标分析

（1）国民经济综合发展情况

经广东省统计局统一核算，2022年云浮实现地区生产总值（初步核算数）1162.43亿元，在广东省排名第21位，比上年增长2.1%。云浮市地区生产总值占广东比重为0.90%，较上年下降0.01个百分点，较2018年提高0.04个百分点。全市人均地区生产总值48 538元，同比增长1.9%（图6-195）。

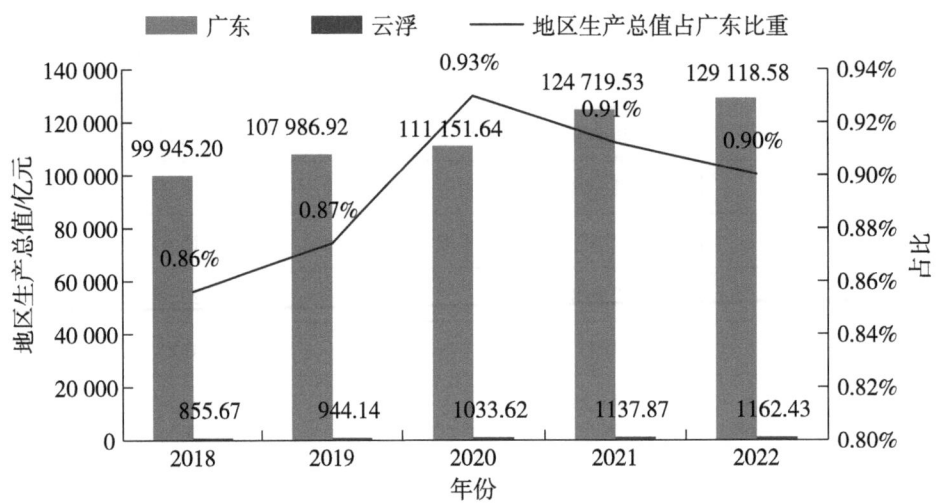

图 6-195　2018—2022 年云浮市地区生产总值及在广东省占比

从产业分布来看，2022 年，云浮市第一产业生产总值 218.91 亿元，同比增长 4.1%，对地区生产总值增长的贡献率为 39.0%；第二产业生产总值 378.32 亿元，同比增长 2.7%，对地区生产总值增长的贡献率为 39.6%；第三产业生产总值 565.20 亿元，同比增长 1.1%，对地区生产总值增长的贡献率为 21.4%。三次产业结构比重为 18.8 ∶ 32.6 ∶ 48.6，第二产业比重提高 0.2 个百分点（图 6-196）。

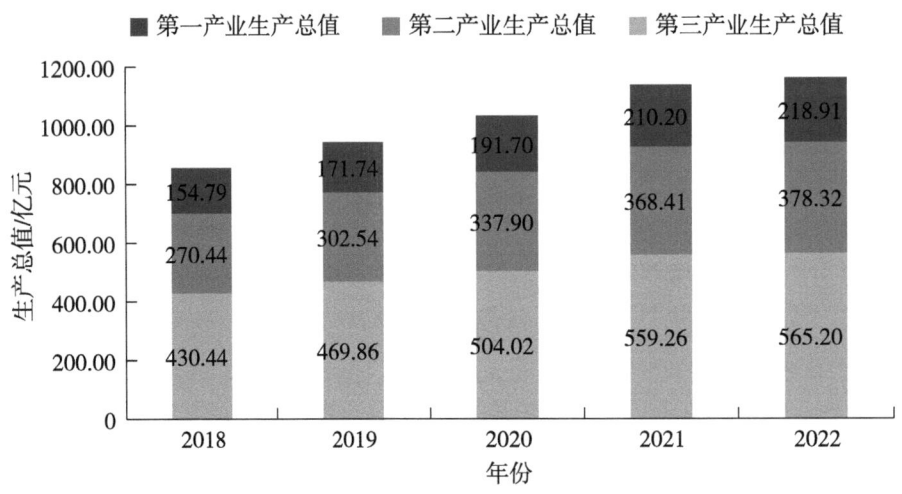

图 6-196　2018—2022 年云浮市三次产业生产总值

2022 年，云浮市全市居民人均可支配收入 25 952 元，比上年增长 5.4%。按常住地分，城市居民人均可支配收入 32 381 元，比上年增长 4.6%；农村居民人均可支配收入 20 787 元，比上年增长 5.7%（图 6-197）。全年全市居民人均消费支出 16 840 元，比上年增长 2.5%。按常住地分，城市居民人均消费支出 19 150 元，比上年增长 0.5%；农村居民人均消费支出 14 985 元，比上年增长 4.2%。全市居民恩格尔系数为 41.1%；其中城市为 40.6%，农村为 41.6%。

第6章 各地市区域创新能力分析

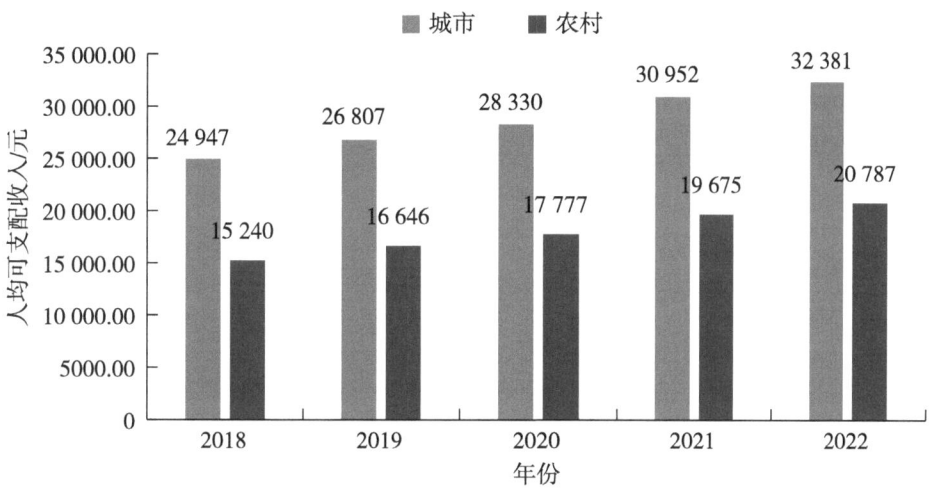

图 6-197 2018—2022 年云浮市城市和农村人均可支配收入

（2）工业发展情况

2022 年，云浮市规上工业企业有 426 家，较上年减少 7 家，较 2018 年增加 84 家。规上工业总产值 716.92 亿元，较上年增长 6.8%，较 2018 年增长 44.74%（表 6-49）。

全年全部工业增加值比上年增长 3.6%。其中，规上工业增加值与上年持平。在规上工业中，从经济类型来看，国有控股企业增长 2.7%；外商及港澳台投资企业下降 3.0%；股份制企业增长 1.1%。从轻重工业来看，轻工业下降 7.7%；重工业增长 3.2%。从企业规模来看，大型企业下降 5.0%；中型企业增长 14.3%；小微型企业下降 10.1%。

（3）科技发展情况

2022 年，云浮市地方财政拨款 7.16 亿元，较上年增长 2.73%；R&D 经费占 GDP 比重为 0.62%，较上年提高 0.01 个百分点；研发人员 2920 人，较上年增长 7.12%。2021—2022 年，云浮市的地方财政拨款金额、R&D 经费占 GDP 比重及研发人员数量均较 2018—2020 年有大幅提升，并跃升至新的水平（图 6-198、图 6-199）。

表 6-49 云浮市规上工业企业数和工业总产值

年份	规上工业企业数 / 家	规上工业总产值 / 亿元
2018	342	495.32
2019	355	542.68
2020	383	578.59
2021	433	671.27
2022	426	716.92

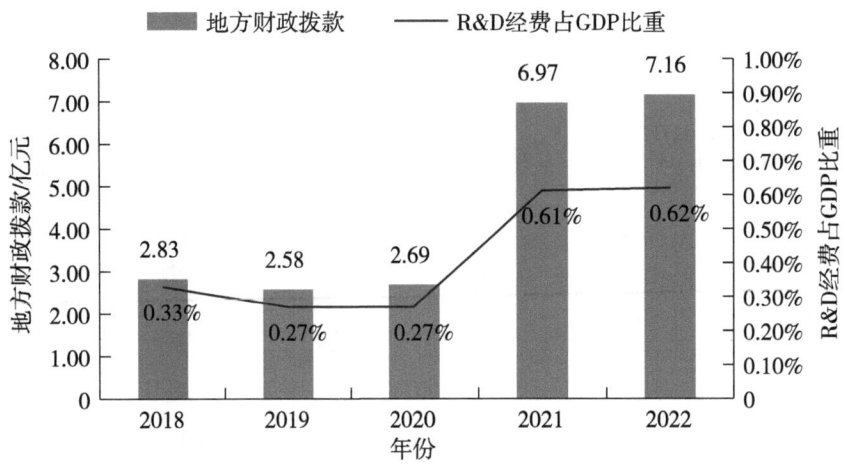

图 6-198　2018—2022 年云浮市财政投入和研发投入强度

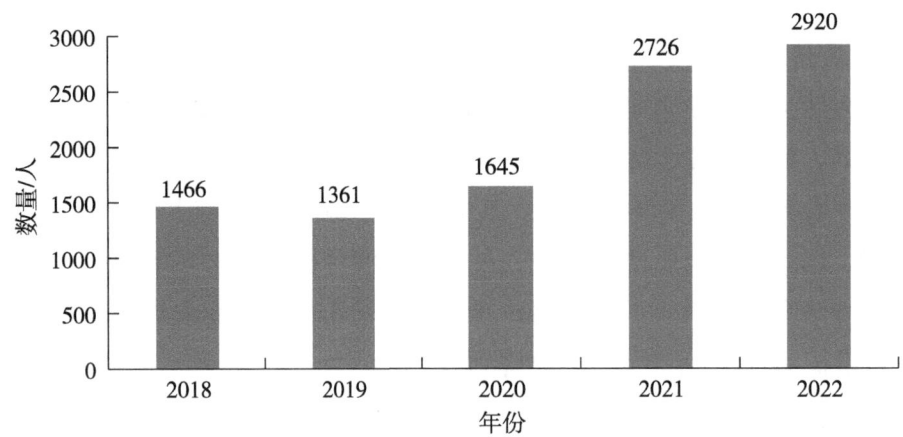

图 6-199　2018—2022 年云浮市研发人员情况

2022年，云浮市全市专利授权量2490件，比上年下降10.30%；其中，发明专利授权量116件，比上年增长18.37%。全年《专利合作条约》（PCT）国际专利申请量2件。截至2022年底，全市有效发明专利拥有量569件，万人发明专利拥有量2.38件（图6-200）。有效发明专利5年以上维持率65.73%。全市共有264家企业获得专利授权1414件，其中59家企业有发明专利授权103件。全年经各级科技行政部门登记技术合同71项；技术合同成交额0.39亿元。

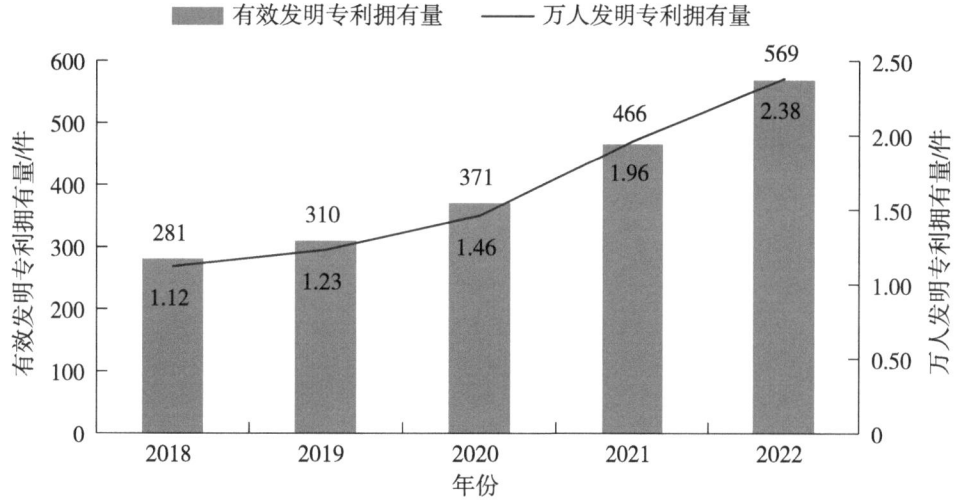

图6-200　2018—2022年云浮市有效发明专利拥有量和万人发明专利拥有量

（4）新经济发展情况

2022年，云浮市高技术制造业工业增加值15.94亿元，较上年增长3.24%。高技术制造业工业增加值占规上工业比重为12.8%，较上年提高2.6个百分点（图6-201）。先进制造业增加值比上年增长12.7%，占规上工业增加值的比重为31.1%。其中，先进装备制造业增长16.7%；新材料制造业增长128.1%；生物医药及高性能医疗器械制造业增长19.2%。装备制造业增加值比上年增长6.2%，占规上工业增加值的比重为16.4%。其中，金属制品业增长18.0%；通用设备制造业增长5.4%；汽车制造业增长25.9%；电气机械和器材制造业增长8.9%。

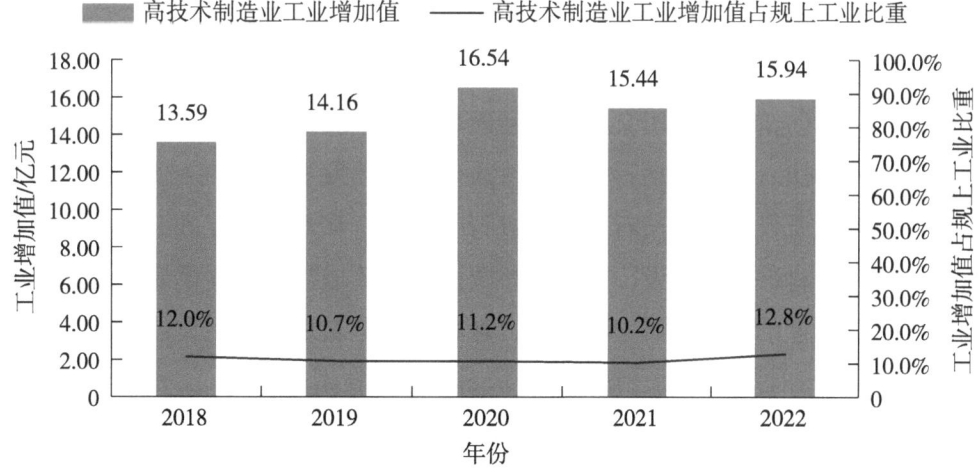

图6-201　2018—2022年云浮市高技术制造业工业增加值及占比

2022年，云浮市拥有高新技术企业158家，比上年增加32家，较2018年增加101家，2018—2022年，高新技术企业数量有大幅提升（图6-202）。国家工程技术研究中心1个，省工程技术研究中心41个，市工程技术研究中心73个。国家级企业技术中心1家，省级企业技术中心7家。

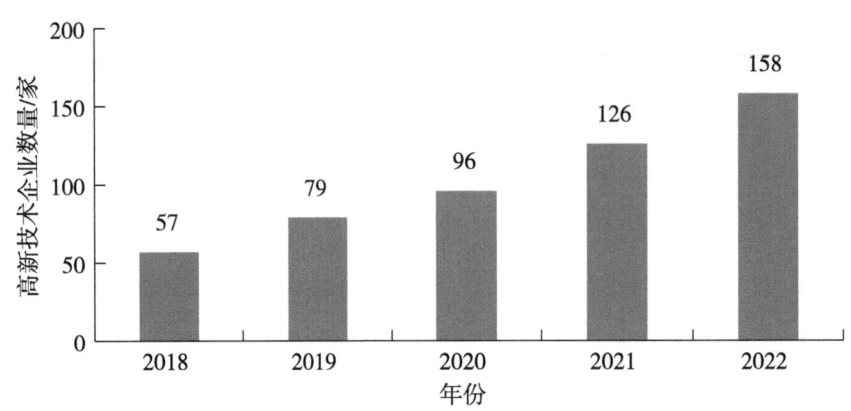

图6-202　2018—2022年云浮市高新技术企业数

6.21.3　创新平台分析

《2023年云浮市国民经济和社会发展统计公报》显示，2023年，云浮市拥有高新技术企业195家，科技型中小企业266家。

云浮市加快推进科技创新平台建设，先后与中山大学地球科学与地质工程学院、广东工业大学、广东华南工业设计院等高等院校、科研院所开展合作，共同建设国家石材产学研检创新中心、云浮创新设计中心、云浮不锈钢产业创新中心等3个科技创新平台。

国家石材产学研检创新中心由国家石材产品质量监督检验中心（广东）和中山大学地球科学与地质工程学院合作共建。作为推动石材产业融入创新驱动发展战略的一项有力举措，国家石材产学研检创新中心将优质科技资源与石材产业进行有效融合和对接，促进石材产业创新发展。该创新中心致力于国家石材数据库建设，旨在将该数据库打造成为国内规模最大、品种最齐全的石材标准样品库和石材行业的科普、研发、质检、教学和展览基地。运用大数据资源，将石材产业与"互联网+"计划进行对接，推动云浮乃至全国石材产业转型升级。

云浮创新设计中心是由云浮市政府、云浮新区投资建设，由广东工业大学、广东省华南工业设计院负责管理运营的集设计研发、设计成果转化、设计人才培养于一体的设计创新公共服务平台。该设计中心主要针对云浮传统产业的转型升级和产品创新的需求，完成产品设计、产品策划、产品研发、样品制作、设计人才培养等功能建设，建成集设计研发与服务、设计成果转化、设计项目孵化及产业化、设计人才培养与引进等功能于一体的、具有国际视野的创新设计研发实体。

云浮不锈钢产业创新中心主要设立技术创新、工业设计、产业孵化等10个平台。通过多渠道整合国内外的知识资源和技术资源，服务云浮新兴的不锈钢支柱产业，提高企业生产力水平，为企业提供多领域的先进技术，在企业经营管理、技术开发、技术创新、技术交流合作、科技成果转化、信息服务、人才培训等方面为企业提供优质高效的服务。建立不锈钢产业创新中心，有助于提升不锈钢产业的整体创新能力，吸引更多的创新项目、科技人才、创新资本等创新资源，形成集聚效应，更好地带动区域产业的转型升级，以及创造更大的经济效益。

6.21.4 政府部门引导创新的典型做法

云浮市坚持实施创新驱动发展战略，持续推进科技创新载体和平台建设，大力引进高水平创新人才，不断优化科技创新环境，为推动高质量发展注入科技创新动力。制定"1+10"系列创新驱动发展政策文件，推动落实企业研发费用税前加计扣除、高新技术企业税收优惠等普惠性政策，创新政策环境不断优化。云浮高新区科技企业孵化器顺利获批省级科技企业孵化器，实现省级孵化器"零"的突破。设立云浮市金融·科技创新创业服务中心，实施云浮市科技信贷风险准备金政策，面向全市科技型中小企业提供市级科技信贷风险准备金服务和支持。此外，创新平台建设取得重大突破，初步构建以省实验室分中心为核心、省重点实验室和市重点实验室为支撑的实验室体系，成功打造一批具有云浮特色的创新平台。

6.21.5 云浮市创新能力分析小结

云浮科技创新取得明显进步，但云浮作为广东省经济欠发达地区的基本情况没有发生改变，科技创新各项指数排名在全省仍处于相对靠后的状态，与高质量发展要求还存在一定差距。具体表现在，科技创新投入不足，高校院所数量少，原始创新能力弱；企业自主创新能力不强、创新主体地位还不够突出；产学研合作形式较为单一；高层次人才匮乏等。未来，云浮要积极面向国家和省的发展战略，聚焦科技创新短板，充分发挥科技创新的后发优势，从国内外新形势、新格局中找准新坐标，从广东省赋予云浮的新使命中找准新定位，围绕产业链部署创新链，聚焦重点产业关键核心技术，改造提升传统优势产业，培育创新发展新动能，推动科技创新有力支撑乡村振兴和高质量发展。围绕云浮市委"打造粤北生态发展新高地、建设高质量发展的美丽云浮"的目标定位，立足"一区"、融入"一核"、协同"一带"，紧扣创新联动传导，坚持以"推动高质量发展"为主线，聚焦高水平科技自立自强，主动融入"双区"、两个合作区提质发展，聚力打造具有云浮特色的科创平台，深度激发企业创新主体作用，大力集聚科创人才"第一资源"，全面加速创新要素在云浮落地转化，促进科技创新能力迈向新台阶。

第 7 章　区域创新能力评价的意义与方法

7.1　区域创新能力评价的意义

自 20 世纪 90 年代以来，区域创新体系逐渐受到学者的关注（Cooke，1997）。从理论上讲，在丰富创新系统理论体系的同时，它还有自身的重要意义。首先，区域创新体系的研究将创新的变量延伸到空间的维度，使创新体系有了地理的内涵，丰富了国家创新体系的研究内容；其次，区域创新体系让创新资源配置中的区域极化与均衡成为一个重要的研究命题；最后，区域创新体系的研究为各级政府对创新的政策支持、规制模式等相关研究提供了多样性的支撑。

从现实意义上讲，区域创新能力的评价，一方面，可以为广东省政府提供协调区域发展的新模式，为创新提供更多更大的空间；另一方面，也可以为地方政府推动当地经济工作提供新的思路，更加突出创新在区域发展中的地位，发挥地方政府在产业升级和经济发展方式转变中的能动作用。

7.2　评价体系与分析框架

在本报告中，一个地区的创新能力是该地区创新能力与其他地区相比的相对排名，不是该地区创新能力的直接衡量指标。评价一个地区的创新能力，需要一套较好的指标。指标的选取、指标的数量、权重的选取及指标中主观与客观指标的比例，都影响最终创新能力的排名。因此，我们在指标选取、评价方法等多个方面都非常谨慎，本报告借鉴了包括《世界竞争力年鉴》《全球竞争力报告》《全球创新指数报告》《国家创新指数报告》在内的诸多国内外知名报告，采用了《中国区域创新能力评价报告》的指标评价方法，并根据广东省创新体系的特征进行了适当的调整。

7.2.1　评价原则

第一，框架必须考虑区域创新体系建设情况，即强调研发机构、企业、政府等创新要素的网络化，把知识在几个要素间流动的程度作为衡量区域技术创新系统化的关键，同时也结合考虑数据可得性。

第二，框架必须考虑区域科技创新的链条建设。强调链条，首先是因为在大多数情况下，技术创新先是来自一个创新的思想、发明或科技突破，其中大学、科研院所的知识创造活动是重要的创新来源。其次，有了很强的知识创造活动，不等于该地区就有较强的创新能力，科技实力强不等于技术创新能力强，许多地区没有较强的科技基础，但仍然有很高的技术创新能力。问题的关键是能否有效地利用全球范围内的各种知识为本地区的创新服务。因此，必须考虑知识流动或技术转移的能力。最后，企业是技术创新的主体，而不是科研部门或高校。因此，一个地区技术创新能力的高低关键是看企业有没有足够的创新动力和创新能力。我们在考察企业的技术创新能力时，注重引入创新链条来进行评价。因此，与已有的科技竞争力评价体系不同的是，本报告的指标框架强调企业是技术创新主体这一价值判断。

第三，框架强调创新环境建设的重要性。在市场经济体系下，衡量地方政府工作的重要内容不是传统的计划和干预的多少，而是如何创造一个有利于企业创新的环境。因为政府远离市场，不能直接指导企业的技术创新流动，其职能调整的关键就是从依赖计划转向创造创新环境来推动企业的技术创新。

7.2.2 指标体系

依据上述原则，我们在充分吸取以前评价经验的基础上，对指标体系进行优化调整，提出了如表 7-1 所示的广东省创新能力评价指标体系，包括 5 个一级指标，10 个二级指标。一级指标包括创新投入、创新产出、产业升级、创新环境和创新绩效。其中，创新投入用来衡量地区对创新的投入和重视程度；创新产出用来衡量地区投入之后所获得的创新成果；产业升级用来衡量地区新旧转型的能力；创新环境用来衡量创新主体所处环境对创新活动的支持能力；创新绩效用来衡量持续创新对人民生活质量提高和生产技术水平提高的影响。

表 7-1 广东省创新能力评价指标体系

一级指标	二级指标	三级指标
创新投入	人员投入	万人均研发人员数量
		规上工业企业平均拥有研发人员数量
	经费投入	R&D 经费占 GDP 比重
		规上工业企业研发经费占营业收入之比
创新产出	专利产出	万人发明专利拥有量
		PCT 专利申请数占全省比重
	产业创新	高新技术产品进出口额占 GDP 比重
		高新技术产品产值占工业总产值比重

续表

一级指标	二级指标	三级指标
产业升级	结构优化	第三产业增加值占 GDP 比重
		高技术制造业工业增加值占规上工业比重
	能力提升	万人均高新技术企业数
		技术市场交易合同金额占 GDP 比重
创新环境	政策环境	地方财政科技拨款占财政支出比重
		孵化器数量占全省比例
		众创空间数量占全省比例
	创新平台	新型研发机构数量
		省级以上重点实验室数量
		省级以上工程技术研究中心数量
创新绩效	生活质量	城市人均可支配收入
		农村人均可支配收入
	经济绩效	人均 GDP
		工业企业新产品产值占工业总产值比重

7.2.3 评价方法

《广东省区域创新能力评价报告》借鉴《中国区域创新能力评价报告》的评价方法——加权综合评价法，基础指标无量纲化后，采用分级等权方式确定权重，分层逐级综合，最后得出每个地级市创新能力的综合指标值。

单一指标采用直接获取的区域数据来表示，在无量纲化处理时采用效用值法，效用值规定的值域是 [0，100]，即该指标下最优值的效用值为 100，最差值的效用值为 0，计算方法如下：

如设 i 表示第 i 项指标，j 表示第 j 个区域；

x_{ij} 表示 i 指标在 j 区域的指标获取值；

y_{ij} 表示 i 指标在 j 区域的指标效用值；

$x_{i\max}$——该指标的最大值；

$x_{i\min}$——该指标的最小值；

$$y_{ij} = \frac{x_{ij} - x_{i\min}}{x_{i\max} - x_{i\min}} \times 100。 \tag{7-1}$$

在效用值法的基础上，基于逐级等权法，计算得到各地区综合指标值和各维度指标值。加权计算是分层逐级进行的，以图 7-1 为例说明：

a、b、c 分别表示分层；

$x(a, i)$，$x(b, i)$ 分别表示分层分区域的指标效用值，则计算时从右向左进行。

如计算 b_i 的指标值，设 $x(b_i, i)$ 是区域 i 在 b_i 指标下的综合效用值；$x(c_i, i)$ 是区域 i 在 c_i 指标下的效用值。那么

$$x(b_1, i)= (x(c_1, i)f(c_1)+ x(c_2, i)f(c_2) + \cdots + x(c_n, i)f(c_3))/n。 \quad (7-2)$$

其中，n 为对应指标数量。

以此类推，求出 $x(b_2, i)$，$x(b_3, i)$，……

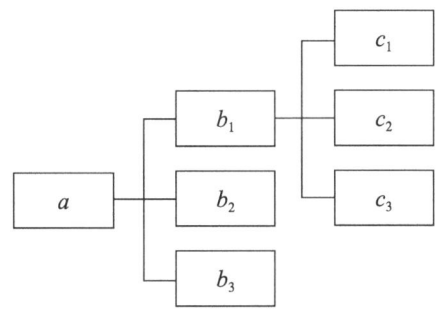

图 7-1 指标体系示意

7.2.4 数据来源

为了保证研究的可检验性，本报告的数据均来源于公开出版的统计年鉴和政府工作报告，主要包括《广东省统计年鉴》、《中国火炬统计年鉴》、21个地市统计年鉴、《广东科技统计数据》、21个地市国民经济和社会发展统计公报、政府工作报告等。

此外，报告中也引用了部分公开数据来丰富报告内容，包括《北京大学数字普惠金融指数（2011—2021）》、《全球创新指数报告》、Incopat 国际专利数据库等。

第三篇
专题分析

第 8 章　北上广深新一代信息技术产业专利合作网络分析

8.1　数据来源与指标说明

本报告使用的数据集由北京、上海、广州、深圳 2000—2022 年新一代信息技术产业的发明专利构成，数据均来自 Incopat 国际专利数据库。其中，新一代信息技术产业发明专利依据《战略性新兴产业分类与国际专利分类参照关系表（2021）（试行）》得到[①]。城市专利合作网络由专利列表中包含的申请人信息构建，网络的节点为专利申请人，网络的边为共同专利申请。

城市专利合作网络的构建：为了缓解年度专利申请波动对创新网络构建的影响，在构建网络时使用 3 年移动窗口，即城市第 t 年的专利合作网络根据该城市从 $t-1$ 到 $t-3$ 年累积的合作专利构建。

最大连通子图：本报告对于各城市专利合作网络的分析根据各城市的最大连通子图进行，因为聚类系数、平均最短路径长度等小世界网络属性在不连通的网络之间还没有定义。

最大连通子图规模：计算了最大连通子图中节点数量占地区整个专利合作网络节点数量的比例，反映地区最大连通子图的规模。

平均聚类系数：Watts 和 Strogatz（1998）通过考虑"三元组"的数量来计算聚类，本报告遵循该计算方法，通过每个申请人实际三元组数量除以潜在三元组数量得到该节点的聚类系数，所有节点聚类系数的均值即为网络的平均聚类系数。聚类系数是网络的局部特征，反映了相邻两个人之间朋友圈子的重合度，即该节点的朋友之间也是朋友的程度。因为聚类系数不会随网络规模有太大变化，所以该指标没有进行标准化处理。

平均路径长度：在网络中，任选两个节点，连通这两个节点的最少边数被定义为这两个节点的路径长度，网络中所有节点的路径长度的平均值，被定义为网络的平均路径长度。我们将该指标进行标准化处理，以排除不同网络规模对该指标的影响。如果不进行标准化处理，一个规模更大的合作网络会比一个更小但连接不良的合作网络有更长的路径长度。标准化方法为：将平均路径长度除以与该网络规模相同的完全连接的正则图的理论路径长度。

[①] 新一代信息技术产业包括：下一代信息网络产业、电子核心产业、新兴软件和新型信息技术服务、互联网与云计算、大数据服务、人工智能。

小世界属性：小世界网络表现为通过几个桥接关系连接的局部密集相互作用集群，即密集和集群的连接关系与远距离和多样化的连接关系共存。密集和集群的关系可实现信任和密切协作，而远程关系可为集群带来新的非冗余信息。本报告使用平均聚类系数与标准化后的平均路径长度的比值反映地区专利合作网络的小世界属性。

8.2 专利申请趋势分析

8.2.1 发明专利申请量对比

我们分析了北京、上海、广州和深圳的年度发明专利申请趋势（图8-1）。首先，4个城市发明专利申请量都呈现上升趋势。其次，北京的发明专利申请量相较于其他3个城市增长更快、数量更多，有明显的领先优势。再次，深圳表现出对上海的追赶势头，2000—2005年发明专利申请量虽一直落后于上海，但差距不断缩小；2006—2015年，深圳与上海的创新发展并驾齐驱；2016—2020年，深圳的发明专利申请量超过上海，仅次于北京。最后，广州市在4个城市中一直处于相对落后的位置。

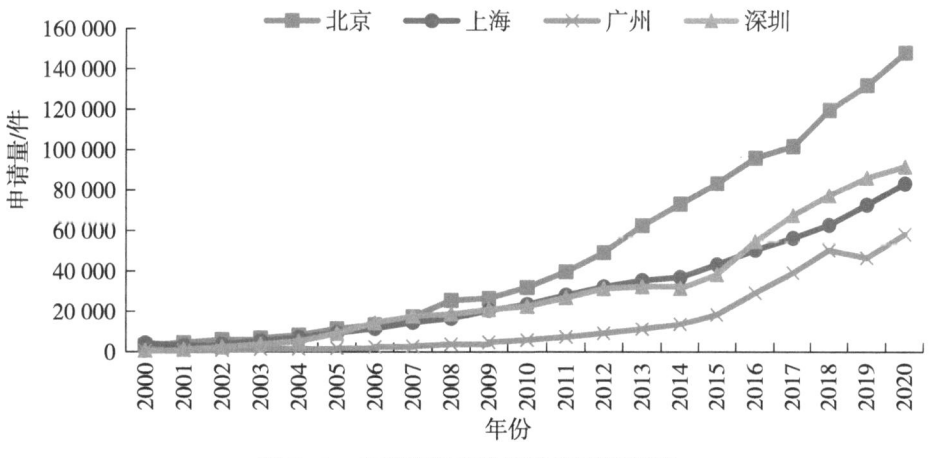

图8-1 各城市年度发明专利申请趋势

8.2.2 新一代信息技术产业发展情况对比

本报告通过计算城市新一代信息技术产业专利申请量占当年发明专利申请量的比重，来反映该城市新一代信息技术产业的创新发展情况（图8-2）。首先，深圳市新一代信息技术产业专利申请量占比最高，2006年之后呈下降趋势，但占比一直维持在47%以上。其次，北京、上海和广州新一代信息技术产业专利申请量占比不断上升，北京新一代信息技术产业专利申请量占比从2000年的14.14%上升到2020年的46.62%，与深圳仅相差3个百分点；上海新一代信息技术产业专利申请量占比从 2000 年的 4.69% 上升到 2020 年的 33.02%；广州上升幅度相对较小，新一代信息技术产业专利申请量占比从 2000 年的 8.13% 上升到 2020 年的 27.27%，一直未突破 30%。

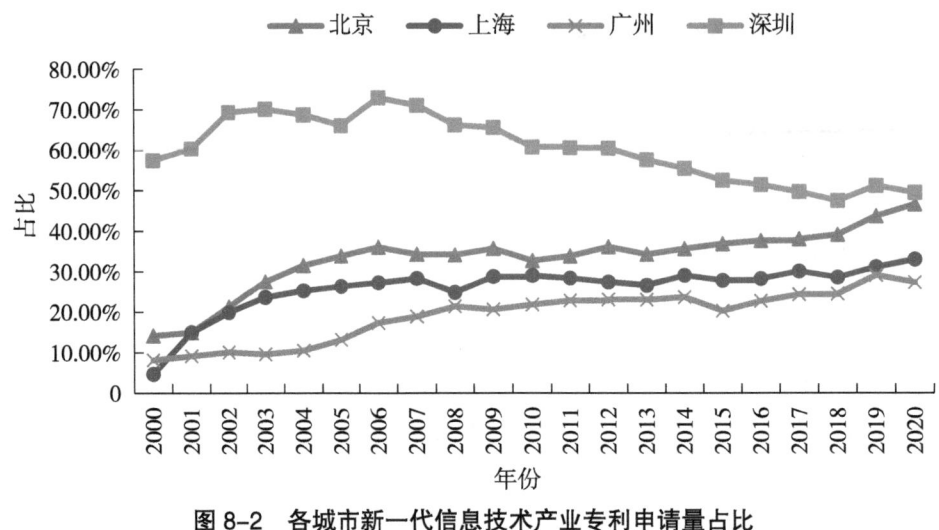

图 8-2　各城市新一代信息技术产业专利申请量占比

8.3　北京市新一代信息技术产业专利合作网络分析

8.3.1　网络规模特征

本小节从专利合作网络规模、最大连通子图规模、中心性较高的主体演化 3 个方面分析北京市新一代信息技术产业专利合作网络的特征。

从专利合作网络规模来看，北京市专利合作网络的节点数不断增加，从 2003 年的 405 个增加到 2021 年的 4708 个。最大连通子图的规模也不断扩大，从 2003 年的仅包含 36 个节点的合作网络扩大到 2021 年的包含 2738 个节点的合作网络，最大连通子图的节点占比也从 2003 年的 8.89% 上升到 2021 年的 58.16%，表明北京市的合作专利申请人越来越多地相互连接，从零散独立的小网络逐渐汇聚成大网络（表 8-1）。

表 8-1　北京市专利合作网络规模特征

年份	专利合作网络规模		最大连通子图规模			
	节点数/个	边数/个	节点数/个	节点占比	边数/个	边数占比
2003	405	346	36	8.89%	36	10.40%
2004	420	357	52	12.38%	53	14.85%
2005	485	454	54	11.13%	56	12.33%

续表

年份	专利合作网络规模		最大连通子图规模			
	节点数/个	边数/个	节点数/个	节点占比	边数/个	边数占比
2006	561	626	47	8.38%	50	7.99%
2007	725	814	61	8.41%	64	7.86%
2008	832	907	142	17.07%	169	18.63%
2009	935	929	193	20.64%	245	26.37%
2010	1070	1125	233	21.78%	294	26.13%
2011	1329	1391	335	25.21%	431	30.98%
2012	1575	1721	370	23.49%	494	28.70%
2013	1792	1992	532	29.69%	817	41.01%
2014	2334	3183	1029	44.09%	1950	61.26%
2015	2778	4402	1506	54.21%	3318	75.37%
2016	3141	5534	1756	55.91%	4166	75.28%
2017	3341	5812	1757	52.59%	4219	72.59%
2018	3461	5946	1802	52.07%	4268	71.78%
2019	3693	6333	1932	52.32%	4694	74.12%
2020	4031	7086	2305	57.18%	5490	77.48%
2021	4708	8204	2738	58.16%	6329	77.15%

通过计算各节点的度中心性，本报告梳理了北京市专利合作网络创新主体的演化过程，如图8-3所示。2003—2021年处于度中心性排名前10位的创新主体共有52家。从出现频次来看，"清华大学"出现19次，频次最多，并且其度中心性一直居前3位，表明其在北京市新一代信息技术产业的创新发展中发挥着重要作用。其次为"北京邮电大学"，出现次数为18次，虽然出现频次仅次于"清华大学"，但其度中心性排名自2012年前的第3、第4位下降到2012年之后的第5、第6位。出现频次排名第三的为"国家电网公司"和"国家电网有限公司"，共出现14次。从演化图可以看出，2013年之后，国家电网公司在北京市新一代信息技术产业发展中发挥的作用更加明显。

年份	2003	2004	2005	2006	2007	2008	2009	2010	2011	2012	2013	2014	2015	2016	2017	2018	2019	2020	2021
1	清华大学	清华大学	清华大学	清华大学	清华大学	中国移动通信集团公司	清华大学	清华大学	清华大学	清华大学	国家电网公司	国家电网公司	国家电网公司	国家电网公司	国家电网公司	国家电网公司	国家电网公司	国家电网公司	国家电网有限公司
2	信息产业部电信传输研究所	信息产业部电信传输研究所	北京邮电大学	北京航空航天大学	北京邮电大学	清华大学	中国移动通信集团公司	中国移动通信集团公司	中国移动通信集团公司	北京航空航天大学	清华大学	中国电力科学研究院	中国电力科学研究院	中国电力科学研究院	中国电力科学研究院	中国电力科学研究院	国家电网有限公司	国家电网有限公司	清华大学
3	北京邮电大学	北京邮电大学	信息产业部电信传输研究所	中国科学院物理研究所	中国移动通信集团公司	北京大学	北京邮电大学	北京邮电大学	北京邮电大学	北京邮电大学	中国电力科学研究院	清华大学	清华大学	清华大学	清华大学	清华大学	清华大学	清华大学	中国电力科学研究院有限公司
4	深圳市中兴通讯股份有限公司	中国科学院物理研究所	中国科学院物理研究所	北京科技大学	北京航空航天大学	北京邮电大学	北京大学	北京大学	北京航空航天大学	中国电力科学研究院	北京航空航天大学	江苏省电力公司	江苏省电力公司	江苏省电力公司	江苏省电力公司	华北电力大学	中国电力科学研究院有限公司	中国电力科学研究院有限公司	国家电网公司
5	清华同方股份有限公司	北京三星通信技术研究有限公司	中国科学通信技术研究有限公司	北京工业大学	中国科学院自动化研究所	北大方正集团有限公司	北大方正集团有限公司	北大方正集团有限公司	北京大学	北大方正集团有限公司	北京邮电大学	北京邮电大学	北京邮电大学	北京邮电大学	北京邮电大学	北京邮电大学	中国电力科学研究院	北京邮电大学	北京邮电大学
6	富士通株式会社	国家高技术绿色科技发展中心	中国科学院物理研究所	民航数据通信有限责任公司	北京科技大学	北京工业大学	中国移动通信集团设计院有限公司	中国电力科学研究院	北大方正集团有限公司	北大方正集团有限公司	北大方正集团有限公司	北京航空航天大学	国网浙江省电力公司	国网浙江省电力公司	北京邮电大学	北京邮电大学	华北电力大学	华北电力大学	北京航空航天大学
7	清华同方核技术股份有限公司	北京四方继保自动化有限公司	北京科技大学	北京民航天科自动发展有限公司	三星电子株式会社	北京航空航天大学	北京工业大学	中国科学院声学研究所	中国电力科学研究院	铁道部运输局	北大方正集团有限公司	华北电力大学	华北电力大学	华北电力大学	华北电力大学	国网信息通信产业集团有限公司	国网信息通信产业集团有限公司	北京航空航天大学	北京理工大学
8	东南大学	北京同构高技术有限公司	三星电子株式会社	北京四方继保自动化有限公司	北京交通大学	中国科学院声学研究所	中国科学院声学研究所	北京工业大学	中国海洋石油总公司	中国海洋石油总公司	铁道部运输局	北京航空航天大学	国网福建省电力有限公司	南京南瑞集团公司	南京南瑞集团公司	南京南瑞集团公司	北京航空航天大学	北京理工大学	华北电力大学
9	西南交通大学	世意法北京导体有限责任公司	清华同方股份有限公司	北京同构高技术有限公司	华为技术有限公司	北京科技大学	中国科学院计算技术研究所	中国移动通信集团设计院有限公司	国家电网公司	中国海洋石油总公司	中国海洋石油总公司	北京航空航天大学	华北电力大学	国网福建省电力有限公司	国网福建省电力有限公司	全球能源互联网研究院	全球能源互联网研究院	全球能源互联网研究院有限公司	全球能源互联网研究院有限公司
10	国电南自自动化股份有限公司	清华同方股份有限公司	北京中科模试科技有限公司	世意法北京导体研发有限责任公司	北京三星通信技术研究有限公司	中国移动通信集团设计院有限公司	北京师范大学	北京理工大学	中国科学院声学研究所	华北电力大学有限公司	京东方科技集团股份有限公司	北京航空航天大学	国电南瑞科技股份有限公司	南京南瑞集团公司	国网智能电网研究院	北京航空航天大学	北京航空航天大学	全球能源互联网研究院有限公司	北京理工大学

图 8-3 北京市专利合作网络创新主体演化

在北京市新一代信息技术产业创新发展中发挥重要作用的高校还有"北京航空航天大学",其出现频次为12次;"华北电力大学",其出现频次为8次;"北京大学",其出现频次为7次。此外,"中国电力科学研究院"也发挥着重要作用,其出现频次为10次。

总的来看,多所大学成为北京市的专利合作网络演化的关键力量,以国家电网公司为代表的企业、以中国电力科学研究院为代表的研究所发挥的作用越来越突出。

8.3.2 网络结构特征

本小节从最大连通子图的聚类系数、平均路径长度和小世界属性3个指标反映北京市专利合作网络的结构特征。

如表8-2所示,北京市专利合作网络的聚类系数由2003年的0.24上升到2021年的0.67,表明创新网络变得更加紧密,主体间的联系增多。标准化后的平均路径长度由0.28下降到0.01,也表明网络呈现更加紧密的状态。小世界属性也从0.86上升到49.44,小世界特征明显。

表 8-2 北京市专利合作网络结构特征

年份	聚类系数	平均路径长度	小世界属性
2003	0.24	0.28	0.86
2004	0.28	0.22	1.28
2005	0.30	0.26	1.15
2006	0.49	0.20	2.41
2007	0.24	0.21	1.13
2008	0.54	0.14	3.80
2009	0.60	0.10	5.86
2010	0.52	0.10	5.35
2011	0.57	0.08	7.01
2012	0.59	0.07	8.96
2013	0.67	0.06	12.01
2014	0.75	0.03	29.50
2015	0.77	0.02	40.24
2016	0.76	0.02	43.47
2017	0.74	0.02	40.15
2018	0.71	0.02	37.90

续表

年份	聚类系数	平均路径长度	小世界属性
2019	0.68	0.02	35.20
2020	0.67	0.02	40.82
2021	0.67	0.01	49.44

8.3.3 突破性创新专利

突破性创新专利的识别方法如下：第一，得到每年新一代信息技术产业发明专利申请截至2022年的被引量的分布；第二，根据每年产业发明专利申请总量计算出前5%的专利被引量；第三，根据各城市当年发明专利申请被引量的分布识别其当年处于前5%被引的专利数量，即为该城市当年突破性创新专利数量。

北京市突破性创新专利的数量、占比及趋势如表8-3和图8-4所示。从数量来看，随着发明专利申请量的不断升高，北京市突破性创新专利数量也不断上升，从2003年的268件上升到2020年的8423件。但是从突破性创新专利数量占比来看，呈现下降趋势。

表 8-3 北京市突破性创新专利

年份	产业发明专利前5%被引量/次	产业发明专利申请量/件	突破性创新专利数量/件	占比
2003	18	1872	268	14.32%
2004	18	2617	342	13.07%
2005	18	3897	438	11.24%
2006	21	4840	641	13.24%
2007	25	6044	754	12.48%
2008	25	8765	918	10.47%
2009	26	9526	956	10.04%
2010	26	10 490	972	9.27%
2011	23	13 474	1446	10.73%
2012	22	17 797	1714	9.63%
2013	20	21 424	2146	10.02%
2014	19	26 097	2348	9.00%
2015	16	30 725	2826	9.20%
2016	14	36 128	2972	8.23%

续表

年份	产业发明专利前 5% 被引量 / 次	产业发明专利申请量 / 件	突破性创新专利数量 / 件	占比
2017	11	38 682	3639	9.41%
2018	8	46 790	3440	7.35%
2019	5	57 584	3927	6.82%
2020	2	68 353	8423	12.32%
2021	1	70 082	4227	6.03%

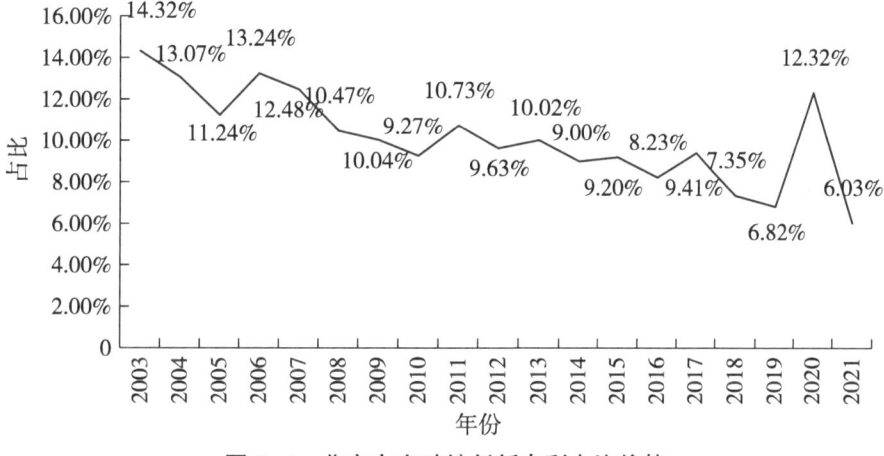

图 8-4 北京市突破性创新专利占比趋势

8.4 上海市新一代信息技术产业专利合作网络分析

8.4.1 网络规模特征

从专利合作网络规模来看，上海市专利合作网络的节点数不断增加，从 2003 年的 117 个增加到 2021 年的 2132 个。最大连通子图的规模也不断扩大，从 2003 年的仅包含 9 个节点的合作网络扩大到 2021 年的包含 770 个节点的合作网络，最大连通子图的节点占比也从 2003 年的 7.69% 上升到 2021 年的 36.12%，表明上海市的合作专利申请人越来越多地相互连接，但是仍有 63.88% 的创新主体没有加入主要合作网络（表 8-4）。

表 8-4 上海市专利合作网络规模特征

年份	专利合作网络规模		最大连通子图规模			
	节点数/个	边数/个	节点数/个	节点占比	边数/个	边数占比
2003	117	134	9	7.69%	36	26.87%
2004	184	184	12	6.52%	14	7.61%
2005	231	185	24	10.39%	28	15.14%
2006	333	401	71	21.32%	85	21.20%
2007	450	489	43	9.56%	50	10.22%
2008	598	638	95	15.89%	111	17.40%
2009	733	667	46	6.28%	53	7.95%
2010	825	751	85	10.30%	103	13.72%
2011	879	773	91	10.35%	109	14.10%
2012	938	840	160	17.06%	188	22.38%
2013	955	859	196	20.52%	237	27.59%
2014	994	905	214	21.53%	267	29.50%
2015	1016	938	214	21.06%	278	29.64%
2016	1163	1154	245	21.07%	326	28.25%
2017	1307	1291	320	24.48%	411	31.84%
2018	1446	1388	368	25.45%	476	34.29%
2019	1538	1442	423	27.50%	559	38.77%
2020	1824	1796	540	29.61%	739	41.15%
2021	2132	2219	770	36.12%	1115	50.25%

上海市专利合作网络创新主体演化如图 8-5 所示。2002—2021 年处于度中心性排名前 10 位的创新主体共有 53 家。从出现频次来看，出现频次较高的前 5 位均为高校，分别为"上海交通大学"18 次，"复旦大学"17 次，"上海大学"14 次，"华东师范大学"13 次，"同济大学"11 次，其中"上海交通大学"连续多年度中心性排名第一，充分表明其在上海市新一代信息技术产业创新发展中的重要作用。"上海市电力公司"、"国网上海市电力公司"和"国家电网公司"等公司自 2010 年开始度中心性也处于前 3 名的位置，地位更加突出。此外，"中国科学院上海微系统与信息技术研究所"出现 10 次，是出现次数最多的研究机构；其次为"上海半导体照明工程技术研究中心"，出现 4 次。

第8章 北上广深新一代信息技术产业专利合作网络分析

年份	2003	2004	2005	2006	2007	2008	2009	2010	2011	2012	2013	2014	2015	2016	2017	2018	2019	2020	2021
1	杨震	上海交通大学独立行政法人通信综合研究所	上海交通大学	上海交通大学	上海交通大学	复旦大学	复旦大学	上海大学	上海交通大学	上海交通大学	上海交通大学	上海交通大学	上海交通大学	上海交通大学	上海交通大学	上海交通大学	上海交通大学	上海交通大学	上海交通大学
2	徐永军		复旦大学	复旦大学	复旦大学	上海交通大学	上海交通大学	上海交通大学	上海交通大学	上海交通大学	上海交通大学	上海交通大学	国家电网公司	国网上海市电力公司	国网上海市电力公司	国网上海市电力公司	国网上海市电力公司	国网上海市电力公司	国网上海市电力公司
3	刘格晓	上海冠达尔钢结构有限公司	同济大学	华东师范大学	宝山钢铁股份有限公司	宝山钢铁股份有限公司	宝山钢铁股份有限公司	上海市电力公司	上海市电力公司	上海市电力公司	华东师范大学	国家电网公司	国网上海市电力公司	国家电网公司	国家电网公司	复旦大学	同济大学	同济大学	同济大学
4	谭德海	宝山钢铁股份有限公司	中国科学院上海微系统与信息技术研究所	上海大学	同济大学	华东师范大学	中国科学院上海微系统与信息技术研究所	复旦大学	复旦大学	复旦大学	复旦大学	中国科学院上海微系统与信息技术研究所	中国科学院上海微系统与信息技术研究所	复旦大学	上海大学	同济大学	同济大学	上海大学	上海大学
5	程平	北京科技大学	宝山钢铁股份有限公司	上海联能科技有限公司	上海集成电路研发中心有限公司	中国科学院上海微系统与信息技术研究所	上海无线通信研究中心	上海半导体照明工程技术研究中心	华东电网有限公司	同济大学	中国科学院上海微系统与信息技术研究所	复旦大学	上海大学	中国科学院上海微系统与信息技术研究所	国家电网公司	华东电力试验研究院有限公司	东华大学	东华大学	华东师范大学
6	张科	上海全光网络科技股份有限公司	上海联能科技有限公司	同济大学	长江计算机(集团)公司	中国科学院上海微系统与信息技术研究所	长江计算机(集团)公司	华东师范大学	上海半导体照明工程技术研究中心	华东电网有限公司	华东电网有限公司	华东师范大学	复旦大学	华东师范大学	东华大学	国家电网公司	国家电网公司	华东师范大学	复旦大学
7	姚永鹏	上海青晓光电科技有限公司	国家磁浮交通工程技术研究中心	宝山钢铁股份有限公司	上海大宁多媒体宽带网络发展有限公司	上海集成电路研发中心有限公司	上海大学	中国科学院上海微精密机械研究所	同济大学	上海半导体照明工程技术研究中心	华东电力试验研究院有限公司	华东理工大学	华东理工大学	东华大学	东华大学	上海大学	复旦大学	复旦大学	国家电网公司
8	孙庆虎	西安电子科技大学	上海芯华微电子有限公司	唐智杰	上海大宁多媒体宽带网络发展有限公司	上海长江奋德信息科技有限公司	上海无线通信研究中心	上海久隆电力科技有限公司	华东电力试验研究院有限公司	华东电力试验研究院有限公司	国家电网公司	复旦大学	华东师范大学	华东师范大学	华东师范大学	华东师范大学	华东师范大学	国家电网公司	华东电力试验研究院有限公司
9	方海滨	西安电子科技大学	深圳市豪恩电声科技有限公司	中国科学院上海微系统与信息技术研究所	上海华虹(集团)有限公司	上海半导体照明工程技术研究中心	上海蓝宝光电材料有限公司	上海蓝宝光电材料有限公司	上海蓝宝光电科技有限公司	中国商用飞机有限责任公司	国家电网公司	华东电力试验研究院有限公司	东华大学	华东理工大学	华东理工大学	中国科学院上海微系统与信息技术研究所	华东师范大学	华东理工大学	华东理工大学
10		上海芯华微电子有限公司	西安电子科技大学	中国科学院上海微物理技术研究所	浙江大学	上海宝钢光电材料有限公司	上海宝钢软件股份有限公司	上海无线通信研究中心	上海蓝宝光电科技有限公司	华东电网有限公司	华东电网有限公司	同济大学	上海理工大学	上海理工大学	同济大学	中国科学院上海微系统与信息技术研究所	华东理工大学	华东理工大学	上海理工大学

图8-5 上海市专利合作网络创新主体演化

整体来看，上海市新一代信息技术产业专利合作网络以大学为主，也有企业和研究所参与，但是从排名来看，企业和研究所的中心地位弱于北京。

8.4.2 网络结构特征

如表 8-5 所示，上海市专利合作网络的聚类系数变化相对稳定，在 0.55 附近波动。标准化后的平均路径长度由 1.00 下降到 0.03，表明节点间的联系更加紧密。小世界属性从 0.50 上升到 18.33，小世界网络特征也逐渐增强。

表 8-5 上海市专利合作网络结构特征

年份	聚类系数	平均路径长度	小世界属性
2003	0.50	1.00	0.50
2004	0.77	0.74	1.04
2005	0.57	0.57	0.99
2006	0.50	0.30	1.71
2007	0.62	0.32	1.92
2008	0.47	0.27	1.76
2009	0.33	0.38	0.88
2010	0.46	0.28	1.64
2011	0.50	0.22	2.24
2012	0.48	0.14	3.53
2013	0.57	0.11	5.32
2014	0.57	0.10	5.64
2015	0.59	0.11	5.39
2016	0.53	0.09	5.89
2017	0.57	0.06	8.83
2018	0.60	0.06	10.66
2019	0.66	0.05	13.57
2020	0.60	0.04	14.43
2021	0.58	0.03	18.33

8.4.3 突破性创新专利

上海市突破性创新专利的数量、占比及趋势如表 8-6 和图 8-6 所示。从数量来看，随着产业发明专利申请量的不断升高，上海市突破性创新专利数量也不断上升，从 2003 年的 85 件上升到 2021 年的 1354 件。从占比来看，2009 年之后突破性创新专利数量占比趋于稳定，大多数年份在 5% 左右波动。

表 8-6　上海市突破性创新专利

年份	产业发明专利前 5% 被引量 / 次	产业发明专利申请量 / 件	突破性创新专利数量 / 件	占比
2003	18	1283	85	6.63%
2004	18	1800	106	5.89%
2005	18	2489	210	8.44%
2006	21	3157	265	8.39%
2007	25	4145	254	6.13%
2008	25	4133	269	6.51%
2009	26	5965	265	4.44%
2010	26	6844	280	4.09%
2011	23	7999	368	4.60%
2012	22	8852	400	4.52%
2013	20	9420	458	4.86%
2014	19	10 763	611	5.68%
2015	16	12 021	700	5.82%
2016	14	14 241	893	6.27%
2017	11	16 929	1181	6.98%
2018	8	17 908	1081	6.04%
2019	5	22 641	1263	5.58%
2020	2	27 203	3093	11.37%
2021	1	26 832	1354	5.05%

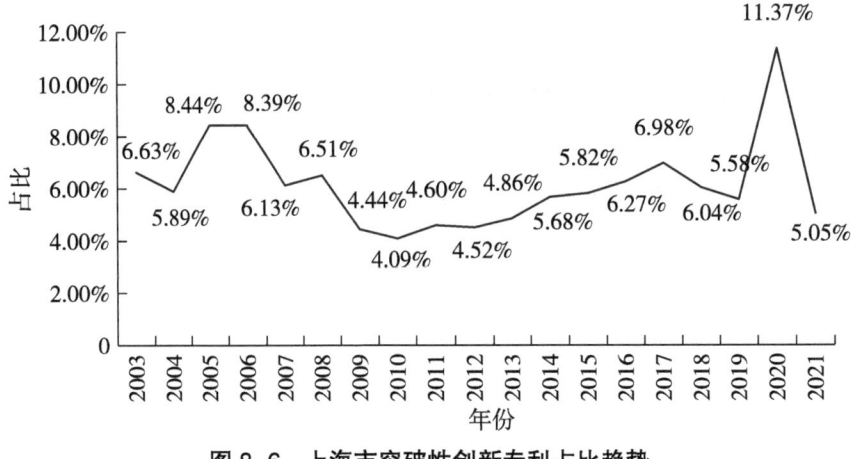

图 8-6　上海市突破性创新专利占比趋势

8.5　广州市新一代信息技术产业专利合作网络分析

8.5.1　网络规模特征

从专利合作网络规模来看，广州市专利合作网络的节点数不断增加，从 2003 年的 40 个增加到 2021 年的 1459 个。最大连通子图的规模也不断扩大，从 2003 年的仅包含 6 个节点的合作网络扩大到 2021 年的包含 623 个节点的合作网络，最大连通子图的节点占比也上升到 42.70%，表明广州市的合作专利申请人越来越多地相互连接，但是仍有超过 50% 的合作专利申请人没有加入本地的最大合作网络（表 8-7）。

表 8-7　广州市专利合作网络规模特征

年份	专利合作网络规模		最大连通子图规模			
	节点数/个	边数/个	节点数/个	节点占比	边数/个	边数占比
2003	40	35	6	15.00%	15	42.86%
2004	67	56	6	8.96%	15	26.79%
2005	94	76	6	6.38%	15	19.74%
2006	103	78	4	3.88%	4	5.13%
2007	118	97	7	5.93%	7	7.22%
2008	151	123	14	9.27%	15	12.20%
2009	194	161	13	6.70%	13	8.07%
2010	219	176	20	9.13%	20	11.36%
2011	235	187	20	8.51%	21	11.23%

续表

年份	专利合作网络规模		最大连通子图规模			
	节点数/个	边数/个	节点数/个	节点占比	边数/个	边数占比
2012	285	234	25	8.77%	26	11.11%
2013	340	315	102	30.00%	124	39.37%
2014	456	481	165	36.18%	229	47.61%
2015	527	573	220	41.75%	319	55.67%
2016	640	707	221	34.53%	356	50.35%
2017	731	820	364	49.79%	434	52.93%
2018	849	1063	323	38.04%	510	47.98%
2019	1099	1307	441	40.13%	684	52.33%
2020	1310	1507	530	40.46%	843	55.94%
2021	1459	1590	623	42.70%	900	56.60%

广州市专利合作网络创新主体演化如图8-7所示。2003—2021年处于度中心性排名前10位的创新主体共有65家，相对于北京、上海来说数量较多。此外，与北京和上海不同的是，广州市的专利合作网络2005年之前的最大连通子图中的节点均为个人。从出现频次来看，"华南理工大学"出现15次，且除2011年外，其度中心性自2006年开始一直处于前2位。其次为"中山大学""中国南方电网有限责任公司""南方电网科学研究院有限责任公司"，均出现9次。

研究机构的中心性程度与北京、上海相比相对较低，"广东电网公司电力科学研究院""中国南方电网有限责任公司电网技术研究中心"均出现5次。

总的来看，广州市新一代信息技术产业专利合作网络呈现以大学和企业为主的特点，研究所的中心性程度相对于北京和上海来说较低。

8.5.2 网络结构特征

如表8-8所示，广州市专利合作网络的聚类系数呈下降趋势，从2006年的0.78下降到2021年的0.60，表明网络结构趋于分散。标准化后的平均路径长度由1.00下降到0.04。综合来看，小世界属性特征愈发明显，从2003年的1.00上升到2021年的14.98。

年份	2003	2004	2005	2006	2007	2008	2009	2010	2011	2012	2013	2014	2015	2016	2017	2018	2019	2020	2021
1	李卡	李卡	李卡	伍成柏	华南理工大学	华南理工大学	华南理工大学	华南理工大学	中山大学	华南理工大学	广东电网公司电力科学研究院	广东电网公司电力科学研究院	广东电网公司电力科学研究院	华南理工大学	华南理工大学	华南理工大学	华南理工大学	华南理工大学	华南理工大学
2	熊浩	熊浩	熊浩	华南理工大学	邱亮南	广州市华电技术有限公司	广州市煤电气有限公司	中国移动通信集团广东有限公司	广州市晖电子科技有限公司	中国移动通信集团广东有限公司	华南理工大学	华南理工大学	华南理工大学	南方电网科学研究院有限责任公司	南方电网科学研究院有限责任公司	南方电网科学研究院有限责任公司	南方电网科学研究院有限责任公司	广东电网有限责任公司	中山大学
3	肖林	肖林	肖林	叶海峰	沈彤	汕头经济特区龙湖电力技术服务有限公司	武汉安耐捷科技工程有限公司	武汉安耐捷科技工程有限公司	广东中达讯通信息有限公司	广州市地下铁道总公司	中山大学	南方电网科学研究院有限责任公司	华南理工大学	中国南方电网有限责任公司	中国南方电网有限责任公司	中山大学	中山大学	中山大学	广东电网有限责任公司
4	黄凯	黄凯	黄凯	刘均昊	刘均昊	广州市煤气有限公司	广州市正智能科技有限公司	广州市正智能科技有限公司	广州鼎宇川电子科技有限公司	京信通信系统(中国)有限公司	中国南方电网有限责任公司	中国南方电网有限责任公司	南方电网科学研究院有限责任公司	广东电网公司电力科学研究院	中国南方电网有限责任公司电网技术研究中心	中国南方电网有限责任公司	中国南方电网有限责任公司	南方电网科学研究院有限责任公司	南方电网科学研究院有限责任公司
5	肖兵	肖兵	肖兵	周雄灿	周雄灿	武汉安耐捷科技工程有限公司	广州市体育学院	广州市体育学院	东莞中大讯通信息科技有限公司	国网信息通信有限公司	广东电网公司电力调度控制中心	中国南方电网有限责任公司	中国南方电网有限责任公司	中国南方电网有限责任公司电网技术研究中心	广东电网公司电力科学研究院	中国南方电网有限责任公司电网技术研究中心	广东电网有限责任公司	华南师范大学	中国南方电网有限责任公司
6	肖奇	肖奇	肖奇	叶伟伦	叶伟伦	广州市体育学院	广东美耐科技有限公司	北京城市热点资讯有限公司	广州飞达音响专业器材有限公司	张子忠	清华大学	广东电网公司电力调度控制中心	广东电网公司电力调度控制中心	华南师范大学	华南师范大学	广东电网有限责任公司电网科学研究院	广东电网有限责任公司电网技术研究中心	中国南方电网有限责任公司	中国南方电网有限责任公司电网技术研究中心
7						广东美耐科技有限公司	广东美耐科技有限公司	广东全科农业技术研究所	广东中达讯通信科技有限公司	北京邮电大学	南方电网科学研究院有限责任公司	中山大学	中山大学	中山大学	广东电网有限责任公司电网技术研究院	广东电网有限责任公司电网技术研究院	广州供电局有限公司	广东电网有限责任公司电网技术研究中心	华南师范大学
8				广东省农业科学院蚕业与农产品加工研究所	叶伟伦	广东数码网络有限公司	广东数码网络有限公司	北京城市热点资讯有限公司	广州飞达音响专业器材有限公司	大唐移动通信设备有限公司	中国移动通信集团广东有限公司	华南师范大学	广州供电局有限公司	广州供电局有限公司	广州供电局有限公司	广东工业大学	广东工业大学	广州供电局有限公司	广东工业大学
9				广东省农业科学院蚕业与农产品加工研究所	广东省农业科学院蚕业与农产品加工研究所	钟志源	钟志源	广东省全科技术研究所	广东省电信网络规划与发展研究中心	西北电网有限公司	广东省电力调度中心	清华大学	广东工业大学	广东工业大学	广东工业大学	广东电网有限责任公司电力调度控制中心	广东电网有限责任公司电力调度控制中心	广东电网有限责任公司电力调度控制中心	广州供电局有限公司
10				广东宝桑园健康食品研究发展中心	广东宝桑园健康食品研究发展中心	广东省全科学技术研究所	广东省全科技术研究所	广州数码识别网络有限公司	北京拉游戏软件开发有限公司	广州数码网络有限公司	广州供电局有限公司	南京南瑞继保电气有限公司	中国移动通信集团广东有限公司	中国烟草总公司广东省公司	南京南瑞继保电气有限公司	中国移动通信集团广东有限公司	广东电网有限责任公司电力科学研究中心	广东电网有限责任公司电力技术研究中心	广东电网有限责任公司电力调度控制中心

图 8-7 广州市专利合作网络创新主体演化

表 8-8 广州市专利合作网络结构特征

年份	聚类系数	平均路径长度	小世界属性
2003	1.00	1.00	1.00
2004	1.00	1.00	1.00
2005	1.00	1.00	1.00
2006	0.78	1.00	0.78
2007	0.69	0.95	0.72
2008	0.67	0.60	1.12
2009	0.40	0.64	0.63
2010	0.34	0.49	0.68
2011	0.67	0.43	1.55
2012	0.51	0.39	1.31
2013	0.45	0.17	2.72
2014	0.49	0.12	3.94
2015	0.55	0.09	5.86
2016	0.61	0.10	5.83
2017	0.65	0.07	9.62
2018	0.64	0.08	8.41
2019	0.64	0.06	11.45
2020	0.65	0.05	13.75
2021	0.60	0.04	14.98

8.5.3 突破性创新专利

广州市突破性创新专利的数量、占比及趋势如表 8-9 和图 8-8 所示。从数量来看，随着发明专利申请量的不断升高，广州市突破性创新专利数量也不断上升，从 2003 年的 17 件上升到 2020 年的 2109 件。但是从突破性创新专利数量占比来看，呈现波动下降趋势。

表 8-9 广州市突破性创新专利

年份	产业发明专利前 5% 被引量 / 次	产业发明专利申请量 / 件	突破性创新专利数量 / 件	占比
2003	18	134	17	12.69%
2004	18	159	9	5.66%
2005	18	241	44	18.26%
2006	21	434	58	13.36%
2007	25	534	67	12.55%

续表

年份	产业发明专利前 5% 被引量 / 次	产业发明专利申请量 / 件	突破性创新专利数量 / 件	占比
2008	25	820	92	11.22%
2009	26	993	103	10.37%
2010	26	1293	114	8.82%
2011	23	1697	171	10.08%
2012	22	2136	168	7.87%
2013	20	2619	241	9.20%
2014	19	3263	263	8.06%
2015	16	3746	314	8.38%
2016	14	6631	471	7.10%
2017	11	9516	746	7.84%
2018	8	12 303	793	6.45%
2019	5	13 534	1033	7.63%
2020	2	15 806	2109	13.34%
2021	1	17 193	986	5.73%

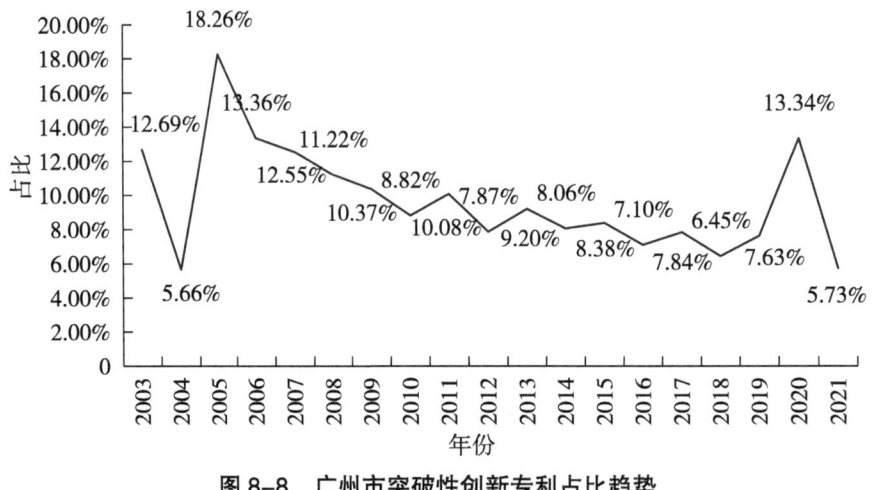

图 8-8　广州市突破性创新专利占比趋势

8.6　深圳市新一代信息技术产业专利合作网络分析

8.6.1　网络规模特征

从专利合作网络规模来看，深圳市专利合作网络的节点数不断增加，从 2003 年的 95 个增加到 2021 年的 1549 个。最大连通子图的规模也不断扩大，从 2003 年的仅包含 6 个节点的合作网络扩大到 2021 年的包含 419 个节点的合作网络。但是到 2021 年，最大连通子图节点占比也仅达到

27.05%，超过七成的合作专利申请人没有加入本地最大的合作创新网络，此数值明显低于北京、上海和广州（表8-10）。

表8-10 深圳市专利合作网络规模特征

年份	专利合作网络规模		最大连通子图规模			
	节点数/个	边数/个	节点数/个	节点占比	边数/个	边数占比
2003	95	64	6	6.32%	5	7.81%
2004	147	113	6	4.08%	9	7.96%
2005	189	144	10	5.29%	10	6.94%
2006	225	168	16	7.11%	16	9.52%
2007	245	184	25	10.20%	28	15.22%
2008	325	261	32	9.85%	40	15.33%
2009	422	504	49	11.61%	60	11.90%
2010	508	592	52	10.24%	59	9.97%
2011	544	637	50	9.19%	55	8.63%
2012	573	502	51	8.90%	59	11.75%
2013	592	488	61	10.30%	71	14.55%
2014	701	603	81	11.55%	97	16.09%
2015	828	747	118	14.25%	151	20.21%
2016	918	854	169	18.41%	222	26.00%
2017	965	917	203	21.04%	281	30.64%
2018	1038	971	231	22.25%	331	34.09%
2019	1162	1054	277	23.84%	394	37.38%
2020	1370	1269	338	24.67%	496	39.09%
2021	1549	1534	419	27.05%	669	43.61%

深圳市专利合作网络创新主体演化如图8-9所示。2003—2021年处于度中心性排名前10位的创新主体共有60家，与北京、上海数量相当。从出现频次来看，"华为技术有限公司"出现频次最高，为17次，且在16个年份中度中心性排名第一，其在深圳市新一代信息技术产业的创新发展中的地位十分重要。其次为"中兴通讯股份有限公司"，出现13次；"中国科学院深圳先进技术研究院"，出现9次；"深圳供电局有限公司"，出现8次；"腾讯科技（深圳）有限公司"，出现8次。

年份	2003	2004	2005	2006	2007	2008	2009	2010	2011	2012	2013	2014	2015	2016	2017	2018	2019	2020	2021
1	鸿富锦精密工业(深圳)有限公司	杨华	华为技术有限公司	华为技术有限公司	华为技术有限公司	华为技术有限公司	华为技术有限公司	华为技术有限公司	华为技术有限公司	鸿富锦精密工业(深圳)有限公司	华为技术有限公司	华为技术有限公司	华为技术有限公司	华为技术有限公司	华为技术有限公司	华为技术有限公司	华为技术有限公司	华为技术有限公司	华为技术有限公司
2	富金精密工业(深圳)有限公司	刘建	北京邮电大学	广州信息技术咨询有限公司	北京大学深圳研究生院	中兴通讯股份有限公司	中兴通讯股份有限公司	中兴通讯股份有限公司	中兴通讯股份有限公司	鸿海精密工业股份有限公司	中兴通讯股份有限公司	中兴通讯股份有限公司	深圳供电局有限公司	深圳供电局有限公司	中兴通讯股份有限公司	腾讯科技(深圳)有限公司	腾讯科技(深圳)有限公司	腾讯科技(深圳)有限公司	腾讯科技(深圳)有限公司
3	鸿海精密工业股份有限公司	徐大纹	广州信息技术咨询有限公司	刘军民	朱键	北京大学深圳研究生院	北京大学深圳研究生院	北京大学深圳研究生院	鸿富锦精密工业(深圳)有限公司	捷达世软件(深圳)有限公司	鸿富锦精密工业(深圳)有限公司	中兴通讯股份有限公司	中兴通讯股份有限公司	中兴通讯股份有限公司	腾讯科技(深圳)有限公司	中兴通讯股份有限公司	深圳大学	深圳大学	深圳大学
4	欧菲科技股份有限公司	王海波	刘军民	艾默生网络能源有限公司	刘军民	朱键	鸿富锦精密工业(深圳)有限公司	鸿富锦精密工业(深圳)有限公司	鸿富锦精密工业(深圳)有限公司	华为技术有限公司	中国科学院深圳先进技术研究院	深圳供电局有限公司	中国科学院深圳先进技术研究院	腾讯科技(深圳)有限公司	鸿富锦精密工业(深圳)有限公司	深圳大学	深圳大学	深圳大学	中国科学院深圳先进技术研究院
5	摩力动网科技股份有限公司	江剑锋	深圳市中兴通讯股份有限公司	中国科学技术大学	李硕彦	李硕彦	李军民	上海市电信有限公司	电子科技大学	华为技术有限公司	北京邮电大学	清华大学深圳研究生院	哈尔滨工业大学深圳研究生院	哈尔滨工业大学深圳研究生院	深圳大学	中国科学院深圳先进技术研究院	中国科学院深圳先进技术研究院	中国科学院深圳先进技术研究院	中国科学院深圳先进技术研究院
6	沛鑫半导体工业股份有限公司	方进	电子科技大学	清华大学	广州信息原技术咨询有限公司	李军	鸿海精密工业股份有限公司	上海市电信产业(集团)有限公司	北京邮电大学	浙江大学	华中科技大学	腾讯科技(深圳)有限公司	清华大学深圳研究生院	中国广核集团有限公司	中国广核集团有限公司	中国广核集团有限公司	中兴通讯股份有限公司	中国广核电力股份有限公司	中国广核电力股份有限公司
7			艾默生网络能源有限公司	北京邮电大学	刘军民	上海理想信息产业(集团)有限公司	朱键	青牛(北京)技术有限公司	华中科技大学	北京邮电大学	卓望数码技术(深圳)有限公司	哈尔滨工业大学深圳研究生院	清华大学深圳研究生院	清华大学深圳研究生院	中国广核电力股份有限公司	中国广核电力股份有限公司	中国广核电力股份有限公司	中兴通讯股份有限公司	中国广核集团有限公司
8			中国信息原技术咨询有限公司	上海市电信有限公司	上海市电信有限公司	上海理想信息产业(集团)有限公司	李硕彦	上海理想信息产业(集团)有限公司	中山大学	西安电子科技大学	北京大学	华中科技大学	中国广核集团有限公司	中国科学院深圳先进技术研究院	中国科学院深圳先进技术研究院	中国广核电力股份有限公司	中国广核电力股份有限公司	中兴通讯股份有限公司	中广核工程有限公司
9			清华大学	北京交通大学	中兴通讯股份有限公司	青牛(北京)技术有限公司	李硕彦	清华大学	清华大学	电子科技大学	北京大学	清华大学	腾讯科技(深圳)有限公司	清华大学深圳研究生院	哈尔滨工业大学深圳研究生院	哈尔滨工业大学深圳研究生院	深圳先进技术研究院	中广核工程有限公司	哈尔滨工业大学(深圳)
10			上海市电信有限公司	上海交通大学	中国科学技术大学	北京邮电大学	北京邮电大学	康准电子科技(昆山)有限公司	浙江大学	中国科学院计算技术研究所	电子科技大学	电子科技大学	深圳先进技术研究院	清华大学	清华大学深圳研究生院	深圳先进技术研究院	华讯方舟科技有限公司	北京大学深圳研究生院	南方科技大学

图 8-9 深圳市专利合作网络创新主体演化

总的来看，深圳市新一代信息技术产业的创新发展以企业为主，研究所为辅，大学发挥的作用相对较弱，且本地高校力量不足，多与北京、四川高校合作，但近年来深圳大学、北京大学深圳研究生院、清华大学深圳研究生院等高校的中心地位有提升趋势。

8.6.2 网络结构特征

如表8-11所示，深圳市专利合作网络聚类系数变化波动较大，2017—2021年在0.45左右波动。标准化后的平均路径长度由1.19下降到0.07。小世界属性也呈现波动上升趋势，但数值低于其他3个城市。

表8-11 深圳市专利合作网络结构特征

年份	聚类系数	平均路径长度	小世界属性
2003	0.00	1.19	0.00
2004	0.90	1.00	0.90
2005	0.51	0.77	0.66
2006	0.67	0.47	1.44
2007	0.59	0.43	1.39
2008	0.57	0.39	1.46
2009	0.51	0.30	1.72
2010	0.41	0.26	1.60
2011	0.07	0.28	0.25
2012	0.12	0.30	0.40
2013	0.15	0.27	0.56
2014	0.26	0.20	1.29
2015	0.31	0.16	1.90
2016	0.49	0.15	3.31
2017	0.43	0.12	3.52
2018	0.41	0.12	3.53
2019	0.40	0.10	4.15
2020	0.48	0.08	6.06
2021	0.53	0.07	7.35

8.6.3 突破性创新专利

2009年之后深圳市突破性创新专利占比相对稳定（表8-12、图8-10）。

表8-12 深圳市突破性创新专利

年份	产业发明专利前5%被引量/次	产业发明专利申请量/件	突破性创新专利数量/件	占比
2003	18	2597	341	13.13%
2004	18	3602	471	13.08%
2005	18	6049	604	9.99%
2006	21	10 572	1061	10.04%
2007	25	12 645	960	7.59%
2008	25	12 496	933	7.47%
2009	26	13 878	936	6.74%
2010	26	13 791	900	6.53%
2011	23	16 295	1132	6.95%
2012	22	18 968	1211	6.38%
2013	20	18 633	1297	6.96%
2014	19	17 497	1167	6.67%
2015	16	20 093	1422	7.08%
2016	14	28 110	1732	6.16%
2017	11	33 538	2281	6.80%
2018	8	36 736	2197	5.98%
2019	5	44 095	2975	6.75%
2020	2	44 811	5363	11.97%
2021	1	36 964	2134	5.77%

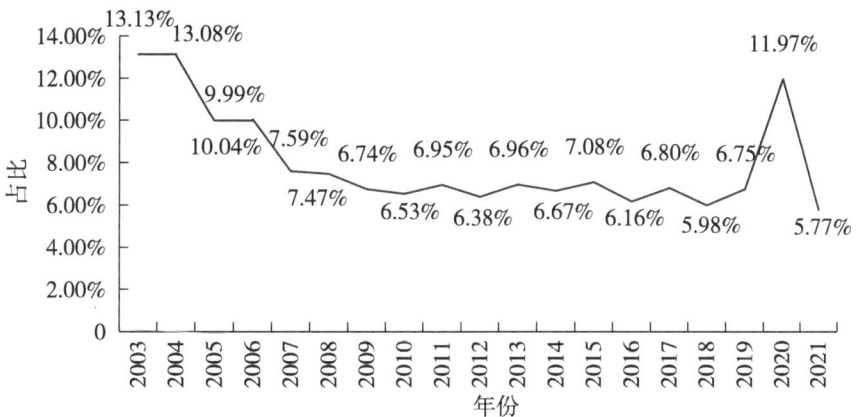

图 8-10 深圳市突破性创新专利占比趋势

第 9 章 粤港澳协同创新：基于专利分析

9.1 粤港澳国内专利分析

9.1.1 专利申请的整体情况

为更好地呈现粤港澳大湾区专利申请情况，本报告对广东、香港和澳门过去几年的专利申请趋势进行分析。

（1）专利申请趋势分析

2012—2021 年，广东省累计申请专利 1 551 936 件，各年申请数量如图 9-1 所示。总体来看，广东省申请专利数量呈现上升趋势，特别是在 2012—2018 年，申请专利数量快速提升，数量翻了近 4 倍。之后的几年则相对稳定。

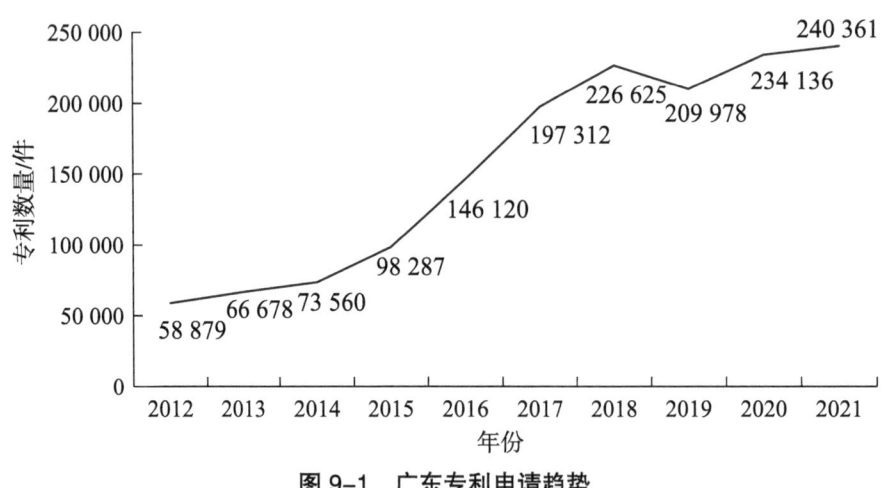

图 9-1 广东专利申请趋势

2012—2021 年，香港累计申请专利 12 042 件，各年申请数量如图 9-2 所示。总体来看，香港申请专利数量呈现先升后降的趋势。2012—2018 年，申请专利数量快速提升，增长 2 倍；而从 2019 年以后，专利则呈现下降趋势。从 2018 年的 1753 件下降到 2021 年的 999 件。

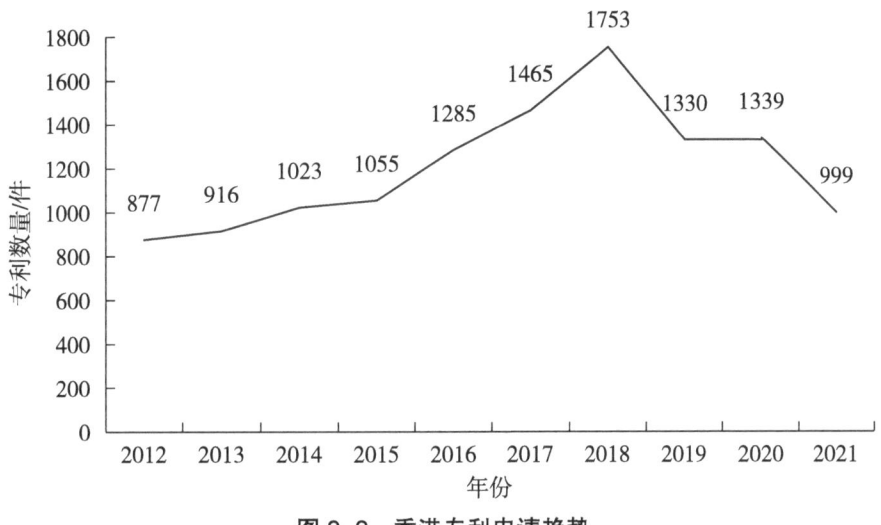

图 9-2　香港专利申请趋势

2012—2021年，澳门累计申请专利 1026 件，各年申请数量如图 9-3 所示。总体来看，澳门申请专利数量呈现波动上升的趋势，由 2012 年的 42 件上升到 2021 年的 178 件。

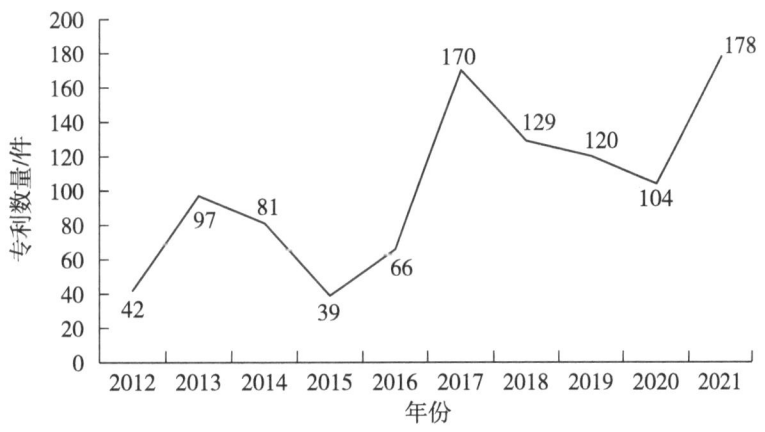

图 9-3　澳门专利申请趋势

（2）专利申请人分析

为更好地了解各类创新主体对粤港澳创新的贡献，本报告对专利申请人的类型和主要申请人进行分析。

1）粤港澳专利申请人类型分析

广东、香港和澳门三地专利申请人类型占比如图 9-4 所示，整体来看，三地专利申请以企业为主，体现了企业在创新中的主体地位，其中，广东和香港的企业申请人占比均超过 70%，而澳门企业申请人占比相对较少，不足 50%。申请人类型为个人和大专院校的占比分别排在第二和第三，广东和香港这两类申请人的占比均在 10% 左右，澳门的个人和大专院校申请专利占比较高，分别达到 28.01% 和 22.60%。

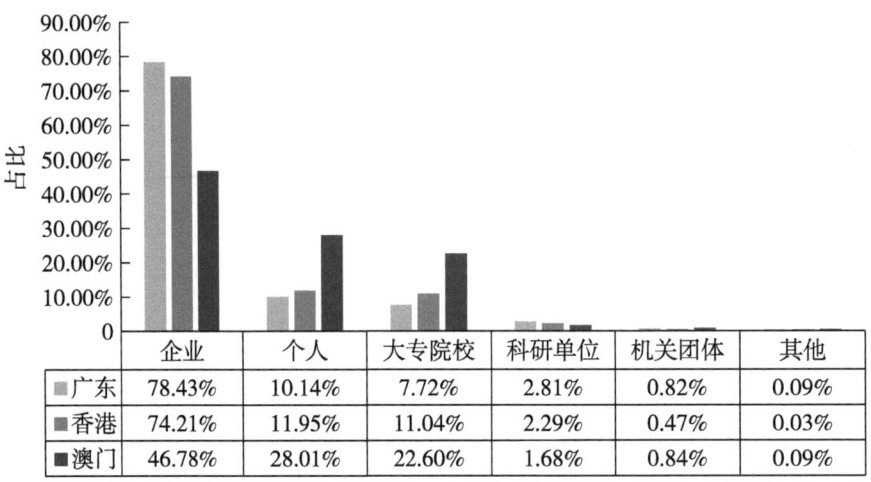

图 9-4 三地专利申请人类型

2）粤港澳主要专利申请人分析

本报告对粤港澳三地主要专利申请人进行分析，更好地呈现三地主要创新主体的作用。

2012—2021 年，广东省专利申请数量排名前十的创新主体如图 9-5 所示。其中，华为技术有限公司申请专利数量最多，累计达到 62 905 件，其次为珠海格力电器股份有限公司，累计达到 42 430 件。排名前五的企业还包括腾讯科技（深圳）有限公司、中兴通讯股份有限公司和华南理工大学。在排名前十的专利申请人中，只有华南理工大学和广东工业大学两所大学，其他都是企业。入围前十的 8 家企业中，有 6 家为电子信息相关企业，另外两家为电器企业。

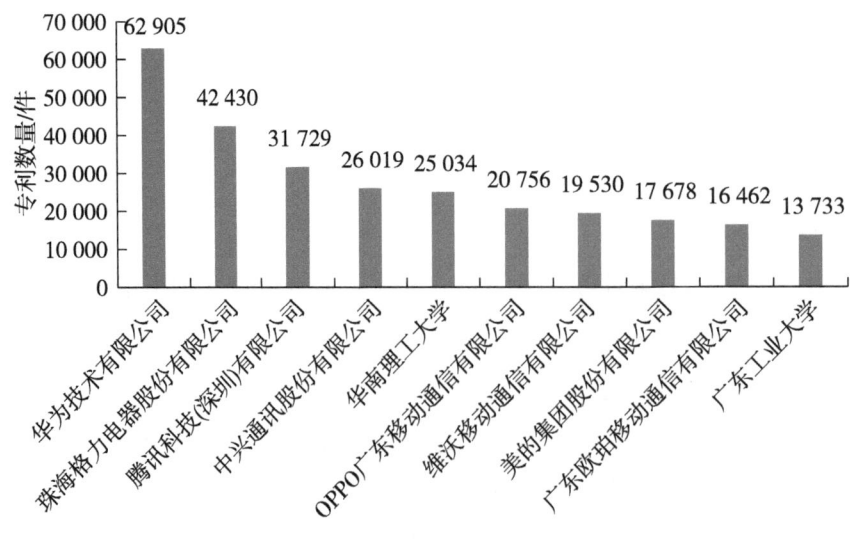

图 9-5 广东前十专利申请人

2012—2021年,香港专利申请数量排名前十的创新主体如图9-6所示。其中,蔚来汽车有限公司申请专利数量最多,累计达到704件,其次为香港科技大学,累计达到411件。排名前五的申请人还包括香港理工大学、香港应用科技研究院有限公司和明门香港股份有限公司。从排名前十的专利申请人类型来看,有5所高校和5家企业,5家企业中,有2家是研究院孵化企业。

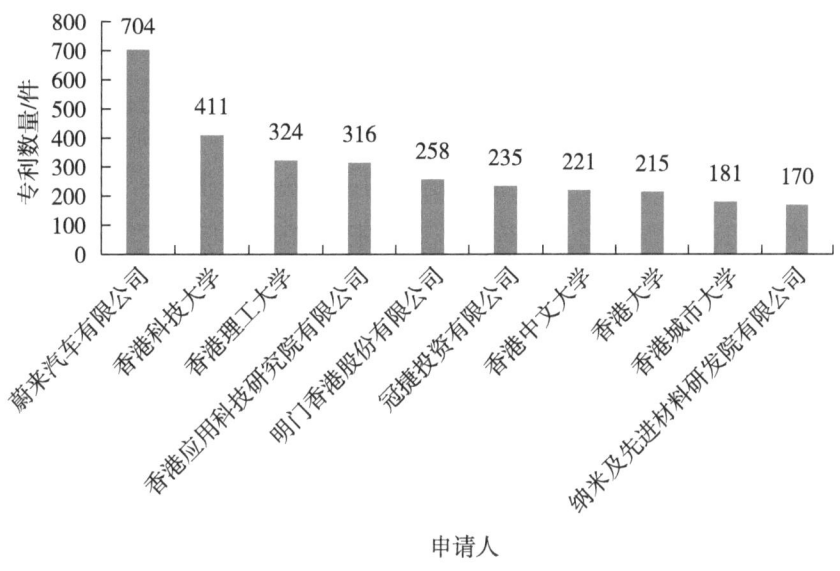

图9-6 香港前十专利申请人

2012—2021年,澳门专利申请数量排名前十的创新主体如图9-7所示。其中,澳门大学申请专利数量最多,累计达到205件,其次为创科(澳门离岸商业服务)有限公司,累计达到178件。排名前五的企业还包括澳门科技大学、金硕澳门离岸商业服务有限公司和魏延恕。从排名前十的专利申请人类型来看,有2所高校、7家企业和1个个人。

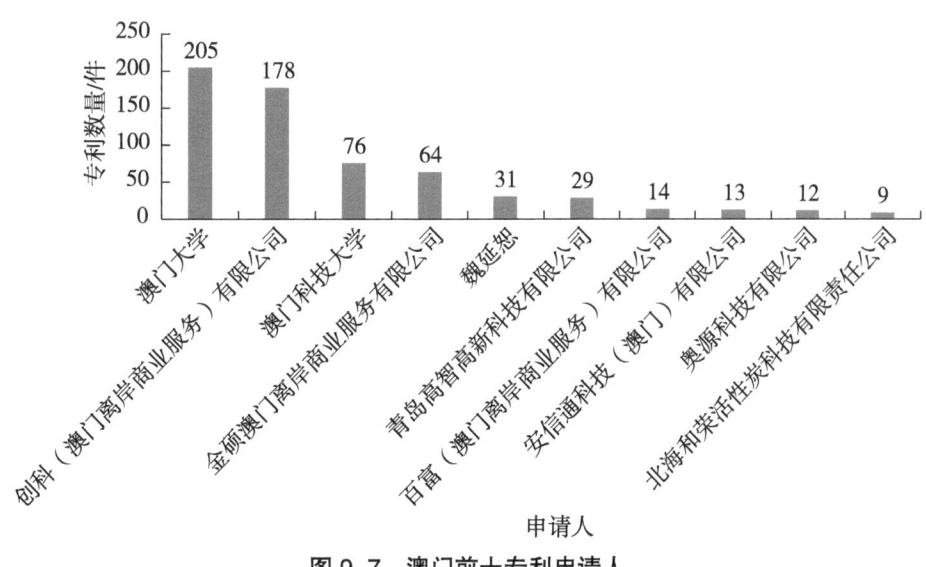

图9-7 澳门前十专利申请人

9.1.2 专利专业和产业领域分析

国际专利分类法是国际上通用的专利文献分类法。用它得到的分类号称为国际专利分类号，通常缩写为IPC。依据其国际专利分类表，对专利文献进行分类。

IPC采用了功能和应用相结合，以功能性为主、应用性为辅的分类原则。采用等级的形式，将技术内容注明：部—分部—大类—小类—大组—小组，逐级分类形成完整的分类体系，分别用英文字母和阿拉伯数字表示。

为落实《"十三五"国家知识产权保护和运用规划》中关于"加强专利活动与经济效益之间的关联评价"的要求，促进专利与产业发展相结合的创新驱动发展评价工作顺利开展，实现专利与产业的对接，国家知识产权局于2018年9月，编制了《国际专利分类与国民经济行业分类参照关系表（2018）》，建立了专利与国民经济行业的映射关系，为专利的行业分类提供直接对照，有助于从产业角度出发，结合科技、经济数据开展相关统计分析。

通过对一个地区IPC及其对应的国民经济分类的统计分析，可以很好地了解和掌握地区技术专业领域分布情况。

（1）专利分类的部门分布分析

2012—2021年，广东、香港和澳门IPC分布在8个部，具体分布如图9-8所示。整体而言，粤港澳3个地区的专利主要分布在A、G和H 3个大部，相对而言，澳门在A部占比更高，占比超过1/4；香港和澳门则在G和H部的分布占比更多，其中，广东和香港专利在G部的占比均超过1/4，从大部的分布来看，广东和香港的科技合作具有一定的基础。

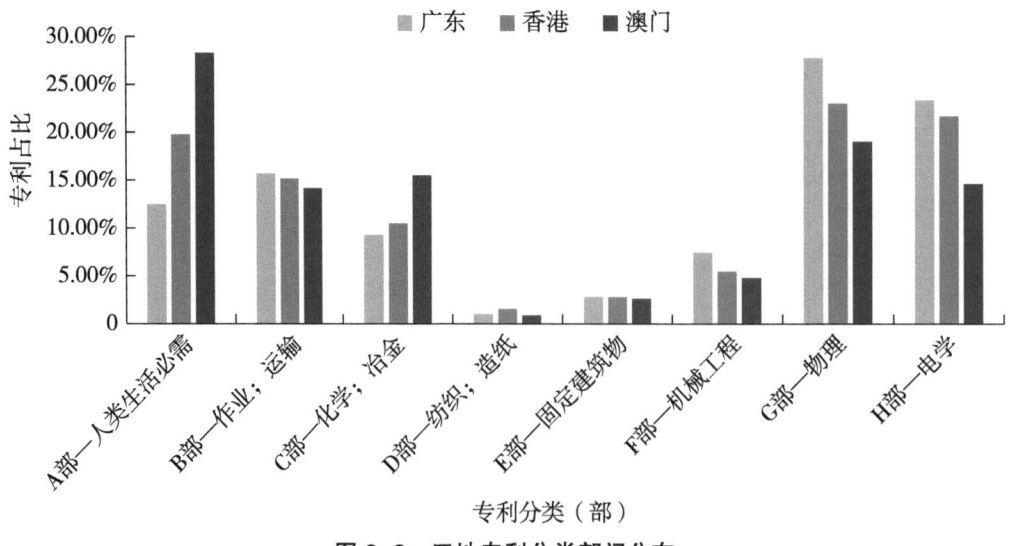

图9-8 三地专利分类部门分布

（2）专利分类号分布情况分析

为更好地了解广东、香港和澳门专利的详细分布情况，本章对数量居前十的 IPC 的大类分布进行分析。

从图 9-9 可以看出，广东省申请的专利中，G06（计算；推算）的相关技术专利数量最多，占比高达 27.59%；其次为 H04（电通信技术）的相关技术，占比高达 22.55%；排名前五的分类还有G01（测量；测试）、H01（基本电气元件）和 A61（医学或兽医学）。

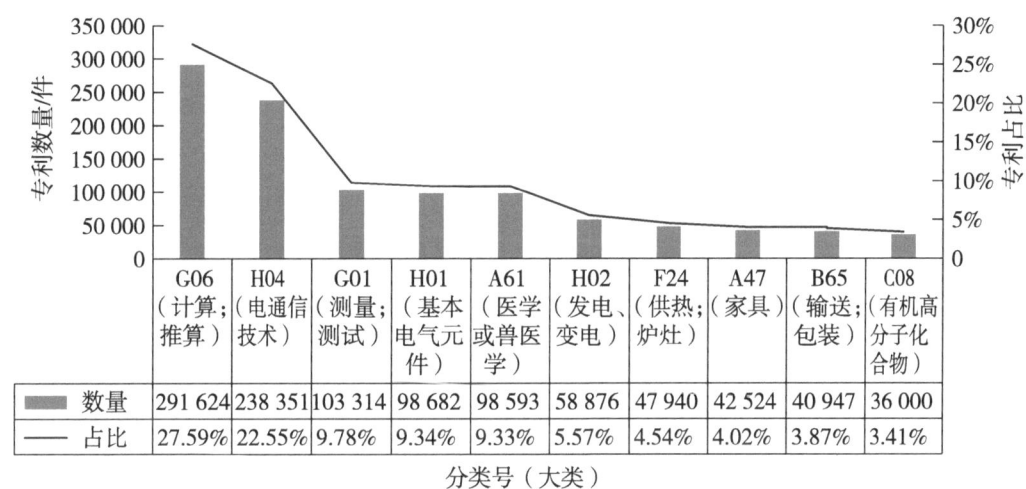

图 9-9 广东专利分类号分布

香港申请的专利中，G06（计算；推算）的相关技术专利数量最多，占比高达 19.10%，其次为 H04（电通信技术）的相关技术，占比达到 16.33%。排名前五的分类还有 A61（医学或兽医学）、H01（基本电气元件）和 G01（测量；测试）（图 9-10）。

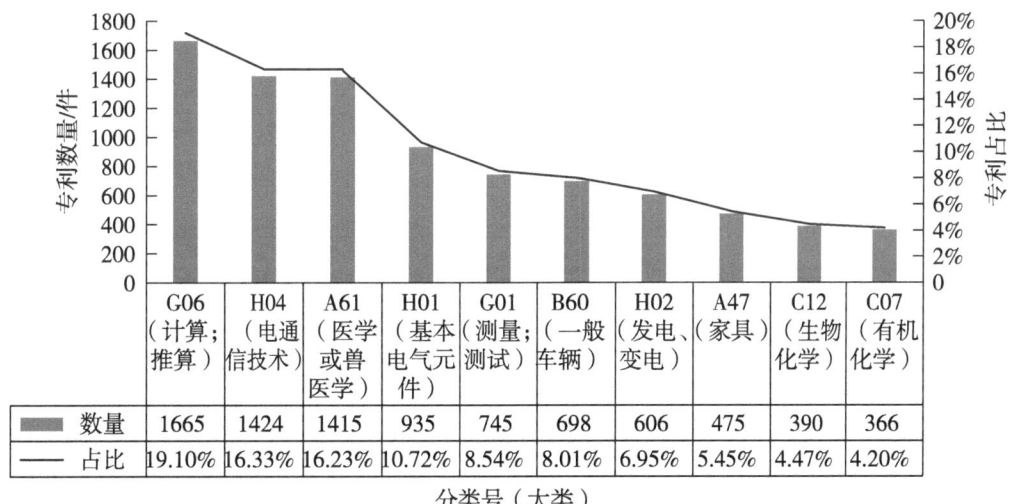

图 9-10 香港专利分类号分布

澳门申请的专利中，A61（医学或兽医学）的相关技术专利数量最多，占比高达25.52%；其次为G06（计算；推算）的相关技术，占比达到16.11%；排名前五的分类还包括A01（农林畜牧业）、H01（基本电气元件）和H04（电通信技术）（图9-11）。

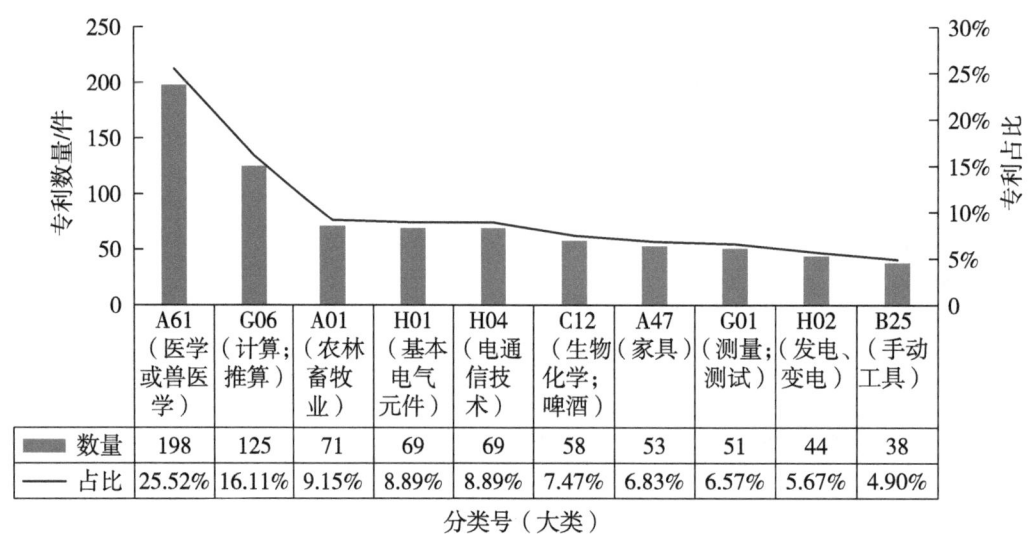

图9-11 澳门专利分类号分布

整体来看，广东、香港和澳门三地排名前五的专利虽然存在差异，但均包括G06（计算；推算）、H04（电通信技术）、H01（基本电气元件）和A61（医学或兽医学）四类，具有较高的一致性，且广东和香港排名前五的技术分类完全一致，这为粤港澳大湾区的科技跨区域合作奠定了基础。

（3）专利国民经济分类情况分析

根据《国际专利分类与国民经济行业分类参照关系表（2018）》中IPC与国民经济行业分类号的对应规则，对广东省2018—2022年的产业领域进行分析。

图9-12展示了广东省专利排名前十的专业技术领域统计，其中，C43（金属制品、机械和设备修理业）、C40（仪器仪表制造业）和O81（机动车、电子产品和日用产品修理业）3个领域的专利最多，占比均超过13%。排名前五的还包括C39（计算机、通信和其他电子设备制造业）和C35（专用设备制造业）。此外，I65（软件和信息技术服务业）、C34（通用设备制造业）、I64（互联网和相关服务）和C38（电气机械和器材制造业）四类与和电子信息产业紧密相关的产业分类也进入前十。从专利的国民经济行业分布情况可以看出，过去5年，ICT相关产业依然是广东省的核心产业。

图9-13展示了香港专利排名前十的专业技术领域统计，其中，C40（仪器仪表制造业）、C43（金属制品、机械和设备修理业）和C35（专用设备制造业）3个领域的专利最多。排名前五的技术领域还包括O81（机动车、电子产品和日用产品修理业）和C39（计算机、通信和其他电子设备制造业），前五占比均超过10%。排名前五的技术领域与广东省一致，可以和广东省在多个领域开展合作。

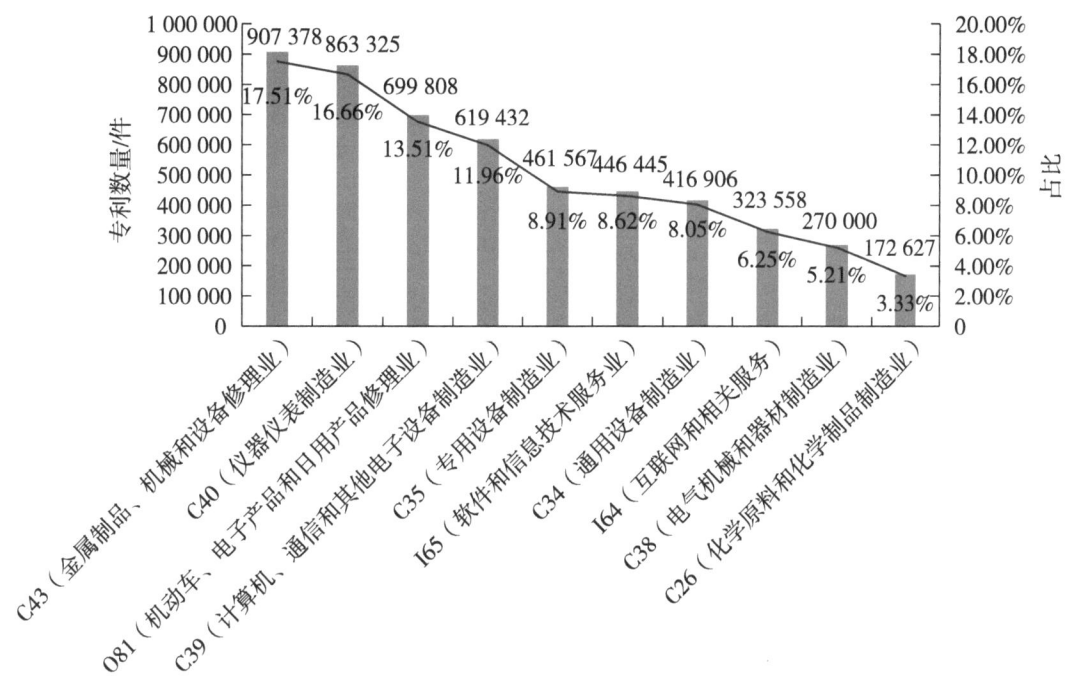

图 9-12　广东国民经济分类号分布情况

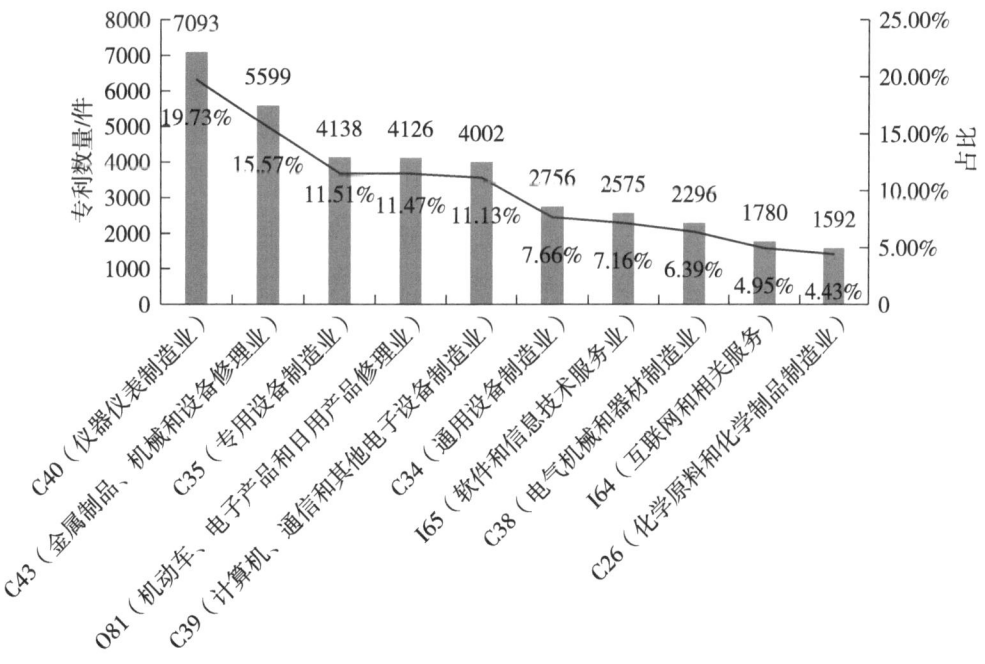

图 9-13　香港国民经济分类号分布情况

图 9-14 展示了澳门专利排名前十的专业技术领域统计，其中，C43（金属制品、机械和设备修理业）和 C40（仪器仪表制造业）两个领域专利最多，与广东和香港具有一致性，可以以此为

突破口，进一步加强协同创新。此外，澳门在医药制造业也具有一定优势，以澳门医药制造业优势为引领，强化生物医药产业链在粤港澳地区的布局和整体实力。

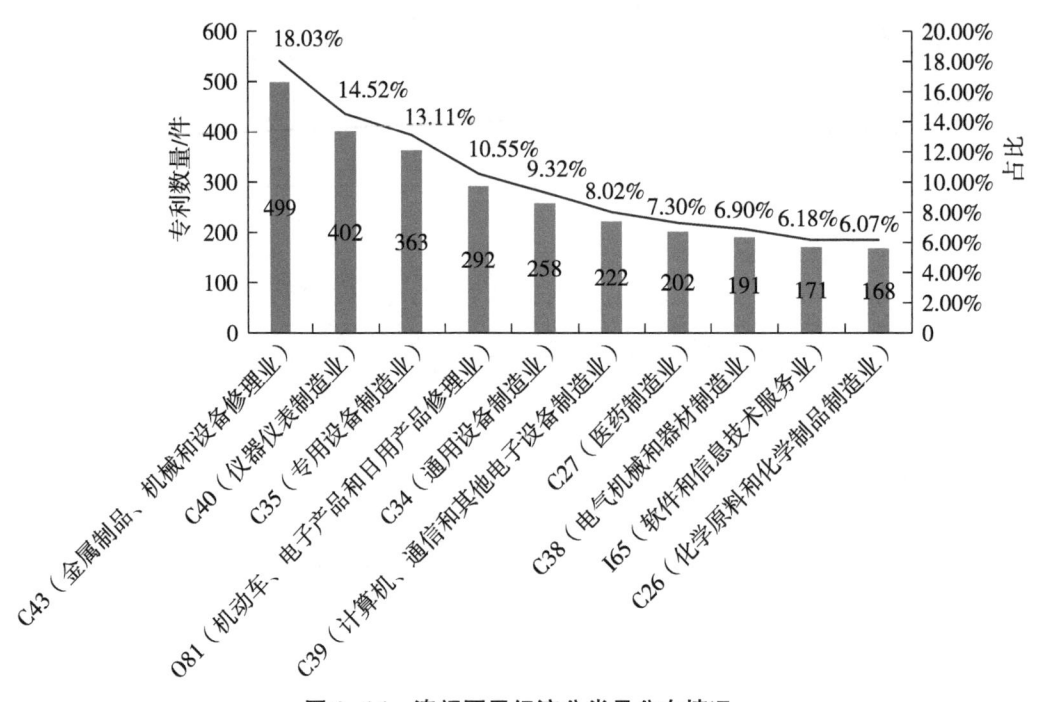

图 9-14 澳门国民经济分类号分布情况

9.1.3 粤港澳专利合作与协同分析

《粤港澳大湾区发展规划纲要》的目标之一是"到 2022 年，协同创新环境更加优化，创新要素加快集聚，新兴技术原创能力和科技成果转化能力显著提升"。合作申请专利是协同创新的重要表现之一。为此，本报告通过对粤港澳专利的合作申请情况的分析，对粤港澳大湾区的创新合作与协同进行分析。

（1）粤港澳合作专利分析

2017—2021 年，粤港澳地区申请的专利总计 1 119 814 件，其中以独立申请专利为主，占总数的 91.96%。合作申请的专利共计 90 025 件。合作申请专利中，不同申请人数的专利数占比如图 9-15 所示。合作申请专利中，合作人数主要集中在 2 人，占比达到 83.85%；合作数量为 3 人和 4 人的专利数量占比分别为 11.24% 和 3.29%，其他数量占比均不足 1%。

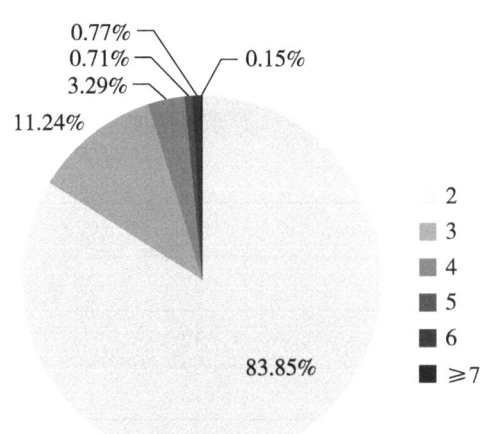

图 9-15 三地合作专利合作人数量（单位：人）

2017—2021 年，广东、香港和澳门 3 个地区合作专利数量如表 9-1 所示。其中，广东的合作专利数量最多，年均专利为 17 874 件；香港年均合作专利为 71 件，而澳门年均合作专利只有 9 件。

表 9-1 三地专利合作数量

单位：件

年份	广东	香港	澳门
2017	14 388	94	4
2018	18 261	57	5
2019	18 066	79	6
2020	18 399	61	3
2021	20 254	62	29
合计	89 368	353	47

（2）粤港澳内部合作专利分析

为了更好地呈现粤港澳协同创新情况，本报告进一步对专利进行了筛选，仅保留广东、香港和澳门两两合作的专利[①]。粤港澳内部合作专利共计 84 件，其中，广东和香港合作专利 84 件，广东和澳门合作专利 3 件，各年份的合作专利数量统计如表 9-2 所示。整体而言，粤港澳内部合作专利数量呈现先上升后下降趋势，合作专利主要是广东和香港之间的合作，而广东和澳门之间的合作相对较少，观测区间内，没有香港和澳门之间的合作专利。

---

① 筛选过程中发现，2017—2021 年，不存在粤港澳三地共同合作申请的专利。

表 9-2 合作专利数量统计

单位：件

年份	合作专利数	广东和香港	广东和澳门
2017	14	14	0
2018	19	19	0
2019	27	27	0
2020	15	12	3
2021	12	12	0

9.2 粤港澳大湾区 PCT 分析

PCT 是 Patent Cooperation Treaty（《专利合作条约》）的简写，是专利领域的一项国际合作条约。自采用《巴黎公约》以来，它被认为是该领域进行国际合作最具有意义的进步标志。PCT 专利申请分为国内申请阶段、国际申请阶段和国家申请阶段。国内申请阶段，向国家知识产权局（CNIPA）提交专利申请。在国内申请专利后拟向外国申请专利，应在国内申请提交保密审查请求。国际申请包括 5 个阶段：①PCT 申请，向受理局提交 PCT 申请——使用本国语言，缴纳 PCT 费用，申请的法律效力延至所有指定国。②国际检索报告及书面意见，收到由指定的国际检索单位作出的国际检索报告及有关申请专利的书面意见。③国际公布，由世界知识产权组织以规定的格式和语言公布 PCT 申请。④申请人可要求国际初步审查单位对经修改的国际申请的专利性作出进一步的评价。⑤收到国际初步审查报告，决定是否启动国际申请阶段。

考虑到粤港澳大湾区涵盖广东、香港和澳门 3 个省级行政区，且香港和澳门实行不同于中国内地的资本主义制度，因此在专利申请方面与内地有所差异。因此，本报告选择 PCT 专利来分析粤港澳大湾区科技创新进展和协同情况。

9.2.1 PCT 专利申请的整体情况

为更好地呈现粤港澳大湾区 PCT 专利申请情况，本报告对广东、香港和澳门 2018—2022 年申请趋势开展分析。

（1）广东 PCT 专利申请分析

2018—2022 年广东省累计申请 PCT 专利 113 351 件，各年申请数量如图 9-16 所示。总体来看，广东省 PCT 专利申请数量呈现下降趋势，从 2018 年的 24 846 件下降到 2022 年的 10 690 件。其中，2018—2020 年，申请数量不断提升，而从 2021 年开始，则呈现下降趋势。

第 9 章
粤港澳协同创新：基于专利分析

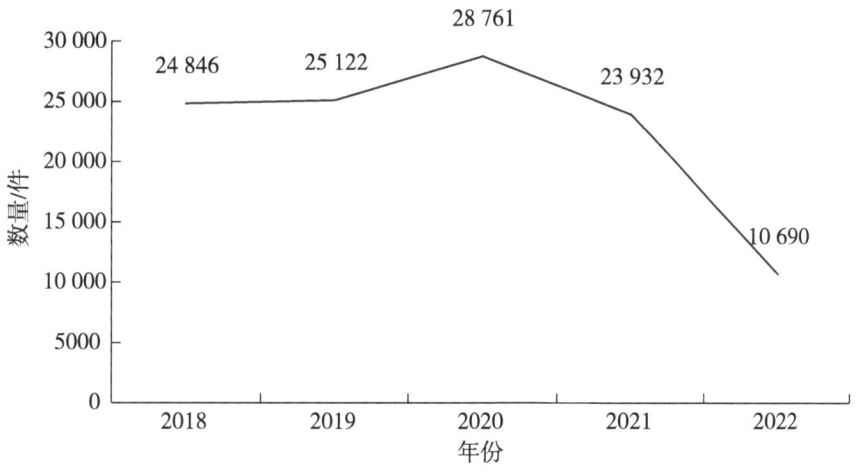

图 9-16　广东 PCT 专利申请趋势

（2）香港 PCT 专利申请分析

2018—2022 年，香港累计申请 PCT 专利 6083 件，各年申请数量如图 9-17 所示。总体来看，香港 PCT 专利申请数量呈现下降趋势，从 2018 年的 1296 件下降到 2022 年的 470 件。其中，2018—2020 年，申请数量不断提升，而从 2021 年开始，则呈现下降趋势。

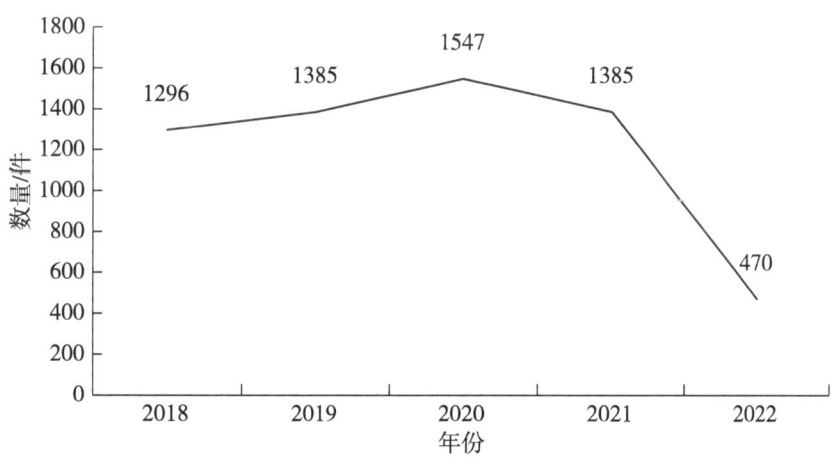

图 9-17　香港 PCT 专利申请趋势

（3）澳门 PCT 专利申请分析

2018—2022 年，澳门累计申请 PCT 专利 93 件，各年申请数量如图 9-18 所示。总体来看，澳门 PCT 专利申请数量呈现先降后升的趋势，2018 年有 47 件，而 2019—2021 年均不足 10 件。

257

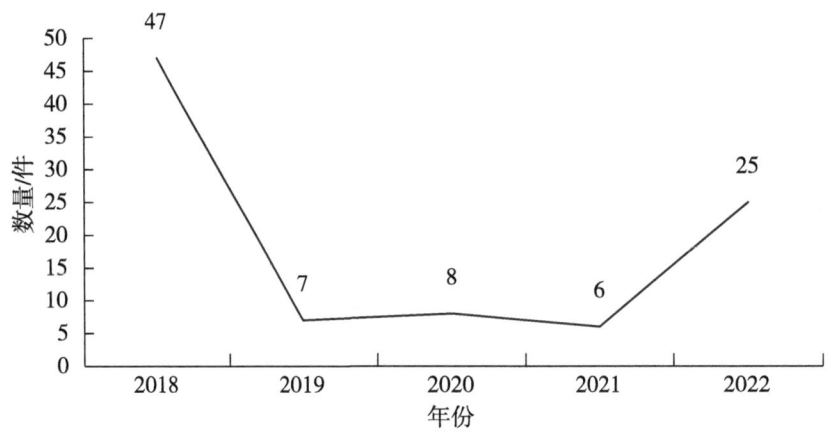

图 9-18 澳门 PCT 专利申请趋势

9.2.2 PCT 专利专业和产业领域分析

我们通过对一个地区专利 IPC 分类号及其对应的国民经济分类的统计分析,来了解和掌握地区技术专业领域分布情况。

（1）广东 PCT 专利的专业和产业领域分析

2018—2022 年,广东 PCT 专利 IPC 分类号分布在 8 个部,具体分布如图 9-19 所示。从图中可知,H 部（电学）的专利数量最多,占比达到 44.42%,其次为 G 部（物理）,占比达到 32.21%,两者占比之和超过总数的 76%。这与广东省的传统产业优势相对应。

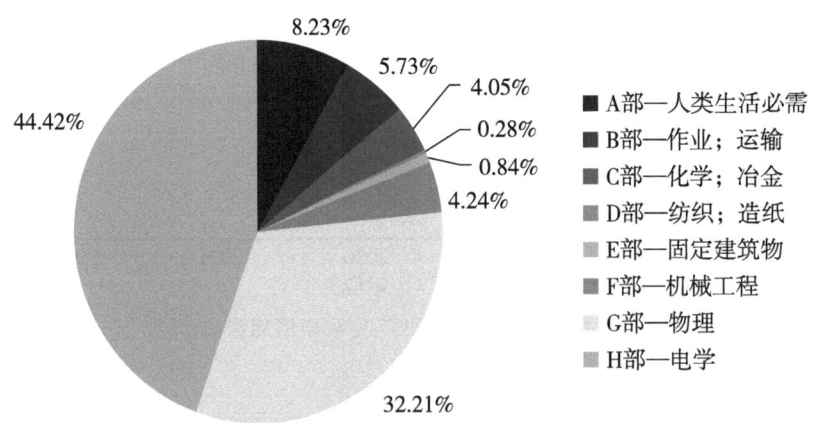

图 9-19 广东 PCT 专利部门分布

为更好地了解广东省 PCT 专利的详细分布,本章对数量前十的 IPC 分类号的大类分布进行分析,结果如图 9-20 所示。从图中可以看出,广东省申请的 PCT 专利中,H04（电通信技术）的相关技术专利数量最多,占比高达 36.58%;其次为 G06（计算;推算）的相关技术,占比高达 21.42%。

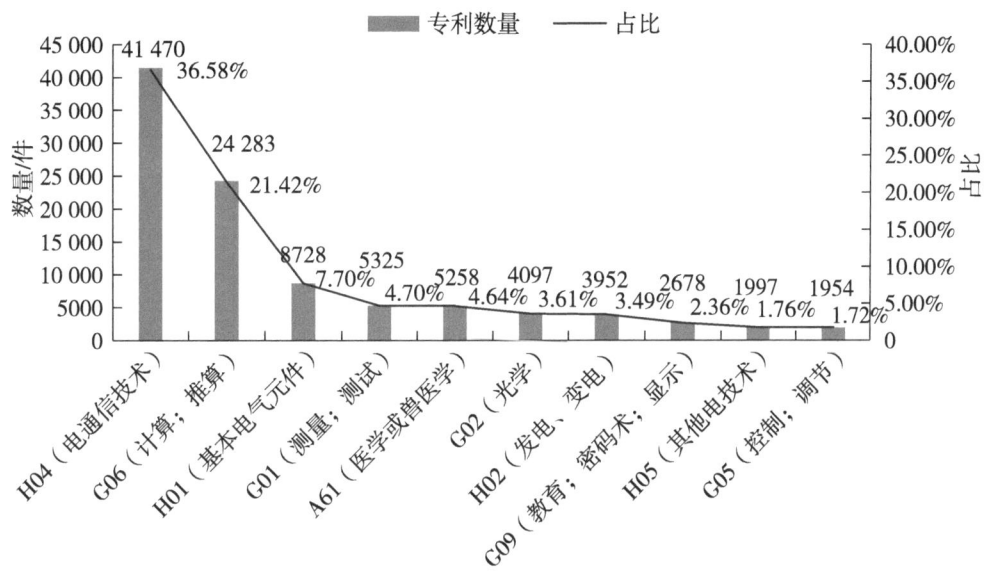

图 9-20 广东 IPC 专利号分布

根据《国际专利分类与国民经济行业分类参照关系表（2018）》中 IPC 分类号与国民经济行业分类号的对应规则，对广东省 2018—2022 年的产业领域进行分析。图 9-21 展示了广东省 PCT 专利排名前十的专业技术领域统计，其中，C39（计算机、通信和其他电子设备制造业）、C40（仪器仪表制造业）和 O81（机动车、电子产品和日用产品修理业）3 个领域的专利最多，占比均超过 60%。从专利的国民经济行业分布情况可以看出，ICT 相关产业依然是广东省的核心产业。

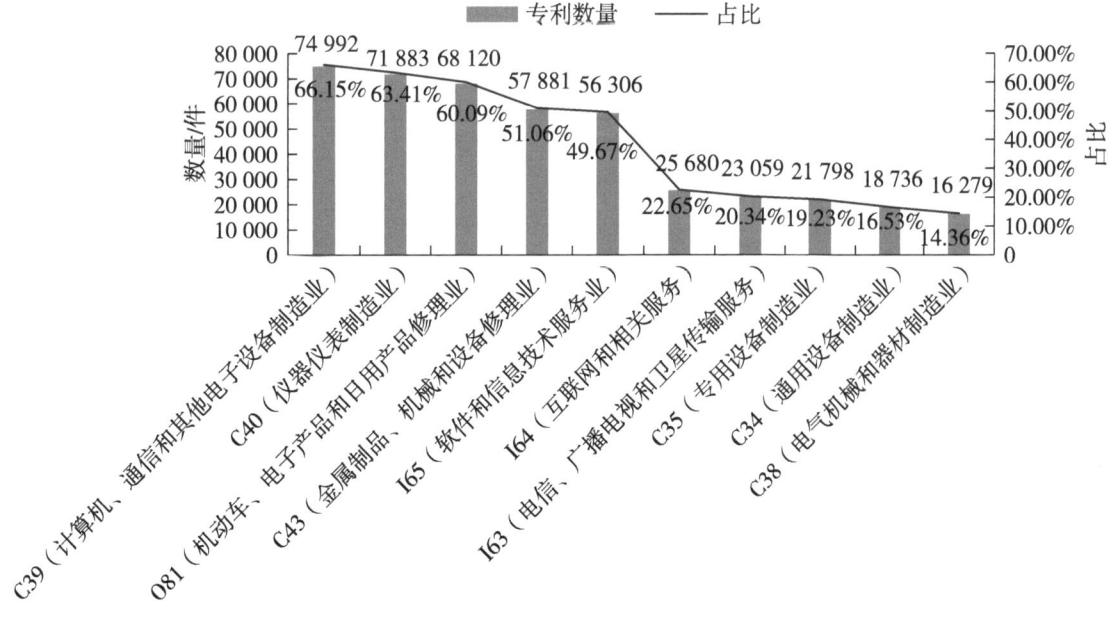

图 9-21 广东 PCT 专利产业分布

（2）香港PCT专利的专业和产业领域分析

2018—2022年，香港PCT专利IPC分类号分布在8个部，具体分布如图9-22所示。从图中可知，G部（物理）的专利数量最多，占比达到35.23%，其次为H部（电学），占比达到22.82%，两者占比之和超过总数的58%。从大的分布来看，香港与广东的专业优势均为物理和电学，两地之间具有相互协调发展的潜力。

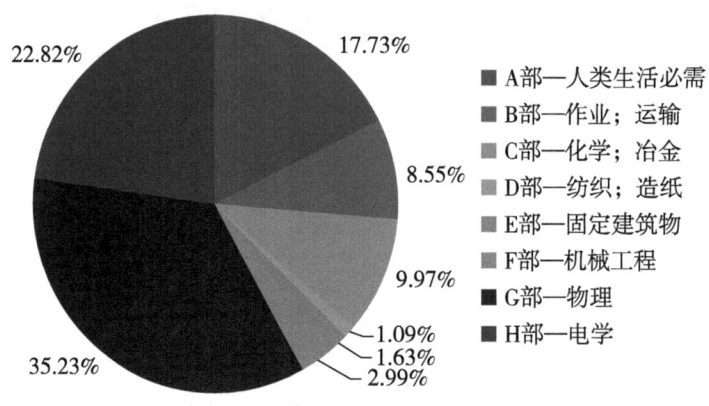

图9-22 香港PCT专利部门分布

为更好地了解香港PCT专利的详细分布，本章对数量前十的IPC分类号的大类分布进行分析，结果如图9-23所示。从图中可以看出，香港申请的PCT专利中，C12（生物化学）的相关技术专利数量最多，占比高达20.17%，其次为A61（医学或兽医学）的相关技术，占比达到17.65%。综合来看，香港排名前十的技术领域，与广东和澳门的技术优势存在差异，未来可以与另外两个地区形成优势互补。

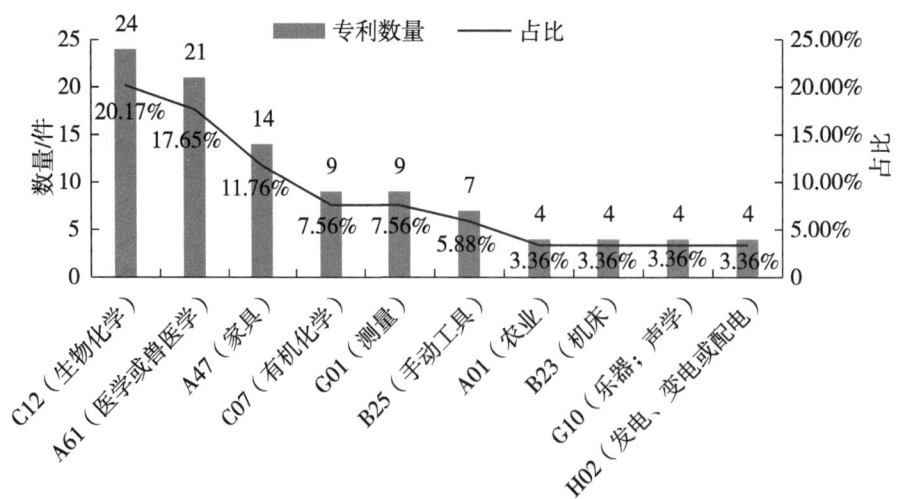

图9-23 香港PCT专利号分布

根据《国际专利分类与国民经济行业分类参照关系表（2018）》中 IPC 分类号与国民经济行业分类号的对应规则，对香港 2018—2022 年的产业领域进行分析。图 9-24 展示了香港 PCT 专利排名前十的专业技术领域统计，其中，C40（仪器仪表制造业）、O81（机动车、电子产品和日用产品修理业）和 C39（计算机、通信和其他电子设备制造业）3 个领域的专利最多，占比均超过 45%，这三类同样与广东省排名前三的领域相同。此外，香港在 C43（金属制品、机械和设备修理业）和 I65（软件和信息技术服务业）两个领域同样具有优势，占比也均超过 45%，因此，香港具有更广的行业领域，可以和广东省在多个领域开展合作。

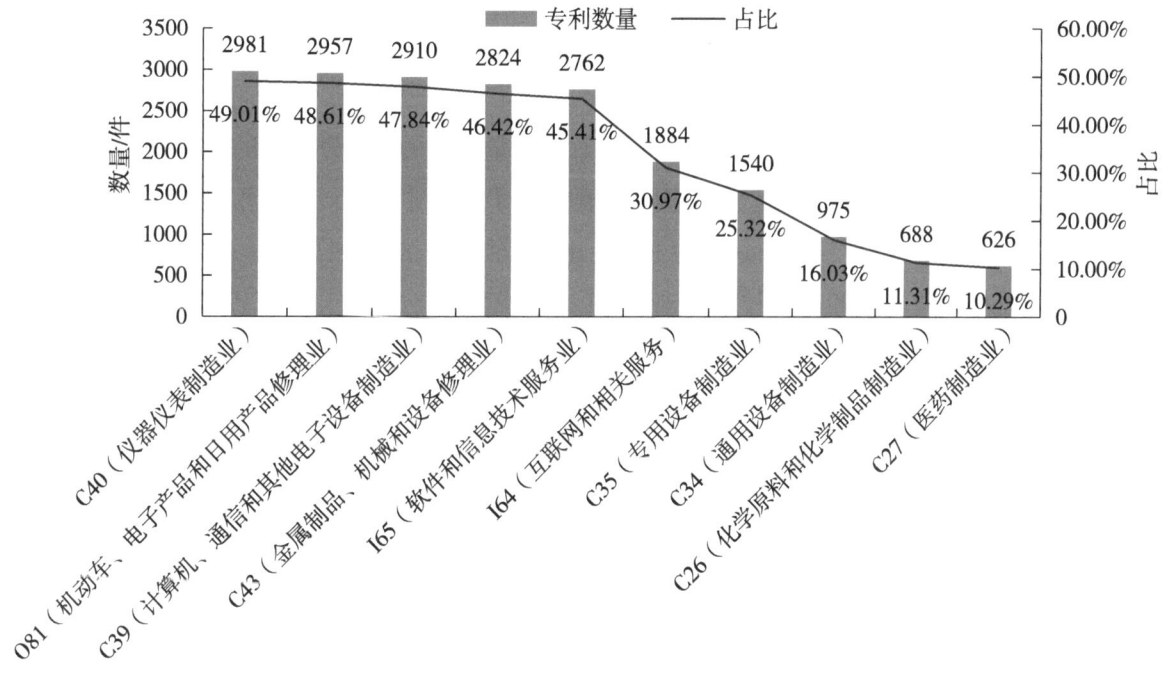

图 9-24　香港 PCT 专利产业分布

（3）澳门 PCT 专利的专业和产业领域分析

2018—2022 年，澳门 PCT 专利 IPC 分类号分布在 7 个部，具体分布如图 9-25 所示。从图中可知，A 部（人类生活必需）的专利数量最多，占比达到 33.05%，其次为 C 部（化学；冶金），占比达到 24.58%，两者占比之和超过总数的 57%。从整体的分布来看，澳门与广东省的专业优势并不匹配。一直以来，澳门产业结构单一，需要在发挥澳门现有产业优势基础上，进一步拓宽产业结构，进一步与广东省和香港形成协同。

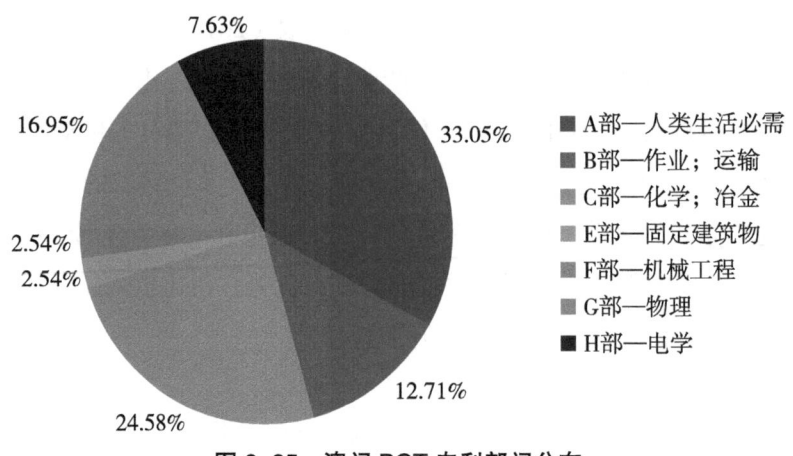

图 9-25 澳门 PCT 专利部门分布

为更好地了解香港 PCT 专利的详细分布，本章对数量前十的 IPC 分类号的大类分布进行分析，结果如图 9-26 所示。从图中可以看出，澳门申请的 PCT 专利中，G06（计算；推算）的相关技术专利数量最多，占比高达 30.54%，其次为 H04（电通信技术）的相关技术，占比达到 19.45%。这两类技术同样是广东省占比最高的技术，未来可以通过跨区域合作，与广东省进一步形成协同。

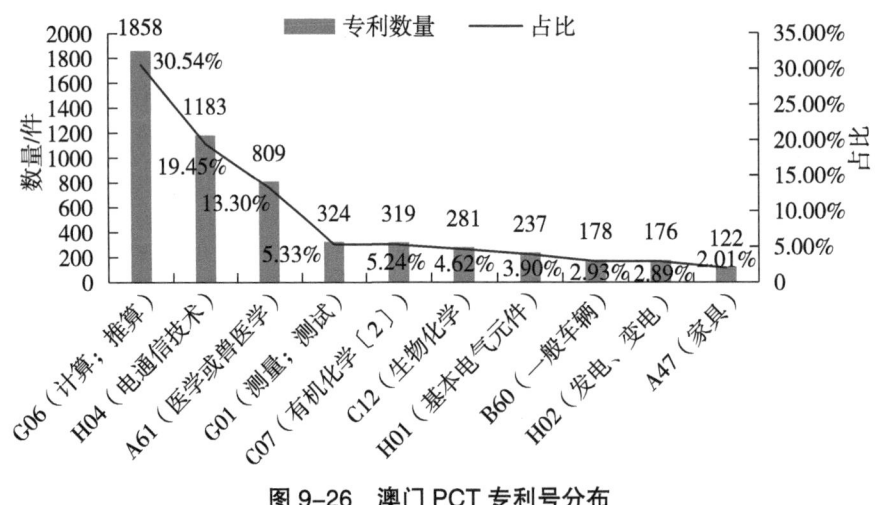

图 9-26 澳门 PCT 专利号分布

根据《国际专利分类与国民经济行业分类参照关系表（2018）》中 IPC 分类号与国民经济行业分类号的对应规则，对澳门 2018—2022 年的产业领域进行分析。图 9-27 展示了澳门 PCT 专利排名前十的专业技术领域统计，其中，C40（仪器仪表制造业）和 C43（金属制品、机械和设备修理业）的占比最高，均超过 35%。这两个行业与广东和香港具有一致性，可以以此为突破口，进一步加强协同创新。

第 9 章
粤港澳协同创新：基于专利分析

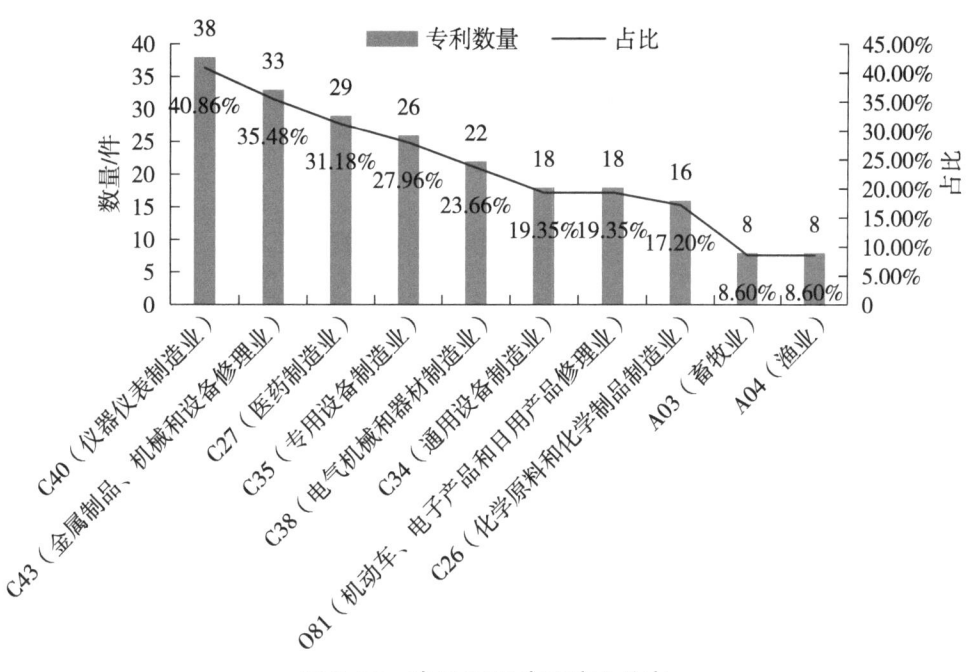

图 9-27 澳门 PCT 专利产业分布

9.2.3 粤港澳 PCT 专利合作与协同分析

本报告通过对粤港澳 PCT 专利的合作申请情况的分析，对粤港澳大湾区的创新合作与协同进行分析。

（1）粤港澳合作 PCT 专利分析

2017—2021 年，粤港澳地区申请的 PCT 专利总计 132 354 件，其中以独立申请专利为主，占总数的 90.36%。合作申请的专利共计 9985 件，合作申请人数最多达到 12 人。合作申请专利中，不同申请人数的专利数占比如图 9-28 所示。合作申请专利中，合作人数主要集中在 2 人，占比达到 88.65%；合作人数为 4 人的专利数量占比为 7.68%，其他数量占比均不足 1.5%。

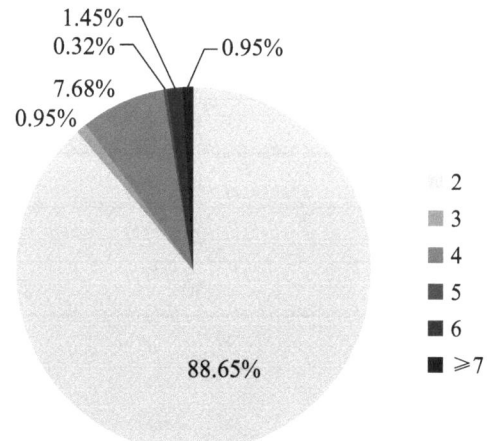

图 9-28 三地合作 PCT 专利合作者数量分布（单位：人）

263

2017—2021年，广东、香港和澳门3个地区合作PCT专利数量如表9-3所示。其中，广东省的PCT合作专利数量最多，年均专利为1931.6件；香港年均合作PCT专利为78.4件，而澳门年均合作PCT专利只有2.4件。

表9-3 三地合作PCT专利数量

单位：件

年份	广东	香港	澳门
2017	1769	50	0
2018	2076	75	3
2019	2023	75	2
2020	2203	100	4
2021	1587	92	3
合计	9658	392	12

（2）粤港澳内部合作PCT专利分析

为了更好地呈现粤港澳协同创新情况，本报告进一步对专利进行了筛选，仅保留广东、香港和澳门两两合作的专利[①]。粤港澳内部合作PCT专利共计77件，其中，广东和香港合作PCT专利71件，广东和澳门合作PCT专利6件，各年份的合作PCT专利数量统计如表9-4所示。整体而言，粤港澳内部合作专利数量呈现逐年上升趋势，其中，广东和香港的合作PCT专利逐年增加，而广东和澳门之间的合作相对较少，观测区间内，没有香港和澳门之间的合作PCT专利。

表9-4 三地PCT专利内部合作数量

单位：件

年份	合作专利数	广东和香港	广东和澳门
2017	2	2	0
2018	4	3	1
2019	12	12	0
2020	26	23	3
2021	32	30	2

---

① 筛选过程中发现，2017—2021年，不存在粤港澳三地共同合作申请的专利。